全国计算机技术与软件专业技术资格（水平）考试辅导用书

信息系统项目管理师考试辅导
(针对下午案例与论文考试) (第3版)

曹济 温丽 编著

清华大学出版社
北京

内 容 简 介

本书是信息系统项目管理师考试辅导书，主要针对信息系统项目管理师考试的下午考试，包含了案例分析和论文写作两个科目考试的内容。针对案例分析和论文写作考试的主观题型的考试特点，分别总结了适用的一般性分析和写作方法，然后以历年的案例分析试题和论文写作题目为例，说明如何应用这些方法。通过本书的讲解，真正帮助考生学以致考，顺利通过下午的案例分析和论文写作考试。

本书适合作为参加信息系统项目管理师考试的考生作为备考用书。

本书扉页为防伪页，封面贴有清华大学出版社防伪标签，无标签者不得销售。
版权所有，侵权必究。举报：010-62782989，beiqinquan@tup.tsinghua.edu.cn。

图书在版编目（CIP）数据

信息系统项目管理师考试辅导. 针对下午案例与论文考试 / 曹济，温丽编著. —3 版. —北京：清华大学出版社，2020.3（2022.10 重印）
全国计算机技术与软件专业技术资格（水平）考试辅导用书
ISBN 978-7-302-54363-3

Ⅰ. ①信… Ⅱ. ①曹… ②温… Ⅲ. ①信息系统—项目管理—资格考试—自学参考资料 Ⅳ. ①G202

中国版本图书馆 CIP 数据核字（2019）第 263937 号

责任编辑：杨如林
封面设计：常雪影
责任校对：徐俊伟
责任印制：丛怀宇

出版发行：清华大学出版社
网　　址：http://www.tup.com.cn，http://www.wqbook.com
地　　址：北京清华大学学研大厦 A 座　　邮　　编：100084
社 总 机：010-83470000　　邮　　购：010-62786544
投稿与读者服务：010-62776969，c-service@tup.tsinghua.edu.cn
质量反馈：010-62772015，zhiliang@tup.tsinghua.edu.cn

印 装 者：三河市铭诚印务有限公司
经　　销：全国新华书店
开　　本：185mm×230mm　　印　张：27　　防伪页：1　　字　数：594 千字
版　　次：2011 年 7 月第 1 版　　2020 年 6 月第 3 版　　印　次：2022 年 10 月第 5 次印刷
定　　价：79.00 元

产品编号：078140-01

前 言

信息系统项目管理师考试是全国计算机技术与软件专业技术资格（水平）考试中的高级水平测试。因其所考查的知识范围广，难度系数较高，通过率一直徘徊在 5%左右。信息系统项目管理师共包含三个考试科目，分别是安排在上午的综合知识科目考试，安排在下午的案例分析考试和论文写作考试。造成信息系统项目管理师考试通过率较低还有一个重要原因，即很多考生针对案例分析考试和论文写作考试束手无策。综合知识考试考查的题型为 75 道单项选择题，选择题考查的知识点比较明确，考生只要掌握相应的知识点就能够做出正确选择，但案例分析和论文写作则是主观题型，考生需要针对给定的案例场景进行全面分析并给出相应的建议，并根据给定的论文题目，现场撰写 2500 字左右的论文。许多考生在面临案例分析和论文写作这种主观试题时一筹莫展、无从下手，以致二进考场、三进考场的考生大有人在。

笔者长期讲授信息系统项目管理师考试辅导课程，并撰写了《信息系统项目管理师考试辅导（针对上午考试）》《信息系统项目管理师考试辅导（针对下午考试）》《信息系统项目管理师考试辅导（针对上午考试）》（第 2 版）、《信息系统项目管理师考试辅导（针对下午考试）》（第 2 版）、《系统集成项目管理工程师考试辅导（针对第 2 版教程）》等相关的教辅读物。本书在原有教辅书籍的基础上，根据新的考试大纲以及《信息系统项目管理师教程》（第 3 版）内容，结合历年试题和试题变化趋势，对案例分析考试和论文写作考试进行了全面解析，目的在于为考生提供有迹可依、有规可循的复习和备考方式，避免在复习备考过程中耗费无谓的精力。为了考生阅读和使用方便，本书由上下两篇组成，上篇为案例分析辅导，下篇为论文写作辅导。针对案例分析和论文写作，本书首先介绍一般性的通用方法，然后详细介绍通用方法在具体案例分析主题和论文写作主题中的特定应用。

案例分析辅导部分共包含 17 章，介绍案例分析的通用方法以及这些通用方法在不同案例分析主题中的具体应用。第 1 章和第 2 章的内容为通用方法的介绍，尤其在第 2 章中重点归纳了案例分析的通用解题思路，包括三类十二种具体方法，分别是关键路径计算、挣值管理计算、工期成本混合计算、赶工计算、资源平衡计算和其他计算共六种计算类方法；确定答题方向、提炼题干信息和完善答题形式共三种逻辑分析类方法；交付物内容记忆、输入输出内容记忆和其他知识点记忆共三种内容记忆类方法。第 3~17 章采用相似的编写体例，对每个专题的案例进行解析，每章主要由三部分组成，分别是知识定位、知识体系以及相应的案例分析。第 3~17 章也是案例分析部分的主体内容，由 44 个案例分析组成，覆盖了立项管理案例分析、整体管理案例分析、范围管理案例分析、进度管理案例分析、成本管理案例分析、质量管理案例分析、人力资源管理案例分析、沟通管理案例分析、风险管理案例分析、采购管理案例分析、干系人管理案例分析、合同管理案例分析、配置管理案例分析、变更管理案例分析和综合管理知识案例分析共14个主题，几乎囊括了案例分析考查的所有内容。

  论文写作辅导与案例分析辅导采用了相似的编写体例，共包含12章。第1章和第2章内容为论文写作的通用框架和通用方法介绍，后续章节则是论文撰写通用方法在不同论文主题的具体应用和评价。论文写作辅导的核心内容在第2章讲述，笔者在该章总结和提炼了信息系统项目管理师论文写作的通用框架，辅导考生如何建立论文框架、选择论文内容以及提升论文外在形式；在建立论文框架部分，分别建议考生如何撰写项目背景、知识点应用、经验总结，如何建立论文整体逻辑结构以及论文段落的逻辑结构；在选择论文内容部分，建议考生如何选择项目背景和凸显项目特点；在提升论文形式方面，建议考生要注意语言风格、进行语句和段落划分，以及对笔迹的要求等相关事项。第3～12章采用了相似的编写体例，以第2章通用的论文写作框架为衡量尺度，针对以往考生备考论文进行详细点评，每章内容由相关主题概述、相关主题逻辑结构分析以及论文样例点评组成。第3～12章的重点为笔者针对示例论文所做的论文评级结果以及相应说明，考生既应该关注四星、五星的优秀论文，见贤思齐；也应该仔细阅读二星、三星的论文，以便有能力、有意识地规避论文写作过程中的常见陷阱。第3～12章的论文主题几乎覆盖了论文考查的所有主题，共包含整体管理论文写作解析、范围管理论文写作解析、时间管理论文写作解析、成本管理论文写作解析、质量管理论文写作解析、项目人力资源管理论文写作解析、沟通管理论文写作解析、风险管理论文写作解析、采购管理论文写作解析和干系人管理论文写作解析共10个主题的论文解析。

  "纸上得来终觉浅、绝知此事要躬行"。虽然笔者针对论文写作给出了通用参考框架，又分主题对58篇示例论文进行了详细点评，但对考生而言，最保险的做法还是在参加考试之前，自己提前准备一两篇论文，然后与论文写作辅导建议的通用方法以及相关的样例论文进行映射和相互比对，提前发现问题、解决问题。

  在本书的编写过程中主要参考了《信息系统项目管理师考试大纲》（第2版）、《信息系统项目管理师教程》（第3版）、全国计算机专业技术资格考试办公室汇总的信息系统项目管理师历年试题和相关资料等，感谢参加编写《信息系统项目管理师教程》第1～3版的全体老师以及全国计算机技术与软件专业技术资格（水平）考试办公室的各位领导和老师，他们的工作为本书奠定了坚实的基础。感谢各位读者和考生在使用本书第1版和第2版时反馈给笔者的建议，正是因为有了大家的热情相助，本书才能在原有基础上不断完善和提升。

  由于笔者水平所限，加之时间仓促，书中定会有不少纰漏，恳请各位读者指正。

  预祝各位考生在考试中取得好成绩！

作者

目 录

上篇 案例分析

第1章 案例分析概述 ... 2
第2章 案例分析综述 ... 5
  2.1 计算方法 ... 6
    2.1.1 关键路径计算 ... 6
    2.1.2 挣值管理计算 ... 9
    2.1.3 工期成本混合计算 ... 12
    2.1.4 赶工计算 ... 15
    2.1.5 资源平衡计算 ... 19
    2.1.6 其他计算 ... 22
  2.2 逻辑分析方法 ... 22
    2.2.1 确定答题方向 ... 23
    2.2.2 提炼题干信息 ... 24
    2.2.3 完善答题形式 ... 27
  2.3 内容记忆方法 ... 28
    2.3.1 交付物内容记忆 ... 28
    2.3.2 输入输出内容记忆 ... 29
    2.3.3 其他知识点记忆 ... 29
第3章 项目立项管理案例分析 ... 30
  3.1 项目立项管理知识定位 ... 30
  3.2 项目立项管理知识体系 ... 30
  3.3 案例分析 ... 30
第4章 项目整体管理案例分析 ... 34
  4.1 项目整体管理知识定位 ... 34
  4.2 项目整体管理知识体系 ... 34
  4.3 案例分析 ... 34
    【案例1】 ... 35
    【案例2】 ... 37

　　　　　【案例 3】 40
　　　　　【案例 4】 43
　　　　　【案例 5】 45
　第 5 章　项目范围管理案例分析 49
　　5.1　项目范围管理知识定位 49
　　5.2　项目范围管理知识体系 49
　　5.3　案例分析 49
　第 6 章　项目进度管理案例分析 53
　　6.1　项目进度管理知识定位 53
　　6.2　项目进度管理知识体系 53
　　6.3　案例分析 53
　　　　　【案例 1】 53
　　　　　【案例 2】 55
　　　　　【案例 3】 59
　　　　　【案例 4】 63
　第 7 章　项目成本管理案例分析 67
　　7.1　项目成本管理知识定位 67
　　7.2　项目成本管理知识体系 67
　　7.3　案例分析 67
　　　　　【案例 1】 67
　　　　　【案例 2】 69
　　　　　【案例 3】 73
　　　　　【案例 4】 75
　　　　　【案例 5】 78
　　　　　【案例 6】 81
　　　　　【案例 7】 83
　　　　　【案例 8】 85
　第 8 章　项目质量管理案例分析 89
　　8.1　项目质量管理知识定位 89
　　8.2　项目质量管理知识体系 89
　　8.3　案例分析 89
　　　　　【案例 1】 89
　　　　　【案例 2】 92
　　　　　【案例 3】 94

　　　　【案例 4】......97
　　　　【案例 5】......99
第 9 章　项目人力资源管理案例分析......103
　9.1　项目人力资源管理知识定位......103
　9.2　项目人力资源管理知识体系......103
　9.3　案例分析......103
　　　　【案例 1】......103
　　　　【案例 2】......105
　　　　【案例 3】......107
　　　　【案例 4】......110
　　　　【案例 5】......113
第 10 章　项目沟通管理案例分析......116
　10.1　项目沟通管理知识定位......116
　10.2　项目沟通管理知识体系......116
　10.3　案例分析......116
　　　　【案例】......116
第 11 章　项目风险管理案例分析......120
　11.1　项目风险管理知识定位......120
　11.2　项目风险管理知识体系......120
　11.3　案例分析......120
　　　　【案例】......120
第 12 章　项目采购管理案例分析......123
　12.1　项目采购管理知识定位......123
　12.2　项目采购管理知识体系......123
　12.3　案例分析......123
　　　　【案例】......123
第 13 章　项目干系人管理案例分析......129
　13.1　项目干系人管理知识定位......129
　13.2　项目干系人管理知识体系......129
　13.3　案例分析......129
　　　　【案例】......129
第 14 章　项目合同管理案例分析......133
　14.1　项目合同管理知识定位......133
　14.2　项目合同管理知识体系......133
　14.3　案例分析......133

第 15 章 配置管理案例分析 134
 15.1 配置管理知识定位 134
 15.2 配置管理知识体系 134
 15.3 案例分析 134
  【案例 1】.......... 134
  【案例 2】.......... 137
第 16 章 项目变更管理案例分析 140
 16.1 项目变更管理知识定位 140
 16.2 项目变更管理知识体系 140
 16.3 案例分析 140
  【案例 1】.......... 140
  【案例 2】.......... 143
  【案例 3】.......... 145
第 17 章 综合管理案例分析 148
 17.1 综合管理知识定位 148
 17.2 综合管理知识体系 148
 17.3 案例分析 148
  【案例 1】.......... 148
  【案例 2】.......... 151
  【案例 3】.......... 153
  【案例 4】.......... 156
  【案例 5】.......... 160

下篇 论文写作

第 18 章 论文写作概述 164
第 19 章 信息系统项目管理师论文写作综述 165
 19.1 建立论文框架 165
  19.1.1 确定论文布局 166
  19.1.2 建立逻辑线索 170
 19.2 选择论文内容 173
  19.2.1 选择项目背景 174
  19.2.2 凸显项目特点 176
 19.3 关注论文外观 177
  19.3.1 论文语言风格 177

19.3.2　语句与段落划分 178
19.3.3　论文笔迹要求 179
19.4　提前准备论文 179

第 20 章　项目整体管理论文写作解析 181
20.1　项目整体管理论文写作概述 181
20.2　项目整体管理逻辑结构分析 182
20.3　项目整体管理论文样例 183
　　论文样例 1　★★★ 183
　　论文样例 2　★★ 188
　　论文样例 3　★★★★ 192
　　论文样例 4　★★★★ 195
　　论文样例 5　★ 199
　　论文样例 6　★ 203

第 21 章　项目范围管理论文写作解析 208
21.1　项目范围管理论文写作概述 208
21.2　项目范围管理逻辑结构分析 209
21.3　项目范围管理论文样例 211
　　论文样例 1　★★★★ 211
　　论文样例 2　★★★ 215
　　论文样例 3　★★★★ 218
　　论文样例 4　★★★★ 221
　　论文样例 5　★★★★★ 225
　　论文样例 6　★★★★ 229
　　论文样例 7　★★★ 232
　　论文样例 8　★★★★ 236

第 22 章　项目时间管理论文写作解析 240
22.1　项目时间管理论文写作概述 240
22.2　项目时间管理逻辑结构分析 241
22.3　项目时间管理论文样例 242
　　论文样例 1　★★ 242
　　论文样例 2　★★★★ 246
　　论文样例 3　★★★★ 249
　　论文样例 4　★★★★★ 253
　　论文样例 5　★★★ 258
　　论文样例 6　★★★ 261

　　　　论文样例 7　★★★ 264
　　　　论文样例 8　★★★★★ 267
第 23 章　项目成本管理论文写作解析 271
　23.1　项目成本管理论文写作概述 271
　23.2　项目成本管理逻辑结构分析 271
　23.3　项目成本管理论文样例 272
　　　　论文样例 1　★★ 272
　　　　论文样例 2　★★★★★ 277
　　　　论文样例 3　★ 281
　　　　论文样例 4　★★★ 284
　　　　论文样例 5　★★★★ 288
　　　　论文样例 6　★★★★ 291
第 24 章　项目质量管理论文写作解析 296
　24.1　项目质量管理论文写作概述 296
　24.2　项目质量管理逻辑结构分析 297
　24.3　项目质量管理论文样例 297
　　　　论文样例 1　★★ 297
　　　　论文样例 2　★★★★ 301
　　　　论文样例 3　★★★★ 305
　　　　论文样例 4　★★ 309
　　　　论文样例 5　★★★★★ 313
　　　　论文样例 6　★★★ 316
　　　　论文样例 7　★★★★ 319
　　　　论文样例 8　★★ 322
第 25 章　项目人力资源管理论文写作解析 326
　25.1　项目人力资源管理论文写作概述 326
　25.2　项目人力资源管理逻辑结构分析 326
　25.3　项目人力资源管理论文样例 327
　　　　论文样例 1　★★★ 327
　　　　论文样例 2　★★★★ 331
　　　　论文样例 3　★★★★ 335
　　　　论文样例 4　★★★★★ 339
　　　　论文样例 5　★★★ 343
　　　　论文样例 6　★★ 346
　　　　论文样例 7　★★★ 349

论文样例 8　★★★★ ··· 353
第 26 章　项目沟通管理论文写作解析 ··· 357
　26.1　项目沟通管理论文写作概述 ·· 357
　26.2　项目沟通管理逻辑结构分析 ·· 357
　26.3　项目沟通管理论文样例 ··· 358
　　　论文样例 1　★★★★ ··· 358
　　　论文样例 2　★★★★ ··· 362
　　　论文样例 3　★★★★ ··· 366
　　　论文样例 4　★★★ ·· 369
　　　论文样例 5　★★★★ ··· 373
第 27 章　项目风险管理论文写作解析 ··· 377
　27.1　项目风险管理论文写作概述 ·· 377
　27.2　项目风险管理逻辑结构分析 ·· 377
　27.3　项目风险管理论文样例 ··· 379
　　　论文样例 1　★★★★ ··· 379
　　　论文样例 2　★★★ ·· 385
　　　论文样例 3　★★★★ ··· 390
　　　论文样例 4　★★★ ·· 394
　　　论文样例 5　★★★★ ··· 398
　　　论文样例 6　★★★★ ··· 402
　　　论文样例 7　★★★ ·· 406
第 28 章　项目采购管理论文写作解析 ··· 411
　28.1　项目采购管理论文写作概述 ·· 411
　28.2　项目采购管理逻辑结构分析 ·· 412
　28.3　项目采购管理论文样例 ··· 413
　　　论文样例 1　★★ ·· 413
　　　论文样例 2　★★ ·· 415
第 29 章　项目干系人管理论文写作解析 ··· 418
　29.1　项目干系人管理论文写作概述 ·· 418
　29.2　项目干系人管理逻辑结构分析 ·· 419
　29.3　项目干系人管理论文样例 ·· 419
参考文献 ··· 420

上篇　案例分析

第 1 章 案例分析概述

信息系统项目管理师考试由三部分组成：第一部分是客观题，答题时间为 150 分钟；第二部分是案例分析，答题时间为 90 分钟；第三部分是论文写作，答题时间为 120 分钟。单纯从时间要求来看，给案例分析分配的时间明显少于其他两部分，但案例分析作为一科独立考试，要想轻易通过也绝非易事。案例分析考查的重点与第一部分和第三部分有明显不同，它要求考生在具备丰富的实际项目管理经验基础上，对案例中给定的项目场景进行原因分析，提出应采取的措施以及行动步骤等，大部分情形还会考查到项目工期计算以及项目挣值计算等比较复杂的计算内容。与第一部分客观题考试不同，案例分析不只是知识点的考查，还要考查考生运用知识点进行判断和分析的能力，包括对考生逻辑分析、逻辑推理能力，甚至包括书写是否工整等方面的考查。案例分析的考查方式明显有别于客观题考试和论文写作考试的考查方式，考生需要对症下药，在考试之前就针对案例分析部分建立明确的解题思路。

下面首先对案例分析所依据的考试大纲进行简要分析和说明。《信息系统项目管理师考试大纲》（第 2 版）对于案例部分的要求如下。

1. **信息化和信息系统的开发方法**
    1.1 信息系统及其技术和开发方法
    1.2 信息化发展与应用
    1.3 信息系统综合测试与管理
        1.3.1 测试内容和方法
        1.3.2 测试需求分析与设计
        1.3.3 测试流程
        1.3.4 测试执行与评估
        1.3.5 测试过程管理
2. **信息系统项目管理**
    2.1 立项管理
        2.1.1 可行性研究
        2.1.2 项目评估与论证
    2.2 采购和合同管理
    2.3 项目启动
    2.4 项目资源管理
        2.4.1 项目人力资源管理

2.4.2 项目成本管理
2.5 项目规划
2.6 项目实施与团队建设
    2.6.1 项目绩效检查与评估
    2.6.2 项目控制
    2.6.3 项目团队建设
    2.6.4 项目干系人管理
2.7 项目整体管理
2.8 项目范围管理
2.9 进度管理
2.10 成本管理
2.11 质量管理
2.12 风险管理
2.13 项目监督与控制
2.14 变更管理与控制
2.15 项目收尾管理

3. 信息系统服务管理
   3.1 信息系统服务管理计划的制订和执行
   3.2 信息系统服务管理的绩效评估和持续改进

4. 战略管理
   4.1 组织战略和组织战略管理
   4.2 组织级项目管理与组织战略
   4.3 战略管理与流程管理

5. 项目集（大型项目）管理
   5.1 项目集收益管理
   5.2 项目集干系人管理
   5.3 项目集治理
   5.4 项目集管理支持过程
      5.4.1 项目集整合管理
      5.4.2 项目集沟通管理
      5.4.3 项目集财务管理
      5.4.4 项目集采购管理
      5.4.5 项目集质量管理
      5.4.6 项目集范围管理
      5.4.7 项目集资源管理

    5.4.8 项目集风险管理

    5.4.9 项目集进度管理

  6. 项目组合管理

    6.1 项目组合管理过程组

    6.2 项目组合治理管理

    6.3 项目组合绩效管理

    6.4 项目组合风险管理

  7. 信息系统安全管理

    7.1 信息安全管理的组织

    7.2 信息安全管理计划的制订和执行

    7.3 信息系统的安全风险评估

    7.4 信息安全管理过程的监控与改进

    7.5 信息安全审计

  虽然大纲列举了七类案例分析考查的主题，但无论是从信息系统项目管理理论还是实践的角度看，第二类主题"信息系统项目管理"均是信息系统项目管理考核的主要内容。相应地，信息系统项目管理师历年案例分析考试也主要围绕信息系统项目管理这个主题进行命题，具体内容包括项目管理主题下的多方面内容。笔者分析了历年案例分析题目所考查的知识点以及采用的考查方式，总结和提炼了适用于信息系统项目管理师考试案例分析的十二种解题方法分为三类，分别是计算类方法、逻辑分析类方法以及内容记忆类方法。

  考生可首先阅读第 2 章，来全面了解三类方法的主要思路和典型示例，了解这些方法的一般特点，然后再根据项目管理的具体内容阅读第 3~17 章，建立对信息系统项目管理师案例分析题目和解题思路的完整视图。在此基础上，掌握案例分析的通用思路以及常见的知识点，在案例分析考试中对这些技巧和知识加以灵活应用。

第 2 章 案例分析综述

信息系统项目管理师案例分析作为单独的考查科目,其主要目的在于考查考生是否具备将信息系统项目管理相关的知识灵活运用到实际的项目中的能力。由于考试为纸卷形式,这就决定了考生无法像项目管理日常工作那样,在与项目各方当事人进行充分地沟通后,再根据不同项目背景和问题场景理出解决问题的思路。参加考试时,考生必须根据案例问题所描述的有限信息,在限定的时间内,对各种问题单独做出假设、进行推断,分析原因后给出解决问题的建议措施。对考生而言,案例分析部分最大的风险就是方向错误,即未能真正识别出案例要考查的知识重点。

纵观信息系统项目管理师历年案例分析题目,命题老师所给定的项目场景都是在实际项目中反复出现的典型场景,因而大多数考生看到案例分析的题目,都会产生似曾相识的感觉。"成功的项目是相似的,失败的项目则各有各的原因",造成项目失败的原因众多,不同原因可能会导致相似的结果。例如,项目进度的延误有可能是因为频繁的需求变更所引起的,也可能是因为客户方配合工作滞后,或者项目组成员的绩效低于预期绩效,甚至是项目进度计划采用了倒排计划法,本来就不合理等。而考生因为所处的项目环境各异,当看到案例分析提供的项目背景时,潜意识里可能会将该项目背景移植到自己的日常工作实践中,然后再采用对号入座的方式给出上述项目进度延误的原因分析与建议措施,这些原因分析与建议措施可能对考生所熟悉的项目有针对性,但却未必是案例分析所希望的答案。这种"对号入座、擅自引申"的做法正是考生进行案例分析时的典型错误思路。考生一定要了解的基本事实是,每个案例分析题目一定都有标准答案。

案例分析考试大纲中列举了知识考查项,每一道案例分析试题通常都会有其考查的重点。案例分析命题过程一定是首先确定要考查的知识点,然后再编写相应的案例场景,最后要求考生进行分析解答。对于参加信息系统项目管理师考试的考生而言,提高解题命中率和准确性的一个基本要求就是善于"按图索骥",根据案例分析题目的情景或条件推测得到可能的标准答案。换言之,考生在完成案例分析题目时,应该具备明确的逆向思考意识。

本章分析了案例分析所依据的考试大纲以及对应的知识点,并提出了适用于信息系统项目管理师案例分析题目的三类共十二种解题和分析方法。这十二种方法可以归纳为三类,分别是计算类、逻辑分析类以及内容记忆类。其中,计算类方法包括关键路径计算、挣值管理计算、工期成本混合计算、赶工计算、资源平衡计算和其他计算六种方法;逻辑分析类方法包括确定答题方向、提炼题干信息和完善答题形式三种方法;内容记忆类方法包括交付物内容记忆、输入输出内容记忆以及其他知识点记忆三种方法。下面分别对这些方法及分析示例进行说明。

2.1 计算方法

分析信息系统项目管理师历年的案例分析题目,大部分会包含一道计算题,所考查的计算方法多是关键路径法或者挣值管理方法,有时也会在同一道题目中同时考查两者。此外,计算题有时也会考查赶工计算方法、资源平衡方法等相对容易的方法。上述各类计算方法,尤其是关键路径法和挣值管理方法,都是现代项目管理体系中基本的计算方法,考生在日常工作实践中也有机会用到这两种方法。其中关键路径法更容易和实际项目管理工作相结合。下面以历年的案例分析题为例,来说明各种计算方法的具体应用。

2.1.1 关键路径计算

对于关键路径法,考生需要注意的重点是工期的两种表示方法:第一种是设定项目从第 1 天开始,经过 3 天,在第 3 天完成,其后续活动的开始时间为第 4 天;第二种是设定项目从第 0 天开始,经过 3 天,在第 3 天完成,其后续活动的开始时间则为第 3 天。两种表示方法最终的计算结果一致,但第一种方法因为存在类似植树问题中的加 1 减 1 规则,计算结果容易出错;第二种方法则无需转换,计算结果不易出错。如果考生可以自行选择,建议选择第二种方法;如果题目给定条件只能用第一种表示法,则切记减 1、加 1(计算活动结束时间为开始时间加工期减 1、后续活动的最早开始时间为之前活动最早结束时间加 1)。下面以一道典型的关键路径计算题为例,说明关键路径解题方法以及相关的注意事项。

试题描述

某项目细分为 A、B、C、D、E、F、G、H 共八个模块,各个模块之间的依赖关系和持续时间如表 2.1 所示。

表 2.1 各模块依赖关系及持续时间

活动代码	紧前活动	活动持续时间/天
A		5
B	A	3
C	A	6
D	A	4
E	B、C	8
F	C、D	5
G	D	6
H	E、F、G	9

【问题 1】（4 分）

计算该活动的关键路径和项目的总工期。

【问题 2】（8 分）

（1）计算活动 B、C、D 的总时差。

（2）计算活动 B、C、D 的自由时差。

（3）计算活动 D、G 的最迟开始时间。

【问题 3】（5 分）

如果活动 G 尽早开始，但工期拖延了 5 天，则该项目的工期会拖延多少天？请说明理由。

【问题 4】（5 分）

请简要说明什么是接驳缓冲和项目缓冲。如果采取关键链法对该项目进行进度管理，则接驳缓冲应该设置在哪里？

试题分析

该题直接以表格形式给出了项目的活动列表信息，包括了活动的名称、工期以及活动依赖关系。有些题目则通过文字叙述方式给出项目的活动列表信息，在这种情形下考生就得自己将其整理成类似上述表格的形式，才可以简明直观地做出关键路径的相关分析。

根据题目给出的活动列表信息，结合具体的 4 个问题来分析可知，该题是一道典型的关键路径计算题。题目的前 3 问都需要基于关键路径的直接计算结果做出分析，第 4 问则是考查关键链法的两个概念，部分也要依赖于关键路径的识别和判断。

根据一般关键路径计算题目的要求，这类题目的相关问题都要在计算关键路径基础上作答，所以在全面了解问题之后，首先绘制标准的项目网络图，然后根据网络图的计算结果进行分析。需要强调的是，尽量采用第 0 天而非第 1 天的 2 期表示法；另外，为了避免出错，每个网络图都应该包含项目的开始节点（即始节点）和结束节点，始节点对应的工期为 0 天。根据题目给定的活动列表信息绘制出如图 2.1 所示的网络图。

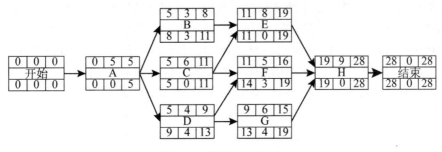

图 2.1 项目活动网络图

根据图 2.1 所示的网络图，逐一分析下列问题。

【问题 1】(4 分)

计算该活动的关键路径和项目的总工期。

根据关键路径的特征"总时差为零的活动所组成的通路"判断出上述网络图的关键路径为 A—C—E—H。

网络图结束节点的时间为 28 天,由此可以判断出该项目的总工期为 28 天。

【问题 2】(8 分)

(1) 计算活动 B、C、D 的总时差。

根据总时差的特征(每个活动框图中下方中间的数字),上述 B、C、D 三项活动各自对应的总时差分别为 3 天、0 天和 4 天。

(2) 计算活动 B、C、D 的自由时差。

根据自由时差的特征,即不影响后续所有活动最早开始时间前提下活动可以自由浮动的时间,B、C、D 各自对应的自由时差分别为 3 天、0 天和 0 天。活动 B 只有一项后续活动,自由时差与总时差相等;活动 C 虽然有两项后续活动,但因为其总时差为 0,不能浮动,因而自由时差为 0;活动 D 有两项后续活动,分别可以自由浮动的时间为 2 天和 0 天,所以活动 D 的自由时差为 0 天。

(3) 计算活动 D、G 的最迟开始时间。

根据图 2.1 计算的结果,活动 D 和活动 G 各自对应的最迟开始时间为 9 天和 13 天。

【问题 3】(5 分)

如果活动 G 尽早开始,但工期拖延了 5 天,则该项目的工期会拖延多少天?请说明理由。

该项目的工期会拖延 1 天,因为:

G 尽早开始,工期拖延 5 天,那么 G 的活动持续时间为 11 天,路径 A—D—G—H 的持续时间变为 29 天,即此路径成为该项目耗时最长的路径,即关键路径,原关键路径持续时间为 28 天,所以该项目工期会拖延 1 天。

【问题 4】(5 分)

请简要说明什么是接驳缓冲和项目缓冲。如果采取关键链法对该项目进行进度管理,则接驳缓冲应该设置在哪里?

根据关键链法的工期优化要求,为了避免项目延期,在项目关键路径末端设置缓冲时间用于应对可能来自关键路径的延期,称为项目缓冲;在非关键路径和项目关键路径的汇集处设置缓冲时间,用于应对可能来自非关键路径的延期,从而尽量避免对关键路径的影响,称为接驳缓冲。

根据图 2-1,接驳缓冲分别应设置于活动 B 和活动 E 之间、活动 F 和活动 H 之间以及活动 G 和活动 H 之间。

至于接驳缓冲与项目缓冲具体的时间设置,目前在项目管理行业内并没有达成共识,一种比较简单直观的提法是将所有活动工期压缩为原有工期的一半,压缩后的关键路径即为原有工期的 50%,然后将原有关键路径的 50%作为项目的缓冲时间;接驳缓冲则是识别压缩后的非关键路径至关键路径汇集处的浮动时间。这样,经过关键链优化后的项目总工期即由压缩后的关键路径和项目缓冲两阶段工期组成。关键链优化方法的本质是将合理的项目工期压缩为看似不可能完成的项目工期,营造紧迫感,从而全面激发项目团队的积极性。需要说明的是,目前在我国许多系统集成项目采用倒排工期的大环境下,这种关键链法的适用性存在较大的不确定性。

提示

考生在熟悉上述分析过程的基础上,会注意到绘制网络图和计算网络节点是关键。个别考生可能希望通过绘制甘特图来直接看出(而非计算得到)相应的结果,但不建议这么做,绘制甘特图可能也能得出正确的结论,但毕竟结果计算不完整,例如总时差和自由时差的计算结果就不直观,因此为了保险起见,建议考生采用上述前导图形式的网络图。如无特定要求,最好也不要采用箭线图,绘制箭线图可能需要引入额外的虚拟节点,且计算信息不完整。

2.1.2 挣值管理计算

挣值管理类的计算题是案例分析题中要考查的第二类计算题,其分值比重甚至超过关键路径方面的计算题。挣值管理算法主要是美国政府在项目采购过程中应用的一种项目状态监控方法,它可以直观有效地综合监控项目的范围、项目进度、项目成本以及项目风险等多方面的信息,这类信息对于缺乏技术背景和业务知识不足的管理机关和决策人员而言能够起到辅助决策的关键作用。挣值管理方法在我国的项目管理实践中并未得到大量应用,考生通常对挣值管理的概念和算法都比较陌生,在复习过程中应重点理解,并对计算结果进行合理解释。考生应首先熟悉挣值管理的一些基本概念,例如 PV、EV、AC、BAC、ETC、EAC 等,然后理解在不同情形下计算 ETC、EAC、TCPI 等重要指标,最后能够根据计算结果对项目做出合理的分析和建议。下面的示例说明了挣值管理计算题的计算和分析过程。

试题描述

某系统集成公司项目经理王某在其负责的一个信息系统集成项目中采用绩效衡量分析技术进行成本控制,该项目计划历时 10 个月,总预算为 50 万元。目前该项目已经实施到第 6 个月末。为了让公司管理层了解项目进展情况,王某根据项目实施过程中的绩效测量数据编制了一份成本执行绩效统计报告,截止第 6 个月末,项目成本绩效统计数据如表 2.2 所示。

表 2.2 项目执行信息表

序 号	工作任务单元代号	完成百分比	计划成本/万元	实际成本/万元
1	W01	100%	3	2.5
2	W02	100%	5	4.5

续表

序 号	工作任务单元代号	完成百分比	计划成本/万元	实际成本/万元
3	W03	90%	6	6.5
4	W04	80%	8.5	6
5	W05	40%	6.5	1.5
6	W06	30%	1	1.5
7	W07	10%	7	0.5

【问题1】（5分）

请计算该项目截至第6个月末的计划成本（PV）、实际成本（AC）、挣值（EV）、成本偏差（SV）、进度偏差（SV）。

【问题2】（4分）

请计算该项目截止第6个月末的成本执行指数（CPI）和进度指数（SPI），并根据计算结果分析项目的成本执行情况和进度情况。

【问题3】（3分）

根据所给的资料说明该项目表现出来的问题和可能的原因。

【问题4】（6分）

假设该项目现在解决了导致偏差的各种问题，后续工作可以按照原计划继续实施，项目的最终完工成本是多少？

试题分析

该题是一道典型的挣值管理计算题，题目以表格形式给出了项目各个活动与挣值计算相关的三个基本指标信息PV、EV和AC，其中PV与表格中的"计划成本"相对应，AC与表格中的"实际成本"相对应，EV与表格中的"完成百分比"相对应。根据EV的概念，EV是实际完成工作所对应的预算数值，此处的EV应该是对应的PV与完成百分比相乘的结果。

对于整个项目而言，项目整体的PV、EV和AC即是对所包含的各项活动进行累加的结果，所以可以得到项目整体的PV、EV和AC值。本题的计算都是挣值管理中典型的计算，考生只要直接套用公式计算即可。

需要说明的是，对于项目未来工作的计算都需要根据题目的要求进行条件判断，来确定应采用哪种计算类型。例如问题4注明了条件"后续工作可以按照原计划继续实施"，所以应该应用非典型计算公式来计算对应的ETC或者EAC。

下面针对每个问题进行计算和分析。

【问题1】（5分）

请计算该项目截至第6个月末的计划成本（PV）、实际成本（AC）、挣值（EV）、成本偏差（CV）、进度偏差（SV）。

根据表 2.2 中所列举的活动信息，对该项目在第 6 个月末的计划成本（PV）、实际成本（AC）、挣值（EV）分别计算如下：

PV=3+5+6+8.5+6.5+1+7=37 万元

EV=3×100%+5×100%+6×90%+8.5×80%+6.5×40%+1×30%+7×10%=23.8 万元

AC=2.5+4.5+6.5+6+1.5+1.5+0.5=23 万元

成本偏差（CV）和进度偏差（SV）分别计算如下：

CV = EV–AC = 23.8–23=0.8 万元

SV = EV–PV = 23.8–37= –13.2 万元

【问题 2】（4 分）

请计算该项目截至第 6 个月末的成本执行指数（CPI）和进度指数（SPI），并根据计算结果分析项目的成本执行情况和进度情况。

首先计算项目当前时间点所对应的 CPI 和 SPI：

CPI=EV/AC=23.8/23≈1.03

SPI=EV/PV=23.8/37≈0.64

计算结果表明，该项目截至当前时间，CPI>1，成本节约；SPI=0.64<1，进度延误比较明显。

【问题 3】（3 分）

根据所给的资料说明该项目表现出来的问题和可能的原因。

上述计算结果表明，截至当前时间，项目成本执行情况基本符合预期，但项目执行进度明显落后，可能存在以下原因：

（1）项目进度计划不合理，工作任务 W05、W06 和 W07 严重滞后。

（2）项目执行过程中可能遇到意外事件，导致项目工作任务 W05、W06 和 W07 无法正常执行，从而延期。

（3）项目资源投入不足，不能为后续任务安排充足资源导致任务延期。

（4）项目中可能出现的变更导致项目范围增加，但并未同时增加项目资源。

（5）项目缺乏有效的监控机制，导致项目进度延误现象没有被及时纠正。

【问题 4】（6 分）

假设该项目现在解决了导致偏差的各种问题，后续工作可以按照原计划继续实施，项目的最终完工成本是多少？

根据问题的约束条件"后续工作可以按照原计划继续实施"，计算项目最终完工成本（EAC）应该应用非典型偏差计算公式，EAC=AC+(BAC-EV)。

其中，AC 和 EV 为当前时间点对应的 AC 和 EV，分别为 23 万元和 23.8 万元；BAC 则为项目初期的总预算，为 50 万元。代入上述数值 EAC 计算如下：

EAC=AC+(BAC-EV)=23+(50-23.8)=49.2 万元

所以，如果后续工作可以按照原计划继续实施，项目的最终完工成本将是 49.2 万元。

提示

识别出基本的 PV、EV、AC 是解题关键,其核心是汇总,但是要根据活动的执行情况进行分析,如果是并行执行则直接加总。很多时候活动之间存在依赖关系,这时需要绘制网络图,此时不要采用前导图或者箭线图,而要用直观的甘特图,因为通过甘特图可以直观分析在给定的时间段内应该对哪些活动进行横向加总,从而得到多项活动汇总后所对应的 PV、EV 和 AC。

2.1.3 工期成本混合计算

信息系统项目管理师案例分析的计算类题目还有一类是综合了关键路径和挣值管理的混合计算题,考生对此也需要加以关注。下面的示例说明了混合计算题分析计算过程以及注意事项。

试题描述

某信息系统项目包含 A、B、C、D、E、F、G、H、I、J 十个活动。各活动的历时、成本估算值、活动逻辑关系如表 2.3 所示。

表 2.3 项目活动信息表

活动名称	活动历时/天	成本估算/元	紧前活动
A	2	2000	
B	4	3000	A
C	6	5000	B
D	4	3000	A
E	3	2000	D
F	2	2000	A
G	2	2000	F
H	3	3000	E、G
I	2	2000	C、H
J	3	3000	I

【问题 1】(10 分)

(1) 请计算活动 H、G 的总浮动时间和自由浮动时间。
(2) 请指出该项目的关键路径。
(3) 请计算该项目的总工期。

【问题 2】(3 分)

项目经理在第 9 天结束时对项目进度进行了统计,发现活动 C 完成了 50%,活动 E 完成了 50%,活动 G 完成了 100%,请判断该项目的工期是否会受到影响?为什么?

【问题 3】（10 分）

结合问题 2，项目经理在第 9 天结束时对项目成本进行了估算，发现活动 B 的实际花费比预估多了 1000 元，活动 D 的实际花费比预估少了 500 元，活动 C 的实际花费为 2000 元，活动 E 的实际花费为 1000 元，其他活动的实际花费与预估一致。

（1）请计算该项目的完工预算（BAC）。

（2）请计算该时点计划值（PV）、挣值（EV）、成本绩效指数（CPI）、进度绩效指数（SPI）。

【问题 4】（3 分）

项目经理对项目进度、成本与计划不一致的原因进行了详细分析，并制定了改进措施。假设该改进措施是有效的，能确保项目后续过程中不会再发生类似问题，请计算该项目的完工估算（EAC）。

试题分析

该题是一道同时包含关键路径和挣值的计算题，考生需要先对关键路径进行计算和识别，然后在此基础上识别挣值所对应的基本指标 PV、EV 和 AC，并计算 CPI、SPI 以及 EAC 等挣值指标。题目的计算要求不高，但因为同时包含了关键路径和挣值计算，所以需要引起考生关注。

下面针对每个问题进行计算和分析。

【问题 1】（10 分）

（1）请计算活动 H、G 的总浮动时间和自由浮动时间。

（2）请指出该项目的关键路径。

（3）请计算该项目的总工期。

问题 1 对应的三个小问题都与关键路径的计算和识别紧密相关，所以首先需要绘制网络图进行关键路径识别。

根据题目中给定的活动信息，绘制如图 2.2 所示的项目网络图。

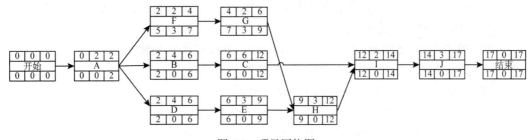

图 2.2　项目网络图

（1）由图 2.2 可知，活动 H 位于关键路径上，其对应的总浮动时间和自由浮动时间均为 0；活动 G 之后只有一项活动 H，其对应的总浮动时间和自由浮动时间均为 3 天。

（2）由图 2.2 可知，该项目有两条关键路径，分别是 A—B—C—I—J 以及 A—D—E—H—I—J。

（3）由图 2.2 判断可知，该项目的总工期为 17 天。

【问题 2】（3 分）

项目经理在第 9 天结束时对项目进度进行了统计，发现活动 C 完成了 50%，活动 E 完成了 50%，活动 G 完成了 100%，请判断该项目工期是否会受到影响？为什么？

由图 2.2 所示的网络图可知，活动 C 应于第 9 天完成 50%，实际完成 50%，所以活动 C 不会影响工期；活动 E 应于第 9 天完成 100%，实际完成了 50%，且活动 E 位于关键路径上，所以活动 E 延期将导致整体工期延误；活动 G 的最晚完成时间为第 9 天，活动 G 不会影响总工期。所以，根据目前的完工情况判断，该项目工期将会延误。

【问题 3】（10 分）

结合问题 2，项目经理在第 9 天结束时对项目成本进行了估算，发现活动 B 的实际花费比预估多了 1000 元，活动 D 的实际花费比预估少了 500 元，活动 C 的实际花费为 2000 元，活动 E 的实际花费为 1000 元，其他活动的实际花费与预估一致。

（1）请计算该项目的完工预算（BAC）。

项目的完工预算（BAC）是指项目在启动之初所设置的项目总预算，由题中给定的活动信息表可知，BAC 即为活动 A、B、C、D、E、F、G、H、I、J 所对应的预算成本之和。对十项活动的成本估算结果求和，计算结果为 27000 元，所以 BAC 为 27000 元。

（2）请计算该时点计划值（PV）、挣值（EV）、成本绩效指数（CPI）、进度绩效指数（SPI）。

要计算项目的 CPI 和 SPI，首先必须计算相应的 PV、EV 和 AC。项目在第 9 天的 PV 为活动 A、B、D、E、F、G 所对应的预算之和以及活动 C 对应预算的 50%（活动 C 在第 9 天的预算为活动总预算的 50%）。所以该项目在第 9 天所对应的 PV 为：

PV=2000+3000+5000×50%+3000+2000+2000+2000=16500 元

又根据题意可知，第 9 天完成了活动 A、B、D、F、G，以及活动 C 和活动 E 对应的 50%，所以项目对应的 EV 为：

EV=2000+3000+5000×50%+3000+2000×50%+2000+2000=15500 元

根据上述对实际成本的描述信息，项目在第 9 天对应的 AC 为：

AC=2000+4000+2000+2500+1000+2000+2000=15500 元

根据上述计算得到的 PV、EV 和 AC 计算 CPI 和 SPI：

CPI=EV/AC=15500/15500=1；SPI=EV/PV=15500/16500≈0.94

【问题 4】（3 分）

项目经理对项目进度、成本与计划不一致的原因进行了详细分析，并制定了改进措施。假设该改进措施是有效的，能确保项目后续过程中不会再发生类似问题，请计算该项目的完工估算（EAC）。

根据题意可知,在此种情形下计算 EAC 应该应用非典型场景下的计算公式,EAC 计算如下:

EAC=AC+(BAC−EV)=15500+(27000−15500)=27000 元

提示

针对这种同时包含关键路径计算和挣值计算的题目类型,考生尤其需要注意关键路径计算结果的正确性,同时关注位于项目非关键路径上各活动的浮动时间,因为挣值计算往往涉及需要对多个活动的 PV、EV 和 AC 进行加总,此时应确保在给定的时间段内包含所有活动。

2.1.4 赶工计算

除了关键路径计算类型之外,在项目进度管理方面的计算类型还包括赶工和资源平衡计算。相对于关键路径计算,这两类计算考得比较少,可能是因为在实际工作中应用较少的缘故吧。相对于关键路径计算,这两类计算方法比较简单。需要说明的是,在实际应用过程中,一定要先识别出关键路径之后,才能利用赶工方法和资源平滑方法对项目进度计划进行优化处理。下面通过示例说明赶工计算的具体计算方法。

试题描述

图 2.3 给出了某项目的箭线图。

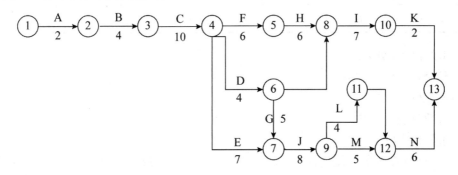

图 2.3 项目箭线图

针对图 2.3 所示的项目箭线图,表 2.4 给出了该项目各项作业正常工作与赶工工作的时间和费用。

表 2.4 项目活动赶工信息表

活动	正常工作		赶工工作	
	时间/天	费用/元	时间/天	费用/元
A	2	1200	1	1500
B	4	2500	3	2700

续表

活　动	正 常 工 作		赶 工 工 作	
	时间/天	费用/元	时间/天	费用/元
C	10	5500	7	6400
D	4	3400	2	4100
E	7	1400	5	1600
F	6	1900	4	2200
G	5	1100	3	1400
H	6	9300	4	9900
I	7	1300	5	1700
J	8	4600	6	4800
K	2	300	1	400
L	4	900	3	1000
M	5	1800	3	2100
N	6	2600	3	2960

【问题1】（3分）

请给出项目的关键路径。

【问题2】（3分）

请计算项目总工期。

【问题3】（19分）

（1）请计算关键路径上各活动的可缩短时间，每缩短一天增加的费用和增加的总费用。将关键路径上各活动的名称以及对应的计算结果填入答题纸相对应的表格中。

（2）如果项目工期要求缩短到38天，请给出具体的工期压缩方案并计算需要增加的最少费用。

试题分析

分析问题，可知该题考查关键路径计算识别以及赶工计算方面的知识。三个问题密切相关，需要首先绘制网络图进行关键路径的识别。

根据题目中给定箭线图，计算结果如图2.4所示。

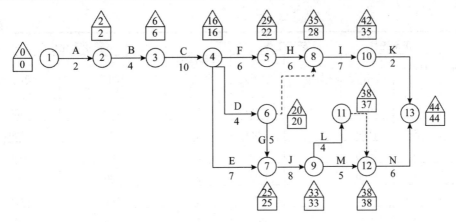

图 2.4 项目箭线图（附计算结果）

【问题 1】（3 分）

请给出项目关键路径。

根据图 2.4 所示的计算结果，不能浮动的节点 1、2、3、4、6、7、9、12、13 共同构成了项目的关键路径，组成关键路径的活动依次为 A—B—C—D—G—J—M—N。

【问题 2】（3 分）

请计算项目总工期。

根据上述网络图的计算结果，该项目的总工期为 44 天。

【问题 3】（19 分）

（1）请计算关键路径上各活动的可缩短时间，每缩短一天增加的费用和增加的总费用。将关键路径上各活动的名称以及对应的计算结果填入答题纸相对应的表格中。

根据表 2.4 给定的信息和图 2.4 的计算结果，关键路径上各活动的可缩短时间、每缩短一天增加的费用和增加的总费用信息如表 2.5 所示，其中 A、B、C、D、G、J、M、N 八项活动为关键路径活动。

表 2.5 项目活动赶工信息表（计算结果）

活动	正常工作		赶工工作		可缩短时间/天	费用变化信息	
	时间/天	费用/元	时间/天	费用/元		每缩短一天增加的费用/元	增加的总费用/元
A	2	1200	1	1500	1	300	300
B	4	2500	3	2700	1	200	200
C	10	5500	7	6400	3	300	900
D	4	3400	2	4100	2	350	700
E	7	1400	5	1600	2	100	200

续表

活动	正常工作		赶工工作		可缩短时间/天	费用变化信息	
	时间/天	费用/元	时间/天	费用/元		时间/天	费用/元
F	6	1900	4	2200	2	150	300
G	5	1100	3	1400	2	150	300
H	6	9300	4	9900	2	300	600
I	7	1300	5	1700	2	200	400
J	8	4600	6	4800	2	100	200
K	2	300	1	400	1	100	100
L	4	900	3	1000	1	100	100
M	5	1800	3	2100	2	150	300
N	6	2600	3	2960	3	120	360

（2）如果项目工期要求缩短到 38 天，请给出具体的工期压缩方案并计算需要增加的最少费用。

根据赶工计算的优化步骤，首先寻找位于关键路径且赶工费用增加最少的活动，对其进行压缩后重新识别关键路径，直到满足相关的约束条件。

分析关键路径活动可知，活动 J 的赶工费用增加最少，为 100 元/天，对活动 B 压缩 2 天，重新识别关键路径，关键路径不变，此时增加的赶工费用合计为 200 元（100 元×2 天）；压缩后的关键路径中活动 N 的赶工费用增加最少，为 120 元/天，对活动 N 压缩 3 天，重新识别关键路径，关键路径不变，此时合计增加的赶工费用为 560 元（100 元×2 天+120 元×3 天）；压缩后的关键路径中活动 G 和 M 的赶工费用增加最少，均为 150 元/天，对活动 G 压缩 1 天，重新识别关键路径，关键路径不变，此时合计增加的赶工费用为 710 元（100 元×2 天+120 元×3 天+150 天），或者对活动 M 压缩 1 天，虽然关键路径发生了改变，但压缩后的活动 M 仍然位于关键路径上，所以压缩有效，此时合计增加的赶工费用仍为 710 元。

综合以上分析，满足工期缩短为 38 天且赶工费用最少的赶工要求有两种方案，第一种方案为压缩活动 B、活动 N 和活动 G 分别为 2 天、3 天和 1 天，赶工后的关键路径没有发生变化，仍然为 A、B、C、D、G、J、M、N 八项活动，工期为 38 天，累计增加的赶工费用为 710 元；第二种方案为压缩活动 B、活动 N 和活动 M 分别为 2 天、3 天和 1 天，赶工后的关键路径发生变化，存在两条关键路径，分别为 A、B、C、D、G、J、M、N 八项活动以及 A、B、C、D、G、J、L、N，工期为 38 天，累计增加的赶工费用为 710 元。

2.1.5 资源平衡计算

资源平衡计算方法与赶工计算方法相似，都是在关键路径计算方法基础上的延伸。需要说明的是，资源平衡很多时候仅具有泛指意义。资源平衡可以被严格区分为"资源平衡"和"资源平滑"两种。下面通过示例说明资源平衡计算的考查方式。

试题描述

某软件项目包含八项活动，活动之间的依赖关系以及各活动的工作量和所需的资源如表 2.6 所示。假设不同类型的工作人员之间不能互换，但是同一类型的人员都可以从事与其相关的所有工作。所有参与该项目的工作人员，从项目一开始就进入项目团队，直到项目结束时才能离开，在项目过程中不能承担其他活动（所有的工作都按照整天计算）。

表 2.6 项目活动资源信息表

活 动	工作量（人·天）	依 赖 关 系	资源类型
A	4		SA
B	3	A	SD
C	2	A	SD
D	4	A	SD
E	3	B	SC
F	3	C	SC
G	8	CD	SC
H	2	EFG	SA

SA：系统分析人员　　SD：系统设计人员　　SC：软件编码人员

【问题 1】（14 分）

假设该项目团队有 SA 人员 1 人，SD 人员 2 人，SC 人员 3 人，请将下面（1）～（11）处的答案填写在答题纸的对应栏内。

A 结束后，先投入（1）名 SD 完成 C，需要（2）天。

C 结束后，再投入（3）名 SD 完成 D，需要（4）天。

C 结束后，投入（5）名 SC 完成（6），需要（7）天。

D 结束后，投入 SD 完成 B。

C、D 结束后，投入（8）名 SC 完成 G，需要（9）天。

G 结束后，投入（10）名 SC 完成 E，需要 1 天。

E、F、G 完成后，投入 1 名 SA 完成 H，需要 2 天。

项目总工期为（11）天。

【问题 2】（7 分）
假设现在市场上使用 1 名 SA 每天的成本为 500 元，1 名 SD 每天的成本为 500 元，1 名 SC 每天的成本为 600 元，项目要压缩至 10 天完成。
（1）应增加什么类型的资源？增加多少？
（2）项目成本增加还是减少？增加或减少多少？（请给出简要计算步骤）

【问题 3】（6 分）
请判断以下描述是否正确（填写在答题纸的对应栏内，正确的选项填写"√"，不正确的选项填写"×"）：
（1）活动资源估算过程同费用估算过程紧密相关，外地施工团队聘用熟悉本地相关法规的咨询人员的成本不属于活动资源估算的范畴，只属于项目的成本部分。（ ）
（2）制定综合资源日历属于活动资源估算过程的一部分，一般只包括资源的有无，而不包括人力资源的能力和技能。（ ）
（3）项目变更造成项目延期，应在变更确认时发布，而非在交付前发布。（ ）

试题分析
这是一道考查综合知识的案例分析题，主要考查资源分配、关键路径、赶工、进度管理子过程输入、输出以及变更概念等多方面的知识。
由于题中要求计算总工期以及赶工时间，所以也需要识别关键路径。与典型的关键路径计算题不同，此题需要首先确定为每项活动分配的资源类型和资源数量，之后才能确定每项活动的工期，进而根据活动工期和依赖关系识别关键路径。完成问题 1 的各项内容即可识别出关键路径，为后续问题提供基础。
需要注意的是，和资源平衡有关的计算，一般应使用甘特图而非网络图来识别关键路径，一方面是因为甘特图直观，更易于表达资源类型、数量以及活动信息等多种信息；另一方面是因为可能会涉及资源叠加，需要从纵向角度分析资源数量的变化情形。

【问题 1】（14 分）
假设该项目团队有 SA 人员 1 人，SD 人员 2 人，SC 人员 3 人，请将下面（1）～（11）处的答案填写在答题纸的对应栏内。
A 结束后，先投入（1）名 SD 完成 C，需要（2）天。
C 结束后，再投入（3）名 SD 完成 D，需要（4）天。
C 结束后，投入（5）名 SC 完成（6），需要（7）天。
D 结束后，投入 SD 完成 B。
C、D 结束后，投入（8）名 SC 完成 G，需要（9）天。
G 结束后，投入（10）名 SC 完成 E，需要 1 天。
E、F、G 完成后，投入（1）名 SA 完成 H，需要 2 天。
项目总工期为（11）天。
答案：（1）2；（2）1；（3）2；（4）2；（5）3；（6）F；（7）1；（8）3；（9）3；（10）

3；(11) 13。

根据题目给定的活动资源信息表中的信息以及活动依赖关系，很容易完成问题 1 中的各个填空，同时绘制出项目的甘特图，如图 2.5 所示。根据甘特图容易判断出项目的关键路径[①]，即 A、C、D、G、E、H 共同构成了项目的关键路径，总工期为 13 天。

ID	任务名称	开始时间	完成	持续时间	2018年10月 9 10 11 12 13 14 15 16 17 18 19 20 21 22 23 24
1	A	2018/10/9	2018/10/12	4d	
2	B	2018/10/16	2018/10/17	2d	
3	C	2018/10/13	2018/10/13	1d	
4	D	2018/10/14	2018/10/15	2d	
5	E	2018/10/19	2018/10/19	1d	
6	F	2018/10/14	2018/10/14	1d	
7	G	2108/10/16	2018/10/18	3d	
8	H	2018/10/20	2018/10/22	2d	

图 2.5 该项目的甘特图

【问题 2】(7 分)

假设现在市场上使用 1 名 SA 每天的成本为 500 元，1 名 SD 每天的成本为 500 元，1 名 SC 每天的成本为 600 元，项目要压缩至 10 天完成。

(1) 应增加什么类型的资源？增加多少？

欲将项目压缩为 10 天，意味着压缩项目关键路径 3 天，此时应针对关键路径上的活动增加费用最低的资源类型，SA 和 SD 均为 500 元，又结合题目给定条件，任务 A 由 1 人完成需要 4 天，如果由 2 人完成则需要 2 天；任务 H 由 1 人完成需要 2 天，如果由 2 人完成则需要 1 天[②]。所以应增加 SA 类型的资源类型，由 1 人至 2 人。

(2) 项目成本增加还是减少？增加或减少多少？（请给出简要计算步骤）

根据题目中给定的条件，项目原成本为 13×(500+500×2+600×3)=42900 元；赶工后的成本为 10×(500×2+500×2+600×3)=38000 元。

与赶工前相比较，项目成本减少，减少的成本为 42900−38000＝4900 元。

【问题 3】(6 分)

请判断以下描述是否正确（填写在答题纸的对应栏内，正确的选项填写"√"，不正确的选项填写"×"）：

(1) 活动资源估算过程同费用估算过程紧密相关，外地施工团队聘用熟悉本地相关法规的咨询人员的成本不属于活动资源估算的范畴，只属于项目的成本部分。（　　）

---

① 使用画图工具绘制的甘特图相对直观，但添加依赖关系后会显得比较凌乱，不过考生考试中手绘草图时添加依赖关系还是比较容易的。

② 题目中没有给出活动压缩的约束条件。

(2)制定综合资源日历属于活动资源估算过程的一部分,一般只包括资源的有无,而不包括人力资源的能力和技能。（　　）

(3)项目变更造成项目延期,应在变更确认时发布,而非在交付前发布。（　　）

上述判断相对容易,分别为×、×、√。

2.1.6 其他计算

分析信息系统项目管理师历年的案例分析题,计算类的题目无外乎上述几种。不过,项目管理领域还有些内容相对简单的方法,包括时间管理领域的 PERT 和三点加权法、成本管理领域的投资回报率和投资回收期算法、风险管理领域的决策树分析等方法,考生也需要花时间熟悉这些基本的计算方法[①]。

2.2 逻辑分析方法

逻辑分析方法也是一种重要的案例分析方法,它更强调逆向思维的应用,即结合案例分析的场景描述和具体问题,以反推的方式得出趋近于案例分析的标准答案。逻辑分析方法通常适用于原因结果类型的案例分析题目,试题一般会给出一个典型的失败案例,然后要求考生分析项目失败的主要原因,并提出相应的改进措施和建议。

对大多数考生而言,分析逻辑分析题最大的风险就是方向错误。纵观历年的案例分析题,命题老师所给定的项目场景都是在实际项目中反复出现的失败项目典型场景,因而大多数考生都会产生似曾相识的感觉。

"成功的项目是相似的,失败的项目则各有各的原因",造成项目失败的原因很多,不同的原因可能会导致相似的结果。例如,项目进度的延误有可能是因为频繁的需求变更所引起的,也可能是因为客户方配合工作滞后,或者项目组成员的绩效低于预期绩效,甚至是项目进度计划采用倒排计划法,本来就不合理等。而考生所处的项目环境各异,当看到案例分析提供的项目背景时,潜意识里可能会将该项目背景移植到自己曾经的项目实践中,然后再采用对号入座的方式给出相应的原因分析与建议措施,这种做法恰恰是案例分析的典型错误思路。试想,因为经历的项目背景的不同,十个考生可能就有十种答案,以哪个考生的答案为准?而事实是逻辑分析类的题目一定有标准答案。

考生如果完全以自己的项目经历为依据进行分析,则答案与标准答案非常可能失之交臂。为了提高考生对逻辑分析类题目的理解,笔者拟从三方面帮助考生建立该类题目的答题线索:首先确定答题方向,然后提炼题干信息,最后完善答题形式。通过这种结构化的分析方法有针对性地分析题目中给定的项目背景信息,以最大限度地使考生不至

---

① 与运筹学相关的计算,例如最小成本/最大利润计算、优化路径计算等计算题主要在科目一中考查,目前尚未在案例分析中进行考查,且也不大可能作为案例分析的考查知识点。

于偏离逻辑分析题目的考试要求。

2.2.1 确定答题方向

考生在回答案例分析题目时应首先确定答题方向，防止自己在答题过程中偏离案例分析的考查重点。

试题描述

阅读下列说明，回答问题 1 至问题 3，将解答填入答题纸的对应栏内。

某系统集成商 A 公司承担了某科研机构的信息系统集成项目，建设内容包括应用软件开发、软硬件系统的集成等工作。在项目建设过程中，由于项目建设单位欲申报科技先进单位，需将此项目成果作为申报的重要内容之一，在合同签订后 30 天内，建设单位向 A 公司要求总工期由 10 个月压缩到 6 个月，同时增加部分功能点。

由于此客户为 A 公司的重要客户，为维护客户关系，A 公司同意了建设单位的要求。为了完成项目建设任务，A 公司将应用软件分成了多个子系统，并分别组织开发团队突击开发，为提高效率，尽量采用并行的工作方式，在没有全面完成初步设计的情况下，有些开发组就开始了详细设计与部分编码工作；同时新招聘了 6 名应届毕业生加入开发团队。

在项目建设过程中，由于客户面对多个开发小组，觉得沟通很麻烦，产生了很多抱怨，虽然 A 公司采取了多种措施来满足项目工期和新增功能的要求，但还是频繁出现了调整设计和编码返工等问题，导致项目建设没有在约定的 6 个月工期内完成，同时在试运行期间系统出现运行不稳定和数据不一致的情况，直接影响到建设单位科技先进单位的申报工作；并且项目建设单位对 A 公司按合同规定提出的阶段验收申请不予回应。

【问题 1】（10 分）

请简要分析 A 公司没有按期保质保量完成本项目的原因。

【问题 2】（5 分）

结合本试题所述项目工期的调整，请简述 A 公司应按照何种程序进行变更管理。

【问题 3】（10 分）

公司重新任命王工程师为该项目的项目经理，负责项目的后续工作。请指出王工程师应采取哪些措施使项目能够进入验收阶段。

阅读完案例材料之后，考生可能会产生似曾相识的感觉，哎呀，这个场景与我之前所完成的×××项目太相似了！分析这样的问题正是我的强项！殊不知，这样的想法很危险，可能直接导致整体考试失败（案例分析总共三道题目，如果一道题目方向错误，那么总分超过 45 分的机会就很小了，而案例分析失败则导致三科考试整体失败）。正如以前做英文考试的阅读理解一样，考生首先要做的工作是审题，而不是简单地阅读。如前文所述，通过阅读该项目材料考生可能得到不同的结论，如何保证考生的结论趋近于标准答案呢？

案例分析的三个问题为考生指明了标准答案的方向。问题1要求考生分析项目没有按期保质保量完成的原因。这些原因是什么？考生千万不要急于作答，接着看问题2，"结合本试题所述项目工期的调整，请简述A公司应按照何种程序进行变更管理"。为什么问题2的内容与变更有关？由此可以推断原因的重点一定与变更有关，否则问题2就不知所云了，所以问题2的设置是有用意的。再看问题3，"请指出王工程师应采取哪些措施使项目能够进入验收阶段"，问题3的提出往往与前面的两个问题相互关联。采取哪些措施呢？一方面，应根据第一个问题所分析出的原因对症下药，另一方面还应该考虑问题2的内容，将问题2的内容体现在项目经理将要采取的措施中。

所以考生在真正答题之前先要从不同角度把握答案的方向，有的放矢，这样才不会答非所问。在考生确定了答题方向之后，是否就可以下笔作答了呢？且慢，答题方向的确定只是明确了问题回答应该围绕什么样的主题展开，如何展开，还需要满足什么样的条件，回答问题时还应该结合案例中给出的题干信息仔细斟酌。

2.2.2 提炼题干信息

案例分析中的题干是什么？简言之，即能够表达案例分析材料内容的关键词。考生应该注意到案例分析材料的一个普遍特征，即考生分析的案例材料中一定存在这样那样的问题，否则，一个完美的项目材料无从体现考生对于案例的观点和看法。既然在给定的案例分析材料中存在这样那样的问题，命题老师一定会通过种种线索加以提示，所以考生在第一次阅读案例材料时就应该有意识地对那些"可疑的"关键词进行标注。经标注后的题干信息就应该成为考生答题时的落脚点。仍以上面的案例分析材料为例，考生在阅读的过程中其实可以明显感受到下列关键词是比较可疑的，因而可以作为答题线索。

某系统集成商A公司承担了某科研机构的信息系统集成项目，建设内容包括应用软件开发、软硬件系统的集成等工作。在项目建设过程中，由于项目建设单位欲申报科技先进单位，需将此项目成果作为申报的重要内容之一，在合同签订后30天内，建设单位向A公司要求总工期<u>由10个月压缩到6个月</u>，同时增加部分功能点。

由于此客户为A公司的重要客户，为维护客户关系，A公司同意了建设单位的要求。为了完成项目建设任务，A公司将应用软件分成了多个子系统，并<u>分别组织开发团队突击开发</u>，为提高效率，<u>尽量采用并行的工作方式</u>，在没有全面完成初步设计的情况下，<u>有些开发组就开始了详细设计与部分编码工作</u>；同时<u>新招聘了6名应届毕业生</u>加入开发团队。

在项目建设过程中，<u>由于客户面对多个开发小组</u>，觉得沟通很麻烦，产生了很多抱怨，虽然A公司采取了多种措施来满足项目工期和新增功能的要求，但还是频繁出现了调整设计和编码返工等问题，导致项目建设没有在约定的6个月工期内完成，同时在试运行期间系统出现运行不稳定和数据不一致的情况，直接影响到建设单位科技先进单位的申报工作；并且项目建设单位对A公司按合同规定提出的阶段验收申请不予回应。

上例中双下画线的部分都是明显有悖于项目管理的做法，因而在阅读的过程中就需要对其进行标注[①]，而标注后的关键信息应与答题方向相结合，然后再给出对应的答案。该案例分析材料中的答题方向主要围绕变更管理展开，同时包含所标注的关键信息，所以对于问题 1 可以初步得到如下参考答案。

【问题 1】（10 分）
请简要分析 A 公司没有按期保质保量完成本项目的原因。
（1）甲方不考虑项目管理的客观规律，在增加部分功能点的前提下，盲目将工期由 10 个月压缩为 6 个月，是导致项目延期的主要原因。（<u>工期由 10 个月压缩到 6 个月，同时增加部分功能点</u>）
（2）乙方在工作中采用突击开发的方式，没有考虑合适的系统划分，可能导致项目的质量下降。（<u>分别组织开发团队突击开发</u>）
（3）由于在项目中过度采用并行开发方式，使得项目返工的风险大大增加。（<u>有些开发组同时开始详细设计与部分编码工作</u>）
（4）没有考虑在团队中增加新员工可能对项目工期带来的负面影响。（<u>新招聘了 6 名应届毕业生</u>）
（5）没有在项目中采用双方的单一接口人沟通制度，因而在项目中容易产生沟通混乱。（<u>由于客户面对多个开发小组</u>）

通过匹配案例分析材料中的关键信息，可以首先得到上面 5 条原因。需要注意的是，该项目背景的主题方向是变更管理，而上述答案对变更并无明确体现，所以应该在原因分析中添加与变更有关的内容，尤其是与项目工期变更有关的原因分析。
（6）项目缺乏对变更的有效管理和监督。
（7）该项目在执行项目工期变更时并没有遵循相应的工期变更流程，这种随意性的变更直接导致了项目工期的失控。

正是考虑到以上两方面因素，最终对于问题 1 的原因分析有 7 条：
（1）项目缺乏对变更的有效管理和监督。
（2）该项目在执行项目工期变更时并没有遵循相应的工期变更流程，这种变更的随意性直接导致了项目工期的失控。
（3）甲方不考虑项目管理的客观规律，在增加部分功能点的前提下，盲目将工期由 10 个月压缩为 6 个月，是导致项目延期的主要原因。
（4）乙方在工作中采用突击开发的方式，没有考虑合适的系统划分，可能导致项目的质量下降。
（5）由于在项目中过度采用并行开发方式，使得项目返工的风险大大增加。

---

① 使用铅笔在试题上做一些阅读标记并不违反考试要求。

（6）没有考虑在团队中增加新员工可能对项目工期带来的负面影响。

（7）没有在项目中采用双方的单一接口人沟通制度，因而在项目中容易产生沟通混乱。

上述的原因分析属于案例分析中典型的方法，案例分析题大多会涉及类似的问题类型，要求考生根据给定的案例材料分析出对应的原因。考生可以借助上面的分析过程，在确定主题方向的基础上仔细识别案例材料中的题干信息，从而给出针对性较强的原因分析。下面再以该案例分析的第 2 个问题为例，说明知识点类型的问题回答方法。

【问题 2】(5 分)

结合本试题所述项目工期的调整，请简述 A 公司应按照何种程序进行变更管理。

该问题的关键点在于要求考生回答"变更管理程序"。变更管理程序是什么？有些考生可能就会结合自己的工作实践进行发挥：

（1）变更时首先明白客户的真正意图是什么。

（2）然后再与客户沟通，对于那些可变可不变的需求尽可能不要改变，否则会对项目的工期造成负面的影响。

（3）对于那些棘手的变更问题最好寻求领导的支持，由领导出面与客户协商。

（4）对于那些客户坚持变更的需求则通过评审合同的方式，要求客户追加相应的费用。

上面的回答方法是否得当？答案显然是否定的。可能有些考生觉得上面的变更管理程序比较实用，自己在日常项目管理过程中就使用类似的方法。这种观点看似正确，实则不然。再次强调，考生答案例分析题时也应采取应试的形式。既是考试，就一定会有标准的参考答案。既有参考答案，考生凭经验做题的方法可能就与应试思路有所出入。每个考生所处的公司环境不同，接触的客户也会因为行业的差别和客户组织形式的不同而有很大差异，因此，凭经验给出的答案与标准的参考答案可能会有较大的差异。考生应根据教材中关于变更管理流程的描述给出相应的建议，例如：

（1）提出变更申请。

（2）变更初审。

（3）对变更方案进行论证。

（4）CCB 对变更进行审查和批准。

（5）在项目中实施变更。

（6）对变更实施进行监控。

（7）对变更效果进行评估。

（8）判断变更后的项目是否已纳入正常轨道。

显然，问题 2 的回答方式与问题 1 又有明显的区别。问题 1 更多地借助于逻辑分析、题干线索等作为答题的主要手段，而回答问题 2 的前提则是必须掌握相应的知识点，否则就可能说不到点上，甚至南辕北辙。再对该案例的问题 3 进行分析，问题 3 的特点与问题 1 和问题 2 又有所不同：

【问题 3】（10 分）

公司重新任命王工程师为该项目的项目经理，负责项目的后续工作。请指出王工程师应采取哪些措施使项目能够进入验收阶段。

正如前文所述，给定的案例材料肯定都是"伤痕累累"，需要考生根据问题分析原因，并根据原因给出可行的措施与建议。俗语说，对症下药。案例分析也是如此，问题的解决措施往往立足于对原因的分析，总的思路是"能根除原因的即是相应的解决措施"。根据这样的思路，便可以得到问题 3 的参考回答项：

（1）甲乙双方的高层、客户方项目负责人、项目经理应举行问题交流会，分析产生问题的真正原因。

（2）后续工作加强对变更管理流程的管理和监督。

（3）项目调整后，根据新的变更管理流程进行管理。

（4）对于甲方不切实际的要求，应该以变更管理流程作为处理依据，而不是简单地迎合甲方的要求。

（5）在项目中遵循严格的文档管理流程，引入配置管理系统，避免采用突击开发模式。

（6）为了保证项目的质量，尽可能不采用并行开发的模式，因为这种模式会使返工风险大大增加。

（7）在团队成员改变之前，应首先进行事前评估，避免对项目工期造成负面影响。

（8）加强与客户的沟通，使得双方对于需求的理解尽可能一致，避免"令出多门"的情形。

考生可能会注意到，问题 3 的回答项从某种程度上可视为是问题 1 各个回答项的"翻版"，但在措辞方面，考生需要注意相应的说法转换。总的来说，提炼题干信息是案例分析的关键，在确定了答题方向的基础之上，问题 1、问题 2 和问题 3 在某种程度上可视为是同一个问题的三个侧面。问题 1 与问题 3 是对应关系，而问题 2 则是问题 1 和问题 3 的核心部分，需要反复强调。考生在复习备考的过程中，应结合历年的案例分析题逐渐熟悉上述解题思路，这种解析方法将有助于提高考生答题的命中率。

2.2.3 完善答题形式

通过确定答题方向和提炼题干信息两个过程，考生基本上就可以分析出相应的原因了，但在形成答案时，还应该对所形成的原因条目进行归纳，形成清晰的线索。一般来说，原因分析的先后顺序应该基于背景材料中题干信息的出现顺序，否则可能会让人产生"东一榔头、西一棒子"的感觉。不可否认的是，案例分析的内容与标准答案的重合程度自然至为关键，但要做到与标准答案一字不差具有极大难度的，所以答案的重合程度即是阅卷老师判断的主要依据。与论文写作一样，案例分析也属于主观类的考试，阅卷老师对考生案例重合程度的判断很大程度上取决于第一印象。阅卷老师所形成的第一印象除了与内容直接相关外，还会受到其他因素的影响，包括行文措辞、语句长短、条目数量、笔迹字体等，这些因素考生都需要加以关注。

案例分析通常需要描述的内容并不会太复杂，所以行文措辞的过程中主要采用客观叙述的方式，无需进行不必要的铺垫。考生对于案例分析还应注意到一个重要的事实，那就是案例分析是根据标准答案的点数给分的，重合的点数越多，得分也就越高，多答或答错不扣分。所以考生在回答问题的过程中应该采用"多多益善"的方式，通常情况下应该从不同角度对一个问题尽可能全面地分析。为了方便阅卷老师判断，考生一般应该将自己的回答项进行编号，以条目的方式罗列，这样可以一目了然，如 2.2 节提炼的题干信息所示。试想，考生如果对于案例中的现象发表长篇大论，文不加点，阅卷老师从中提取答题点一定会比较困难。考生所回答的每个条目还应该详略适宜，一般建议每条长度为 10~15 字左右，过于简短，可能会遗忘一些关键的信息；而语句过长则不利于阅卷老师判断逻辑结构。除了以上的这些方面，考生还应该在回答案例分析时尽可能书写工整，不要在卷面上出现连笔、涂改、标记等现象，争取给阅卷老师以整洁有序的印象。

2.3　内容记忆方法

与前面介绍的计算方法和逻辑分析方法相比，内容记忆方法强调以记忆和背诵为主。完成内容记忆类的案例分析题目时，考生需要根据自己记忆的内容，完成相应的题目。分析信息系统项目管理师历年案例分析考试的具体内容，内容记忆类题目可以进一步分解为交付物内容记忆、输入输出内容记忆以及其他知识点记忆共 3 类。针对需要背诵记忆的内容，考生除了在平时复习过程中加强记忆之外，还应该在考试前一两周对可能考查的内容进行集中背诵，以便达到最佳的记忆暂留效果。下面分别对这 3 类记忆方法进行说明。

2.3.1　交付物内容记忆

交付物内容记忆主要考查项目管理过程中可能产生的各种交付物内容，考生需要有意识地熟悉和背诵这些内容。需要说明的是，能够将教材中所有交付物的内容一字不差地背下来，肯定是应对案例分析记忆类题目的最有效方法，但这种方法并不值得推荐。原因在于，在实际的信息系统项目管理过程中，行业不同、项目类型差异、组织要求各有特点等诸多因素，使得不可能存在统一的交付物要求和模板，即便考生完全记住这些模板，对以后实际工作的参考意义也不大，更何况完全可以通过查阅资料方式来获取不同的模板信息。因此，建议考生最好结合交付物的目标和作用，记住交付物基本内容即可。

具体的交付物内容，考生可以参考教材或者《信息系统项目管理师考试辅导（针对下午案例与论文考试)》(第 3 版)的相应内容。

2.3.2 输入输出内容记忆

案例分析题目中除了上述的交付物内容记忆,还有一类是输入输出记忆,习惯上称之为输入输出记忆,这类题目在上午的客观题部分也经常出现。输入输出类型主要考查考生是否理解和掌握了项目管理十大知识域的逻辑关联和逻辑依赖关系,考生最好在理解的基础上,熟练掌握项目管理十大知识域所对应的各个输入输出关系,从而有助于建立项目管理的"全景图"。

需要说明的是,项目管理十大知识域的输入-工具-输出部分不但是案例分析考查的重点内容之一,更是论文写作考试考查的主要理论内容,考生如果不能对其具体知识点做到真正掌握,轻则导致案例失分,重则导致论文写作考试文不对题,考试直接失败。相对于交付物内容记忆和其他知识点记忆,项目管理十大知识域的输入-工具-输出知识点的记忆优先级一定排第一。

具体的输入-工具-输出内容,考生可以参考教材中的相应内容。

2.3.3 其他知识点记忆

案例分析中需要记忆内容的题目类型除了比较典型的交付物内容记忆和输入输出记忆外,还会涉及其他一些需要掌握和记忆的内容,此处将其归纳为其他知识点记忆类。这类记忆涉及的知识点类型众多,包括概念、方法、过程、各种情形等,尤其需要考生在复习和备考过程中有意识地持续积累。

关于其他知识点记忆类型的具体内容,考生可以参考教材中的相应内容。

第 3 章 项目立项管理案例分析

3.1 项目立项管理知识定位

项目立项管理是大部分考生相对陌生的一个知识领域,因为项目立项管理主要是站在甲方的角度,在项目前期开展信息化项目可行性分析、项目立项等工作,对乙方许多从事信息化项目的考生而言,理解起来不太容易,但从信息化项目管理的整体角度而言,项目立项管理是确保信息化项目取得成功度的一个关键环节。项目立项管理的主要目的在于确保信息化项目的工作内容和工作方向符合组织的业务发展和管理要求,回答为什么做项目、项目主要内容和方向、项目技术是否可行、项目工期和费用等关键问题。考生在分析项目立项类型的案例分析题目时,首先需要对项目立项的作用有全面客观的认识。

现阶段,我国大部分组织对信息化项目前期论证和可行性研究工作的重视程度不够。在正式要求对信息化项目进行前期论证的组织中,大部分也只是采取信息化统一规划方式对一般项目进行相应的论证,只有对规模较大、布局广泛以及重要性显著的项目才会进行单独的可行性研究并提交项目可行性报告。更多的组织往往以一页纸或一张表的方式就完成了信息化项目的论证和立项工作,这种简化处理方式难免会使项目立项工作流于形式,达不到真正的可行性研究的目的。

3.2 项目立项管理知识体系

项目立项管理知识体系包括项目立项管理内容、可行性研究内容、项目评估与论证三部分。其中项目立项管理内容包括项目建议书、项目可行性研究和项目招投标三部分;可行性研究内容包括可行性研究内容、可行性研究步骤、初步可行性研究、详细可行性研究、效益预测预评估五部分;项目评估与论证包括项目论证和项目评估两部分。单纯从知识体系完整性角度而言,可行性研究内容、项目评估与论证内容与立项管理部分内容有一定的重合,可行性研究内容、项目评估与论证是对立项管理中相关内容的进一步说明和细化。

3.3 案例分析

项目立项管理方面的案例分析题主要以逻辑分析类为主,并结合考查相关的重要定义和概念。相应地，针对项目立项管理案例分析应主要采用逻辑分析方法和内容记忆方法。

下面以示例说明如何应用逻辑分析方法和内容记忆方法对项目立项管理案例进行分析[①]。其中，问题1采用逻辑分析方法分析，问题2采用内容记忆方法分析（考查自制外购方法的概念和含义），问题3是问题2的延伸，采用内容记忆方法分析。

案例说明

F公司拥有800多名员工，近两年因业务快速发展人员急剧增加，人力资源部总监潘某越来越觉得需要一套人力资源管理系统。潘某向F公司总经理反映了这种需求，F公司总经理主持相关部门的联席会议，专门讨论此问题。会议最终决定满足人力资源部的要求，并估算了大致的资金需求，其所需资金由总经理基金支持，由人力资源部提出业务需求，由信息中心提出解决方案。

信息中心主任乐某接到这个任务后，认为F公司的信息中心为公司开发了部门级系统如市场营销管理系统，并已把该系统集成到了公司的MRPⅡ系统，有较强的开发能力，同时认为信息中心比较了解公司的人力资源需求。尽管在开发市场营销管理系统过程中，整个信息中心全年没有休息过节假日，但毕竟该系统已投入使用，所以他仍颇有成就感并对自己和自己的团队充满信心，因此他决定采用自主开发人力资源管理系统的实施方案，并亲自担任该项目的项目经理。

信息中心的日常工作除维护现有系统外，还正在开发公司的办公自动化系统。随着人力资源管理系统项目的开展，信息中心的员工纷纷抱怨工作量太大、压力过高，因而士气低落，进度拖延；最后信息中心的其他业务也受到了该项目的拖累。无奈乐某只得申请暂停人力资源项目。

【问题1】（6分）

请从项目管理角度指出造成人力资源管理系统项目暂停的主要原因是什么。

【问题2】（15分）

为了继续完成人力资源管理系统，需要对项目实施整体变更，而实施方案的调整是变更的重要内容。针对案例中F公司人力资源部关于建立人力资源管理系统的需求，为获得这种系统，有哪几种项目实施方案可供选择？结合F公司现状，简要分析每种方案有哪些优缺点。

【问题3】（4分）

针对本例，请你推荐一种项目实施方案并给出相应理由。

确定主题方向

根据案例背景描述以及题目要求，问题1主要考查项目管理的综合知识；问题2考

---

① 因为信息系统项目管理师案例分析的历年考题中尚未出现过典型的项目立项管理案例分析题目，此处的示例虽然偏重于项目采购管理主题，但与项目立项管理也有一定的关联。

查的知识点比较具体,主要是针对软件开发的自制外购分析以及外包管理方面的知识;问题3则是问题2的继续。根据问题的分值分析,案例考查的重点集中于自制外购与外包管理,考生需要对软件开发的不同模式有所了解才可以较好地答出相应的知识点。

提炼题干信息

【问题1】(6分)

请从项目管理角度指出造成人力资源管理系统项目暂停的主要原因是什么。

(1) 该项目在前期没有开展正式的可行性分析工作。(潘某向F公司总经理反映了这种需求,F公司总经理主持相关部门的联席会议,专门讨论此问题)

(2) 组织没有根据正式的项目估算流程进行估算,明显低估了项目的资金需求。(会议最终决定满足人力资源部的要求,并估算了大致的资金需求)

(3) 组织没有对项目进行相应的自制外购分析,而是直接决定自行实施项目。(其所需资金由总经理基金支持,由人力资源部提出业务需求,由信息中心提出解决方案)

(4) 项目经理对项目报有盲目乐观的态度,缺乏足够的风险意识。(认为F公司的信息中心为公司开发了部门级系统如市场营销管理系统,并已把该系统集成到了公司的MRPⅡ系统,有较强的开发能力,同时认为信息中心比较了解公司的人力资源需求,但毕竟该系统已投入使用,所以他仍颇有成就感并对自己和自己的团队充满信心,因此他决定采用自主开发人力资源管理系统的实施方案)

(5) 组织没有为项目提供足够数量的资源。(尽管在开发市场营销管理系统过程中,整个信息中心全年没有休息过节假日)

(6) 项目中缺乏有效的团队管理。(信息中心的日常工作除维护现有系统外,还正在开发公司的办公自动化系统。随着人力资源管理系统项目的开展,信息中心的员工纷纷抱怨工作量太大、压力过高,因而士气低落,进度拖延)

(7) 组织没有在项目之间进行有效的资源平衡,导致资源不足。(信息中心的日常工作除维护现有系统外,还正在开发公司的办公自动化系统。随着人力资源管理系统项目的开展,信息中心的员工纷纷抱怨工作量太大、压力过高,因而士气低落,进度拖延)

(8) 项目中缺乏相应的里程碑管理,不能够及时应对风险与问题,导致项目暂停。(最后信息中心的其他业务也受到了该项目的拖累)

完善答题形式

对以上的问题分析内容进行整理,得到如下回答项:

(1) 组织对该项目在前期没有开展正式的可行性分析工作。

(2) 组织没有根据正式的项目估算流程进行项目估算,明显低估了项目的资金需求。

(3) 组织没有对项目进行相应的自制外购分析,而是直接决定自行实施项目。

(4) 项目经理对项目抱有盲目乐观的态度,缺乏足够的风险意识。

(5) 组织没有为项目提供足够数量的资源。

(6) 项目中缺乏有效的团队管理。

(7) 组织没有在项目之间进行有效的资源平衡，导致资源不足。

(8) 项目中缺乏相应的里程碑管理，不能够及时应对风险与问题，导致项目暂停。

【问题 2】（15 分）

为了继续完成人力资源管理系统，需要对项目实施整体变更，而实施方案的调整是变更的重要内容。针对案例中 F 公司人力资源部关于建立人力资源管理系统的需求，为获得这种系统，有哪几种项目实施方案可供选择？结合 F 公司现状，简要分析每种方案有哪些优缺点。

结合上述的案例背景，可以选用以下 4 种方案：

（1）信息中心自行开发，通过向人力资源项目追加资源保证该项目的顺利实施。自行开发的优点在于对于项目的控制力度最强，但其缺点在于可能导致较高的成本，毕竟信息中心的定位主要在于系统的运营维护，而非软件开发。

（2）项目外包，将现有的项目外包给专业的软件开发公司。外包开发的优势在于可以缓解目前的资源压力，但其缺点在于开发成本较高，另外后期的维护和升级比较困难。

（3）项目人员外包，通过向外部软件公司购买开发人员来补充现有的开发团队。项目人员外包可以较好地解决后期的维护和升级问题，缺点在于对外包人员的管理比较困难。

（4）购买现成的商业软件，直接购买人力资源套件。直接购买软件通常费用较低，但一般不能满足个性化需求，甚至会出现需要调整现有管理流程以适应软件的情形。

【问题 3】（4 分）

针对本案例，请你推荐一种项目实施方案并给出相应理由。

根据案例的背景描述，结合问题 2 建议的 4 种方案，建议寻求专注于提供人力资源管理通用解决方案的软件供应商，与软件供应商的开发人员共同对通用方案进行定制，以满足该项目的个性化需求。由于 F 公司的开发人员参与了该项目的定制开发，所以可以保证后续维护和升级活动的顺利实施。

第 4 章 项目整体管理案例分析

4.1 项目整体管理知识定位

项目整体管理的作用主要包括两方面,一方面是从范围、进度、成本和质量四个维度对项目进行权衡,确保项目在各种约束条件下达到期望的目标,形象地说,就是要求戴着镣铐的项目跳出最好的舞蹈[①];另一方面,项目整体管理的作用在于以项目执行的时间先后顺序,对项目进行综合管理。项目管理知识体系以阶段管理模式体现项目的时间顺序,但如何对项目的范围、进度、成本和质量等关键要素进行折中和分析则语焉不详[②]。如果项目整体管理要求的折中平衡只能从定性角度考虑和分析,则在实际工作操作中必然面临较大的局限。尽管如此,考生至少也要从应试角度理解项目整体管理的四个关键要素的相互影响、相互制约。

4.2 项目整体管理知识体系

项目整体管理知识体系包括制定项目章程、制订项目管理计划、指导与管理项目执行、监控项目工作、实施整体变更控制、结束项目或阶段六部分内容。项目整体管理知识领域除了了解整体管理六个子过程的输入、输出、方法之外,还应重点掌握整体管理所涉及的主要交付物的内容,包括项目章程、项目计划、整体变更管理流程等,这些交付物通常也是整体管理案例分析的重点内容。

4.3 案例分析

项目整体管理方面的案例分析题主要从多个角度考查考生对项目管理的内容以及相关概念和方法的理解,相应地,针对项目整体管理案例分析应综合采用逻辑分析方法

---

① 不只项目管理如此,一定程度上,各行各业都是在各自形成的制度、文化、约束和规范之内戴着镣铐跳舞。

② 实际工作中,这一部分主要体现在项目主要目标的设定和分析上,并对项目范围、工期、成本、质量之间的依赖关系进行定量分析,有兴趣的读者可以参考拙著《IT 项目量化管理》《软件成本评估》等了解相关内容。

和内容记忆方法。分析历年项目管理师的案例分析题目，项目整体管理是一个考查比较频繁的主题，虽然考查的重点有所区别，但基本都是围绕项目整体管理的各个过程以及相关的知识进行的。

【案例1】

小方是某集团信息处工作人员，承担集团主网站、分公司及下属机构子网站具体建设的管理工作。小方根据在学校学习的项目管理知识，制定并发布了项目章程。因工期紧，小方仅确定了项目负责人、组织结构、概要的里程碑计划和大致的预算，便组织相关人员开始了各个网站的开发工作。

在开发过程中，不断有下属机构提出新的网站建设需求，导致子网站建设工作量不断增加，由于人员投入不能及时补足，造成实际进度与里程碑计划存在严重偏离；同时，因为与需求提出人员同属一个集团，开发人员不得不对一些非结构性的变更做出让步，随提随改，不但没有解决项目进度、质量问题还时有出现，而且工作成果的版本越来越混乱。

【问题1】（8分）

请简要分析该项目在启动及计划阶段存在的问题。

【问题2】（10分）

（1）简要叙述正确的项目启动应包含哪些步骤。

（2）针对启动阶段存在的问题，可以采取哪些措施（包括应采用的具体工具和技术）进行补救？

【问题3】（7分）

请为该项目设计一个项目章程（列出主要栏目及核心内容）。

确定主题方向

阅读案例材料并结合问题的内容，该案例的主题方向主要围绕项目的启动过程，所以案例分析应围绕项目启动过程展开。

提炼题干信息

【问题1】（8分）

请简要分析该项目在启动及计划阶段存在的问题。

（1）小方可能没有充分结合项目的实际情况就制定了项目章程。（小方根据在学校学习的项目管理知识，制定并发布了项目章程）

（2）小方没有根据项目实际情形来制订切实可行的工期目标。（因工期紧，小方仅确定了项目负责人、组织结构、概要的里程碑计划和大致的预算，便组织相关人员开始了各个网站的开发工作）

（3）小方制定的项目章程存在重要缺陷，甚至没有关于业务需求的描述。（因工期紧，小方仅确定了项目负责人、组织结构、概要的里程碑计划和大致的预算，便组织

相关人员开始各个网站的开发工作)

（4）小方在计划阶段没有建立有效的项目变更管理流程。（<u>不断有下属机构提出新的网站建设需求，导致子网站建设工作量不断增加/随提随改，不但没有解决项目进度，质量问题还时有出现</u>）

（5）小方不能根据项目的实际状况对项目人力资源计划进行相应调整。（<u>人员投入不能及时补足，造成实际进度与里程碑计划存在严重偏离</u>）

（6）该项目没有在计划阶段建立有效的配置管理流程。（<u>工作成果的版本越来越混乱</u>）

完善答题形式

综合该案例分析的主题，还可以得到以下原因：

（1）该项目没有在启动阶段建立明确的项目初始范围说明书。

（2）该项目没有在前期根据项目实际特点制订切实有效的项目计划。

与前面的原因综合分析后可得到如下分析结果：

（1）该项目没有在启动阶段建立明确的项目初始范围说明书。

（2）该项目没有在前期根据项目实际特点制订切实有效的项目计划。

（3）小方可能没有充分结合项目的实际情况制定项目章程。

（4）小方没有根据项目实际情形制定切实可行的工期目标。

（5）小方在计划阶段没有建立有效的项目变更管理流程。

（6）小方没有根据项目的实际状况对项目人力资源计划进行相应调整。

（7）该项目没有在计划阶段建立有效的配置管理流程。

【问题 2】（10 分）

（1）简要叙述正确的项目启动应包含哪些步骤。

项目启动主要包含两个环节，即制定项目章程和制定项目初始范围说明书[①]。

①制定项目章程环节主要关注项目的批准，它的重点在于论证业务要求以及满足这些要求的新产品或服务时所必须的过程。

②制定项目初始范围说明书环节是根据项目章程和其他输入信息来定义初步的、高层次的项目，它确定了项目需求、项目边界、验收方法以及高层次的范围控制方式。

（2）针对启动阶段存在的问题，可以采取哪些措施（包括应采用的具体工具和技术）进行补救？

- 项目选择方法。小方应根据该项目的特点，与组织一起确定该项目的重要性。
- 项目管理方法系统。小方应根据该项目的特点选择适合该项目的项目管理流程、制度、模板、表格等方法。

---

① 制定项目初始范围说明书是 PMBOK 知识体系旧版中的内容，在新版的《信息系统项目管理师教程》（第 3 版）中不再包含此过程。

- 项目管理信息系统。小方应结合该项目的情况,将项目完成的信息及时更新到项目管理信息系统中。
- 专家判断。小方应结合专家的经验,重新设定合理的工期、人员数量需求等目标。

【问题3】(7分)

请为该项目设计一个项目章程(列出主要栏目及核心内容)。

可以从以下方面列出项目章程的主要内容:

(1)满足客户、出资人、干系人期望的需求描述。
(2)业务需求、项目前期需求或产品需求。
(3)项目存在的正当理由。
(4)赋予项目经理相应的权力。
(5)里程碑描述。
(6)干系人参与。
(7)职能组织及其参与方式。
(8)组织、环境和外部的假设与限制。
(9)预算与回报。

【案例2】

某信息系统集成公司承接了一大型电子政务应用项目,由于项目涉及研发部门的多项相关技术,合适的项目管理人员暂时缺乏,公司就委派研发部副总经理刘某担任该项目的项目经理。同时,公司意识到刘某担任项目经理可能会面临一些问题,特意安排公司项目管理办公室的小王专门协助刘某管理该项目。

小王在项目管理办公室一直负责各种项目管理计划的审核,对制订项目管理计划非常重视,也非常熟悉。小王在初步了解了这个项目的基本情况之后,就按照公司的模板与项目组的几个核心成员共同制订了项目管理计划。考虑到刘某第一次管理这种商业性项目,因此对很多管理细节都进行了细化,并将计划重点集中在项目执行计划的制订方面,配置管理计划做得比较简单。刘某也根据自身多年的研发项目管理实践针对项目计划制订提出了相应的意见。但由于计划涉及很多技术细节,在计划中预留了一些空白。

刘某看小王的计划制订得很详细,也觉得非常合理,就按照小王的计划开始实施项目。一开始项目进展得非常顺利,各项工作有条不紊地进行。但是项目执行一个月之后,却发现由于项目计划没有充分考虑到该项目的特殊性,计划内容与现实状况不符,项目团队成员的能力与项目需要间存在一定的差距,多项技术问题得不到有效解决。项目经理刘某也明显感觉到最近变更的请求明显增加,自己制订的比较简易的项目配置管理计划不能满足项目整体变更管理的需要。

【问题1】(12分)

结合本题案例,请简要叙述项目管理计划应该包含的主要内容(不包含辅助计划)。

【问题 2】（8 分）

结合本题案例，请简要叙述项目经理和项目团队为执行项目管理计划应采取哪些行动。

【问题 3】（5 分）

结合本题案例，请简要叙述在项目管理中配置库的主要作用。

案例分析

本题主要考查项目整体管理领域中项目管理计划与执行的相关理论与应用，同时还要求结合大项目的特点进行相应的分析和论述。考生应结合案例的背景，综合运用理论知识和实践经验来回答问题。

【问题 1】

制订项目管理计划是管理项目必不可少的过程，它包括定义、准备、集成和协调所有子计划以形成项目管理计划所必须的活动。项目管理计划定义了项目如何执行、监督和控制，其内容将依据应用领域和项目复杂度的不同而有所差别。一般项目管理计划需要记录如下内容：

（1）所使用的项目管理过程。

（2）每个特定项目管理过程的实施程度。

（3）完成这些过程的工具和技术的描述。

（4）所选择的项目的生命周期和相关的项目阶段。

（5）如何用选定的过程来管理具体的项目，包括过程之间的依赖与交互关系和基本的输入、输出等。

（6）如何执行活动来完成项目目标。

（7）如何监督和控制变更。

（8）如何实施配置管理。

（9）如何维护项目绩效基线的完整性。

（10）与项目干系人进行沟通的要求和技术。

（11）为了解决某些遗留问题和未定的决策，对于内容、严重程度和紧迫程度进行的关键管理评审。

本案例中的项目属大型复杂项目，涉及了研发部门的多项相关技术，由于没有一个对这些技术都了解的人，因此需要多方面的人合作完成项目。在制订项目计划时要特别考虑这些技术能否顺利地在项目中实施，如果不能，是否有应对的措施。为此，在本案例的项目管理计划中需要特别注意对项目组成员的配备、变更的控制和配置管理的实施方法和步骤给出较详细的定义。

【问题 2】

根据项目特点制订项目管理计划后，项目经理不能放任项目计划的执行，他需要与项目团队完成如下活动，以便完成项目范围说明书中所定义的工作。

(1) 执行活动以完成项目或阶段性目标。
(2) 付出努力和支出资金以完成项目或阶段性目标。
(3) 配备人员,进行培训,管理已分配到项目或阶段中的项目团队成员。
(4) 获取、管理和使用包括工具、设备和设施在内的资源。
(5) 按照规划好的方法或标准实施项目计划。
(6) 创建、验证和确认项目交付物或阶段性交付物。
(7) 管理风险和实施风险应对活动。
(8) 把已批准的变更应用于项目的范围、计划和环境中。
(9) 建立并管理项目组内部和外部的沟通渠道。
(10) 收集项目或阶段性数据,并汇报成本、进度、技术、质量等管理的进展和状态信息,以便进行项目预测。
(11) 收集和记录经验教训并实施已批准的过程改进活动。

如果项目实施中需要外包,还会涉及选择和管理供应商的活动。

【问题 3】

根据本案例的描述,由于项目组成员对相关技术掌握不足,导致变更的情况比较多,再加上参与协作的人员较多,因此对配置管理的要求也较高。配置管理的目的在于采用配置标识、配置控制、配置状态统计以及配置审计来建立和维护工作产品的完整性。配置管理的内容为:识别所选工作产品的配置,这些工作产品构成指定时间点的基线,控制对配置项的变更,建立或提供规范来从配置管理系统中建立工作产品,维护基线的完整性,为开发者、最终用户和客户提供准确的状态和当前的配置数据。

配置管理的主要活动和相关输出如下:

(1) 建立基线:识别配置项;建立配置管理系统;建立和发布基线。

相关输出:已识别的配置项;具有受控工作产品的配置管理系统;配置管理系统存取控制规程;变更请求数据库;基线及其描述。

(2) 跟踪和控制变更:跟踪变更请求;控制配置项。

相关输出:变更请求;配置项的修订历史记录;基线存档。

(3) 建立配置管理完整性:执行配置审计;建立配置管理记录。

相关输出:配置项的修订历史;变更日志;变更请求的复制;配置项状态;基线之间的差异记录。

配置库用来记录与配置相关的所有工作产品。一般置于配置管理之下的工作产品有:计划、过程描述、需求、设计数据、图纸、产品规范、代码、编辑器、产品数据文件以及产品技术出版物等。利用配置库中的信息可评价变更的后果,这对变更控制有着重要的作用。从配置库中可提取各种配置管理过程的相关信息和工作产品,可利用配置库中的信息回答许多配置管理的问题。

【案例 3】

A 公司是一家大型信息系统集成公司，具有多年的系统集成项目实施经历，成功地在多个行业进行了系统集成项目建设，取得了较多的成果，在业内具有较好的口碑。

2013 年年初，A 公司通过竞标获某市人口管理信息系统工程项目。A 公司高层认为，尽管该项目的许多需求还没有完全确定下来，但是总体感觉上同曾经开发过的项目相比，还是比较简单的，对完成这样的项目充满信心。

项目前期，A 公司请王副总经理负责此项目的启动工作。王副总经理简单了解了项目的概要情况后就制定并发布了项目章程，任命小丁为项目经理。项目团队根据分工制订了相应的项目管理子计划。据此，项目经理小丁把各个子计划归并为项目管理计划。

为了保证项目按客户要求尽快完成，小丁基于自身的行业经验和对客户需求的初步了解，即安排项目团队开始进行项目实施。在系统开发过程中，建设方提出的需求不断变化，小丁本着客户至上的原则，总是安排项目组进行修改，从而导致开发工作多次反复。因为项目计划的多次变化，导致项目团队成员也经历过多次调整，实际进度与里程碑计划存在严重偏离，并且项目的质量指标也经常暴露出问题。

A 公司项目管理办公室在对项目阶段审查时，感到很吃惊，并对发生这种情况很不理解，认为即使是需求不完善也不至于导致项目存在这么多问题，觉得该项目在管理方面肯定存在很多问题。

【问题 1】（12 分）

结合案例，除了项目经理能力因素之外，请简要分析造成项目目前状况的可能原因。

【问题 2】（9 分）

作为项目经理，应统一考虑项目进度、成本与质量之间的平衡。任何一个要素的变动，都会引起其他要素的变动。

（1）请简要叙述项目进度、成本与质量之间的关系。

（2）请结合本案例，说明为了保证项目按照最初的设想按时完工，项目经理还可以采取哪些措施？

【问题 3】（4 分）

结合案例，从候选答案中选择 4 个正确选项（每选对一个得 1 分，选项超过 4 个该题得 0 分），将选项编号填入答题纸对应栏内。

项目章程一般要包括的内容有：（　　　）

A. 项目概述

B. 项目成功评价标准

C. 项目进度计划

D. 项目预算

E. 委派项目经理，并授予其职责和职权

F. 质量保证
G. 项目风险控制策略
H. 组织的假设与约束

确定主题方向

阅读案例材料并结合问题的内容可知，该案例的主题为项目整体管理，考查内容包括项目前期论证、制定项目章程、制订项目计划、项目执行、项目监控、项目整体变更等多个过程。案例分析应围绕项目整体管理各个子过程进行。

提炼题干信息

【问题1】（8分）

结合案例，除了项目经理能力因素之外，请简要分析造成项目目前状况的可能原因。

（1）公司高层在项目前期没有对项目进行风险识别，对项目重视程度不足。（尽管该项目的许多需求还没有完全确定下来，但是总体感觉上同曾经开发过的项目相比，还是比较简单的，对完成这样的项目充满信心）

（2）公司制定项目章程的过程过于简单，流于形式。（王副总经理简单了解了项目的概要情况后就制定并发布了项目章程，任命小丁为项目经理）

（3）项目经理未能制订出有效的项目整体管理计划，缺乏执行项目整体管理的计划基础。（项目团队根据分工制订了相应的项目管理子计划。据此，项目经理小丁把各个子计划归并为项目管理计划）

（4）项目经理对项目计划重视程度不够，项目执行未能严格遵循项目计划进行。（小丁基于自身的行业经验和对客户需求的初步了解，即安排项目团队开始进行项目实施）

（5）项目未遵循项目变更流程，是导致项目失控的主要原因之一。（建设方提出的需求不断变化，小丁本着客户至上的原则，总是安排项目组进行修改，从而导致开发工作多次反复）

（6）该项目在执行过程中未能对项目进行及时有效的项目监控活动，导致项目实际执行和计划之间出现严重偏离。（实际进度与里程碑计划存在严重偏离，并且项目的质量指标也经常暴露出问题）

（7）公司项目管理办公室的项目阶段审查过程有效性不足，不能及时从项目外部发现项目中存在的各种问题。（A公司项目管理办公室在对项目阶段审查时，感到很吃惊，并对发生这种情况很不理解，认为即使是需求不完善也不至于导致项目存在这么多问题）

完善答题形式

综合该案例分析的主题，还可以得到以下原因：

该公司没有实施有效的项目整体管理流程，导致项目整体失控。

与前面的原因综合分析后可得到如下分析结果：

（1）该公司没有实施有效的项目整体管理流程，导致项目整体失控。

（2）公司高层在项目前期没有对项目进行风险识别，对项目重视程度不足。
（3）公司制定项目章程的过程流于形式。
（4）项目经理未制订有效的项目整体管理计划。
（5）项目执行未遵循项目计划进行。
（6）项目未遵循项目变更流程。
（7）项目未执行及时有效的项目监控活动。
（8）公司项目管理办公室阶段审查过程有效性不足。

【问题2】（9分）
作为项目经理，应统一考虑项目进度、成本与质量之间的平衡。任何一个要素的变动，都会引起其他要素的变动。
（1）请简要叙述项目进度、成本与质量之间的关系。
（2）请结合本案例，说明为了保证项目按照最初的设想按时完工，项目经理还可以采取哪些措施？

问题2考查项目管理四要素的依赖关系，考生对四要素的关系主要把握两点，一是四要素相互依赖、相互影响；二是四要素之间的依赖关系互为负面依赖关系，即为了追求某一要素目标，就必然牺牲至少另一个要素目标。例如，为了缩短项目工期，项目范围、质量和成本要素三者至少有一个必然受到负面影响。问题（1）和问题（2）具有明显的依赖关系。

（1）项目进度、成本与质量之间存在相互影响、相互依赖的关系。
①项目进度与项目成本互为负面影响。假定其他要素不变，当期望加快项目进度时，往往需要投入更多的成本。
②项目进度与项目质量互为负面影响。假定其他要素不变，当期望加快项目进度时，往往意味着项目质量下降。
③项目成本与项目质量互为负面影响。假定其他要素不变，当期望提升项目质量时，往往意味着增加项目成本。

（2）为了保证项目按时完成，项目经理可考虑采取如下措施：
①建立并执行严格的需求变更管理流程。
②对项目需求设置优先级别，确保优先交付高优先级需求。
③为项目团队增加新成员。
④引入更有经验的项目团队成员。
⑤压缩项目关键路径。
⑥在项目中采用赶工方式执行项目。
⑦主动寻求公司高层对项目的支持。

【问题3】（4分）
项目章程一般要包括的内容有：（   ）

A. 项目概述
B. 项目成功评价标准
C. 项目进度计划
D. 项目预算
E. 委派项目经理，并授予其职责和职权
F. 质量保证
G. 项目风险控制策略
H. 组织的假设与约束

根据教材内容，项目章程一般包括的内容有 A、B、D、E。

【案例 4】

某信息系统集成公司决定采用项目管理办公室这样的组织形式来管理公司的所有项目，并任命了公司办公室主任王某来兼任项目管理办公室主任这一职务。鉴于目前公司项目管理制度混乱，各项目经理只依照自己的经验来制订项目管理计划，存在不科学、不统一等情况，王某决定从培训入手来统一和改善公司项目管理计划的制订过程，并责成项目管理办公室的小张具体负责相关培训内容的组织。

小张接到任务后，仔细学习了项目管理的相关知识，并请教了专业人士。小张觉得项目管理体系结构主要由输入、工具和技术以及输出组成，于是也按照项目管理编制计划的输入、项目管理编制计划工具和技术以及项目管理计划的输出三方面来组织项目管理计划培训的相关课程。

但是在准备课程内容时，小张发现目前公司的项目五花八门，有研发项目、系统集成项目、运维项目和纯粹的软件开发项目，还有部分弱电工程项目，既有规模大的项目，也有一些小型项目，是不是能够用统一的标准来要求所有的项目管理计划规范制订过程，小张也很怀疑。

问题 1（8 分）

项目管理计划制订的作用是什么？在以上案例中，是否能用一个统一的标准来规范公司内部不同项目计划的制订过程？为什么？

问题 2（4 分）

请指出项目管理计划主要包括哪几个方面的内容？

问题 3（6 分）

请指出项目管理计划的输出包括什么？

问题 4（7 分）

结合实际工作经验和案例，判断下列选项的正误：

（1）项目经理不能由部门经理担任。

（2）项目管理计划应该由王某制订。

（3）有没有收到项目工作说明书对项目组人员完成项目任务没有影响。
（4）小型项目的管理也必须按照企业项目管理制度执行。
（5）在小型项目的管理中，责任分工表可以代替项目管理计划。
（6）在小型项目的管理中阶段评审可以忽略，直接进行内部验收即可。
（7）项目管理计划的辅助计划包括人员配备计划。

案例整体分析思路

该案例的主题是项目计划，分别从项目计划的作用、类型、内容、过程输出以及具体制订方式等多个方面考查考生对项目计划相关知识的整体理解能力。其中，问题 1 和问题 4 是分析类题目，考查考生对项目计划的整体理解能力；问题 2 和问题 3 则是典型的内容记忆考查，检验考生是否能记住项目管理计划的内容以及项目计划制订过程的输出内容。

问题 1（8 分）

项目管理计划制订的作用是什么？在案例 4 中，是否用一个统一的标准来规范公司内部不同项目计划的制订过程？为什么？

制订项目管理计划的主要作用在于为项目管理提供统一管理的依据和基础。整个项目的执行应该基于项目计划，并根据项目执行过程的具体情况和项目变更持续对项目计划进行更新。

在同一个组织中制定统一的标准来管理项目计划的制订过程是必要的，也是可行的。组织中的项目规模大小、项目工期长短、项目的工作内容以及项目所采用的技术路线等都有可能互不相同，制订项目计划一方面应该遵循组织的标准规范，另一方面应充分考虑项目的具体特点，使所制订的项目计划可以为具体的项目执行提供指导和约束。组织通常会建立项目管理的裁剪过程，用于指导具体项目如何使用组织的通用标准过程，项目管理计划的制订过程也属于裁剪过程的指导范围。

问题 2（4 分）

请指出项目管理计划主要包括哪几个方面的内容？

根据教材相关内容，项目管理计划通常包括如下内容：

（1）项目背景。
（2）项目经理、项目团队及相关项目干系人。
（3）项目总体技术解决方案。
（4）项目过程工具描述。
（5）项目生命周期及相关阶段。
（6）项目最终目标及阶段目标。
（7）进度计划及项目预算。
（8）变更流程及沟通计划等。

第 4 章 项目整体管理案例分析

问题 3（6 分）

请指出项目管理计划的输出包括什么？

根据制订项目管理计划子过程的输入、输出关系，制订项目管理计划过程的输出包括：

（1）项目管理计划。
（2）项目范围管理计划。
（3）进度管理计划。
（4）成本管理计划。
（5）质量管理计划。
（6）人力资源管理计划。
（7）沟通管理计划。
（8）风险管理计划。
（9）采购管理计划。
（10）配置管理计划。
（11）测试计划。
（12）验收计划等。

问题 4（7 分）

结合实际工作经验和案例，判断下列选项的正误：

（1）项目经理不能由部门经理担任。
（2）项目管理计划应该由王某制订。
（3）有没有收到项目工作说明书对项目组人员完成项目任务没有影响。
（4）小型项目的管理也必须按照企业项目管理制度执行。
（5）在小型项目的管理中，责任分工表可以代替项目管理计划。
（6）在小型项目的管理中阶段评审可以忽略，直接进行内部验收。
（7）项目管理计划的辅助计划包括人员配备计划。

考生根据工作经验很容易对上述选项的正误做出判断：（1）错误；（2）错误；（3）错误；（4）正确；（5）错误；（6）错误；（7）正确。

【案例 5】

某涉密单位甲计划建设一套科研项目管理系统，因项目涉密，通过考察和比较，选择了具有涉密系统集成资质的单位乙来为其实施该项目。甲方要求所有开发工作必须在现场完成，项目所有资料归甲方所有，双方签订了合同和保密协议。合同中规定项目应在当年的年底前完成。

乙公司派出项目经理小李带领项目组进驻甲单位现场，<u>小李首先与客户沟通了需求，确定了大致的需求要点，形成了一份需求文件，经过客户确认后，小李就安排项目组成员开始进行开发工作</u>，为了更好地把握需求的实现，小李在每天工作结束后，都将工作进度和成果汇报给甲方的客户代表，由客户提出意见，并形成一份备忘录。客户对软件的修改意见不断提出，小李也仔细地将修改意见记录在每天的备忘录中，并在第二天与项目组讨论之后，安排开发人员尽量实现。随着软件的逐渐成型，小李发现此时客户提出了一些需求实际上跟某些已实现的需求是矛盾的，有些新的需求，实现难度越来越大，此时软件的实际功能与最初确定的需求文件中确定的功能已经相差很远，眼看时间越来越接近年底，小李不知道该怎么办才好。

【问题1】（3分）

请问该项目是否可以不公开招标？为什么？

【问题2】（4分）

项目需求发生变更后，可能导致项目的哪些方面同时发生变更？

【问题3】（8分）

请指出该项目在项目整体管理方面存在哪些问题？

【问题4】（5分）

针对案例中项目的现状，请指出在继续实施此项目时小李可采取哪些措施？

【问题5】（5分）

请简要说明实施整体变更控制的完整流程。

案例整体分析思路

该案例的主题是变更管理和需求管理，考查考生对需求管理和变更管理的理解能力。其中，问题1考查招投标中的特殊条款；问题2考查需求变更影响分析方面的知识点；问题3与问题4是比较典型的逻辑分析考查题，考查与整体变更管理相关的知识；问题5是典型的内容记忆考查，检验考生是否能够回答出整体变更完整的工作流程。

【问题1】（3分）

请问该项目是否可以不公开招标？为什么？

根据《中华人民共和国招标投标法》第六十六条"涉及国家安全、国家秘密、不适宜进行招标的项目，可以不进行招标"，该项目为涉密项目，为了保密起见可以不进行公开招标。

【问题2】（4分）

项目需求发生变更后，可能导致项目的哪些方面同时发生变更？

项目需求是项目的源头，如果项目需求发生变更，与项目相关的多个方面都可能会发生相应的变更，包括项目进度变更、成本变更、质量要求变更、人员变更、验收标准变更、合同变更等。[①]

[①] 考生可以结合本题的分值为4分这一线索，判断出至少要答出4个受影响的方面。当然，更安全的方式是多答两项。不过也不必每个问题的回答都充分展开，毕竟信息系统项目管理师案例分析考试和论文考试的时间都很紧。

【问题 3】（8 分）

请指出该项目在项目整体管理方面存在哪些问题？

确定主题方向

阅读案例材料可知，该案例的主题为项目整体管理和需求管理，尤其问题明确提出要求分析项目在整体管理方面存在哪些问题，所以应该采用逻辑分析方法进行解答。

提炼题干信息

（1）项目在前期没有进行需求分析，并根据项目内容制订相应的项目计划。（<u>小李首先与客户沟通了需求，确定了大致的需求要点，形成了一份需求文件</u>）

（2）项目未遵循软件生命周期模型的要求，忽略了设计阶段而直接进行开发。（<u>经过客户确认后，小李就安排项目组成员开始进行开发工作</u>）

（3）项目缺乏整体变更管理流程，没有对项目的需求、进度等变更进行有效管理。（<u>客户对软件的修改意见不断提出，小李也仔细地将修改意见记录在每天的备忘录中</u>）

（4）项目缺乏有效的项目监控机制，导致范围蔓延严重。（<u>此时软件的实际功能与最初确定的需求文件中确定的功能已经相差很远</u>）

完善答题形式

综合该案例分析的主题，还可以得到以下原因：

该公司在项目初期没有制定项目章程，导致项目中缺乏有效的管理机制。

与前面的原因综合分析后可得到如下分析结果：

（1）该公司在项目初期没有制定项目章程，导致项目缺乏有效的管理机制。

（2）项目在前期没有进行需求分析，也没有根据项目内容制订相应的项目计划。

（3）项目未遵循软件生命周期模型的要求，忽略了设计阶段而直接进行开发。

（4）项目缺乏整体变更管理流程，没有对项目的需求、进度等变更进行有效管理。

（5）项目缺乏有效的项目监控机制，导致范围蔓延严重。

【问题 4】（5 分）

针对案例中项目的现状，请指出在继续实施此项目时小李可采取哪些措施？

对于采取措施类型的题目，分析时通常应该与原因分析的题目相结合，得到如下要点：

（1）项目经理应根据项目当前现状制订相应的项目计划。

（2）项目在执行过程中应遵循项目生命周期模型，以减少反复修改等情形。

（3）在项目中实施需求评审和需求确认流程。

（4）在项目中实施严格的需求变更流程。

（5）在项目中采取有效的项目监控机制，及时发现项目中存在的问题。

（6）为项目投入额外的资源，通过缩短关键路径、并行、赶工等方式加快项目进度。

【问题 5】(5 分)

请简要说明实施整体变更控制的完整流程。

本题为内容记忆类型的题目,考生需要熟记变更流程。变更流程包含如下步骤。

(1) 提出与接收变更申请。

(2) 对变更进行初审。

(3) 变更方案论证。

(4) 变更管理委员会审查[①]。

(5) 发出变更并同时实施。

(6) 变更实施监控。

(7) 变更效果评估。

(8) 判断发生变更后的项目是否纳入正常轨道。

---

① 教材中为项目管理委员会,而通常的叫法为变更管理委员会(Change Control Board,CCB)。CCB 的职能有可能会与别的组织(例如项目管理委员会或业务管理委员会等)合并。

第 5 章　项目范围管理案例分析

5.1　项目范围管理知识定位

在 IT 行业中，项目范围管理往往是项目经理相对难管的内容，也是许多项目出现各种问题的主要根源。范围管理主要强调从范围基准的角度对项目进行管理，强调始终比对项目的基线来完成项目的工作任务，以工作包的形式来执行和跟踪项目的整体进展状况。项目范围管理中工作包的概念与项目成本管理中的挣值管理方法一脉相承，挣值管理的基础是工作包计划，挣值管理在工作包层面衡量项目的 PV、EV 和 AC，然后对项目进行跟踪和执行，从项目范围、项目进度以及项目成本等多方面对项目进行综合管理。

5.2　项目范围管理知识体系

项目范围管理知识体系包括规划范围管理、收集需求、定义范围、创建工作分解结构（WBS）、确认范围、控制范围六部分内容。其中，收集需求和定义范围明确项目所要交付的各种服务或产品的具体内容；WBS 则主要从工作的执行时间和成本角度将服务或产品的具体内容以恰当的方式组合，形成项目的工作包，由工作包层面开展具体的项目工作。

5.3　案例分析

项目范围管理方面的案例分析题主要以逻辑分析类为主，并结合考查相关的重要定义和概念。针对项目范围管理案例分析应综合应用逻辑分析方法和内容记忆方法，下面以示例说明。

【案例说明】

某单位甲建设数据中心管理系统，与乙公司签订了单价建设合同，与丙公司签订了监理合同。建设合同中规定：系统提供的网络带宽不低于 2Mb/s，操作响应时间不超过 5s，可支持的最小并发用户数不少于 5000 个。

乙公司项目经理张某根据项目要求编写了范围说明书，将 Web 服务器和数据库服务器部署在一个小型机上，并编制了 WBS 字典，其中规定服务器安装要在 10 月 5 日前完成，主要性能指标为响应时间不超过 5s，可支持最小并发用户数不少于 5000 个。

在现场设备安装调试前，<u>建设方技术总监与张某沟通，要求提高系统可支持的最大</u>

并发用户数至 10000 个并说明了原因。张某为此邀请乙公司技术总监和相关技术人员进行了商讨并制定了新的技术方案，该方案中建议用两台小型机分别担当 Web 服务器和数据库服务器。

乙公司技术总监批准了该方案，随后报建设方领导出具意见，建设方领导也批准了新方案。张某按照批准的新方案重新采购、安装和调试了设备。项目完成后，建设方代表对系统的性能指标满意，但不同意追加投资。乙公司为此请丙公司出面协调，然而丙公司总监以对新技术方案不了解为由拒绝在项目验收报告上签字。

【问题 1】(5 分)

结合本案例，判断下列选项的正误（填写在答题纸的对应栏内，正确的选项填写"√"，错误的选项填写"×"）。

（1）技术方案调整属于技术变更，应由建设方和承建方技术负责人最终审批。
(   )

（2）张某编制的 WBS 字典不符合项目管理文件规范。
(   )

（3）甲、乙双方可对所签订的合同的效力约定生效或解除条件。
(   )

（4）对于单价建设合同，技术方案的调整不涉及合同变更。
(   )

（5）签订监理合同后，建设方不能再提出技术指标变更要求，而应由监理方提出。
(   )

【问题 2】(8 分)

请指出案例中的技术方案调整可能涉及哪些类型的项目变更。

【问题 3】(12 分)

请简要分析案例中技术方案变更过程中存在的问题并提出改正建议。

确定主题方向

阅读案例材料并结合问题，可以较容易地判断出考查的重点为变更管理，其中问题 1 采用正误判断方式考查了一些特定的知识点。总体来看，上述示例属于典型的案例分析题，也是送分的题目。本案例具体分析如下：

【问题 1】(5 分)

结合本案例，判断下列选项的正误（填写在答题纸的对应栏内，正确的选项填写"√"，错误的选项填写"×"）。

（1）技术方案调整属于技术变更，应由建设方和承建方技术负责人最终审批。
(   )

答案：×。技术方案调整属于技术变更，变更应该由 CCB（变更控制委员会）负责审批，根据案例信息，CCB 的组成除了建设方和承建方之外，还应包含监理方。

（2）张某编制的 WBS 字典不符合项目管理文件规范。
(   )

答案：√。WBS 字典用于对 WBS 的相关信息进行解释，包括工作范围、相关活动、交付物、合同信息、质量要求等。当出现技术变更时，应该更新相应的 WBS 字典，但张某并未更新,因而不符合项目管理文件规范。

（3）甲、乙双方可对所签订的合同的效力约定生效或解除条件。（　）

答案：√。根据《中华人民共和国合同法》，签约双方在合同中约定合同的生效或解除条件。

（4）对于单价建设合同，技术方案的调整不涉及合同变更。（　）

答案：×。技术方案调整可能会引起相关的工期、成本、质量、范围等方面的变化，所以会涉及合同变更。

（5）签订监理合同后，建设方不能再提出技术指标变更要求，而应由监理方提出。（　）

答案：×。签订监理合同后，建设方仍然可以提出各种变更请求，由CCB统一进行变更决策。

【问题2】（8分）

请指出案例中的技术方案调整可能涉及哪些类型的项目变更。

根据案例背景，技术方案调整可能涉及以下项目变更类型：

（1）范围变更。

（2）进度变更。

（3）成本变更。

（4）质量指标变更。

（5）整体变更。

（6）合同变更。

（7）人员变更。

【问题3】（12分）

请简要分析案例中技术方案变更过程中存在的问题并提出改正建议。

提炼题干信息

问题3的回答应结合案例背景的具体内容，技术方案变更过程中存在以下问题：

（1）建设方未采用正式的书面变更申请表提交变更申请。（<u>建设方技术总监与张某沟通，要求提高系统可支持的最大并发用户数至10000个并说明了原因</u>）

（2）项目缺乏正式的变更管理委员会（CCB）组织，导致变更成为一个单纯的协调过程。（<u>乙公司技术总监批准了该方案，随后报建设方领导出具意见，建设方领导也批准了新方案</u>）

（3）项目经理没有对相关的变更指标，例如项目进度、项目成本等进行评价并提出变更申请。（<u>张某按照批准的新方案重新采购、安装和调试了设备</u>）

（4）建设方在明知出现变更的情形下，却未履行应有的变更手续。（<u>项目完成后，建设方代表对系统的性能指标满意，但不同意追加投资</u>）

（5）项目没有在项目前期建立包含监理方在内的、由三方人员组成的变更管理委

员会。（乙公司为此请丙公司出面协调，然而丙公司总监以对新技术方案不了解为由拒绝在项目验收报告上签字）

根据以上分析，要克服项目所面临的问题，应考虑采取以下措施：

（1）建设方应采用正式的书面变更申请表。（建设方技术总监与张某沟通，要求提高系统可支持的最大并发用户数至10000个并说明了原因）

（2）在项目中建立正式的变更管理委员会（CCB）组织，来对项目中的变更进行决策和管理。（乙公司技术总监批准了该方案，随后报建设方领导出具意见，建设方领导也批准了新方案）

（3）在变更决策前，应根据变更申请进行变更影响分析。（张某按照批准的新方案重新采购、安装和调试了设备）

（4）在项目执行过程中项目各方应严格遵循项目的变更管理流程。（项目完成后，建设方代表对系统的性能指标满意，但不同意追加投资）

（5）建立包含监理方在内的CCB组织。（乙公司为此请丙公司出面协调，然而丙公司总监以对新技术方案不了解为由拒绝在项目验收报告上签字）

完善答题形式

结合案例信息，项目中突出的问题是没有履行因技术变更导致的合同变更，所以在原因分析和改正建议中，还应该包含与合同管理相关的内容。整理后的原因分析和改正建议各包含如下6条：

（1）建设方未采用正式的书面变更申请表提交变更申请。

（2）项目缺乏正式的变更管理委员会（CCB）组织，导致变更成为一个单纯的协调过程。

（3）项目经理没有对相关的变更指标，例如项目进度、项目成本等进行评价并提出变更申请。

（4）建设方在明知出现变更的情形下，却未履行应有的变更手续。

（5）项目没有在项目前期建立包含监理方在内的、由三方人员组成的变更管理委员会。

（6）项目没有履行因技术变更而引起的合同变更。

根据以上分析，要克服项目所面临的问题，应考虑采取以下措施：

（1）建设方应采用正式的书面变更申请表。

（2）在项目中建立正式的变更管理委员会（CCB）组织，对项目中的变更进行决策和管理。

（3）在变更决策前，应根据变更申请进行变更影响分析。

（4）在项目执行过程中项目各方应严格遵循项目的变更管理流程。

（5）建立包含监理方在内的CCB组织。

（6）及时履行因技术变更导致的合同变更。

第 6 章　项目进度管理案例分析

6.1　项目进度管理知识定位

项目进度管理既是案例分析考试的重点，也是项目经理在实际工作中需要高度重视的工作内容。尽管现实中许多项目的工期设置采用倒排法，但项目关键路径方法、资源平衡方法等仍有足够的实用意义，项目经理需要在实际工作中加以主动应用，对项目工期进行有效管理。项目进度管理是计算类案例分析考查的一个重点知识领域（另一个重点领域是成本管理中的挣值管理），主要考查关键路径计算方法，有时也会考查资源平衡以及赶工计算方法。项目进度计算内容有时在案例分析中的分值高达 25 分，考生一定要给予高度重视。

6.2　项目进度管理知识体系

项目进度管理知识体系包括规划进度管理、定义活动、排列活动顺序、估算活动资源、估算活动持续时间、制订进度计划、控制进度等七部分内容。项目进度管理的前五个子过程都是制订进度计划的准备过程，项目进度管理的核心内容是制订项目进度计划，并在项目执行过程中根据项目计划跟踪项目的进度。

6.3　案例分析

项目进度管理方面的案例分析题目主要考查考生对项目关键路径计算、PERT 工期计算、资源平衡以及赶工等计算方法的理解，针对项目进度管理案例的分析主要采用"计算方法"。分析历年项目管理师的案例分析题目，项目进度管理是考查非常频繁的一个主题，并且基本都是围绕项目进度管理的相关计算方法进行的。

【案例 1】

张某是 M 公司的项目经理，有着丰富的项目管理经验，最近负责某电子商务系统开发的项目管理工作，该项目经过工作分解后，范围已经明确。为了更好地对项目的开发过程进行监控，保证项目顺利完成，张某拟采用网络计划技术对项目进行进度管理。经过分析，张某得到了一张工作计划表，如表 6.1 所示。

表 6.1 工作计划表

工作代号	紧前工作	计划工作历时/天	最短工作历时/天	每缩短一天需增加的费用/万元
A	无	5	4	5
B	A	2	2	
C	A	8	7	3
D	BC	10	9	2
E	C	5	4	1
F	D	10	8	2
G	DE	11	8	5
H	FG	10	9	8

注:每天的间接费用为 1 万元。

事件1:为了标明各活动之间的逻辑关系,计算工期,张某将任务及有关属性用图 6.1 所示形式表达,然后根据工作计划表,绘制单代号网络图。

ES	DU	EF
ID		
LS		LF

图 6.1 任务及有关属性表达形式

其中,ES 表示最早开始时间,EF 表示最早结束时间;LS 表示最迟开始时间,LF 表示最迟结束时间;DU 表示工作历时,ID 表示工作代号。

事件2:张某的工作计划得到了公司的认可,但是项目建设方(甲方)提出,因该项目涉及融资,希望项目工期能够提前2天,并可额外支付8万元的项目款。

事件3:张某将新的项目计划上报给了公司,公司请财务部估算项目的利润。

【问题1】(13分)

(1)请按照事件1的要求,帮助张某完成此项目的单代号网络图。

(2)指出项目的关键路径和工期。

【问题2】(6分)

在事件2中,请简要分析张某应如何调整工作计划,才能满足建设方的工期要求,又尽量节省费用。

【问题3】(6分)

请指出事件3中,财务部估算的项目利润因工期提前变化了多少,为什么?

确定主题方向

阅读该案例材料后得知，题目主要考查网络图绘制、关键路径计算以及赶工算法等三个明确的知识点。与常见的原因分析案例类型不同，此处主要考查考生的计算能力。

【问题 1】(13 分)

（1）请按照事件 1 的要求，帮助张某完成此项目的单代号网络图。

根据绘制单代号网络图的一般要求，该项目的网络图如图 6.2 所示。

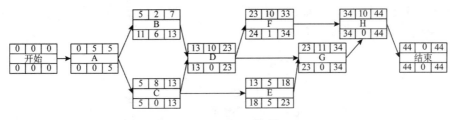

图 6.2 项目网络图

（2）指出项目的关键路径和工期。

根据绘制的单代号网络图可以识别出该项目的关键路径由活动 A、C、D、G、H 组成（浮动时间为 0 的活动所组成的通路决定了项目的关键路径）。

根据网络图可以识别出该项目的工期为 44 天。

【问题 2】(6 分)

在事件 2 中，请简要分析张某应如何调整工作计划，才能满足建设方的工期要求，又尽量节省费用。

根据赶工算法的要求，当缩短项目工期时，应该优先选择那些位于关键路径且赶工费用最低的活动。根据此原则，赶工费用最低的关键路上的活动依次为活动 D 和活动 C。因为活动 D、C 可各压缩 1 天，所以同时压缩活动 D、C 可获得 2 天的工期缩短量，压缩后的工期由 44 天调整为 42 天。

【问题 3】(6 分)

请指出事件 3 中，财务部估算的项目利润因工期提前变化了多少，为什么？

因为项目采用赶工方式，所以对项目初期的成本会产生一定的影响。项目因为赶工而增加的直接费用为 C、D 两项活动增加的费用，合计(2+3)=5 万元；项目总工期缩短 2 天节省的间接费用为 2 万元；客户额外支付的费用为 8 万元。综合以上信息，项目收入增加了 8 万元，间接费用降低了 2 万元，直接成本增加了 5 万元，因而项目利润增加了 (8+2−5)=5 万元。

【案例 2】

A 公司是一家专门从事系统集成和应用软件开发的公司，目前有员工 100 多人，分属销售部、软件开发部、系统网络部等业务部门。公司销售部主要负责服务和产品的销售工作,将公司现有的产品推销给客户,同时也会根据客户的具体需要,承接信息系统集成项目,并将其中应用软件的研发任务交给软件开发部实施。

经过招投标,A公司承担了某银行的系统集成项目,合同规定,5月1日之前系统必须完成,并且进行试运行。合同签订后,项目的软件开发任务由软件开发部负责,硬件和网络由系统网络部负责设计与实施。王工程师担任这个项目的项目经理。王工程师根据项目需求,组建了项目团队,团队分成软件开发小组和网络集成小组,其中软件开发小组组长是赵工程师,网络集成小组组长是刘工程师。王工程师制订了项目进度计划,图6.3所示是该项目的进度网络图。

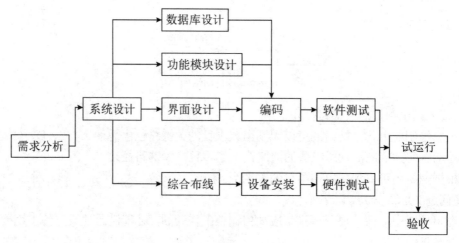

图 6.3 项目进度网络图

表 6.2 列出了各项活动对应的工期。

表 6.2 各项活动工期

活动序号	活动名称	工期/天
1	需求分析	30
2	系统设计	20
3	界面设计	20
4	功能模块设计	25
5	数据库设计	20
6	编码	50
7	软件测试	20
8	综合布线	60
9	设备安装	20

续表

活动序号	活动名称	工期/天
10	硬件测试	10
11	试运行	20
12	验收	2

<u>在软件开发过程中，发现有两个需求定义得不够明确，因此增加了一些功能，导致功能模块设计延长了 5 天</u>。在网络集成过程中，<u>由于涉及物联网等新技术，综合布线延迟了 5 天</u>。接着<u>采购的一个新设备没有到货，到货之后在调试过程中遇到了以前没有遇到的问题，使网络设备的安装调试延迟了 7 天</u>。两个小组分别通过电话向各自部门通报项目进展，而网络集成工作是在用户现场进行的，<u>因此对网络集成的进度状况在公司总部进行开发工作的软件开发小组并不了解</u>。上述问题导致了项目整体进度的拖延，绩效状况不佳。

【问题 1】（10 分）

项目原计划的工期是（1）天，如果不采取措施，项目最后的完工日期是（2）天，这是因为（3）、（4）等活动工期的变化，导致了关键路径的变化。如果想尽量按照原来的预期完成工作，而使成本最少，最常用的措施是（5）。

【问题 2】（6 分）

分析案例中发生问题的可能原因。

【问题 3】（9 分）

结合案例，说明王工程师应该如何实施进度控制？采用的工具和技术有哪些？

确定主题方向

通过阅读题目得知，该题考查的知识点主要集中于进度管理，包括项目关键路径的计算、调整后项目关键路径的计算、进度控制的工具和技术等。

【问题 1】（10 分）

项目原计划的工期是 __（1）__ 天，如果不采取措施，项目最后的完工日期是 __（2）__ 天，这是因为 __（3）__、__（4）__ 等活动工期的变化，导致了关键路径的变化。如果想尽量按照原来的预期完成工作，而使成本最少，最常用的措施是 __（5）__ 。

答案：（1）167；（2）174；（3）综合布线；（4）设备安装；（5）快速跟进。

问题 1 虽然采用填空方式，但仍然要求计算关键路径。需要注意的是，考生切不可因为计算关键路径，就一定要绘制标准的网络图，例如前导图和箭线图。分析该题的活动依赖关系，并将活动工期标注于框图上方，很容易判断出项目原计划的关键路径是"需求分析—系统设计—功能模块设计—编码—软件测试—试运行—验收"，所以对应的工期为 167 天；当出现工期延误的情形时，因为工期发生了变化，所以关键路径也发生了变化，变化后的关键路径为"需求分析—系统设计—综合布线—设备安装—硬件测试—

试运行—验收",其对应的工期为 174 天,如图 6.4 所示。

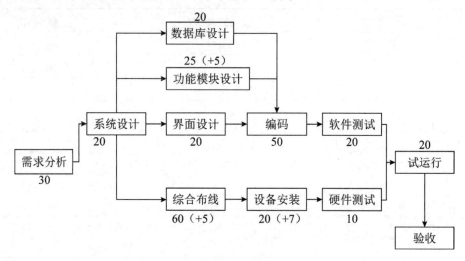

图 6.4 活动依赖关系示意图

【问题 2】(6 分)
分析案例中发生问题的可能原因。

分析问题发生的原因仍然要根据前面介绍的关键点加主题分析方法。结合案例背景信息以及问题进行分析,不难看出案例的主题围绕项目的进度管理展开,所以原因分析也应该结合进度管理主题并辅以关键点作为线索。

提炼题干信息

(1)项目在出现需求变更时,没有严格遵循变更管理流程,导致工期延后。(<u>在软件开发过程中,发现有两个需求定义得不够明确,因此增加了一些功能,导致功能模块设计延长了 5 天</u>)

(2)项目中没有充分考虑采用新技术对项目工期影响的风险。(<u>由于涉及物联网等新技术,综合布线延迟了 5 天</u>)

(3)项目中没有根据项目的不确定性预先设置相应的缓冲时间。(<u>采购的一个新设备没有到货,到货之后在调试过程中遇到了以前没有遇到的问题,使网络设备安装调试延迟了 7 天</u>)

(4)项目中缺乏正式、统一的项目进度跟踪机制。(<u>两个小组分别通过电话向各自部门通报项目进展,而网络集成工作是在用户现场进行的,因此对网络集成的进度状况在公司总部进行开发工作的软件开发小组并不了解</u>)

根据案例背景,还应该添加以下与变更有关的内容:

(5)项目没有建立完整的需求变更和进度变更管理流程。

完善答题形式

根据上述分析,对答题要点进行整理:

(1) 项目没有建立完整的需求变更和进度变更管理流程。
(2) 项目出现需求变更时,没有严格遵循变更管理流程,导致工期延后。
(3) 项目中没有充分考虑采用新技术对项目工期影响的风险。
(4) 项目中没有根据项目的不确定性预先设置相应的缓冲时间。
(5) 项目中缺乏正式、统一的项目进度跟踪机制。

【问题 3】(9 分)

结合案例,说明王工程师应该如何实施进度控制?采用的工具和技术有哪些?

问题 3 包含两项内容,第一项是王工程师如何实施进度控制,分析时结合背景信息;第二项则是考查考生对于进度控制所采用的工具和技术是否熟悉。

根据问题 2 中的原因分析,自然得到相应的解决措施,分析结果如下:

(1) 王工程师应该在项目中建立完整的需求变更和进度变更管理流程。
(2) 王工程师应在项目中建立正式、统一的项目进度跟踪机制。
(3) 出现需求变更时,应该严格遵循变更管理流程,对项目工期进行正式变更。
(4) 王工程师应充分考虑各种风险对项目工期的影响。
(5) 王工程师应在后续任务中设置相应的缓冲时间。
(6) 对于已经出现的滞后现象,王工程师应该通过快速跟踪、赶工等方式应对。

项目进度控制所采用的工具和技术则依据项目进度控制的输入输出框图的内容,列举如下:

(1) 进展报告。
(2) 进度变更控制系统。
(3) 绩效测量。
(4) 项目管理软件。
(5) 偏差分析。
(6) 进度比较横道图。

【案例 3】

W 公司与所在城市电信运营商 Z 公司签订了该市的通信运营平台建设合同。W 公司为此成立了专门的项目团队,由李工程师担任项目经理,参加项目的还有监理单位和第三方测试机构。<u>李工程师对项目工作进行了分解,制作出如表 6.3 所示的任务清单。经过分析后李工程师认为进度风险主要来自需求分析与确认环节,因此在活动清单定义的总工期基础上又预留了 4 周的应急储备时间。</u>该进度计划得到了 Z 公司和监理单位的认可。

表 6.3 项目工作任务清单

代号	任务	紧前工作	持续时间/周
A	项目启动与人员、资源调配		8
B	需求分析与确认	A	4
C	总体设计	B	4
D	总体设计评审和修订	B	2
E	详细设计（包括软硬件）	C、D	10
F	编码、单元测试、集成测试	E	15
G	硬件安装与调试	B	4
H	现场安装与软硬件联合调试	F、G	8
I	第三方测试	H	8
J	系统试运行与用户培训	I	2

在项目启动与人员、资源调配（任务A）阶段，李工程师经过估算后发现编码、单元测试、集成测试（任务F）的技术人员不足。经公司领导批准后，公司人力资源部开始招聘技术人员，项目前期工作进展顺利，进入详细设计（任务E）后，负责任务E的骨干老杨提出，详细设计小组前期没有参加需求调研和确认，对需求文档的理解存在疑问。经过沟通后，李工程师邀请Z公司用户代表和项目团队相关人员召开了一次推进会议。会后老杨向李工程师提出，由于先前对部分用户需求的理解有误，须延迟4周才可完成详细设计。考虑到进度计划中已预留了4周的时间储备，李工程师批准了老杨的请求，并按原进度计划继续执行。

任务E延迟4周完成后，项目组织开始编码、单元测试和集成测试（任务F）。此时人力资源部招聘的新员工陆续到职，为避免进度延误，李工程师第一时间安排他们上岗。新招聘的员工大多是应届毕业生，即便有老员工带领，工作效率仍然不高。与此同时，W公司领导催促李工程师加快进度，李工程师只得组织新老员工加班。虽然他们每天加班，可最终还是用了20周才完成原来计划用15周完成的任务F。此时已临近春节假期，在李工程师的提议下，W公司决定让项目组在假期结束前提前1周入驻Z公司进行现场安装与软硬件联合调试。由于Z公司和监理单位春节期间只有值班人员，无法很好地配合项目组工作，导致联合调试工作进展不顺利。为了把延误的进度赶回来，经公司同意，春节后一上班，李工程师继续组织项目团队加班。此时许多成员都感到身心疲惫，工作效率下降，对项目经理的安排充满了抱怨。

【问题1】（8分）

根据任务清单，将前导图填充完整，并指出项目的关键路径、计算计划总工期、活动C和活动G的总时差（总浮动时间）。节点图例如图6.5所示：

0	8	8
	A	
0		0

→

8	4	12
	B	
8		12

最早开始时间	持续时间	最早完成时间
	任务代号	
最迟开始时间		最迟完成时间

图 6.5 节点图例

【问题 2】(6 分)

结合本案例简要叙述项目经理在进度管理中存在的主要问题。

【问题 3】(6 分)

如果你是项目经理,请结合本案例简要叙述后续可采取哪些应对措施。

【问题 4】(5 分)

除了采取进度网络分析、关键路径法和进度压缩技术外,请指出李工程师在制订进度计划时还可以采用哪些方法或工具。

确定主题方向

阅读该案例材料后得知,问题 1 考查网络图绘制、关键路径计算和总时差计算;问题 2 和问题 3 考查应用逻辑分析方法进行原因分析并建议应对措施的相关内容;问题 4 则考查记忆方法的应用。

【问题 1】(8 分)

绘制项目网络图,并根据网络图识别关键路径、项目总工期以及活动 C 和活动 G 的总时差。

根据该案例材料、绘制项目网络图如图 6.6 所示。

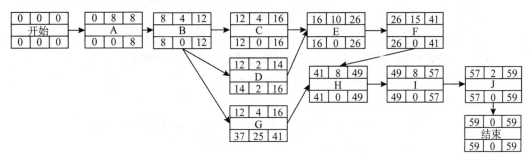

图 6.6 项目网络图

根据图 6.6 所示的网络图很容易判断,项目的关键路径为 A—B—C—E—F—H—I—J 组成;项目的总工期为 59 天;活动 C 的总时差为 0 天,活动 G 的总时差为 25 天。

【问题2】(6分)

结合本案例简要叙述项目经理在进度管理中存在的主要问题。

(1) 项目进度估算工作只采用了单一的工作分解法，没有采用其他方法对进度估算结果进行交叉检验。（李工程师对项目工作进行了分解，制作出如表6.3所示的任务清单）

(2) 项目进度风险识别不完整。（经过分析后李工程师认为进度风险主要来自需求分析与确认环节，因此在活动清单定义的总工期基础上又预留了4周的应急储备时间）

(3) 没有充分考虑项目活动之间的依赖关系及相互影响。（详细设计小组前期没有参加需求调研和确认，对需求文档的理解存在疑问）

(4) 项目没有及时进行进度计划调整和更新。（李工程师批准了老杨的请求，并按原进度计划继续执行）

(5) 项目未对新员工进行必要的培训，导致活动资源能力不足。（为避免进度延误，李工程师第一时间安排他们上岗。新招聘的员工大多是应届毕业生，即便有老员工带领，工作效率仍然不高）

(6) 项目未识别节假日等特殊外部事件对项目工期的负面影响。（由于Z公司和监理单位春节期间只有值班人员，无法很好地配合项目组工作，导致联合调试工作进展不顺利）

(7) 项目赶工时缺乏相应的激励手段和措施。（此时许多成员都感到身心疲惫，工作效率下降，对项目经理的安排充满了抱怨）

结合进度管理主题对上述各项进行完善，补充进度管理方面的原因如下：

W公司在项目进度管理方面经验不足，未对项目经理提供必要的指导和支持。

对上述答题项进行整理后得到如下问题分析结果：

(1) W公司在项目进度管理方面经验不足，未对项目经理提供必要的指导和支持。

(2) 项目进度估算工作不全面，只采用了单一的工作分解法。

(3) 项目进度风险识别不完整。

(4) 没有充分考虑项目活动之间的依赖关系及其相互影响。

(5) 项目没有及时进行进度计划调整和更新。

(6) 项目未对新员工进行必要的培训，导致活动资源能力不足。

(7) 项目未识别节假日等特殊外部事件对项目工期的负面影响。

(8) 项目赶工时缺乏相应的激励手段和措施。

【问题3】(6分)

如果你是项目经理，请结合本案例简要叙述后续可采取哪些应对措施。

针对上面的问题分析结果，项目经理可采取以下措施：

(1) 为项目增加有经验的团队成员。

(2) 充分识别各类风险，重新对项目工期进行估算。

(3) 根据重新估算后的工期提交工期变更申请。

(4) 与监理单位和业主进行沟通，变更项目的进度计划。

(5) 采用赶工和并行方式加快项目进度。
(6) 对项目团队成员采用有效激励。
(7) 为团队新成员提供相应的培训和支持。

【问题 4】(5 分)

除了采取进度网络分析、关键路径法和进度压缩技术外,请指出李工程师在制订进度计划时还可以采用哪些方法或工具。

此题目为具体知识点考查。采用内容记忆方法列出制订进度计划所采用的方法或工具(不包括进度网络分析、关键路径法和进度压缩技术)如下:

(1) 假设场景分析。
(2) 资源平衡方法。
(3) 关键链法。
(4) 项目管理软件。
(5) 项目管理进度模型。
(6) 项目资源日历。
(7) 调整时间提前量与滞后量。

【案例 4】

图 6.7 给出了一个信息系统项目的进度网络图。

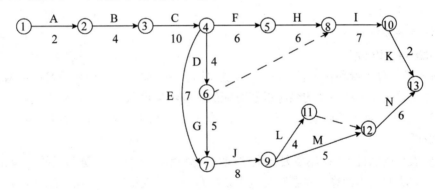

图 6.7 某项目的进度网络图

表 6.4 给出了该项目各项作业正常工作与赶工工作的时间和费用。

表 6.4 某项目各项作业正常工作与赶工工作时间和费用表

活动	正常工作		赶工工作	
	时间/天	费用/元	时间/天	费用/元
A	2	1200	1	1500
B	4	2500	3	2700

续表

活动	工作正常		赶工工作	
	时间/天	费用/元	时间/天	费用/元
C	10	5500	7	6400
D	4	3400	2	4100
E	7	1400	5	1600
F	6	1900	4	2200
G	5	1100	3	1400
H	6	9300	4	9900
I	7	1300	5	1700
J	8	4600	6	4800
K	2	300	1	400
L	4	900	3	1000
M	5	1800	3	2100
N	6	2600	3	2960

【问题1】(3分)

请给出该项目的关键路径。

【问题2】(3分)

请计算该项目的总工期。

【问题3】(19分)

(1) 请计算关键路径上各活动的可缩短时间，每缩短 1 天增加的费用和增加的总费用。将关键路径上各活动的名称以及对应的计算结果填入答题纸对应的表格中。

(2) 如果项目工期要求缩短到 38 天，请给出具体的工期压缩方案并计算需要增加的最少费用。

分析该案例题目可知，本题是一道单纯的计算题，主要考查关键路径的识别和计算，以及赶工方法的具体计算。本题有两点需要注意，一是关键路径采用箭线法计算；二是赶工计算相对烦琐。

案例分析

【问题1】(3分)

请给出该项目的关键路径。

回答问题 1 相对容易，通过计算箭线图上每个节点的最早开始时间和最晚开始时间，不能浮动的节点单向通路即构成了项目的关键路径。在给定的箭线图基础上计算各个节点的最早开始和最晚开始时间，计算结果如图 6.8 所示。

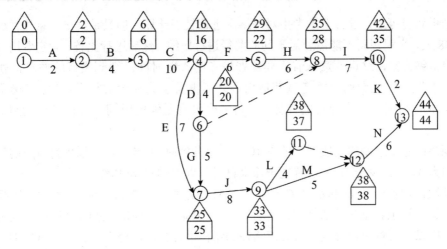

图 6.8 各节点最早开始和最晚开始时间计算结果

根据计算结果识别出项目的关键路径为节点 1—2—3—4—6—7—9—12—13 所形成的单向通路，对应的项目活动 A、B、C、D、G、J、M、N 组成了项目的关键路径。

【问题 2】（3 分）

请计算该项目的总工期。

根据上述计算结果，可知该项目的工期为 44 天。

【问题 3】（19 分）

（1）请计算关键路径上各活动的可缩短时间，每缩短 1 天增加的费用和增加的总费用。将关键路径上各活动的名称以及对应的计算结果填入答题纸对应的表格中。

根据题意，计算结果如表 6.5 所示。

表 6.5 关键路径上各活动的计算结果

活　动	可缩短时间/天	缩短 1 天增加的费用/元	增加的总费用/元
A	1	300	300
B	1	200	200
C	3	300	900
D	2	350	700
G	2	150	300
J	2	100	200
M	2	150	300
N	3	120	360

（2）如果项目工期要求缩短到 38 天，请给出具体的工期压缩方案并计算需要增加的最少费用。

分析题目可知，题目要求考生对网络图进行赶工计算，但只是给出了总体目标为压缩到 38 天，直观判断可能需要对不同的路径进行压缩，然后进行比较，确定费用最少的方案为最终方案，这也就意味着需要花费较多的答题时间。遇到类似的题目，建议考生暂且搁置，完成案例分析考试其他内容之后再着手完成这类枚举计算的分析题目。如果考试时纠缠于此类题目的计算中，可能会没有足够的时间去分析其他题目，最终得不偿失。

观察问题 1 绘制的箭线图，节点 10 的最早开始时间 35 天，所以项目对应的最早完成时间为 37 天，少于 38 天，首先排除来自对节点 10 的活动压缩。

其次，观察活动 D 和活动 G 的可压缩时间之和大于 2 天，活动 M 的可压缩时间大于 1 天，这也就意味着活动 E、活动 L 可能分别替代 D 和活动 G，活动 M 成为关键路径。所以需要对四种可能成为关键路径的路径进行分析，分别是 A—B—C—D—G—J—M—N、A—B—C—D—G—J—L—N（M 最多压缩 1 天）、A—B—C—E—J—M—N（D 和 G 共同压缩最多 2 天）、A—B—C—E—J—L—N（D 和 G 共同压缩最多 2 天且 M 最多压缩 1 天）。

观察上述四种路径可知，它们共同的活动是 A、B、C、J、N。从赶工费用最低的活动 J 开始，活动 J 压缩 2 天，相应的费用增加 200 元；然后再压缩活动 N，活动 N 压缩 3 天，相应的费用增加 360 元。因为总工需要压缩 6 天，现在再压缩 1 天即可，所以排除包含活动 E 的路径（如果活动 E 作为关键路径则至少需压缩 2 天）；选择赶工费用最少的活动 M 或活动 G 压缩 1 天均能满足工期为 38 天且费用最少的要求，其费用增加均为 150 元。

由上述分析可知，工期压缩至 38 天且费用最少的方案有两种，第 1 种方案是压缩 J 活动 2 天、N 活动 3 天和 G 活动 1 天，相应的费用增加(200+360+150)=710 元；第 2 种方案是压缩 J 活动 2 天、N 活动 3 天和 M 活动 1 天，相应的费用增加(200+360+150)=710 元。

第 7 章　项目成本管理案例分析

7.1　项目成本管理知识定位

鉴于 IT 项目主要成本为人力成本，项目经理在工作过程中对成本管理涉及较少，因而考生对成本管理相关内容相对陌生。在绝大多数 IT 组织中，项目成本管理工作主要是由项目经理和财务部门一起执行的。项目经理在前期根据客户要求和项目特点估算项目所需资源的类型和数量，然后提交该项目资源估算结果；财务部门将该结果转换为相应的金额，再根据组织特点对该估算结果进行调整，生成项目预算；项目在执行过程中，项目经理报告项目中实际发生的费用，例如材料成本、项目工时、项目差旅费用等，财务部门将实际发生的费用归集到相应的项目账号中，并与项目的预算相比对，从而对项目的成本执行状况进行监督。

7.2　项目成本管理知识体系

项目成本管理知识体系包括规划成本、估算成本、制定预算、控制成本四部分内容。项目成本管理知识领域考查的主要知识点是挣值管理计算方法，该方法与关键路径方法是案例分析中几乎每次必考的计算内容。与关键路径方法相比，挣值管理方法在项目管理实践中的应用很少，但随着考查挣值管理知识点的次数增加，挣值管理题目的难度也在水涨船高，需要考生更为全面、深入地了解挣值管理方法。

7.3　案例分析

【案例 1】

某项目经理将其负责的系统集成项目进行了工作分解，并对每个工作单元进行了成本估算，得到其计划成本。到第 4 个月底时，各任务的计划成本、实际成本及完成百分比如表 7.1 所示。

表 7.1 第 4 个月底时各任务的完成情况

任 务 名 称	计划成本/万元	实际成本/万元	完成百分比
A	10	9	80%
B	7	6.5	100%
C	8	7.5	90%
D	9	8.5	90%
E	5	5	100%
F	2	2	90%

【问题 1】（10 分）

请分别计算该项目在第 4 个月底的 PV、EV、AC，并写出计算过程。请从进度和成本两方面评价此项目的执行绩效如何，并说明依据。

【问题 2】（5 分）

有人认为：项目某一阶段实际花费的成本（AC）如果小于计划支出成本（PV），说明此时项目成本是节约的，你认为这种说法对吗？请结合本题说明为什么。

【问题 3】（10 分）

（1）如果从第 5 个月开始，项目不再出现成本偏差，则此项目的预计完工成本（EAC）是多少？

（2）如果项目仍按目前状况继续发展，则此项目的预计完工成本（EAC）是多少？

（3）针对项目目前的状况，项目经理可以采取什么措施？

确定主题方向

该题要考查的知识点是成本管理中有关挣值管理的概念与计算公式，考生除了熟悉相关的概念以及牢记公式外，别无良策。

【问题 1】（10 分）

请分别计算该项目在第 4 个月底的 PV、EV、AC，并写出计算过程。请从进度和成本两方面评价此项目的执行绩效如何，并说明依据。

计算项目在第 4 个月底的 PV、EV、AC，意味着对项目截至 4 月底计划的所有活动进行累加，计算公式如下：

PV=10+7+8+9+5+2=41 万元

EV=10×80%+7×100%+8×90%+9×90%+5×100%+2×90%=8+7+7.2+8.1+5+1.8=37.1 万元

AC=9+6.5+7.5+8.5+5+2=38.5 万元

首先对项目的进度绩效进行评价，计算该项目目前的 SV 或 SPI：

SV=EV−PV=37.1−41=−3.9 万元

SPI=EV/PV=37.1/41≈0.90

因为 SV 小于 0（或者 SPI 小于 1），所以该项目进度滞后。
然后对项目的成本绩效进行评价，计算该项目目前的 CV 或 CPI：
CV=EV–AC=37.1–38.5=–1.4 万元
CPI=EV/AC=37.1/38.5≈0.96
因为 CV 小于 0（或者 CPI 小于 1），所以该项目成本超支。

【问题 2】（5 分）
有人认为：项目某一阶段实际花费的成本（AC）如果小于计划支出成本（PV），说明此时项目成本是节约的，你认为这种说法对吗？请结合本题说明为什么。

该说法不正确。因为根据挣值管理的计算公式，衡量项目成本是否节约的计算公式为 CV=EV-AC，直接比较 PV 和 AC 的大小无法判断成本偏差。

例如项目中的活动 A 对应的 PV、EV、AC 分别为 10 万元、8 万元、9 万元，尽管 AC 小于 PV，但此时活动 A 实际完成的预算仅有 8 万元(EV)，小于实际成本 9 万元(AC)，仍然出现了成本超支情形。再如活动 F，其对应的 PV、EV、AC 分别为 2 万元、1.8 万元、2 万元，虽然 PV 和 AC 相等，但是仍然出现成本超支，因为 CV=EV-AC=-0.2 万元，成本偏差小于零表明活动 F 成本超支。

【问题 3】（10 分）
（1）如果从第 5 个月开始，项目不再出现成本偏差，则此项目的预计完工成本（EAC）是多少？

根据挣值管理计算公式，当预期未来的项目不再出现成本偏差，意味着其未来的成本绩效系数等于 1，即未完成的预算与所需的实际成本相等，其对应的计算公式可以表示为：EAC=AC+(BAC-EV)=BAC-(EV-AC)=BAC-CV=41+1.4=42.4 万元。

（2）如果项目仍按目前状况继续发展，则此项目的预计完工成本（EAC）是多少？

项目按目前状况继续发展，意味着后续的成本绩效系数与当前阶段保持一致，其对应的计算公式可以表示为：EAC=AC+(BAC-EV)/CPI=AC+BAC/CPI–EV/CPI=BAC/CPI=41/0.96=42.7 万元。

（3）针对项目目前的状况，项目经理可以采取什么措施？

项目目前出现了进度滞后、成本超支情形，尽管进度滞后和成本超支的程度不算严重，但还是应该及时采取措施纠正偏差，例如可以采用赶工、并行、缩减工作范围等方式加快进度；通过增加预算、提高工作效率等方式避免成本进一步超支。

【案例 2】

某项目进入详细设计阶段后，项目经理为后续活动制作了如图 7.1 所示的网络计划图，图中的虚竖线标志开发过程的一个里程碑，此处需要进行阶段评审，模块 1 和模块 2 需要通过评审后才能修复。

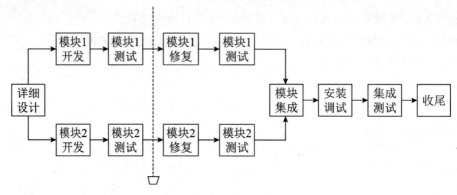

图 7.1　项目网络计划图

项目经理对网络图中的各项活动进行了成本估算，按每人每天成本为 1000 元，安排了各活动的人员数量并统计了模块 1、模块 2 的开发和测试活动的工作量（如表 7.2 所示），其中阶段评审活动不计入项目组的时间和人力成本预算。

表 7.2　开发和测试活动工作量

活动	人数安排/人	预计完成的工作量/人·天
模块 1 开发	8	48
模块 1 测试	1	3
模块 1 修复	8	8
模块 1 测试	1	2
模块 2 开发	10	80
模块 2 测试	1	3
模块 2 修复	10	10
模块 2 测试	1	2

【问题 1】（3 分）

请计算该项目自模块开发起至模块测试全部结束的计划工期。

【问题 2】（10 分）

详细设计完成后，项目组用了 11 天才进入阶段评审。在阶段评审中发现：模块 1 开发已经完成，测试尚未开始；模块 2 开发和测试均已完成，修复工作尚未开始，模块 2 的实际工作量比计划多用了 3 人·天。

（1）请计算自详细设计完成至阶段评审期间模块 1 的 PV、EV、AC，并评价其进度和成本绩效。

（2）请计算自详细设计完成至阶段评审期间模块 2 的 PV、EV、AC，并评价其进度和成本绩效。

第 7 章 项目成本管理案例分析

【问题 3】(8 分)

(1) 如果阶段评审未采取任何调整措施,项目仍按当前状况进展,请预测从阶段评审结束到软件集成开始这一期间模块 1、模块 2 的完工尚需成本 (ETC)(给出公式并计算结果)。

(2) 如果阶段评审后采取了有效的措施,项目仍按计划进展,请预测从阶段评审结束到软件集成开始这一期间模块 1、模块 2 的 (ETC)(给出公式并计算结果)。

【问题 4】(4 分)

请结合软件开发和测试的一般过程,指出项目经理制订的网络计划和人力成本预算中存在的问题。

确定主题方向

本题要考查的知识点较多,包括关键路径的识别和计算、挣值管理计算方法中对于项目现状偏差的计算,以及对项目未来执行情况的预报(包括预报的两种情形)。尤其是对于挣值管理计算,考生应能扎实掌握其概念和计算公式。

【问题 1】(3 分)

请计算该项目自模块开发起至模块测试全部结束的计划工期。

根据题中给出的信息,得到如图 7.2 所示的项目网络计划图。

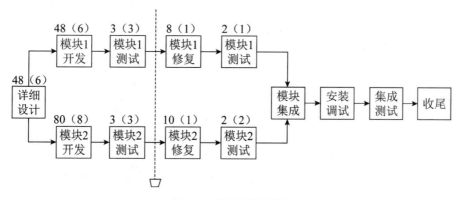

图 7.2 项目网络计划图

虽然要求计算关键路径,但因为题目非常简单,直接可以判断出项目工期为 14 天 (14=8+3+1+2)。

【问题 2】(10 分)

详细设计完成后,项目组用了 11 天才进入阶段评审。在阶段评审中发现:模块 1 开发已经完成,测试尚未开始;模块 2 开发和测试均已完成,修复工作尚未开始,模块 2 的实际工作量比计划多用了 3 人·天。

(1) 请计算自详细设计完成至阶段评审期间模块 1 的 PV、EV、AC,并评价其进度和成本绩效。

根据题意，可得模块 1 的 PV、EV、AC 如下：

$PV = (48 + 3) \times 1000 = 51000$ 元

$EV = 48 \times 1000 = 48000$ 元

$AC = 8 \times 11 \times 1000 = 88000$ 元

对应的 CPI=EV/AC = $48000 / 88000 \approx 0.55$，SPI=EV/PV = $48000 / 51000 \approx 0.94$，所以模块 1 成本明显超支，而进度略有滞后。

（2）请计算自详细设计完成至阶段评审期间模块 2 的 PV、EV、AC，并评价其进度和成本绩效。

根据题意，可得模块 2 的 PV、EV、AC 如下：

$PV = (80 + 3) \times 1000 = 83000$ 元

$EV = (80 + 3) \times 1000 = 83000$ 元

$AC = (80 + 3) \times 1000 + 3 \times 1000 = 86000$ 元

对应的 CPI=EV/AC=$83000/86000 \approx 0.97$，SPI=EV/PV=$83000/83000 = 1$，所以模块 2 成本略有超支，而进度符合计划要求。

【问题 3】（8 分）

（1）如果阶段评审未采取任何调整措施，项目仍按当前状况进展，请预测从阶段评审结束到软件集成开始这一期间模块 1、模块 2 的 ETC（给出公式并计算结果）。

根据挣值管理体系要求，当不采取任何调整措施时，意味着未来工作的成本绩效系数要与当前的绩效系数保持一致，此时模块 1 的 ETC 计算如下：

$ETC_{模块1} = (BAC - EV) / CPI \approx (61000 - 48000) / 0.55 \approx 23.83000$ 元

同理，模块 2 的 ETC 计算如下：

$ETC_{模块2} = (BAC - EV) / CPI \approx (95000 - 83000) / 0.97 \approx 12.43000$ 元

（2）如果阶段评审后采取了有效的措施，项目仍按计划进展，请预测从阶段评审结束到软件集成开始这一期间模块 1、模块 2 的 ETC（给出公式并计算结果）。

根据挣值管理体系要求，当项目仍按计划进展时，意味着未来工作的成本绩效系数仍然维持最初的预期，即成本绩效系数为 1。此时模块 1 的 ETC 计算如下：

$ETC_{模块1} = (BAC - EV) = (61000 - 48000) = 13000$ 元

同理，模块 2 的 ETC 计算如下：

$ETC_{模块2} = (BAC - EV) = (95000 - 83000) = 12000$ 元

【问题 4】（4 分）

请结合软件开发和测试的一般过程，指出项目经理制订的网络计划和人力成本预算中存在的问题。

该案例没有给出叙述性的背景说明，考生只能按图索骥，寻找可能的不足之处。分析网络计划图可知，存在以下不足之处：

（1）项目中缺乏明确定义的评审活动。

（2）里程碑设置时机不合适，一般不会设置在单元测试期间。

（3）该项目阶段不完整，缺乏相应的系统测试阶段。

（4）该项目阶段不完整，缺乏相应的系统试运行阶段。

（5）该项目阶段不完整，缺乏相应的系统验收测试阶段。

（6）模块 1 和模块 2 的开发工作量相差接近两倍，但其后续的测试与修复等工作量却相似，不符合一般的项目管理经验。

（7）项目中没有充分考虑资源平衡现象，导致项目各个阶段投入的人员数量差异过大。

【案例 3】

一个信息系统集成项目有 A、B、C、D、E、F 共 6 个活动，目前是第 12 周末，活动信息如下：

活动 A：持续时间为 5 周，预算 30 万元，没有前置活动，实际成本为 35.5 万元，已完成 100%。

活动 B：持续时间为 5 周，预算 70 万元，前置活动为 A，实际成本为 83 万元，已完成 100%。

活动 C：持续时间为 8 周，预算 60 万元，前置活动为 B，实际成本为 17.5 万元，已完成 20%。

活动 D：持续时间为 7 周，预算 135 万元，前置活动为 A，实际成本为 159 万元，已完成 100%。

活动 E：持续时间为 3 周，预算 30 万元，前置活动为 D，实际成本为 0 万元，已完成 0%。

活动 F：持续时间为 7 周，预算 70 万元，前置活动为 C 和 E，实际成本为 0 万元，已完成 0%。

项目在开始时投入资金为 220 万元，第 10 周获得投入资金 75 万元，第 15 周获得投入资金 105 万元，第 20 周获得投入资金 35 万元。

【问题 1】（12 分）

请计算当前的成本偏差（CV）和进度偏差（SV），以及进度绩效指数（SPI）和成本绩效指数（CPI），并分析项目的进展情况。

【问题 2】（10 分）

分别按照非典型偏差和典型偏差的计算方法，计算项目在第 13 周末的完工尚需成本（ETC）和完工估算成本（EAC）。

【问题 3】（3 分）

在不影响项目完工时间的前提下，同时考虑资金平衡的要求，在第 13 周开始时应该如何调整项目进度计划？

确定主题方向

本题是典型的挣值管理计算类题目,对于一般的挣值管理计算类题目,当给定项目的预算时,隐含的前提是这些预算的资金都会按时到位,不存在资金供应不足或不到位的情形。但本题目中额外涉及资金的供应信息,等于在原有的挣值管理计算的基础上增加了难度。除此之外,在计算挣值指标时还需要识别该项目的关键路径。

【问题 1】(12 分)

请计算当前的成本偏差(CV)和进度偏差(SV),以及进度绩效指数(SPI)和成本绩效指数(CPI),并分析项目的进展情况。

计算项目的当前挣值偏差指标需要首先识别项目当前的 PV、EV 和 AC。要确定项目在第 12 周末对应的挣值指标,需要首先判断项目各项活动在第 12 周末时间点对应的时序关系。在计算挣值管理类题目识别关键路径时,为了直观起见,一般会采用甘特图方式来描述各个活动的时序和挣值相关信息。项目各活动的时序关系如图 7.3 所示。

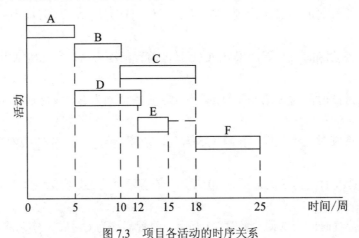

图 7.3 项目各活动的时序关系

由图 7.3 中各项活动的时序关系很容易判断,第 12 周末对应的活动包括活动 A、B、D 和活动 C。

根据题意,计算项目在第 12 周末的 PV 如下:

PV=30+70+60×((12-10)/ 8)+135=250 万元

项目在第 12 周末的 EV 如下:

EV=30+70+60×0.2+135=247 万元

项目在第 12 周末的 AC 如下:

AC=35.5+83+17.5+159=295 万元

根据挣值计算公式计算相应的挣值指标如下:

CV=EV-AC=247-295=-48 万元

SV=EV-PV=247-250=-3 万元

CPI=EV/AC=247/295≈0.84

SPI=EV/PV=247/250≈0.99

计算结果表明，项目在第 12 周末的状态为进度滞后，成本超支。

【问题 2】（10 分）

分别按照非典型偏差和典型偏差的计算方法，计算项目在第 13 周末的完工尚需成本（ETC）和完工估算成本（EAC）。

本题要求计算项目在第 13 周末对应的 ETC 和 EAC，首先需要重新识别项目对应的 PV、EV 和 AC。

结合问题 1 中的计算结果，项目在第 12 周末实际花费的成本为 295 万元，而项目在开始和第 10 周分别投入资金 220 万元和 75 万元，意味着第 12 周已经用完了所有投入的资金，所以项目在第 13 周处于停工状态。相应地，项目在第 13 周末的 EV 和 AC 与第 12 周末保持一致，但对应的 PV 则发生了变化。第 13 周末对应的 PV 计算如下：

PV=30+70+60×((13-10)/8)+135+30×((13-12)/3)≈267.5 万元[①]

项目总预算 BAC 计算如下：

BAC=30+70+60+135+30+70=395 万元

非典型偏差对应的 ETC 和 EAC 计算如下：

ETC=BAC−EV=395−247=148 万元

EAC=AC+ETC=295+148=443 万元

典型偏差对应的 ETC 和 EAC 计算如下：

EAC=BAC/CPI=395/(247/295)≈471.76 万元

ETC=EAC−AC=471.76−295=176.76 万元

【问题 3】（3 分）

在不影响项目完工时间的前提下，同时考虑资金平衡的要求，在第 13 周开始时应该如何调整项目进度计划？

根据题目给定条件，项目资金在第 12 周末就已经用完了，直到第 15 周才能提供新的项目资金，所以活动 E 可以推迟 3 周直到第 15 周才开始。又因为活动 E 是项目中的非关键路径活动，浮动时间为 3 周，所以活动 E 推迟 3 周对项目的资金安排和工期安排影响最小。

【案例 4】

项目组成员小张根据项目经理的要求绘制了项目 A 的 WBS 图，如图 7.4 所示，并根据工作量对项目的成本进行了分解，如表 7.3 所示。

---

① 虽然下面的计算未用到第 13 周末的 PV，但计算 PV 可以使考生对计算过程的认识更清晰。

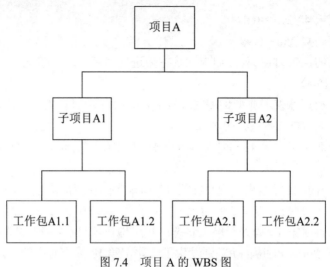

图 7.4 项目 A 的 WBS 图

表 7.3 项目成本分解表

项目		子项目		工作包	
名称	估算值	名称	估算值	名称	估算值/万元
A		A1		A1.1	12
				A1.2	14
		A2		A2.1	18
				A2.2	16

【问题 1】（3 分）

如果小张采取自下而上的估算方法，请计算 A1、A2、A 的估算值分别是多少？

【问题 2】（10 分）

在进行项目预算审批时，财务总监指出在 2012 年初公司实施过一个类似的项目，当时的决算金额是 50 万元。考虑到物价因素增加 10%也是可接受的，财务总监要求据此更改预算，请根据财务总监的建议列出 A1、A2、A1.1、A2.1 的估算值以及项目的总预算。

【问题 3】（3 分）

项目经理认为该项目与公司 2012 年初实施的一个类似项目还是有一定区别的，为稳妥起见，就项目预算事宜，项目经理可以向公司财务总监提出何种建议。

【问题 4】（9 分）

除了自下而上的估算方法，本案例还应用了哪些成本估算方法？成本估算的工具和技术还有那些？

确定主题方向

本题要考查成本估算方面的知识，是历年考试中很少涉及的知识。问题 1~3 考查考生对具体的成本估算方法的应用，问题 4 则是对内容记忆的考查。需要说明的是，与经常考查的挣值管理方法相比，本题涉及的自下而上的成本估算法、类比估算法等估算方法在实际项目管理过程中的应用要广泛得多。

【问题 1】（3 分）

如果小张采取自下而上的估算方法，请计算 A1、A2、A 的估算值分别是多少？

如果采取自下而上的估算方法，估算的基本原则是整体等于部分之和。A1 的估算值为 A1.1 和 A1.2 之和，其相应的估算结果为 26 万元；A2 的估算值为 A2.1 和 A2.2 之和，其相应的估算结果为 34 万元；A 的估算值为 A1 和 A2 之和，估算结果为 60 万元。

【问题 2】（10 分）

在进行项目预算审批时，财务总监指出在 2012 年初公司实施过一个类似的项目，当时的决算金额为 50 万元。考虑到物价因素增加 10%也是可接受的，财务总监要求据此更改预算，请根据财务总监的建议列出 A1、A2、A1.1、A2.1 的估算值以及项目的总预算。

此题要求采用类比法对上述自下而上的估算结果进行调整。调整后的项目预算应该与类似的项目保持一致，为 50 万元；考虑到物价上涨因素，额外增加 10%后为 55 万元，所以调整后的项目总预算为 55 万元。

项目以 55 万元替代最初估算的 60 万元，相应地，各组成部分成本比例保持不变，对相应的组成部分的成本重新计算。

A1.1 占原来总成本的 20%，A2.1 占原来的 30%，A1 占原来的 43%（26/60），A2 占原来的 57%（34/60），各个估算值如下：

A1=55×0.43≈23.65 万元

A2=55×0.57≈31.35 万元

A1.1=55×20%=11 万元

A2.1=55×30%=16.5 万元

调整后的项目总预算为 55 万元。

【问题 3】（3 分）

项目经理认为该项目与公司 2012 年初实施的一个类似项目还是有一定区别的，为稳妥起见，就项目预算事宜，项目经理可以向公司财务总监提出何种建议。

项目经理可以向公司财务总监提出以下建议：

（1）项目预算以成本估算结果为基础，是对成本估算结果的调整。

（2）项目预算应该考虑项目所面临的风险和不确定性，为项目设置相应的管理储备和应急储备。

（3）项目预算的结果能够根据项目执行的阶段进行阶段划分，以便于在项目执行过程中对项目预算进行监控。

（4）项目预算与项目的工作范围、进度要求、质量要求以及项目风险密切相关，做预算时应该考虑这些因素对项目预算的影响。

【问题4】(9分)

除了自下而上的估算方法，本案例还应用了哪些成本估算方法？成本估算的工具和技术还有那些？

本案例采用了自下而上的估算方法、类比估算法和参数估算法。除了这三种估算方法之外，成本估算的工具和技术还有确定资源费率、项目管理软件、供应商投标分析、准备金分析、质量成本等方法。

【案例5】

某信息系统集成项目有 A、B、C、D、E、F、G 共 7 个活动。各个活动的顺序关系、计划进度和成本预算如图 7.5 所示。其中大写英文字母为活动名称，其后面括号中的第 1 个数字是该活动计划进度持续的周数，第 2 个数字是该活动的成本预算，单位是万元。该项目资金分三次投入，分别在第 1 周初、第 10 周初和第 15 周初。

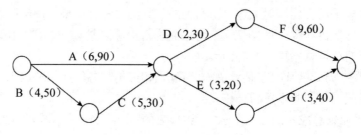

图 7.5　某项目各活动顺序关系

在项目进行的前 9 周中，第 3 周时因公司有个临时活动停工 1 周，为赶进度，从其他项目组临时抽调 4 名开发人员到本项目组。在第 9 周末时，活动 A、B 和 C 的信息如下，其他活动均未进行。

活动 A：实际用时 8 周，实际成本为 100 万元，已完成 100%。

活动 B：实际用时 4 周，实际成本为 55 万元，已完成 100%。

活动 C：实际用时 5 周，实际成本为 35 万元，已完成 100%。

从第 10 周开始，抽调的 4 名开发人员离开本项目组，这样项目进行到第 14 周末时的情况如下，其中由于对活动 F 的难度估计不足，导致了进度和成本的偏差。

活动 D：实际用时 2 周，实际成本为 30 万元，已完成 100%。

活动 E：实际用时 0 周，实际成本为 0 万元，已完成 0%。

活动 F：实际用时 3 周，实际成本为 40 万元，已完成 20%。

活动 G：实际用时 0 周，实际成本为 0 万元，已完成 0%。

【问题1】(10分)

在不影响项目总体工期的前提下，制订能使资金成本最优化的资金投入计划。请计算三个资金投入点分别要投入的资金量并写出在此投入计划下项目各个活动的执行顺序。

【问题 2】（5 分）

请计算项目进行到第 9 周末时的成本偏差（CV）和进度偏差（SV），并分析项目的进展情况。

【问题 3】（5 分）

请计算项目进行到第 15 周时的成本偏差（CV）和进度偏差（SV），并分析项目的进展情况。

【问题 4】（5 分）

若需要计算在项目第 15 周完工尚需成本（ETC）和完工估算成本（EAC），采用哪种方式计算更适合？写出计算公式。

确定主题方向

本题主要考查考生对成本管理中挣值管理计算的理解，此外，问题 1 还考查了利用资源平衡方法来调整项目预算的知识点。除了有一个容易被误解的项目时间条件外，题目整体难度一般。

【问题 1】（10 分）

在不影响项目总体工期的前提下，制订能使资金成本最优化的资金投入计划。请计算三个资金投入点分别要投入的资金量并写出在此投入计划下项目各活动的执行顺序。

根据前面的解题思路，当挣值管理涉及活动排序时，绘制项目进度甘特图如图 7.6 所示。

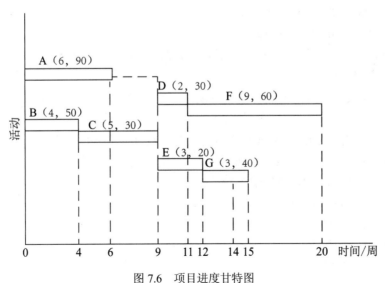

图 7.6 项目进度甘特图

题中说明项目资金分三次投入，分别在第 1 周初、第 10 周初和第 15 周初投入资金，即在图 7.6 中对应的 0 时间、9 周末以及 14 周末分三次投入资金。考虑到货币时间价值因素，资金投入越晚越好。在不影响项目工期的前提下，尽量推迟资金投入时间。

项目在第 9 周末之前必须完成活动 A、活动 B 和活动 C，所以第 1 周资金投入量为活动 A、活动 B 和活动 C 的资金和，即第 1 周初投入资金为 90+50+30=170 万元；对应的活动执行顺序为第 1~6 周执行活动 A，第 1~4 周执行活动 B，第 5~9 周执行活动 C。

项目在第 14 周末之前必须完成活动 D 和活动 F 的 1/3，所以第 9 周末资金投入量为活动 D 及活动 F1/3 资金和的，即第 9 周末投入资金为 30+60/3=50 万元；对应的活动执行顺序为第 9~11 周执行活动 D，第 11~14 周执行活动 F。

项目剩余需要完成的活动为活动 F、活动 E 和活动 G，所以第 14 周末资金投入量为活动 F 的 2/3 资金、活动 E 和活动 G 的资金和，即第 14 周末投入资金为 60×2/3+20+40=100 万元；对应的活动执行顺序为第 14~20 周执行活动 F，第 14~17 周执行活动 E，第 17~20 周执行活动 G。

【问题 2】（5 分）

请计算项目进行到第 9 周末时的成本偏差（CV）和进度偏差（SV），并分析项目的进展情况。

根据题意，项目进行到第 9 周末时对应的 PV、EV 和 AC 如下所示：

PV=90+50+30=170 万元

EV=90+50+30=170 万元

AC=100+55+35=190 万元

对应的 CV 和 SV 计算如下：

CV=EV–AC=170–190＝–20 万元

SV=EV–PV=170–170＝0 万元

计算结果表明，项目在第 9 周末的执行情况为成本超支，进度符合项目计划。

【问题 3】（5 分）

请计算项目进行到第 15 周时的成本偏差（CV）和进度偏差（SV），并分析项目的进展情况。

根据题意，项目进行到第 14 周末时对应的 PV、EV 和 AC 如下：

PV=90+50+30+30+60/3=220 万元

EV=90+50+30+30+60×0.2=212 万元

AC=100+55+35+30+40=260 万元

对应的 CV 和 SV 计算如下：

CV=EV–AC=212–260＝–48 万元

SV=EV–PV=212–220＝–8 万元

计算结果表明，项目在第 14 周末的执行情况为成本超支，进度滞后。

【问题 4】（5 分）

若需要计算在项目第 15 周完工尚需成本（ETC）和完工估算成本（EAC），采用哪种方式计算更适合？写出计算公式。

计算完工尚需成本和完工估算成本主要有两种方式，分别为典型偏差计算和非典型偏差计算。

典型偏差计算公式如下：

ETC=(BAC-EV)/CPI

EAC=AC+(BAC-EV)/CPI

非典型偏差计算公式如下：

ETC=BAC-EV

EAC=AC+(BAC-EV)

项目在第 14 周末的成本执行和进度执行分别为成本超支和进度滞后状况，为保险起见，ETC 和 EAC 的计算应该采用保守计算方法，即典型偏差计算方法。

【案例 6】

某项目由 A、B、C、D、E、F、G、H、I、J 共 10 个工作包组成，项目计划执行时间为 5 个月。在项目执行到第 3 个月末时，公司对项目进行了检查，检查结果如表 7.4 所示（假设项目工作量在计划期内均匀分布）。

表 7.4 第 3 个月末时公司对项目的检查情况汇总表

工作包	预算/万元	月度预算/万元					实际完成/%
		第 1 个月	第 2 个月	第 3 个月	第 4 个月	第 5 个月	
A	12	6	6				100
B	8	2	3	3			100
C	20		6	10	4		100
D	10			6	4		75
E	3	2	1				75
F	40			20	15	5	50
G	3					3	50
H	3				2	1	50
I	2				1	1	25
J	4				2	2	25

【问题 1】（4 分）

计算到目前为止，项目的 PV、EV 分别为多少？

【问题 2】（11 分）

假设该项目到目前为止已支付 80 万元，请计算项目的 CPI 和 SPI，并指出项目整体的成本和进度以及项目中哪些工作包落后于计划进度,哪些工作包超前于计划进度?

【问题 3】(10 分)

如果项目的当前状态代表了项目未来的执行情况,预测项目未来的结束时间和总成本,并针对项目目前的状况,提出相应的应对措施。

确定主题方向

本题主要考查的知识点为成本管理中的挣值管理计算,比较特殊的是在问题 3 中要求计算项目的结束时间,这是一个新颖的计算要求。

【问题 1】(4 分)

计算到目前为止,项目的 PV、EV 分别为多少?

计算项目在第 3 个月末对应的 PV,即工作包 A、B、E 的完整预算以及工作包 C、D、F 的部分预算之和,计算如下:

PV=12+8+(6+10)+6+(2+1)+20=65 万元

EV 为各个工作包当前完成的预算之和,计算如下:

EV=12+8+20+10×75%+3×75%+40×50%+3×50%+3×50%+2×25%+4×25%=74.25 万元

【问题 2】(11 分)

假设该项目到目前为止已支付 80 万元,请计算项目的 CPI 和 SPI,并指出项目整体的成本和进度以及项目中哪些工作包落后于计划进度,哪些工作包超前于计划进度?

项目当前的 PV、EV 和 AC 分别为 65 万元、74.25 万元和 80 万元,对应的 CPI 和 SPI 计算如下:

CPI=EV/AC=74.25/80≈0.93

SPI=EV/PV=74.25/65≈1.14

计算结果表明,项目在第 3 个月末,实际进度比计划进度超前,但成本超支。

分析上述每个工作包的完成情况,落后于进度计划的工作包为工作包 E,超前于进度计划的工作包为工作包 C、D、G、H、I、J;其他工作包执行符合进度计划。

【问题 3】(10 分)

如果项目的当前状态代表了项目未来的执行情况,预测项目未来的结束时间和总成本,并针对项目目前的状况,提出相应的应对措施。

对于项目进度预测可以采用和成本预算相似的计算公式。根据题意,此处应该采用典型的偏差计算公式来预测项目未来的结束时间。

项目结束时间计算如下:

预估结束时间=5/1.14≈4.39,所以项目预计在 4.39 个月结束,即在第 5 个月的中旬结束。

项目总成本估算(EAC)计算如下:

EAC=AC+(BAC-EV)/CPI=BAC/CPI

项目预算为 10 个工作包的预算之和,所以 BAC 计算如下:
BAC=12+8+20+10+3+40+3+3+2+4=105 万元
EAC=BAC/CPI=105/0.93≈112.90 万元

计算结果表明,当前的项目执行状况为进度提前、成本超支。项目可以适当地通过提升人员工作效率、优化工作流程、减少人员投入等方式来降低成本,同时确保项目按照预定的进度执行。

【案例 7】

某信息系统工程项目由 A、B、C、D、E、F、G 七个任务构成,项目组根据不同任务的特点、人员情况等,对各项任务进行了历时估算并排序,且给出了进度计划,如图 7.7 所示。

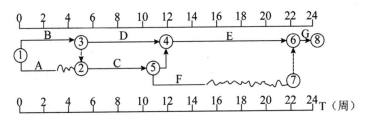

图 7.7 项目进度计划

项目中各项任务的预算(方框中,单位是万元)、从财务部获取的监控点处各项目任务的实际费用(括号中,单位为万元)及各项任务在监控点时的完成情况如图 7.8 所示。

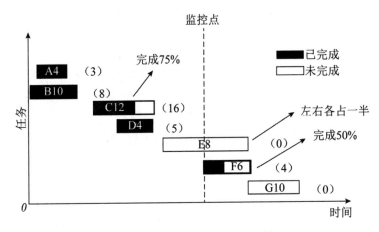

图 7.8 各任务在监控点时的完成情况

【问题1】(10分)

(1) 请指出该项目的关键路径、工期。

(2) 本例给出的进度计划图叫什么图?还有哪几种图可以表示进度计划?

(3) 请计算任务 A、D 和 F 的总时差和自由时差。

(4) 若任务 C 拖延 1 周,对项目的进度有无影响?为什么?

【问题2】(7分)

请计算监控点时刻对应的 PV、EV、AC、CV、SV、CPI 和 SPI。

【问题3】(4分)

请分析监控点时刻对应的项目绩效,并指出绩效改进的措施。

【问题4】(4分)

(1) 请计算该项目的总预算。

(2) 若在监控点时刻对项目进行绩效评估后,找到了影响绩效的原因并予以纠正,请预测此种情况下项目的 ETC、EAC。

确定主题方向

本题在考查考生关于关键路径、时差等计算的基础上,考查成本管理中挣值管理计算的内容,属于比较典型的挣值管理计算类题目。

【问题1】(10分)

(1) 请指出该项目的关键路径、工期。

根据题目中给出的时标图,很容易识别出项目的关键路径为 B、D、E、G,项目工期为 24 周。

(2) 本例给出的进度计划图叫什么图?还有哪几种图可以表示进度计划?

题中给出的进度计划图称为时标图。前导图、箭线图和甘特图等也可以用来表示项目的进度计划。

(3) 请计算任务 A、D 和 F 的总时差和自由时差。

由题中给出的时标图可判断出,任务 A 的总时差和自由时差分别为 3 周和 2 周;任务 D 的总时差和自由时差均为 0 周;任务 F 的总时差和自由时差均为 7 周。

(4) 若任务 C 拖延 1 周,对项目的进度有无影响?为什么?

任务 C 为非关键路径活动,其对应的总时差为 1 周,如果其之前的活动 A 延误不超过 2 周,活动 C 拖延 1 周对项目进度无影响;如果活动 A 延误超过 2 周,则任务 C 拖延 1 周将导致项目进度延误。

【问题2】(7分)

请计算监控点时刻对应的 PV、EV、AC、CV、SV、CPI 和 SPI。

由题意可知,监控点对应的 PV 为活动 A、B、C、D 的预算以及活动 E 的一半预算,所以 PV 计算如下:

PV=4+10+12+4+8×0.5=34 万元

监控点对应的 EV 为活动 A、B、D 已经完成的预算以及活动 C 的 75%预算和活动 F 的 50%预算，所以 EV 计算如下：

EV=4+10+12×75%+4+6×50%=30 万元

监控点对应的 AC 为活动 A、B、C、D、F 实际发生的费用和，所以 AC 计算如下：

AC=3+8+16+5+4=36 万元

监控点对应的 CV、SV、CPI 和 SPI 计算如下：

CV=EV-AC=30-36=-6 万元

SV=EV-PV=30-34=-4 万元

CPI=EV/AC=30/36≈0.83

SPI=EV/PV=30/34≈0.88

【问题 3】（4 分）

请分析监控点时刻对应的项目绩效，并指出绩效的改进措施。

根据问题 2 中的计算结果，项目在监控点时刻的成本绩效系数 CPI 为 0.83，进度绩效系数 SPI 为 0.88，说明项目成本超支，进度落后。

针对当前状况，项目应采取相应的改进措施，包括为项目安排更有经验的项目组成员，改善工作流程，提升工作绩效以及采用赶工、并行等方式加快项目进度。

【问题 4】（4 分）

（1）请计算该项目的总预算。

项目总预算（BAC）为项目各项活动的预算之和，计算如下：

BAC=4+10+12+4+8+6+10=54 万元

（2）若在监控点时刻对项目进行绩效评估后，找到了影响绩效的原因并予以纠正，请预测此种情况下项目的 ETC、EAC。

根据题意，要求计算在非典型偏差情形下对应的 ETC 和 EAC，相应的计算如下：

ETC=BAC-EV=54-30=24 万元

EAC=AC+ETC=36+24=60 万元

【案例 8】

某项目工期为 6 个月，该项目的项目经理在第 3 个月末对项目进行了中期检查，检查结果表明完成了计划进度的 90%，相关情况见表 7.5，表中活动之间存在 F-S 关系。

表 7.5 某项目中期各活动检查结果 （单位：万元）

序号	活动	第 1 月	第 2 月	第 3 月	第 4 月	第 5 月	第 6 月	PV 值
1	编制计划	4	4					8
2	需求调研		6	6				12
3	概要设计			4	4			8

续表

序号	活动	第1月	第2月	第3月	第4月	第5月	第6月	PV值
4	数据设计				8	4		12
5	详细设计					8	2	10
	月度PV	4	10	10	12	12	2	
	月度AC	4	11	11				

【问题1】（8分）

计算中期检查时项目的 CPI、CV 和 SV，以及"概要设计"活动的 EV 和 SPI。

【问题2】（4分）

如果按照当前的绩效，计算项目的 ETC 和 EAC。

【问题3】（8分）

请对该项目目前的进展情况作出评价。如果公司规定，在项目中期评审中，项目的进度绩效指标和成本绩效指标在计划值的正负10%即为正常，则该项目是否需要采取纠正措施？如需要，请说明可采取哪些纠正措施进行成本控制；如不需要，请说明理由。

【问题4】（5分）

结合本案例，判断下列选项的正误（填写在答题纸的对应栏内，正确的选项填写"√"，错误的选项填写"×"）：

（1）应急储备是包含在成本基准内的一部分预算，用来应对已经接受的已识别风险，并已经制定应急或减轻措施的已识别风险。（   ）

（2）管理储备主要应对项目的"已知-未知"风险，是为了管理控制的目的而特别留出的项目预算。（   ）

（3）管理储备是项目成本基准的有机组成部分，不需要高层管理者审批就可以使用。（   ）

（4）成本基准就是项目的总预算，不需要按照项目工作分解结构和项目生命周期进行分解。（   ）

（5）成本管理过程及其使用的工具和技术会因应用领域的不同而变化，一般在项目生命周期定义过程中对此进行选择。（   ）

确定主题方向

本题是比较典型的挣值管理知识点考查题，第4个问题考查考生对成本管理基本概念的辨析能力。

【问题1】（8分）

计算中期检查时项目的 CPI、CV 和 SV，以及"概要设计"活动的 EV 和 SPI。

首先计算项目在中期检查时对应的 PV、EV 和 AC，计算如下：

PV=4+10+10=24 万元

EV=PV×90%=24×90%=21.6 万元

AC=4+11+11=26 万元

根据 PV、EV 和 AC 值计算 CPI、CV 和 SV，计算如下：

CPI=EV/AC=21.6/26=0.83

CV=EV–AC=21.6-26=-4.4 万元

SV=EV–PV=21.6-24=-2.4 万元

计算概要设计活动的 EV 和 SPI，因为活动之间是 F-S 关系[①]，当前项目 EV 值是 21.6 万元，对应的活动为活动 1、2、3。活动 1、2 的 PV 分别为 8 万元和 12 万元，所以活动 3 "概要设计" 对应的 EV 计算如下：

EV=21.6–8–12=1.6 万元

"概要设计" 活动对应的 PV 为 4 万元，对应的 SPI 计算如下：

SPI=EV/PV=1.6/4=0.4

【问题 2】（4 分）

如果按照当前的绩效，计算项目的 ETC 和 EAC。

计算项目的 ETC 需要首先计算项目的总预算（BAC），BAC 计算如下：

BAC=8+12+8+12+10=50 万元

分别计算项目在典型情况下对应的 ETC 和 EAC，计算如下：

ETC=(BAC-EV)/CPI=(50-21.6)/0.83≈34.22 万元

EAC=AC+ETC=26+34.22=60.22 万元

【问题 3】（8 分）

请对该项目目前的进展情况作出评价。如果公司规定，在项目中期评审中，项目的进度绩效指标和成本绩效指标在计划值的正负 10% 即为正常，则该项目是否需要采取纠正措施？如需要，请说明可采取哪些纠正措施进行成本控制；如不需要，请说明理由。

根据题中给定条件以及问题 1 中的计算结果，在项目中期评审对应的进度绩效指标和成本绩效指标分别为 0.9 和 0.83，说明项目的进度绩效属于正常范围，项目的成本绩效系数偏离了±10%，需要采取相应的成本控制措施。

成本控制措施包括如下内容：

（1）根据成本计划监督成本的运行情况及成本偏差。

（2）记录成本基准发生的所有变更。

（3）防止不正确的、不合适的、未批准的成本变更。

（4）成本变更时通知相关的项目干系人。

（5）将成本偏差控制在可接受的范围内。

---

① 根据表 7.5 中的活动预算信息，活动之间存在并行现象，因此判定活动 2 完成的结论不严格。如果题目给定的各个活动间不存在并行现象，则判定正确。

【问题 4】（5 分）

结合本案例，判断下列选项的正误（填写在答题纸的对应栏内，正确的选项填写"√"，错误的选项填写"×"）：

（1）应急储备是包含在成本基准内的一部分预算，用来应对已经接受的已识别风险，并已经制定应急或减轻措施的已识别风险。（　　）

答案：√。应急储备是针对"已知-未知"风险设置的预算，属于成本基准的组成部分。

（2）管理储备主要应对项目的"已知-未知"风险，是为了管理控制的目的而特别留出的项目预算。（　　）

答案：×。管理储备是针对"未知-未知"风险设置的预算，不属于成本基准的组成部分，项目经理要使用管理储备，需要得到额外的审批。

（3）管理储备是项目成本基准的有机组成部分，不需要高层管理者审批就可以使用。（　　）

答案：×。管理储备为不属于项目成本基准的组成部分，使用时需要得到额外的审批。

（4）成本基准就是项目的总预算，不需要按照项目工作分解结构和项目生命周期进行分解。（　　）

答案：×。成本基准是将项目的总预算分配到相应的生命周期阶段或者对应的工作包中所形成的基准。

（5）成本管理过程及其使用的工具和技术会因应用领域的不同而变化，一般在项目生命期定义过程中对此进行选择。（　　）

答案：√。成本管理过程及工具与应用领域密切相关。例如，软件成本评估只能使用特定的方法和工具。

第 8 章　项目质量管理案例分析

8.1　项目质量管理知识定位

　　IT 项目的质量管理在不同的组织中会有很大差异，相对成熟的组织从组织级别和项目级别都有相对完整的项目 QA 管理体系，而对于成熟度较低的组织甚至不具备单独测试人员，无法保证质量工作的独立性和客观性。但从项目质量管理理论体系的角度分析，质量管理工作首先强调的就是质量管理工作的独立性，然后才是如何与项目的过程管理、评审管理、缺陷管理以及测试管理等具体工作进行结合。考生所在的组织如果没有实施充分的项目质量管理活动，不能有效采用"对号入座"的方式理解项目质量管理的概念及过程，建议考生在阅读本章的案例时主动培养"代入感"，增强对项目质量管理整体理论框架的认识和理解。

8.2　项目质量管理知识体系

　　项目质量管理知识体系包括规划质量管理、实施质量保证、控制质量三部分内容。质量管理涉及的概念以及知识点比较泛、比较多，需要考生有意识地进行积累，尤其是各个质量管理过程所对应的工具和技术，考生需要重点关注。

8.3　案例分析

　　项目质量管理方面的案例分析题主要考查考生的项目质量管理理论框架以及具体的知识点。针对这类题目，考生需要重点记忆质量管理相关的重要概念以及过程和方法。

【案例 1】

　　某公司承接了一个银行业务系统的软件开发项目，质量要求非常高。<u>项目经理小赵制订了项目的整体计划</u>，将项目划分为需求、设计、编码和测试四个阶段，并为测试阶段预留了大量时间，以便开展充分的测试工作。

　　需求分析完成后，项目组编写了《需求分析报告》，<u>项目经理小赵召集部分骨干人员开评审会。为了尽快进入下一阶段工作，评审会从早上 9 点一直开到晚上 9 点，终于把全部的文件都审完了。评审组找到了几处小问题，并当场进行了修改，项目经理宣布可以进</u>

入设计阶段了。编程结束后，进入了测试阶段。第 1 轮测试，发现了 70 个缺陷。项目组对发现的缺陷进行了修改，又重新提交了测试。第 2 轮又发现了 100 多个缺陷，就这样反复修改和测试，直到第 6 轮，发现了 33 个缺陷。各轮发现的缺陷数如表 8.1 所示。

表 8.1　各轮测试缺陷数

轮数	第 1 轮	第 2 轮	第 3 轮	第 4 轮	第 5 轮	第 6 轮
缺陷数	70	117	89	54	158	33

这时，小赵终于松了一口气，由于第 6 轮只剩下 33 个缺陷，他觉得测试工作应该很快就会结束了。

【问题 1】（10 分）

请分析此项目的质量管理过程中存在哪些问题。

【问题 2】（9 分）

请在答题纸上标出纵坐标的刻度值，并画出测试缺陷的趋势图。根据趋势图分析"小赵觉得测试工作很快就会结束了"是否有道理，并分析原因。

【问题 3】（3 分）

请结合软件生命开发周期分析软件存在缺陷的可能原因。

【问题 4】（3 分）

请结合实际经验说明软件项目的质量管理工作应重点完成哪些工作。

确定主题方向

阅读该案例材料并结合问题分析可知，该案例关注的重点在于软件质量管理，所以应根据对软件质量管理主要活动的理解进行分析。问题 1 和案例背景材料结合得比较紧密，而其他三个问题考查考生对于质量管理概念的一般性理解，应该不难给出答案。

提炼题干信息

【问题 1】（10 分）

请分析此项目的质量管理过程中存在哪些问题。

（1）没有制订项目质量管理计划。（项目经理小赵制订了项目的整体计划）

（2）项目中缺乏专职的质量经理。（项目经理小赵制订了项目的整体计划）

（3）需求评审会议没有邀请相关的行业专家参加。（项目经理小赵召集部分骨干人员开评审会）

（4）需求评审会议安排不合理，时间过长。（评审会从早上 9 点一直开到晚上 9 点，终于把全部的文件都审完了）

（5）需求评审没有起到真正的作用，没有发现实质性缺陷。（评审组找到了几处小问题，并当场进行了修改）

（6）项目中没有举行里程碑会议，无法对过程质量进行有效控制。（项目经理宣

布可以进入设计阶段了）

（7）项目只关注缺陷总数，没有对缺陷进行分类并进行相应的原因分析。（<u>第 2 轮又发现了 100 多个缺陷，就这样反复修改和测试，直到第 6 轮，发现了 33 个缺陷。各轮发现的缺陷数如表 8.1 所示</u>）

（8）根据缺陷数量的趋势分析，目前的项目质量仍然存在较大的不确定性。（<u>由于第 6 轮只剩下 33 个缺陷，他觉得测试工作应该很快就会结束了</u>）

完善答题形式

对提炼出的题干信息进行分析整理，可得到如下的答题要点：

（1）没有制订项目质量管理计划。

（2）项目缺乏专职的质量经理。

（3）需求评审会议没有邀请相关的行业专家参加。

（4）需求评审会议安排不合理，时间过长。

（5）需求评审没有起到真正的作用，导致后续缺陷频发。

（6）项目中没有举行里程碑会议，无法对过程质量进行有效控制。

（7）项目只关注缺陷总数，没有对缺陷进行分类并进行相应的原因分析。

（8）项目经理没有对缺陷趋势进行有效分析，对测试工作进展盲目乐观。

【问题 2】（9 分）

请在答题纸上标出纵坐标的刻度值，并画出测试缺陷的趋势图。根据趋势图分析"小赵觉得测试工作很快就会结束了"是否有道理，并分析原因。

根据每轮发现的缺陷数量，绘制趋势图如图 8.1 所示。

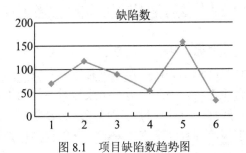

图 8.1 项目缺陷数趋势图

根据趋势图分析，每轮发现的缺陷数量存在明显的周期性现象。虽然第 6 轮发现的缺陷数量为 33 个，比第 5 轮的 158 个明显减少，但非常有可能出现缺陷数量反弹，所以无法确定后续发现的缺陷数量一定会减少。

基于以上分析，小赵的观点不可取，他应该做好心理准备，测试工作可能仍然需要较长的时间。

【问题 3】（3 分）

请结合软件生命开发周期分析软件存在缺陷的可能原因。

根据案例材料，软件存在的缺陷如下。
（1）需求相关的缺陷。
（2）设计相关的缺陷。
（3）代码相关的缺陷。
（4）测试用例不充分、测试用例错误等导致的缺陷。
（5）软件开发过程不成熟导致的缺陷。

【问题4】（3分）
请结合实际经验说明软件项目的质量管理工作应重点完成哪些工作。
根据对案例资料的分析在质量管理工作中应完成以下工作：
（1）项目中一定要任命独立于项目组的质量经理。
（2）质量经理制订质量管理计划。
（3）质量经理根据质量管理计划实施质量保证活动。
（4）质量经理定期或不定期对软件过程和软件工作产品进行审计。
（5）质量经理向组织高层报告审计的不符合项。
（6）质量经理跟踪审计的不符合项直至关闭。
（7）质量经理跟踪测试工作，并对测试发现的缺陷进行统计分析。
（8）质量经理根据测试数据的统计分析结果向项目组提供相应的建议。

【案例2】

小赵被任命为某软件开发项目的专职质量管理人员，他此前只有三个月的软件开发经历。项目经理李工程师要求他按照项目进度计划中的工作安排，按时做好检查，发现问题随时汇报。

项目启动后，由于进度紧张，项目组经常加班，小赵在质量检查中，总会遇到这样那样的问题，例如，计划时间点已到，工作却没有按时完成，因此无法开展检查；相关人员工作太忙，无法配合检查等。不久，项目组成员对小赵的工作颇有怨言，说他不懂技术，还得浪费时间跟他解释，有的还说进度已经这么紧张了，他不帮忙却来添乱。小赵很无奈，将这些情况汇报给项目经理李工程师，李工程师也觉得比较棘手，要求小赵尽量在不打扰大家工作的情况下执行检查。

项目组在超负荷运转中完成了编码任务，虽然天天加班，但进度还是延误了20%，此时已经不能按原计划开展测试工作，项目经理李工程师决定调整计划，不划分测试阶段，将所有模块一次集成后统一开始测试。软件模块集成后，头一轮测试刚开始就出现了致命错误，导致测试无法继续，李工程师只好让开发人员先修复软件，之后再提交测试。随后的测试过程更加混乱，由于模块由不同人员开发，需要不同的人来修改，常常是已修复的bug，在修复其他的bug之后又再次出现，开发人员不停地修改，项目交付时间临近，程序中还有大量bug没有修复。

第 8 章　项目质量管理案例分析

【问题 1】（14 分）

请结合本案例分析该项目在质量管理方面出现了哪些问题？

【问题 2】（6 分）

请结合本案例简要阐述，在项目中作为项目经理应如何做好质量管理工作？

【问题 3】（5 分）

根据以上案例描述，项目的测试过程至少应分为哪几个阶段？

确定主题方向

阅读该案例材料可知，该案例分析的主题为软件质量管理，考生应结合软件质量管理的质量计划、质量保证和质量控制三个主要过程进行分析。问题 1 和案例背景材料关系密切，问题 2 是问题 1 分析结果的延伸，问题 3 考查软件测试类型知识，难度一般。

提炼题干信息

【问题 1】（14 分）

请结合本案例分析该项目在质量管理方面出现了哪些问题？

根据实例资料，可以看到项目的质量管理出现了下述问题：

（1）没有为项目确定相关的质量标准、形成项目定义软件过程。（<u>小赵被任命为某软件开发项目的专职质量管理人员</u>）

（2）项目质量管理人员缺乏项目开发经验，无法充分赢得项目组成员的信任。（<u>他此前只有三个月的软件开发经历</u>）

（3）项目没有制订有效的质量管理计划，导致质量管理工作完全依赖于开发工作。（<u>计划时间点已到，工作却没有按时完成，因此无法开展检查</u>）

（4）项目进度计划不合理，没有合理安排质量管理等相关活动。（<u>相关人员工作太忙，无法配合检查等</u>）

（5）项目质量管理活动没有独立的报告渠道，导致质量管理活动没有得到足够重视。（<u>小赵很无奈，将这些情况汇报给项目经理李工程师</u>）

（6）项目经理对质量管理重要性认识不足，认为质量管理是可有可无的活动。（<u>要求小赵尽量在不打扰大家工作的情况下执行检查</u>）

（7）项目经理改变项目过程未征求质量管理专员的意见，不应该合并测试阶段。（<u>项目经理李工程师决定调整计划，不划分测试阶段</u>）

（8）项目中缺乏有效的配置管理，导致 bug 重复出现。（<u>常常是已修复的 bug，在修复其他的 bug 之后又再次出现</u>）

完善答题形式

对提炼出的题干信息进行分析整理，可得到如下答题要点：

（1）没有为项目确定相关的质量标准、形成项目定义软件过程。

（2）项目质量管理人员缺乏项目开发经验，无法充分赢得项目组成员信任。

（3）项目没有制订有效的质量管理计划，导致质量管理工作完全依赖于开发工作。

（4）项目进度计划不合理，没有合理安排质量管理等相关活动。
（5）项目质量管理活动没有独立的报告渠道，导致质量管理活动没有得到足够重视。
（6）项目经理对质量管理重要性认识不足，认为质量管理是可有可无的活动。
（7）项目经理改变项目过程未征求质量管理专员的意见，不应该合并测试阶段。
（8）项目中缺乏有效的配置管理，导致 bug 重复出现。

【问题 2】（6 分）

请结合本案例简要阐述，在项目中作为项目经理应如何做好质量管理？

本题要求结合案例材料，站在项目经理的角度分析如何管理质量，所以答题视角应该站在项目经理而非质量经理角度分析。项目经理应该从以下角度做好质量管理：

（1）应该充分重视质量管理工作，在项目质量管理人员的辅助下，制定项目的质量管理标准以及项目过程。
（2）应该要求组织为项目配备具有丰富开发经验的质量管理人员。
（3）应该支持质量管理人员制订有效的质量管理计划。
（4）在项目进度计划中应该包含质量管理活动。
（5）应该充分重视并支持质量管理工作的独立性。
（6）应加强软件配置管理和变更管理方面的工作。
（7）应该寻求技术能力更强、经验更丰富的人员加入项目组，提升项目工作质量。

【问题 3】（5 分）

根据以上案例描述，项目的测试过程至少应分为哪几个阶段？

根据软件项目实践，软件项目的测试过程至少应该分为三个阶段：

（1）单元测试阶段。
（2）集成测试阶段。
（3）系统测试阶段。

除上述三个测试阶段，有些项目可能还包括试验收测试、试运行测试等阶段。

【案例 3】

A 公司是国内一家大型系统集成企业，已建立基于 SJ/T 11234、SJ/T 11235 的涵盖公司所有部门和人员的质量管理体系。在公司建立质量管理体系之初，质量部要求各业务部门都参加体系建设，编写程序文件和作业指导，<u>但这些部门都说忙，难以抽出人力</u>。质量部便借鉴了其他公司的相关文件，<u>对其简单修改后形成了 A 公司的质量管理体系文件</u>。

质量管理体系运行 1 年后，公司承担了一个大型软件集成项目。公司领导对此项目非常重视，任命高级项目经理陈工程师管理此项目，并强调一定要保质保量完成。同时，公司要求销售部、采购部、质量部各派 1 人参与该项目，配合项目组开展工作。

根据公司的质量管理体系要求，项目的每个里程碑节点都要召开评审会，主要开发文档（包括要求规格说明书、总体设计和详细设计等）都需要通过评审。事实上，<u>在以往的项目中，这些评审会都是在项目组内讨论，讨论出结果后让相关部门负责人签字，质量部只要看到有签字的评审记录就不干预项目的实施</u>。由于本项目关系重大，各部门都怕出了问题承担责任，因此所有部门都参加了该项目的评审会。

几个评审会开完，项目组成员开始抱怨，说以前的项目评审都是我们自己讨论，其他部门根本没人仔细看，可是现在这个项目，各个部门都有人参与，<u>评审会上每个人都提意见，并且意见经常不一致，没有人负责最后拍板；对于有些技术文件的评审，评审人员明明不懂还提出很多问题，要费很大力气给他们解释</u>。

在以往的项目中，虽然公司的程序文件中规定评审没通过就不能进入下一环节，但如果进度要求紧张的话，<u>一般也不管什么流程了，抢进度要紧</u>。但是在这个项目中，设计方案经过几次讨论都没有结果。项目经理陈工程师为了保证进度，向采购部提出提前采购设备，采购部以设计方案没有定稿为理由拒绝处理。<u>无奈之下陈工程师找了好几次公司领导，最终领导拍板可以提前采购</u>。项目就这样在不断的争执过程中进行，每次争执不下时陈工程师就去找公司领导。如此多次争执后，<u>陈工程师发现质量管理体系文件中规定那么多评审纯粹是浪费时间，希望修改</u>。

<u>按照计划，现在项目应该进行到测试阶段，但实际上项目的详细设计还未通过评审</u>。

【问题 1】（12 分）

请简要叙述 A 公司的质量管理体系在建立和运行中存在的主要问题。

【问题 2】（8 分）

如果你是 A 公司质量负责人，请简要叙述实施 A 公司质量管理体系的改进步骤。

【问题 3】（5 分）

项目质量管理包括（1）、（2）和（3）过程。A 公司在建立质量管理体系后，应定期对质量管理体系的运行进行内部审核和（4）。质量体系内部审核属于质量管理中的（5）过程。

请将上面（1）～（5）处答案填写在答题纸的对应栏内。

确定主题方向

阅读该案例材料，该案例分析的主题为软件质量管理，侧重于软件质量管理体系建立和运行方面的知识考查，这对大部分项目经理而言有一定的难度。问题 1 和案例材料给定的背景信息高度相关，考生按照对号入座的方法分析即可。问题 2 主要考查质量管理体系的 PDCA 持续改进方面的知识点，问题 3 则是考查质量管理整体过程方面的知识点。问题 2 和问题 3 属于相对独立的知识点，与案例材料没有太直接的关联。

提炼题干信息

【问题 1】（12 分）

请简要叙述 A 公司的质量管理体系在建立和运行中存在的主要问题。

根据案例资料可以看出 A 公司在质量管理体系建立和运行中存在如下的问题：

（1）A 公司在建立质量体系时没有采用全员参与模式。（但这些部门都说忙，难

以抽出人力）

（2）A 公司在建立质量体系过程中没有充分结合自己的实际情况，导致质量管理体系适用性不强。（对其简单修改后形成了 A 公司的质量管理体系文件）

（3）A 公司的质量管理活动未严格遵循质量管理体系要求。（在以往的项目中，这些评审会都是在项目组内讨论，讨论出结果后让相关部门负责人签字，质量部只要看到有签字的评审记录就不干预项目的实施）

（4）A 公司质量管理体系的评审过程不规范，没有设置评审组长角色。（评审会上每个人都提意见，并且意见经常不一致，没有人负责最后拍板）

（5）A 公司质量管理体系的评审过程不规范，没有建立评审专家筛查机制。（对于有些技术文件的评审，评审人员明明不懂还提出很多问题，要费很大力气给他们解释）

（6）A 公司的质量管理活动未严格遵循质量管理体系要求。（一般也不管什么流程了，抢进度要紧）

（7）A 公司高层对质量管理重视程度不够，没有遵循相关的质量管理豁免流程，而是直接做出决定。（无奈之下陈工程师找了好几次公司领导，最终领导拍板可以提前采购）

（8）A 公司的质量管理体系没有及时进行相应的持续改进。（陈工程师发现质量管理体系文件中规定那么多评审纯粹是浪费时间，希望修改）

完善答题形式

对提炼出的题干信息进行分析整理，可得到如下答题要点：

（1）A 公司在建立质量体系时没有采用全员参与的模式。

（2）A 公司在建立质量体系过程中没有充分结合自己的实际情况，导致质量管理体系适用性不强。

（3）A 公司项目中的质量管理活动未严格遵循质量管理体系要求。

（4）A 公司质量管理体系的评审过程不规范，没有设置评审组长角色。

（5）A 公司质量管理体系的评审过程不规范，没有建立评审专家筛查机制。

（6）A 公司高层对质量管理重视程度不够，没有遵循相关的质量管理豁免流程，而是直接做出决定。

（7）A 公司的质量管理体系没有及时进行相应持续改进。

【问题 2】（8 分）

如果你是 A 公司质量负责人，请简要叙述实施 A 公司质量管理体系的改进步骤。

对 A 公司的质量管理体系应该进行基于 PDCA 循环的持续过程改进，具体步骤如下：

（1）对 A 公司的质量现状进行分析，并结合公司的整体战略目标制订过程改进目标和过程改进计划。

（2）根据过程改进计划对现有的质量管理体系，例如过程和方法等进行改进和完善。

（3）在实际项目中运行改进后的质量管理体系，并对发现的问题进行原因分析。

（4）根据质量管理体系运行过程中发现的问题以及原因，制定相应的改进措施和改进目标，并形成新的过程改进目标和过程改进计划。

【问题 3】（5 分）

项目质量管理包括（1）、（2）和（3）过程。A 公司在建立质量管理体系后，应定期对质量管理体系的运行进行内部审核和（4）。质量体系内部审核属于质量管理中的（5）过程。

根据项目质量管理理论体系，项目质量管理包括质量计划、质量保证和质量控制过程。A 公司在建立质量管理体系后，应定期对质量管理体系的运行进行内部审核和管理评审。质量体系内部审核属于质量管理中的质量保证过程。

【案例 4】

某系统集成公司 A 中标某信息中心 IT 运维平台开发项目，公司 A 任命小李为项目经理。小李在项目启动阶段确定了项目团队和项目组织架构。项目团队分为三个小组：研发组、测试组和产品组。各组成员分别来自研发部、测试部以及产品管理部。

小李制订了项目整体进度计划，将项目分为需求分析、设计、编码、试运行和验收五个阶段。为保证项目质量，<u>小李请有着多年的编码、测试工作经历的测试组组长张工程师兼任项目的质量保证人员。</u>

在项目启动会上，小李对张工程师进行了口头授权，并<u>要求张工程师在项目的重要阶段（如完成需求分析、完成总体设计、完成单元编码和测试等）必须对项目交付物进行质量检查。</u>在检查时，<u>张工程师可以根据自己的经验提出要求，对不满足要求的工作，必须立即进行返工。</u>

项目在实施过程中，遇到一些问题，具体如下：

在项目组完成编码与单元测试工作，准备进行系统集成前，张工程师按照项目经理小李的要求进行了质量检查。在检查过程中，<u>张工程师凭借多年开发经验，认为某位开发人员负责的一个模块代码存在响应时间长的问题，并对其开具了不符合项报告。但这位开发人员认为自己是严格按照公司编码规范编写的，响应时间长不是自己的问题。经过争吵，张工程师未能说服该开发人员，</u><u>同时考虑到该模块对整体项目影响不大，张工程师没有再追究此事，该代码也没有修改。</u>

在项目上线前，信息中心领导组织技术专家到项目现场进行调研和考察。<u>专家组对已完成的编码进行了审查，发现很多模块不能满足甲方的质量要求。</u>

【问题 1】（10 分）

请指出该项目在质量管理方面可能存在哪些问题？

【问题 2】（8 分）

请指出张工程师在质量检查中可能存在的问题。

【问题 3】（6 分）

针对上述问题，如果你是项目经理，你会采取哪些措施？

【问题 4】(5 分)

在（1）～（5）中填写恰当内容（从候选答案中选择一个正确选项，将该选项编号填入答题纸对应栏内）。

在质量控制中，可以使用的工具和技术有（1）、（2）、（3）、（4）、（5）。

候选答案：

A. 趋势分析　　B. 实验设计　　C. 因果图　　D. 统计抽样

E. 帕累托图　　F. 质量成本　　G. 成本/效益分析　　H. 控制图

确定主题方向

阅读该案例材料，该案例分析为质量管理方面的综合型考查题目，其中问题 1、2、3 与案例背景材料信息高度相关，问题 4 考查质量控制对应的工具和技术，是对特定知识点的考查，整体难度一般。

提炼题干信息

【问题 1】(10 分)

请指出该项目在质量管理方面可能存在哪些问题？

根据案例资料可以看出该项目在质量管理方面存在下述问题：

（1）为了确保质量管理的独立性，项目经理不能任命项目质量保证人员。（<u>小李聘请有着多年的编码、测试工作经历的测试组组长张工程师兼任项目的质量保证人员</u>）

（2）项目质量管理不只对交付物进行质量检查，也要对项目过程进行质量检查。（<u>要求张工程师在项目的重要阶段（如完成需求分析、完成总体设计、完成单元编码和测试等）必须对项目交付物进行质量检查</u>）

（3）项目在进行返工时需遵循相应的项目变更流程。（<u>对于不满足要求的工作，必须立即进行返工</u>）

（4）项目质量保证工作必须以质量管理体系的内容和要求为依据。（<u>张工程师凭借多年开发经验，认为某位开发人员负责的一个模块代码存在响应时间长的问题</u>）

（5）项目质量保证人员没有严格遵循质量不符合项管理要求。（<u>同时考虑到该模块对整体项目影响不大，张工程师没有再追究此事，该代码也没有修改</u>）

（6）项目未根据质量管理要求对项目模块进行全面质量检查。（<u>一专家组对已完成的编码进行了审查，发现很多模块不能满足甲方的质量要求</u>）

完善答题形式

对提炼出的题干信息进行分析整理，可得到如下答题要点：

（1）为了确保质量管理的独立性，项目经理不能任命项目质量保证人员。

（2）项目质量管理不只对交付物进行质量检查，也要对项目过程进行质量检查。

（3）项目在进行返工时需遵循相应的项目变更流程。

（4）项目质量保证工作必须以质量管理体系的内容和要求为依据。

（5）项目质量保证人员没有严格遵循质量不符合项管理要求。

（6）项目未根据质量管理要求对项目模块进行全面质量检查。

【问题 2】（8 分）

请指出张工程师在质量检查中可能存在的问题。

问题 2 与问题，重合程度较高，主要站在质量保证人员的角度分析，可能存在的问题如下：

（1）质量保证人员在项目中不只要对交付物进行质量检查，也要对项目过程进行质量检查。

（2）质量保证人员应监督项目变更时需遵循相应的项目变更流程。

（3）质量保证人员在执行工作中应该以质量管理体系的内容和要求为依据，例如根据质量检查单的具体要求审查相应的交付物和过程。

（4）项目质量保证人员在发现不符合项时，应该遵循不符合项管理流程进行上报和追踪。

（5）项目质量保证人员应该全面审查项目功能模块。

【问题 3】（6 分）

针对上述问题，如果你是项目经理，你会采取哪些措施？

问题 3 是在问题 1 的基础上，站在项目经理角度对发现的问题采取措施，建议采取的措施如下：

（1）必要时，与公司和客户沟通项目的现状，进一步明确项目的质量目标和质量要求。

（2）保证项目质量保证人员角色的独立性。

（3）确保项目质量管理工作覆盖项目交付物检查和项目过程检查。

（4）在项目中根据质量管理要求执行相应的变更流程等。

（5）通过培训、交流等方式提升项目组成员的质量管理意识。

【问题 4】（5 分）

在（1）～（5）中填写恰当内容（从候选答案中选择一个正确选项，将该选项编号填入答题纸对应栏内）。

在质量控制中，可以使用的工具和技术有（1）、（2）、（3）、（4）、（5）。

候选答案：

A. 趋势分析　　　　B. 实验设计　　　　C. 因果图　　　　　D. 统计抽样

E. 帕累托图　　　　F. 质量成本　　　　G. 成本/效益分析　　H. 控制图

根据质量控制的工具和技术内容，选项为 A、C、D、E、H。

【案例 5】

A 公司承接了某银行大型信息系统建设项目，任命张伟担任项目经理。该项目于 2017 年初启动，预计 2018 年底结束。

<u>项目启动初期，张伟任命项目成员李明担任项目的质量管理员，专职负责质量管理，</u>

考虑到李明是团队中最资深的工程师，有丰富的实践经验，张伟给予李明充分授权，让他全权负责项目的质量管理。

得到授权后，李明制订了质量管理计划，内容包括每月进行质量抽查、每月进行质量指标分析、每半年进行一次内部审核等工作。

2017年7月份，在向客户进行半年度工作汇报时，客户表示了对项目的不满，一是项目进度比预期滞后；二是项目的阶段交付物不能满足合同中的质量要求。

由于质量管理工作由李明全权负责，张伟并不清楚究竟发生了什么问题，因此，他找李明进行了沟通，得到两点反馈：

（1）在每月进行质量检查时，李明总能发现一些不符合项。每次都口头通知了当事人，但当事人并没有当回事，同样的错误不断重复出现。

（2）李明认为质量管理工作太得罪人，自己不想继续负责这项工作了。

接着，张伟与项目组其他成员也进行了沟通，也得到两点反馈：

（1）李明月度检查工作的粒度不一致。针对他熟悉的领域，会检查得很仔细；针对不熟悉的领域，则一带而过。

（2）项目组成员普遍认为：在项目重要里程碑节点进行检查即可，没有必要每月进行检查。

【问题1】（6分）

结合案例，请分析该项目质量管理过程中有哪些做得好的地方？

【问题2】（10分）

结合案例，请分析该项目质量管理过程中存在哪些问题？

【问题3】（6分）

请简述ISO 9000质量管理的原则。

【问题4】（5分）

请将下面（1）～（5）处的答案填写在答题纸的对应栏内。

国家标准《质量管理体系基础和术语》（GB/T 19000—2008）对质量的定义为：一组（1）满足要求的程度。

质量管理是指确定（2）、目标和职责，并通过质量体系中的质量管理过程来使其实现所有管理职能的全部活动。

在质量管理的技术和工具中，（3）用来显示在一个或多个输入转化成一个或多个输出的过程中，所需要的步骤顺序和可能分支；（4）用于识别造成大多数问题的少数重要原因；（5）可以显示两个变量之间是否有关系，一条斜线上的数据点距离越近，两个变量之间的相关性越密切。

确定主题方向

阅读该案例材料，该案例与案例4有一定相似性。本题较为特殊之处是让考生分析案例中项目质量管理做得较好的方面，因为一般案例都是让考生分析案例中的失败之处。好在通过阅读案例材料，项目质量管理优点与缺点一目了然，容易判断。问题1与问题2和案例背景结合紧密。问题3和问题4则是对特定知识点的考查，问题3考查ISO 9000的八项管理原则，问题4考查质量管理定义以及质量工具概念，属于记忆类型的案例分析题。

提炼题干信息

【问题1】（6分）

结合案例，请分析该项目质量管理过程中有哪些做得好的地方？

结合案例材料，该项目质量管理过程中的下列做法值得借鉴推广[①]：

（1）项目中指定专人负责质量管理工作。（专职负责质量管理）

（2）项目质量管理人员拥有丰富的工作经验。（考虑到李明是团队中最资深的工程师，有丰富的实践经验）

（3）项目制订了质量管理计划。（李明制订了质量管理计划）

（4）项目质量计划中包括详细的工作内容。（内容包括每月进行质量抽查、每月进行质量指标分析、每半年进行一次内部审核等工作）

（5）质量管理人员工作认真细致。（李明月度检查工作的粒度不一致。针对他熟悉的领域，会检查得很仔细）

完善答题形式

对提炼出的题干信息进行分析整理，可得到如下答题要点：

（1）项目中指定专人负责质量管理工作。

（2）项目质量管理人员拥有丰富的工作经验。

（3）项目制订了质量管理计划。

（4）项目质量计划中包括详细的工作内容。

（5）质量管理人员工作认真细致。

【问题2】（10分）

结合案例，请分析该项目质量管理过程中存在哪些问题？

采取与问题1相似的分析方法，该项目质量管理过程中存在下列问题：

（1）由项目经理任命质量人员无法保证质量管理工作的独立性。（项目启动初期，张伟任命项目成员李明担任项目的质量管理员）

（2）项目交付物质量检查工作不能满足要求。（二是项目的阶段交付物不能满足合同中的质量要求）

（3）项目经理没有及时得到质量管理工作报告。（由于质量管理工作由李明全权负责，张伟并不清楚究竟发生了什么问题）

（4）项目质量管理工作没有遵循不符合项管理过程。（每次都口头通知了当事人，

[①] 案例分析中的单下划线内容对应优点，双下画线内容对应不足。

但当事人并没有当回事,同样的错误不断重复出现)

(5)项目质量管理人员工作标准不一致。(针对不熟悉的领域,则一带而过)

(6)项目组成员缺乏项目质量管理意识方面的培训。(项目组成员普遍认为:在项目重要里程碑节点进行检查即可,没有必要每月进行检查)

完善答题形式

对提炼出的题干信息进行分析整理,可得到如下答题要点:

(1)由项目经理任命质量人员无法保证质量管理工作的独立性。

(2)项目交付物质量检查工作不能满足要求。

(3)项目经理没有及时得到质量管理工作报告。

(4)项目质量管理工作没有遵循不符合项管理过程。

(5)项目质量管理人员工作标准不一致。

(6)项目组成员缺乏项目质量管理意识方面的培训。

【问题 3】(6 分)

请简述 ISO 9000 质量管理的原则。

ISO 9000 质量管理的八项原则如下:

(1)以顾客为中心。

(2)领导作用。

(3)全员参与。

(4)过程方法。

(5)系统管理建立并保持实用有效的文件化的质量体系。

(6)通过管理评审、内/外部审核以及纠正/预防措施,持续改进质量体系的有效性。

(7)以事实为决策依据。

(8)互利的供方关系。

【问题 4】(5 分)

请将下面(1)~(5)处的答案填写在答题纸的对应栏内。

国家标准《质量管理体系基础和术语》(GB/T 19000—2008)对质量的定义为:一组(1)满足要求的程度。

质量管理是指确定(2)、目标和职责,并通过质量体系中的质量管理过程来使其实现所有管理职能的全部活动。

在质量管理的技术和工具中,(3)用来显示在一个或多个输入转化成一个或多个输出的过程中,所需要的步骤顺序和可能分支;(4)用于识别造成大多数问题的少数重要原因;(5)可以显示两个变量之间是否有关系,一条斜线上的数据点距离越近,两个变量之间的相关性越密切。

答案:(1)固有特性;(2)质量方针;(3)流程图;(4)帕累托图;(5)散点图。

第 9 章 项目人力资源管理案例分析

9.1 项目人力资源管理知识定位

项目人力资源管理与大部分考生相对熟悉的人力资源管理有着明显的不同,一个组织内通用的人力资源管理包括人力规划、招聘、绩效、薪酬和培训等内容,其目的在于从人力资源管理的角度支持和促进组织战略的实现。但项目人力资源管理的范围则明确为项目范畴,即如何针对某个具体项目获得人员、如何调动人员的工作热情和积极性,从人力资源管理的角度支持和促进项目目标的实现。二者具体采用的方法基本相似,例如激励方式、绩效考核等。考生应该有意识地根据日常工作中所接触的人力资源管理相关知识和相关经验,加深对项目人力资源管理的认识和理解。

9.2 项目人力资源管理知识体系

项目人力资源管理知识体系包括规划项目人力资源管理、组建项目团队、建设项目团队和管理项目团队四部分。项目人力资源管理知识领域的逻辑线索相对明确,考生需重点掌握上述四个子过程的输入、输出及方法。

9.3 案例分析

项目人力资源管理方面的案例分析题主要从多个角度考查考生对项目人力资源管理的内容以及相关概念和方法的理解。针对项目人力资源管理类型的案例分析,一般会综合应用逻辑分析方法和内容记忆方法进行分析。

【案例 1】

<u>A 公司组织结构属于弱矩阵结构</u>,该公司的项目经理小刘正在接手公司售后部门转来的一个项目,要为某客户的企业管理软件实施重大升级。小刘的项目组由 5 个人组成,<u>项目组中只有资深技术人员 M 参加过该软件的开发,主要负责研发该软件最难的核心模块</u>。根据公司与客户达成的协议,需要在一个月内升级完成由 M 开发过的核心模块。

M 隶属于研发部,<u>由于他在日常工作中经常迟到早退,经研发部经理口头批评后仍没有改善,研发部经理萌生了解雇此人的想法</u>。但是 M 的离职会严重影响项目的工期,

因此小刘提醒 M 要遵守公司的有关规定，并与研发部经理协商，希望给 M 一个机会，但 M 仍然我行我素。项目开始不久，研发部经理口头告诉小刘要解雇 M，为此，小刘感到很为难。

【问题1】（6分）

从项目管理的角度，请简要分析造成小刘为难的主要原因。

【问题2】（9分）

请简要叙述面对上述困境应如何妥善处理。

【问题3】（10分）

请简要说明该公司和项目经理应采取哪些措施以避免类似情况的发生。

确定主题方向

本案例所描述的情景主要集中于员工个人行为影响到项目的顺利进行，应该采用什么样的措施进行管理。案例主题与项目管理的知识结构没有明确的对应关系，因而在分析的过程中只能主要基于题干信息进行分析。

【问题1】（6分）

从项目管理的角度，请简要分析造成小刘为难的主要原因。

提炼题干信息

（1）项目经理小刘在项目中的权限不足，因而不能对人员进行有效管理。(A 公司组织结构属于弱矩阵结构)

（2）大部分项目组成员工作经验不足。(项目组中只有资深技术人员 M 参加过该软件的开发，主要负责研发该软件最难的核心模块)

（3）项目组成员 M 不能严格遵守所属职能部门的工作纪律，导致出现被解雇的风险。(由于他在日常工作中经常迟到早退，经研发部经理口头批评后仍没有改善，研发部经理萌生了解雇此人的想法)

（4）尽管项目经理小刘向项目组成员 M 提供了相应的帮助，但 M 仍不能根据部门的要求对个人行为进行调整。(但 M 仍然我行我素)

（5）解雇项目组成员 M 可能对项目造成致命的负面影响。(研发部经理口头告诉小刘要解雇 M)

完善答题形式

在该案例中没有识别出有效的主题，因而对题干信息进行汇总如下：

（1）在弱矩阵组织中，项目经理小刘缺乏相应的人事管理权限。

（2）大部分项目组成员工作经验不足，而项目要求的期限却很紧。

（3）项目组成员 M 不能严格遵守所属职能部门的工作纪律，导致出现被解雇的风险，从而会影响项目的顺利实施。

（4）尽管项目经理小刘向项目组成员 M 提供了相应的帮助，但 M 仍不能根据部门的要求对个人行为进行调整。

（5）解雇项目组成员 M 可能对项目造成致命的负面影响。

【问题 2】（9 分）

请简要叙述面对上述困境应如何妥善处理。

（1）项目经理小刘与研发部经理协商，请 M 全职参与到项目工作中，等项目结束后再回到研发部。

（2）寻求合适的人员来替代 M 的工作。

（3）了解 M 行为背后的真正原因，如果是因为待遇方面的因素，可适当调整。

（4）在 M 工作绩效达到要求的前提下，可以给予 M 较多的个人空间。

（5）与 M 交流，要求其改变个人行为以适应组织要求。

【问题 3】（10 分）

请简要说明该公司和项目经理应采取哪些措施以避免类似情况的发生。

（1）逐步改变组织的弱矩阵形式，提升项目经理在组织中调配资源的权力。

（2）在组织中建立积极向上的企业文化，引导员工对企业文化的认同感。

（3）为研发人员创造相对宽松的工作氛围，激发他们在工作中的积极性。

（4）在项目中建立明确的奖惩机制，对项目组成员的绩效进行考核。

（5）对项目中的关键岗位或关键职责采用 AB 角或职责备份。

（6）在组织层面建立知识管理制度，使得"隐性知识显性化、个人知识组织化"。

【案例 2】

M 公司是由 3 个大学同学共同出资创建的信息系统开发公司，经过近 2 年的磨砺，公司的业务逐步达到了一定规模，公司成员也从最初的 3 人发展至近 30 人，公司的组织机构也逐渐完善。

为了适应业务发展需要，逐渐摆脱作坊式开发状态，公司决定实施项目管理制度。随后公司成立了项目管理部，并聘请了计算机专业博士生小王作为项目管理部经理。小王上任后，首先用了半天时间对公司成员介绍项目管理相关理念，然后参考项目管理教材和国外一些大型项目管理经验制定了一系列规定以及奖惩措施，针对正在开发的项目分别指定了技术骨干作为项目的项目经理。

但是由于公司承担的业务大多是时间紧任务重的项目，每个人可能同时承担着多个项目，开发人员对项目管理不是很热心，认为"公司规模小没有必要进行项目管理"，与其花费大量时间开会、写文档，不如几个人碰碰头说说就可以了。实际开发工作中总是以开发任务重等原因不按照规定履行项目管理程序。

小王根据自己制定的规定，对公司一些员工进行了处罚。公司员工对此有不满情绪，使得某些项目没有按期完成，公司也因此受到了一定的损失。

【问题 1】（10 分）

请用 200 字以内的文字指出 M 公司在实行项目管理制度过程中存在的问题。

【问题 2】(6 分)

针对"公司规模小没有必要进行项目管理"的说法，请用 200 字以内的文字谈谈你的看法。

【问题 3】(9 分)

请用 300 字以内的文字说明小王应该采取哪些措施来摆脱目前面临的困境。

确定主题方向

该案例讨论的内容主要集中于项目管理制度的设计及其适用范围，没有具体的知识点，因而给了考生较大的发挥空间。

【问题 1】(10 分)

请用 200 字以内的文字指出 M 公司在实行项目管理制度过程中存在的问题。

提炼题干信息

（1）小王直接照搬教科书和国外的项目管理经验，生搬硬套到实际工作中，对实际工作未必能起到正面促进作用。(<u>参考项目管理教材和国外一些大型项目管理经验制定了一系列规定以及奖惩措施</u>)

（2）小王应该在项目之初指定项目经理，在项目进行过程中指定项目经理可能与项目组习惯的工作方式出入很大。(<u>针对正在开发的项目分别指定了技术骨干作为项目的项目经理</u>)

（3）小王选择技术骨干作为项目经理，没有考虑到这些人员不具有相关的管理经验、沟通技能等重要的项目管理能力。(<u>针对正在开发的项目分别指定了技术骨干作为项目的项目经理</u>)

（4）开发人员对项目管理没有形成正确的认识。(<u>认为"公司规模小没有必要进行项目管理"/总是以开发任务重等原因不按照规定履行项目管理程序</u>)

（5）对开发人员的处罚适得其反，没有促进项目的工作，反而引起项目进度的延误。(<u>小王根据自己制定的规定，对公司一些员工进行了处罚。公司员工对此有不满情绪，使得某些项目没有按期完成，公司也因此受到了一定的损失</u>)

根据案例中的内容，还可以得到如下推论：

公司在实行项目管理制度时，不是采用咨询辅导方式，调动开发人员的积极性，而是采用强制手段，挫伤了开发人员在项目中的积极性，导致进度延误。

完善答题形式

对以上的分析进行综合，可以得到如下答题项：

（1）公司在实行项目管理制度时，不是采用咨询辅导的方式，调动开发人员积极参与，而是采用强制手段，挫伤了开发人员在项目中的积极性，导致进度延误。

（2）小王直接照搬教科书和国外的项目管理经验，生搬硬套到实际工作中，对实际工作没能起到正面促进作用。

（3）小王应该在项目之初指定项目经理，在项目进行过程中指定项目经理可能与项目组习惯的工作方式出入很大。

（4）小王选择技术骨干作为项目经理，没有考虑到这些人员不具有相关的管理经验、沟通技能等重要的项目管理能力。

（5）开发人员对项目管理的重要性和作用没有形成统一的、正确的认识。

（6）对开发人员的处罚适得其反，没有促进项目的工作，反而引起项目进度的延误。

【问题 2】（6 分）

针对"公司规模小没有必要进行项目管理"的说法，请用 200 字以内的文字谈谈你的看法。

（1）即便公司规模较小，项目管理工作也是完全必要的。通过项目管理可以更好地促成项目目标的实现。

（2）在规模较小的组织中进行项目管理时，应考虑结合具体项目的特点。简单的项目采用相对简单的方式，监控的力度相对宽松；而复杂的大项目则需要采用严格的管理模式。

（3）在组织规模较小时就进行项目管理，可以为组织在项目管理方面积累更多的经验，为组织日后的发展壮大在项目管理方面奠定良好的基础。

【问题 3】（9 分）

请用 300 字以内的文字说明小王应该采取哪些措施来摆脱目前面临的困境。

（1）M 公司应根据公司的实际情况以及项目特征，制定一套切实可行的项目管理流程，使之可以较好地服务于实际项目。

（2）在公司范围内宣传项目管理意识、普及项目管理知识，提升员工对项目管理重要性的认识。

（3）加强项目管理部的职责，使得小王的工作可以落实到实际的项目工作中。

（4）明确项目经理的能力要求以及职责说明，在组织中形成项目经理的选拔与考核制度。

（5）通过团队建设等方式调动人员的积极性，而不是采取单一手段对人员进行惩罚。

【案例 3】

某系统集成商因公司业务发展过快，项目经理人员缺口较大，<u>因此决定从公司工作 3 年以上的业务骨干中选拔一批项目经理</u>。张某原是公司的一名技术骨干，编程水平很高，在同事中有一定威信，<u>因此被选中直接担当了某系统集成项目的项目经理</u>。<u>张某很珍惜这个机会，决心无论自己多么辛苦也要把这个项目做好</u>。

随着项目的逐步展开，张某遇到很多困难。他领导的小组有 2 名新招聘的高校毕业生，<u>技术和经验十分欠缺，一遇到技术难题，就请张某进行技术指导</u>。有时张某干脆亲自动手编码来解决问题，因为教这些新手如何解决问题更费时间。由于有些组员是张某之前的老同事，在他们没能按计划完成工作时，<u>张某为了维护同事关系，不好意思当面</u>

指出，只好亲自将他们未做完的工作做完或将不合格的地方修改好。该项目的客户方是某政府行政管理部门，<u>客户代表是该部门的主任，和公司老总的关系很好</u>。因此对于客户方提出的各种要求，张某和组内的技术人员基本全盘接受，<u>生怕得罪了客户</u>，进而影响公司老总对自己能力的看法。张某对在项目中遇到的各种问题和困惑，感觉无处倾诉。项目的进度已经严重滞后，而<u>客户的新需求不断增加，各种问题纷至沓来，张某觉得项目上的各种压力都集中在他一个人身上，而项目组的其他成员没有一个人能帮上忙</u>。

【问题1】（9分）
请问该公司在项目经理选拔与管理方面的制度是否规范？为什么？

【问题2】（10分）
请结合本案例，分析张某在工作中存在的问题。

【问题3】（6分）
请结合本案例，若你作为项目经理可以向张某提出哪些建议？

确定主题方向

阅读该案例材料后并没有发现明确的逻辑线索，可根据第1问推断案例内容应该和项目经理选拔与项目管理制度的规范化有关，但这两个方面在教材中也缺乏明确的逻辑线索，所以该案例给考生的发挥留下较大的空间。本题的问法与前面的案例有所不同，第1问、第2问都要求考生进行原因分析（因为没有明确的逻辑线索作为依据，所以只能这样命题），所以提炼题干信息时也应该有针对性；而第3问是第2问的反向分析，与第1问没有关系（向项目经理而不是向组织提供建议）。

提炼题干信息

【问题1】（9分）
请问该公司在项目经理选拔与管理方面的制度是否规范？为什么？

（1）该公司在项目经理选拔程序上存在明显的不足。（<u>请问该公司在项目经理选拔与管理方面的制度是否规范？为什么？</u>当然不规范，否则何必提问？）

（2）该公司在管理制度方面存在较严重的缺陷。（<u>请问该公司在项目经理选拔与管理方面的制度是否规范？为什么？</u>当然不规范，否则何必提问？）

（3）公司的项目经理选拔标准过于单一，没有提出针对项目经理的综合选拔标准。（<u>因此决定从公司工作3年以上的业务骨干中选拔一批项目经理</u>）

（4）张某在担任项目经理职责之前并未得到组织相应的管理制度方面的培训和辅导。（<u>因此被选中直接担当了某系统集成项目的项目经理</u>）

（5）组织可能没有设立明确的项目目标，导致项目经理徒有决心，缺乏明确的努力方向。（<u>张某很珍惜这个机会，决心无论自己多么辛苦也要把这个项目做好</u>）

（6）组织没有对项目组成员提供必要的技术和管理方面的培训。（<u>技术和经验十分欠缺，一遇到技术难题，就请张某进行技术指导</u>）

（7）组织没有及时对项目的状态进行监控，导致项目的进度失误现象严重。（<u>项</u>

目的进度已经严重滞后）

完善答题形式

上述分析的（1）和（2）根据所提问题可以直接得出，后续的 5 点则可以根据案例材料中的关键信息分析得出，最后整理为如下形式：

（1）该公司在项目经理选拔程序上存在明显的不足。

（2）该公司在管理制度方面存在较严重的缺陷。

（3）公司的项目经理选拔标准过于单一，没有提出针对项目经理的综合选拔标准。

（4）张某在担任项目经理之前并未得到组织相应的管理制度方面的培训和辅导。

（5）组织可能没有为项目设立明确的目标，导致项目经理徒有决心，缺乏明确的努力方向。

（6）组织没有为所有的项目组成员提供必要的技术和管理方面的培训和指导，导致人员缺乏必要的技能。

（7）组织可能没有及时对项目的状态进行监控并采取相应措施，导致项目进度严重滞后。

【问题 2】（10 分）

请结合本案例，分析张某在工作中存在的问题。

（1）张某缺乏必要的项目管理知识，徒有一腔热情，而没有在项目前期与组织确定明确的项目目标。（张某很珍惜这个机会，决心无论自己多么辛苦也要把这个项目做好）

（2）张某在项目管理中存在明显的个人英雄主义倾向，缺乏团队协作精神。（有时张某干脆亲自动手编码来解决问题，因为教这些新手如何解决问题更费时间）

（3）张某缺乏相应的项目管理理念，将工作中的人际关系与项目客观状态的跟踪监督混为一谈。（张某为了维护同事关系，不好意思当面指出，只好亲自将他们未做完的工作做完或将不合格的地方修改好）

（4）张某在项目中没有采用有效的变更管理和问题管理流程。（客户代表是该部门的主任，和公司老总的关系很好。因此对于客户方提出的各种要求，张某和组内的技术人员基本全盘接受）

（5）张某错误地将项目的绩效状况与领导对个人的印象混为一谈。（生怕得罪了客户，进而影响公司老总对自己能力的看法）

（6）张某在项目执行过程中不能及时、主动地向组织报告项目存在的问题。（张某对项目中遇到的各种问题和困惑，感觉无处倾诉）

（7）张某在项目执行过程中没有采取有效的团队合作工作模式，从而使自己成为"孤家寡人"，项目绩效必然越来越差。（客户的新需求不断增加，各种问题纷至沓来，张某觉得项目上的各种压力都集中在他一个人身上，而项目组的其他成员没有一个人能帮上忙）

完善答题形式

以项目经理张某作为分析线索,案例背景信息中和张某有关的信息作为原因分析的来源,整理后的结果如下:

(1)张某缺乏必要的项目管理知识,徒有一腔热情,没有在项目前期与组织确定明确的项目目标。

(2)张某在项目管理中存在明显的个人英雄主义倾向,缺乏团队协作精神。

(3)张某将工作中的人际关系与项目客观状态的跟踪监督混为一谈。

(4)张某在项目中没有采用有效的变更管理和问题管理流程。

(5)张某错误地将项目的绩效状况与领导对个人印象混为一谈。

(6)张某在项目执行过程中不能及时、主动地向组织报告项目存在的问题。

(7)张某在项目执行过程中没有采取有效的团队合作工作模式,从而使自己成为"孤家寡人",项目绩效越来越差。

【问题3】(6分)

请结合本案例,若你作为项目经理可以向张某提出哪些建议?

根据问题2的分析结果,项目经理应在后续的项目管理中关注以下方面:

(1)在项目前期应根据组织所设定的项目章程制定项目范围说明书,从而明确项目的目标。

(2)在项目中应提倡团队合作的工作模式,而不是个人英雄主义。

(3)项目中的人际关系固然重要,项目客观状态的跟踪与沟通则是有效项目管理的基本前提。

(4)在后续的项目中建立明确的变更管理和问题管理流程。

(5)应主动、及时地向组织报告项目的客观状态以及存在的问题,争取领导和组织的支持。

【案例4】

M公司2009年5月中标某单位(甲方)的电子政务系统开发项目,该单位要求电子政务系统必须在2009年12月之前投入使用。王某是公司的项目经理,并且刚成功地领导一个6人的项目团队完成了一个类似项目,因此公司指派王某带领原来的团队负责该项目。

王某带领原项目团队结合以往经验顺利完成了需求分析、项目范围说明书等前期工作,并通过了审查,得到了甲方的确认。<u>由于进度紧张,王某又从公司申请调来了2名开发人员进入项目团队。</u>

项目开始实施后,<u>项目团队原成员和新加入成员之间经常发生争执,对发生的错误</u>

相互推诿。项目团队原成员认为新加入成员效率低下，延误项目进度；新加入成员则认为项目团队原成员不好相处，不能有效沟通。王某认为这是正常的项目团队磨合过程，没有过多干预。同时，批评新加入成员效率低下，认为项目团队原成员更有经验，要求新加入成员要多向原成员虚心请教。

项目实施 2 个月后，王某发现大家汇报项目的进度言过其实，进度没有达到计划目标。

【问题 1】（8 分）

请简要分析造成该项目上述问题的可能原因。

【问题 2】（9 分）

（1）写出项目团队建设所要经历的主要阶段。

（2）结合你的实际经验，概述成功团队的特征。

【问题 3】（8 分）

针对项目目前的状况，在项目人力资源管理方面王某可以采取哪些补救措施？

确定主题方向

针对该案例所描述的基本情况，再结合问题 2 和问题 3 就可以判断出该案例的主题。该案例的主题为项目人力资源管理，尤其是项目团队建设的四个主要阶段，所以原因分析部分除了要结合题干信息，还应该与问题 2 和问题 3 的内容相结合。

提炼题干信息

【问题 1】（8 分）

请简要分析造成该项目上述问题的可能原因。

（1）王某可能没有对新加入的团队成员执行相应的团队建设措施。（由于进度紧张，王某又从公司申请调来了 2 名开发人员进入项目团队）

（2）新的团队成员与原有的团队成员缺乏必要的磨合。（项目团队原成员和新加入成员之间经常发生争执，对发生的错误相互推诿）

（3）王某没有对项目的团队建设进行积极主动地引导，而是消极等待。（王某认为这是正常的项目团队磨合过程，没有过多干预）

（4）王某可能在不了解真实项目状况的前提下，对团队成员的冲突采取强制的处理方式。（批评新加入成员效率低下，认为项目团队原成员更有经验，要求新加入成员要多向原成员虚心请教）

（5）项目经理王某没有对团队成员绩效进行及时有效地跟踪。（项目实施 2 个月后，王某发现大家汇报项目的进度言过其实）

完善答题形式

结合该案例的主题方向，还能得到如下原因：

（1）项目经理王某没有在项目之初制订切实有效的项目人力资源计划。

（2）项目经理可能没有对新加入的团队成员的工作经验和能力制定明确要求。

综合考虑以上分析，得到造成项目人力资源管理方面问题的原因如下：

(1) 项目经理王某没有在项目之初就制订切实有效的项目人力资源计划。
(2) 项目经理可能没有对新加入的团队成员的工作经验和能力作出明确要求。
(3) 王某可能没有对新加入的团队成员执行相应的团队建设措施。
(4) 新的团队成员与原有的团队成员缺乏必要的磨合。
(5) 王某没有对项目的团队建设进行积极主动地引导,而是消极等待。
(6) 王某可能在不了解真实项目状况的前提下,对团队成员的冲突采取强制的处理方式。
(7) 项目经理王某没有对团队成员绩效进行及时有效地跟踪。

【问题2】(9分)
(1) 写出项目团队建设所要经历的主要阶段。
典型的团队建设主要经历四个阶段,依次为团队组建、团队冲突、团队磨合以及团队表现,各阶段的特征描述如下:
①团队组建:团队刚刚组建,团队成员通常对项目抱有较高期望,成员之间的矛盾还没有表现出来。
②团队冲突:经过一段时间的工作,实际执行与人员的期望会有明显的落差;加之团队成员相互了解不够,不够信任,因而在项目中表现出较多的冲突。
③团队磨合:通过解决团队冲突阶段所积累的矛盾,团队成员对项目往往会有客观的认识,团队中也建立了彼此信任的氛围,项目逐渐走向正轨。
④团队表现:团队中建立了信任、合作的工作气氛,团队通过相互协作的工作模式表现出稳定、高效的工作绩效水平。

(2) 结合你的实际经验,概述成功的团队的特征。
成功的项目团队往往表现出以下特征:
①团队目标明确,成员清楚自己对工作目标的贡献。
②团队组织结构清晰,岗位明确。
③有成文或习惯的工作流程和方法,而且流程简明有效。
④项目经理对团队成员有明确的考核和评价标准。
⑤组织纪律严明,因为违反纪律往往会牺牲多数人的利益,"以人为本"绝不是"以个人为本"。
⑥相互信任,善于总结和学习。

【问题3】(8分)
针对项目目前的状况,在项目人力资源管理方面王某可以采取哪些补救措施?
(1) 应首先根据项目现状,分析造成当前状况的基本原因。
(2) 应根据当前的项目执行状况,采取措施提升整个项目团队的绩效水平。
(3) 应为新加入团队的项目组成员制定明确的绩效目标。

（4）应该在项目中针对新加入的团队成员执行相应的团队建设活动，例如请所有成员聚餐、进行体育比赛等。

（5）应该积极引导团队成员进行磨合。

（6）应该对新老团队成员的冲突采用解决或妥协的方式处理。

（7）应该在后续的工作中对团队成员的绩效进行持续有效的跟踪。

【案例 5】

A 公司是一家为快消行业提供 App 开发解决方案的软件企业。项目经理范工程师承接了一个开发鲜花配送的 App 项目，项目需求非常明确。此前 A 公司承接过一个类似的项目，做得很成功，项目结束后人员已经分派到其他项目组。经过认真考虑，反复论证后，范工程师决定采用虚拟团队方式搭建项目组，项目架构师由一位脚踝骨折正在家修养的资深工程师担任，开发团队依据项目模块的技术特点分别选择了西安和南京的两个有经验的项目小组，测试交给了美国旧金山分部的印度籍测试员 Lisa，其他成员均在北京总部的公司内部选拔。项目经理范工程师编制了人力资源管理计划并下发给每个成员以便他们了解自己的工作任务和进度安排。

项目刚进入设计阶段，开发团队在 App 的测试部署方式和时间上就与 Lisa 发生了争执，南京开发团队没有跟项目经理范工程师沟通就直接将问题汇报给了当地的执行总经理王总。王总批评了范工程师，范工程师虽然觉得非常委屈，但还是立即召集了包括架构师在内的相关人员召开紧急电话会议。会上多方言辞激烈，终于确定了一套开发团队和测试团队都觉得可行的部署方案。

【问题 1】（6 分）

结合案例，请从项目团队管理的角度说明本项目采用虚拟团队形式的利与弊。

【问题 2】（5 分）

请简述项目人力资源管理计划的内容和主要的输入、输出。

【问题 3】（2 分）

请将下面（1）～（2）处的答案填写在答题纸的对应栏内。

结合案例，A 公司范工程师带领的项目团队已经度过了项目团队建设的（1）阶段，正在经历震荡阶段的考验，即将步入（2）阶段。

【问题 4】（8 分）

请简述项目冲突的特点和解决方法。结合案例，你认为项目经理范工程师采用了哪种方法？

确定主题方向

本题与一般的原因分析案例题目不同，其考查的内容基本上是内容记忆方面的要求,如果单纯凭借考生自行发挥,得分的概率不高。所以考生应该对相关教材中具体的知识点广泛留意,形成总体印象,考试时再加以适当发挥即可[①]。该案例考查的知识点很明确,与相关教材中特定内容明确对应。

问题 1 对应的知识点参见《信息系统项目管理师教程》(第 3 版)第 346 页内容。

问题 2 对应的知识点参见《信息系统项目管理师教程》(第 3 版)第 355、334 页内容。

问题 3 对应的知识点参见《信息系统项目管理师教程》(第 3 版)第 347 页内容。

问题 4 对应的知识点参见《信息系统项目管理师教程》(第 3 版)第 349 页内容。

【问题 1】(6 分)

结合案例,请从项目团队管理的角度说明本项目采用虚拟团队形式的利与弊。

虚拟团队是指具有共同目标、在完成角色任务的过程中很少或没有时间面对面工作的一群人。

项目团队管理采用虚拟团队的优点如下:

(1)在组织内部地处不同位置的员工之间组建团队。

(2)为项目增加特殊技能,即使相应专家不在同一地理区域。

(3)将在家办公的员工纳入团队。

(4)在工作班次、工作小时或工作日不同的员工之间组建团队。

(5)将行动不便者或残疾人纳入团队。

(6)执行那些原本会因差旅费用过高而被否决的项目。

项目团队管理采用虚拟团队的缺点:

(1)团队成员之间可能产生误解。

(2)团队成员有时会有孤立感。

(3)团队成员之间难以有效分享知识和经验。

(4)团队会产生通信成本。

【问题 2】(5 分)

请简述项目人力资源管理计划的内容和主要的输入、输出。

项目人力资源管理计划一般包括:

(1)项目的角色与职责描述。

(2)项目的组织结构图。

(3)项目的人员配备管理计划等。

项目人力资源管理计划的输入信息包括:

---

① 计算机技术与软件专业技术资格(水平)考试作为一项国家级考试,如果偶尔在案例分析中增加 5 分、8 分记忆背诵的固定知识点,可以促使考生在备考过程中有意识地背诵一些重点内容。但像本题涉及的 20 分,几乎都要求记忆背诵才能正确作答(相关教材中均有明确的知识点对应),有些偏离信息系统项目管理师考试的总体定位。

（1）项目管理计划。
（2）活动资源需求。
（3）事业环境因素。
（4）组织过程资产。

项目人力资源管理计划的输出信息为人力资源管理计划。

【问题 3】（2 分）

请将下面（1）和（2）处的答案填写在答题纸的对应栏内。

结合案例，A 公司范工程师带领的项目团队已经度过了项目团队建设的（1）阶段，正在经历震荡阶段的考验，即将步入（2）阶段。

答案：（1）形成；（2）规范。

【问题 4】（8 分）

请简述项目冲突的特点和解决方法。结合案例，你认为项目经理范工程师采用了哪种方法？

项目冲突一般具备如下特点：

（1）项目在人员工作风格、资源需求、沟通方法、工作优先级排序等诸多方面存在不一致，项目冲突不可避免。

（2）如果冲突管理得当，可以通过冲突管理提升项目整体管理水平。

（3）项目经理解决冲突的能力很大程度决定了项目管理的成败。

解决项目冲突一般有 5 种方法：

（1）撤退/回避：遇到冲突时回避或搁置。
（2）缓和/包容：淡化矛盾，缓和关系。
（3）妥协/调解：各退一步，彼此妥协。
（4）强迫/命令：应用权利进行强制处理。
（5）合作/解决：彼此尊重，以合作替代对抗。

第 10 章　项目沟通管理案例分析

10.1　项目沟通管理知识定位

项目沟通管理是实际的项目管理过程中一个非常重要的工作内容,因其具体的表现形式多样,且难有单一有效的明确方法可循,所以其理论知识的规范性和标准化程度远不及时间管理、成本管理、质量管理等领域。即使如此,考生仍需要主动、有意识地熟悉沟通管理相关理论框架,增强对项目沟通管理整体知识的理解。

10.2　项目沟通管理知识体系

项目沟通管理知识体系包括规划沟通管理、管理沟通、控制沟通三部分内容。在实际工作中,项目沟通管理工作一般表现为项目沟通计划、项目通讯录、项目周例会、项目里程碑会议、项目报告等多种方式,考生应该有意识地将其归为规划沟通管理、管理沟通和控制沟通范畴,加深对项目沟通管理知识框架的认识和理解。

10.3　案例分析

项目沟通管理方面的案例分析题主要从多个角度考查考生对项目沟通管理的内容以及相关概念和方法的理解。针对项目沟通管理类型的案例,一般会综合应用逻辑分析方法和内容记忆方法进行分析。

【案例】

某信息系统集成公司的项目经理李工程师承接了一家大型国有企业(甲方)的内部网络建设项目。接到该任务后李工程师组织项目组的相关人员对该项目工作进行了仔细分析,李工程师根据分析结果并结合自身的项目管理经验,得出该项目的总工作量为 60 人·月,计划工期 6 个月。这样的成本估算和进度计划也正好能够满足甲方的合同要求,项目的相关计划也得到了公司内部和甲方的认可。

项目开始 1 个月之后,李工程师的直接领导,公司的项目总监找到李工程师说,由于公司其他项目出现了问题,因此要求李工程师要在 5 个月内完成项目,同时作为补偿,可以为项目增添 2 名开发人员。李工程师很为难,他没有当时答应项目总监的要求,而是说考虑几天再给项目总监答复。

李工程师在之后的几天中，一方面在团队内部召开了几次会议，广泛听取大家的意见，另一方面也与公司出现问题项目的项目经理进行了沟通，基本明白了另一个项目存在的问题和当前的状况。李工程师提出了自己的解决方案，将项目分为两部分来完成，第 1 部分任务是基本花费 4 个半月的时间，开发客户当前最重要和急需的系统；第 2 部分是计划历时 2 个月，开发客户需求的其他功能。同时，李工程师还分别编写了相关的文档，描述了新的项目计划中各部分的主要工作、相关的验收标准和可能存在的项目风险等方面的问题。

为慎重起见，李工程师在向项目总监汇报前，在项目团队内部对该计划进行了讨论，并通过甲方项目经理进行了侧面了解，得知甲方应该有 70%的可能性同意此计划。李工程师就找到公司项目总监，向其汇报了自己新的项目计划，项目总监觉得，如果按照新的项目计划实施，尽管项目工期可能会延长半个月，但是不需要再增添开发人员，同时还能够满足另外一个问题项目对资源的要求。大概能够为项目节约成本 6 万余元。项目总监在与甲方领导沟通和确认后，同意了新的项目计划。

最终项目按计划在没有增加人员的情况下顺利完成，客户对项目最终交付的系统也非常满意，项目组成员在项目过程中也非常愉快，没有感觉到太大的压力，而公司的问题项目，也由于获得了资源方面的及时支持，终于步入到了正常轨道，并顺利结项。

【问题 1】（4 分）
结合案例，请分析案例中的项目取得成功的主要原因有哪些？

【问题 2】（6 分）
结合对项目范围控制和范围基准的理解，说明在本案例的变更中，与原来项目的范围基准相比，新的项目的范围是否发生了实质性的变化？

【问题 3】（5 分）
按照你的理解，请简要叙述在项目变更中项目经理的作用。

【问题 4】（10 分）
在本案例中，项目经理在没有取得项目总监意见的情况下，与公司其他项目经理进行沟通，并与甲方项目负责人初步沟通，是否恰当？请说明理由。

确定主题方向

阅读该案例材料并结合问题分析，该案例主题为项目变更管理，但同时又考查了项目沟通管理、项目范围管理以及项目进度管理方面的知识，也是一道综合性的案例分析题。其中问题 1、问题 2、问题 4 需要结合案例材料进行分析，问题 3 考查考生对变更管理流程知识点的熟悉程度，整体难度一般。

提炼题干信息

【问题 1】（4 分）
结合案例，请分析案例中的项目取得成功的主要原因有哪些？

（1）李工程师在项目前期对项目进行了详细估算。（接到该任务后李工程师组织项目组的相关人员对该项目工作进行了仔细分析，李工程师根据分析结果并结合自身的项目管理经验，得出该项目的总工作量为 60 人·月，计划工期 6 个月。这样的成本估算和进度计划也正好能够满足甲方的合同要求）

（2）李工程师在项目出现变更时进行了详细的变更影响分析。（李工程师在之后的几天中，一方面在团队内部召开了几次会议，广泛听取大家的意见，另一方面也与公司出现问题项目的项目经理进行了沟通，基本明白了另一个项目存在的问题和当前的状况。李工程师提出了自己的解决方案）

（3）李工程师针对变更准备了详细的相关文档。（李工程师还分别编写了相关的文档，描述了新的项目计划中各部分的主要工作、相关的验收标准和可能存在的项目风险等方面的问题）

（4）李工程师主动就项目变更与管理人员进行充分沟通。（李工程师就找到公司项目总监，向其汇报了自己新的项目计划）

完善答题形式

对提炼出的题干信息进行分析整理，可得到如下答题要点：

（1）李工程师在项目前期对项目进行了详细估算。
（2）李工程师在项目出现变更时进行了详细的变更影响分析。
（3）李工程师针对变更准备了详细的相关文档。
（4）李工程师主动就项目变更与管理人员进行充分沟通。

【问题 2】（6 分）

结合对项目范围控制和范围基准的理解，说明在本案例的变更中，与原来项目的范围基准相比，新的项目的范围是否发生了实质性的变化？

项目范围控制和范围基准关系密切，项目范围控制以项目范围基准为依据，当范围基准发生变更时需要遵循项目范围变更流程。项目范围基准包括项目范围说明书、项目 WBS 以及 WBS 字典等。

结合案例信息，新的项目范围主要是在项目的执行顺序方面做了调整，引起项目工期发生变动，项目具体的工作内容并未发生变化。所以，项目范围并未发生实质性变化。

【问题 3】（5 分）

按照你的理解，请简要叙述在项目变更中项目经理的作用。

在一个完整的变更流程中，项目经理起着至关重要的作用，包括但不限于以下方面：

（1）代表项目组接受项目变更请求。
（2）对项目变更可能造成的影响进行分析。
（3）制定变更实施方案。
（4）参与 CBB 对变更进行评审。
（5）在项目中实施变更。

（6）对变更实施的结果进行跟踪和确认。

【问题 4】（10 分）

在本案例中，项目经理在没有取得项目总监意见的情况下，与公司其他项目经理进行沟通，并与甲方项目负责人初步沟通，是否恰当？请说明理由。

恰当：

（1）项目沟通根据其性质可以分为正式沟通和非正式沟通。非正式沟通与正式沟通各有特点，在项目中互为补充，不能完全相互替代。

（2）项目经理与公司其他项目经理间的沟通属于内部非正式沟通，其目的是为了获取受变更影响的信息，沟通理由充分。

（3）项目经理可以代表项目与甲方负责人进行正式沟通，其目的是为了促成项目变更的有效实施，沟通理由充分。

第 11 章　项目风险管理案例分析

11.1　项目风险管理知识定位

　　IT 项目风险管理以风险为线索，对项目的风险进行集中监控。在实际工作中，风险管理往往与沟通管理相互结合，以非正式和正式方式进行沟通，对于规模较大的项目还应该设置单独的风险管理计划以及风险跟踪表对关键风险进行及时、全面地跟踪。完整、规范的项目风险管理尤其对于那些规模庞大的项目不可或缺。现实中很多项目并无单独的风险管理过程是因为项目规模不大、团队又小，风险管理的迫切性不是特别强。

11.2　项目风险管理知识体系

　　项目风险管理知识体系包括规划风险管理、识别风险、实施定性风险分析、实施定量风险分析、规划风险应对、控制风险六部分内容。项目风险管理的理论知识线索明显，风险管理各个过程之间的逻辑关系明确，理解起来相对容易。另一方面，因为项目风险的多样性和不确定性，要对实际的项目风险进行有效管理和应对却是最难达成的项目管理要求，需要 IT 组织和项目经理在实际工作中持续积累经验，才能不断提升 IT 项目的风险管理能力。

11.3　案例分析

　　项目风险管理方面的案例分析题主要考查的知识点为各个过程之间的关系以及风险管理各个过程的工具和技术。针对项目风险管理类型的案例，一般会综合应用逻辑分析方法和内容记忆方法进行分析。

　　【案例】

　　某市电力公司准备在其市区及各县实施远程无线抄表系统来代替人工抄表。经过考察，电力公司指定了国外的 S 公司作为远程无线抄表系统的无线模块提供商，并选定本市 F 智能电气公司作为项目总包单位，负责购买相应的无线模块，开发与目前电力运营系统的接口，进行全面的项目管理和系统集成工作。F 公司的杨经理是该项目的项目经理。<u>在初步了解用户的需求后，F 公司立即着手系统的开发与集成工作。</u>5 个月后，整套系统安装完成，通过初步调试后就交付用户使用。但从系统运行之日起，不断有问题暴露，电力公司要求 F 公司负责解决。可其中很多问题，比如数据实时采集时间过长、无线传输时数据丢失，甚至有关技术指标不符合国家电表标准等。这些问题均涉及到无线模块。于是杨经理同 S 公司联系并要求解决相关技术问题，而此时 S 公司因内部原因退出中国大陆市场。因此，系统不得不面临改造。

【问题 1】（6 分）

请用 300 字以内的文字指出 F 公司在项目执行过程中有何不妥。

【问题 2】（9 分）

风险识别是风险管理的重要活动。请简要说明风险识别的主要内容并指出选用 S 公司无线模块产品存在哪些风险？

【问题 3】（10 分）

请用 400 字以内的文字说明项目经理应采取哪些办法来解决上述案例中的问题。

确定主题方向

根据案例材料描述的信息，并结合问题 2 的提示，本案例讨论的主题应该与风险管理相关，尤其是与风险识别密切相关。所以在分析该案例时应围绕风险管理进行。

【问题 1】（6 分）

请用 300 字以内的文字指出 F 公司在项目执行过程中有何不妥。

提炼题干信息

（1）F 公司在没有对 S 公司提供的无线模块进行充分测试的情况下，就草率地将该产品集成在系统中。(在初步了解用户的需求后，F 公司立即着手系统的开发与集成工作)

（2）F 公司所交付的系统未经过试运行就交付用户使用。(通过初步调试后就交付用户使用)

（3）没有在项目前期充分识别 S 公司的无线模块所存在的严重缺陷。(数据实时采集时间过长、无线传输时数据丢失，甚至有关技术指标不符合国家电表标准)

（4）没有与无线模块供应商 S 签署服务级别协议，导致系统不得不重新改造。(S 公司因内部原因退出中国大陆市场)

结合该案例的主题风险识别，还可以得到如下原因：

F 公司在项目执行的过程中缺乏风险识别过程，忽略了 S 公司可能带来的技术风险和商业风险。

完善答题形式

综合上面分析所得到的结论，可得到如下答题项：

（1）F 公司在项目执行过程中缺乏风险识别过程，忽略了 S 公司可能带来的技术风险和商业风险。

（2）F 公司在没有对 S 公司提供的无线模块进行充分测试的情况下，就草率地将该产品集成在系统中。

（3）F 公司所交付的系统未经过试运行就交付用户使用。

（4）F 公司没有在项目前期充分识别 S 公司提供的无线模块所存在的严重缺陷。

（5）F 公司没有与无线模块供应商 S 签署服务级别协议，导致系统不得不重新改造。

【问题 2】（9 分）

风险识别是风险管理的重要活动。请简要说明风险识别的主要内容并指出选用 S 公司无线模块产品存在哪些风险？

风险识别的主要内容包括：

（1）在项目前期以及项目执行阶段识别各种可能的风险来源。

（2）根据项目的特点以及组织环境等因素识别项目的风险。

（3）风险识别可以采用文件审查、信息收集技术、核对表分析、假设分析、图解分析等方法。

（4）风险识别的结果为风险登记册所记录的风险列表。

选用 S 公司无线模块产品存在的风险如下：

（1）S 公司的产品存在技术方面的风险。

（2）S 公司的产品可能存在政策法规方面的风险。

（3）S 公司可能无法提供稳定的后续技术支持服务。

【问题 3】（10 分）

请用 400 字以内的文字说明项目经理应采取哪些办法来解决上述案例中的问题。

（1）吸取以前的经验教训，对系统改造进行全面的可行性分析。

（2）重新选择无线模块供应商，从多方面对供应商进行考察，确保供应商无论从技术能力、服务态度、支持服务的稳定性等方面都能满足项目的要求。

（3）在项目执行的全过程中关注风险，积极识别可能的风险并制定相应的对策。

（4）加强质量意识，在系统交付客户使用之前一定要经过详细的系统测试和试运行。

第 12 章 项目采购管理案例分析

12.1 项目采购管理知识定位

  IT 采购管理的前提是站在乙方角度定位的项目采购管理,是针对已经建立的项目实施的项目采购管理,与日常所说的招投标和采购所对应的潜在对象不同,它与项目管理整体定位为乙方的项目管理是一脉相承的。只不过现实工作中,乙方所承接项目的外包采购与甲方的采购相比,其采购过程的规范性和严格性要相对弱一些,形式主义也要少一些。这种差别主要与甲乙方采购所面临的外部环境有直接关系,甲方单位往往更注重项目过程的完整性和规范性,尤其是与项目资金有关的过程。此外,因为甲方单位还经常面临外部审计等要求,所以比乙方承接项目之后再进行的外包采购要规范和严格许多。

12.2 项目采购管理知识体系

  项目采购管理知识体系分别包括规划采购、实施风险、控制采购、结束采购四部分内容。此外,教材中补充了与采购管理相关的供应商管理,与项目采购管理相比,供应商管理属于组织层面的工作,与组织的招投标程序关系更为密切,考生应该全面理解供应商管理的含义和作用。

12.3 案例分析

  项目采购管理方面的案例分析题主要考查的知识点为各个过程之间的关系以及采购管理各过程的工具和技术。针对项目采购管理类型的案例,一般会综合应用逻辑分析方法和内容记忆方法进行分析。

【案例】

  某国有大型制造企业 H 计划建立适合其业务特点的 ERP 系统。为了保证 ERP 系统的成功实施,H 公司选择了一家较知名的监理单位,帮助选择供应商并协助策划 ERP 方案。
  在监理单位的协助下,<u>H 公司编制了招标文件,并于 5 月 6 日发出招标公告,规定投标截止时间为 5 月 21 日 17 时</u>。在截止时间前,H 公司共收到五家公司的投标书,其中甲公司为一家外资企业。<u>H 公司觉得该项目涉及公司的业务秘密,不适合由外资企业</u>

来承担。因此，在随后制定评标标准的时候，特意增加了关于企业性质的评分条件：国有企业可加 2 分，民营企业可加 1 分，外资企业不加分。

H 公司又组建了评标委员会，其中包括 H 公司的领导 1 名，H 公司上级主管单位领导 1 名，其他 4 人为邀请的行业专家。在评标会议上，评标委员会认为丙公司的投标书能够满足招标文件中规定的各项要求，但报价低于成本价，因此选择了同样投标书满足要求，但报价次低的乙公司作为中标单位。

在发布中标公告后，H 公司与乙公司开始准备签订合同。但此时乙公司提出，虽然招标文件中规定了合同格式并对付款条件进行了详细的要求，但这种付款方式只适用于硬件占主体的系统集成项目，对于 ERP 系统这种软件占主体的项目来说并不适用，因此要求 H 公司修改付款方式。H 公司坚决不同意乙公司的要求，乙公司多次沟通未达到目的只好做出妥协，直到第 45 天，H 公司才与乙公司最终签订了 ERP 项目合同。

【问题 1】（10 分）

请指出在该项目的招投标过程中存在哪些问题，并说明原因。

【问题 2】（8 分）

（1）评标委员会不选择丙公司的理由是否充分？依据是什么？

（2）乙公司要求 H 公司修改付款方式是否合理？为什么？为此，乙公司应如何应对？

【问题 3】（7 分）

请说明投标流程中投标单位的主要活动有哪些。

确定主题方向

阅读案例背景得知，案例内容主要围绕 IT 项目的招投标流程展开。案例考查考生对《中华人民共和国招标投标法》熟悉程度的迹象非常明显，所以考生第一时间就应该将注意力集中于与招投标相关的知识点。阅读问题 1~3，问题之间的关联也很明显。问题 1 是典型的"找漏洞"题型，结合招投标主题很容易判定；问题 2 的 2 个小问题是对招投标具体的知识点进行考查，让考生进行辨析；问题 3 则是要求概述投标单位的主要活动。

考生对于这样的案例分析题反映不一，偏重硬件背景的考生认为这完全就是一道送分题，对于经常参加招投标活动的考生，这个案例易如反掌；完全软件背景的考生则觉得考查的知识点过于详细，无法进行适当的引申和发挥，几乎无从下手。考生遇到类似的情形（每类考生可能都会遇到自己所不熟悉的"滑铁卢"案例），无须过于紧张。要知道所有的案例分析材料中都会有一系列的"伏笔"，这些伏笔大都可以通过字里行间表现出来，此外还有数字等也是泄露标准答案的"冰山一角"，所以即使未完全掌握所考查的知识点，也可以根据常理推断，顺藤摸瓜，得到趋于案例分析标准答案的结果。

提炼题干信息

【问题 1】（10 分）

请指出在该项目的招投标过程中存在哪些问题，并说明原因。

(1）招标公告发布日期与投标截止日期不符合要求。根据《中华人民共和国招标投标法》第二十四条的要求，"招标人应当确定投标人编制投标文件所需要的合理时间；但是，依法必须进行招标的项目，自招标文件开始发出之日起至投标人提交投标文件截止之日止，最短不得少于二十日。"该投标活动的最早截止日期应不早于 5 月 26 日。(H 公司编制了招标文件，并于 5 月 6 日发出招标公告，规定投标截止时间为 5 月 21 日 17 时)

(2）H 企业不应该在收到招标文件后才制定评标标准。根据《中华人民共和国招标投标法》第十九条，"招标人应当根据招标项目的特点和需要编制招标文件。招标文件应当包括招标项目的技术要求、对投标人资格审查的标准、投标报价要求和评标标准等所有实质性要求和条件以及拟签订合同的主要条款。"所以在招标文件中就应该制定明确的评标标准。(H 公司觉得该项目涉及公司的业务秘密，不适合由外资企业来承担。因此，在随后制定评标标准的时候，特意增加了关于企业性质的评分条件：国有企业可加 2 分，民营企业可加 1 分，外资企业不加分)

(3）H 企业不应该在评标标准中设置歧视性条款。根据《中华人民共和国招标投标法》第十八条，"招标人可以根据招标项目本身的要求，在招标公告或者投标邀请书中，要求潜在投标人提供有关资质证明文件和业绩情况，并对潜在投标人进行资格审查；国家对投标人的资格条件有规定的，依照其规定。招标人不得以不合理的条件限制或者排斥潜在投标人，不得对潜在投标人实行歧视待遇。"如果确实涉及业务秘密，可通过设置相应的资质要求，例如涉密资质等，而不能简单地将企业划为三六九等区别对待。(H 公司觉得该项目涉及公司的业务秘密，不适合由外资企业来承担。因此，在随后制定评标标准的时候，特意增加了关于企业性质的评分条件：国有企业可加 2 分，民营企业可加 1 分，外资企业不加分)

(4）评标委员会的人员组成不符合人数规定。根据《中华人民共和国招标投标法》第三十七条规定，"评标由招标人依法组建的评标委员会负责。依法必须进行招标的项目，其评标委员会由招标人的代表和有关技术、经济等方面的专家组成，成员人数为五人以上单数，其中技术、经济等方面的专家不得少于成员总数的三分之二。前款专家应当从事相关领域工作满八年并具有高级职称或者具有同等专业水平，由招标人从国务院有关部门或者省、自治区、直辖市人民政府有关部门提供的专家名单或者招标代理机构的专家库内的相关专业的专家名单中确定；一般招标项目可以采取随机抽取方式，特殊招标项目可以由招标人直接确定。与投标人有利害关系的人不得进入相关项目的评标委员会；已经进入的应当更换。"由于评标委员会成员数为 6 人，因此不符合评标委员会数量为单数的规定。(H 公司又组建了评标委员会，其中包括 H 公司的领导 1 名，H 公司上级主管单位领导 1 名，其他 4 人为邀请的行业专家)

(5）乙公司对于合同中的付款方式不应该存在异议。根据《中华人民共和国招标投标法》第十九条，"招标人应当根据招标项目的特点和需要编制招标文件。招标文件应当包括招标项目的技术要求、对投标人资格审查的标准、投标报价要求和评标标准等所有实质性要求和条件以及拟签订合同的主要条款。"既然乙方已经递交了投标文件,说明乙方接受 H 公司的付款方式。如果对付款方式和条件有异议,应该在乙方提交的投标文件中预先载明。(虽然招标文件中规定了合同格式并对付款条件进行了详细的要求,但这种付款方式只适用于硬件占主体的系统集成项目,对于 ERP 系统这种软件占主体的项目来说并不适用)

（6）双方签署合同的日期不符合招投标法的规定。根据《中华人民共和国招标投标法》第四十六条,"招标人和中标人应当自中标通知书发出之日起三十日内,按照招标文件和中标人的投标文件订立书面合同。招标人和中标人不得再行订立背离合同实质性内容的其他协议。"案例中项目双方签署合同的日期超出了招投标法规定的期限。(直到第 45 天,H 公司才与乙公司最终签订了 ERP 项目合同)

根据该案例分析的主题,还可以得到如下的线索:
该项目没有严格遵循 IT 项目招投标流程。

完善答题形式

读者可能注意到本案例分析的特点,即上述的每一条几乎都是引经据典,指出项目的具体做法与《中华人民共和国招标投标法》的哪一条款相违背。此处主要是为了帮助考生扩充相应的知识点,考生在考试时大可不必如此,只要言简扼要地指出问题和原因即可。试想,都要去照搬法律条款,先不说能否记得住,在有限的考试时间内,也不容考生长篇大论。

根据以上分析,最后综合整理为如下答题项:
（1）该项目没有严格遵循 IT 项目招投标流程。
（2）招标公告发布日期与投标截止日期不符合要求,招投标起止日期不得少于 20 日。
（3）H 企业不应该在收到招标文件后才制定评标标准,招标文件中应该包含相应的评标标准。
（4）H 企业不应该在评标标准中设置歧视外资企业的条款,招投标过程中不得设置歧视性条款。
（5）评标委员会的人员组成不符合人数规定,招投标要求评标专家的人数为 5 人以上单数。
（6）乙公司对于合同中的付款方式不应该存在异议,因为招标文件中已经规定了相应的付款方式,应该以招标文件为准。
（7）45 天后签署合同不符合招投标法的规定,招投标法要求在 30 日内签署合同。

【问题 2】(8 分)
（1）评标委员会不选择丙公司的理由是否充分?依据是什么?
（2）乙公司要求 H 公司修改付款方式是否合理?为什么?为此,乙公司应如何应对？

问题 2 的 2 个问题属于辨析问题，首先让考生分辨对错，然后分析理由，重点在于考查考生对于招投标知识细项的掌握程度。

（1）评标委员会不选择丙公司的理由是否充分？依据是什么？

评标委员会不选择丙公司有充分的理由，因为根据《中华人民共和国招标投标法》第四十一条规定，"中标人的投标应当符合下列条件之一：（一）能够最大限度地满足招标文件中规定的各项综合评价标准；（二）能够满足招标文件的实质性要求，并且经评审的投标价格最低，但是投标价格低于成本的除外。"因为丙公司报价低于成本价，可能有恶意竞价之嫌，所以排除丙公司具备充分的理由。

所以该问题分析可简化如下：

评标委员会不选择丙公司有充分的理由，因丙公司报价低于成本价，不符合《中华人民共和国招标投标法》中的规定。

（2）乙公司要求 H 公司修改付款方式是否合理？为什么？为此，乙公司应如何应对？

前面已经分析过乙公司要求修改付款方式为不合理做法，因为《中华人民共和国招标投标法》中的第十九条要求在招标文件中须注明合同的主要条款，而付款方式即为合同的主要条款内容。乙方应在提交投标文件时对合同条款有异议的内容进行标识，提出相应的建议，而不是在中标以后再提出修改合同的主要条款。

该问题分析可简化如下：

乙公司修改付款方式的做法不合理，因为与《中华人民共和国招标投标法》相违背。乙方应在投标文件中预先载明建议的付款方式，而不是事后交涉。

【问题 3】（7 分）

请说明投标流程中投标单位的主要活动有哪些。

问题 3 与前两个问题不同，完全脱离了具体的案例背景，要求考生给出一般的乙方参与项目投标流程。因为参加信息系统项目管理师的考生绝大部分都为乙方背景，因而这个问题也容易得分，考生只需要将自己日常参加的投标活动进行详细列举即可。提示：至少得列 7 项（该题目分值是 7 分）！

结合经验可将投标活动分为投标前准备、开标以及投标后活动三个阶段。投标前准备包括捕捉招标信息与招标意向、购买招标文件、参加投标答疑会、准备投标技术方案、准备投标商务方案、递交投标方案等活动；开标包括参加投标会议、讲解技术方案、商务谈判等活动；投标后活动包括补充投标资料、接受中标通知信息等，如果中标可能还涉及合同谈判、合同签署等活动。上述分析结果可以整理为如下细项：

（1）捕捉招标信息与招标意向。

（2）购买招标文件。

（3）参加投标答疑会。

（4）准备投标技术方案。
（5）准备投标商务方案。
（6）递交投标方案。
（7）参加投标会议。
（8）讲解技术方案。
（9）商务谈判。
（10）补充投标资料。
（11）接受中标通知信息。
（12）合同谈判。
（13）合同签署。

第 13 章　项目干系人管理案例分析

13.1　项目干系人管理知识定位

项目干系人管理属于特定的知识领域，与其他项目管理知识领域不同，在工作中体现得比较明显。由于知识体系不完整，在实际操作中会面临诸多问题，这一点考生也会有较多共鸣，但考试时仍应遵循项目干系人管理知识体系来分析，否则很容易偏离题目要求。

13.2　项目干系人管理知识体系

项目干系人管理知识体系包括识别干系人、规划干系人管理、管理干系人、控制干系人参与四部分内容。

13.3　案例分析

项目干系人管理方面的案例分析题主要考查的知识点为与干系人管理相关的概念和内容[①]，通常应综合采用逻辑分析方法和内容记忆方法进行分析。

【案例】

乙公司是一家信息技术公司，主要从事信息系统集成和软件开发业务。该公司通过员工王工程师的介绍与甲公司签订了大型系统开发合同，合同金额为 650 万元，工期 11 个月。该项目主要是为甲公司开发一套综合管理系统，并要求新系统与现有生产管理系统、财务管理系统连通，以帮助甲公司落实两化（信息化和工业化）深度融合的战略部署，提升甲公司的核心竞争力。甲公司指派信息技术中心的赵主任负责该项目。

项目启动时，乙公司领导安排王工程师担任此项目的项目经理，王工程师按照公司项目章程模板撰写项目章程，之后便进入了下一个过程。新撰写的项目章程内容包括：质量控制人员、项目组织结构、项目基本需求、项目完工日期。

---

①　项目干系人相关案例分析题目出现频率很低，此处采用的是一个干系人与项目章程及其他项目管理知识结合的综合案例。

同时，为了保证项目质量，王工程师亲自撰写了初步的项目范围说明书。王工程师依照以前公司的经验撰写的初步的项目范围说明书内容包括：项目概述、产品要求、项目完工日期、项目约定条件、初始风险。初步的项目范围说明书撰写完成后，<u>王工程师通知了项目组成员，按照初步的项目范围说明书开始工作。项目组成员有人认为初步范围说明书内容太过简单，跟以往项目范围说明书差别太大，但担心项目经理不高兴，也没有直接说</u>。

刚进入项目规划阶段，发生的几件事让王工程师觉得非常棘手：

（1）<u>项目组成员就系统是否包含数据库导出和备份功能产生了分歧，查看初步的项目范围说明书发现也没有相应描述</u>。

（2）<u>有项目组成员认为初步的项目范围说明书中给出的系统安全等级过高，实现难度非常大，还可能导致项目成本大幅度增加</u>。

（3）<u>项目组成员不确定项目验收时是否要给客户交付《产品使用手册》，有成员建议既然不确定就不要做了，这样可以节约成本</u>。

（4）<u>在初步的项目范围说明书中没有涉及项目的质量管理要求，乙公司内部的质量技术部因此没有安排专门的人员配合王工程师工作</u>。

（5）<u>一些项目组成员经常抱怨王工程师大包大揽，项目启动阶段的工作不严格遵照公司管理流程执行，也未征求其他项目组成员的意见和建议</u>。

【问题1】（12分）

结合案例，请分析案例中的项目启动过程存在哪些问题？

【问题2】（6分）

结合案例，该项目的干系人应该包括哪些？

【问题3】（7分）

（1）结合案例，从候选答案中选择5个正确选项（每选对一个得1分，选项超过5个该题得0分），将选项编号填入答题纸对应栏内。

以下（　　）内容应放入组织过程资源库。

 A. 问题和缺陷管理库　　B. 经验教训　　C. 个人周报　　D. 项目总结
 E. 风险控制程序　　F. 合同原件　　G. 验收标准指南　　H. 测试记录

（2）根据题干，从候选答案中选择2个正确选项（每选对一个得1分，选项超过2个该题得0分），将选项编号填入答题纸的对应栏内。

SOW包括（　　）内容。

 A. 项目概述　　B. 产品需求　　C. 组织结构　　D. 质量控制人员

确定主题方向

阅读案例背景得知，案例内容主要围绕IT项目的项目启动过程和干系人管理展开，具体考查的知识点包括工作说明书（SOW）、组织过程（资源）库、项目章程、项目初步范围说明书以及范围说明书等知识点。其中问题1采用逻辑分析方法；问题2和问题

3 应采用记忆方法。

提炼题干信息

【问题1】（12分）

结合案例，请分析案例中的项目启动过程存在哪些问题？

（1）公司未按照正常项目启动顺序首先编写项目章程，然后任命项目经理。（乙公司领导安排王工程师担任此项目的项目经理，王工程师按照公司项目章程模板撰写项目章程）

（2）项目章程内容不完整，缺乏项目经理任命及对应的职权描述。（新撰写的项目章程内容包括：质量控制人员、项目组织结构、项目基本需求、项目完工日期）

（3）项目初始范围说明书未经评审和确认。（王工程师通知了项目组成员，按照初步的项目范围说明书开始工作。项目组成员有人认为初步范围说明书内容太过简单，跟以往项目范围说明书差别太大，但担心项目经理不高兴，也没有直接说）

（4）项目初始范围说明书未经评审和确认。（项目组成员就系统是否包含数据库导出和备份功能产生了分歧，查看初步的项目范围说明书发现也没有相应描述）

（5）项目初始范围说明书未经评审和确认。（有项目组成员认为初步的项目范围说明书中给出的系统安全等级过高，实现难度非常大，还可能导致项目成本大幅度增加）

（6）组织在准备项目章程时未对双方签署的工作说明书进行确认。（项目组成员不确定项目验收时是否要给客户交付《产品使用手册》，有成员建议既然不确定就不要做了，这样可以节约成本）

（7）组织对项目质量管理要求认识不全面，对质量不重视。（在初步的项目范围说明书中没有涉及项目的质量管理要求，乙公司内部的质量技术部因此没有安排专门的人员配合王工程师工作）

（8）项目未严格遵循公司的项目启动流程。（一些项目组成员经常抱怨王工程师大包大揽，项目启动阶段的工作不严格遵照公司管理流程执行，也未征求其他项目组成员的意见和建议）

完善答题形式

对提炼出的题干信息进行分析整理，可得到如下答题要点：

（1）公司未按照正常项目启动顺序首先编写项目章程，然后任命项目经理。

（2）项目章程内容不完整，缺乏项目经理任命及对应的职权描述。

（3）项目初始范围说明书未经评审和确认。

（4）组织在准备项目章程时未对双方签署的工作说明书进行确认。

（5）组织对项目质量管理要求认识不全面，对质量不重视。

（6）项目未严格遵循公司的项目启动流程。

【问题2】（6分）

结合案例，该项目的干系人应该包括哪些？

根据案例给定的信息，该项目干系人包括甲乙双方的高层领导、甲方项目经理赵主任、甲方业务部门人员、甲方商务人员、乙方项目经理王工、乙方质量管理人员、乙方项目团队成员、乙方运维支持人员、乙方商务人员。

【问题 3】(7 分)

（1）结合案例，从候选答案中选择 5 个正确选项（每选对一个得 1 分，选项超过 5 个该题得 0 分），将选项编号填入答题纸对应栏内。

以下（　　）内容应放入组织过程资源库。

候选答案：

A. 问题和缺陷管理库　　B. 经验教训　　C. 个人周报　　　　D. 项目总结
E. 风险控制程序　　　　F. 合同原件　　G. 验收标准指南　　H. 测试记录

根据组织过程资产概念，上述选项 A、B、D、E、G 应纳入组织过程资产库。

（2）根据题干，从候选答案中选择 2 个正确选项（每选对一个得 1 分，选项超过 2 个该题得 0 分），将选项编号填入答题纸的对应栏内。

SOW 包括（　　）内容。

候选答案：

A.项目概述　　　　B.产品需求　　　　C.组织结构　　　　D.质量控制人员

SOW 是甲乙双方签署合同时的技术附件，重点对合同要完成的工作内容进行说明。选项 A、B 是 SOW 应包含的内容。

第 14 章　项目合同管理案例分析

14.1　项目合同管理知识定位

项目合同管理属于组织管理中的通用管理范畴,与项目人员管理、项目沟通管理等领域不同,针对项目的合同管理与通用合同管理相比几乎没有特殊性,所以 PMBOK 体系并没有将合同管理内容列入项目管理知识体系。考生在理解项目合同管理知识时,主要将注意力集中于一般的合同管理理论和实践即可。

14.2　项目合同管理知识体系

项目管理合同管理知识体系包括合同签订管理、合同履行管理、合同变更处理、合同档案管理和合同违约索赔管理五部分内容,各部分内容都遵循我国现行的合同法。

14.3　案例分析

项目合同管理方面的案例分析题主要考查考生对合同管理相关概念和条款的理解。针对项目合同管理类型的案例,一般应综合应用逻辑分析方法和内容记忆方法进行分析。需要注意的是,合同管理和采购管理以及项目立项管理关系密切,这几部分内容非常有可能同时考查。考生在阅读案例材料时,需要精确定位案例材料要考查的知识点是合同管理、采购管理还是立项管理。

分析历年试题,案例分析中目前尚未出现以合同管理知识领域作为主要考查对象的题目。如果出现此类题目,考生在分析时应围绕合同管理知识领域,采用逻辑分析方法和内容记忆方法即可。

第 15 章 配置管理案例分析

15.1 配置管理知识定位

配置管理属于项目管理中比较特殊的管理领域，尤其与信息化项目中的软件项目相关，因为对于其他类型的项目而言，配置管理工作并无特殊的重要性和必要性。对于没有实际参与过软件项目的考生而言，理解配置管理有一定的难度，需要给予额外的关注。

15.2 配置管理知识体系

配置管理知识体系包括项目文档管理、配置管理概念、配置管理目标和方针、日常配置管理四部分内容。考生应重点理解配置项、配置基线、CCB 等重要概念，此外，还应该着重理解配置项变更流程、基线发布流程以及项目发布流程等配置管理关键流程。

15.3 案例分析

配置管理方面的案例分析题主要考查的知识点为配置管理的重要概念和相关的工作流程。针对配置管理方面的案例分析题目，考生需要重点记忆与配置管理相关的重要概念以及工作过程。

【案例 1】

某高校计划建设校园一卡通项目，选择了具有自主一卡通产品的 A 公司作为系统集成商。项目的主要内容是对学校的 3 个学生食堂、1 个图书馆、1 个体育馆实现统一管理，并与学校的后勤保障和财务部门的主要业务系统联通。为保证项目的实施，学校聘请了监理公司对此项目进行监理。

经双方协定，合同规定工期为 6 个月，A 公司指定了项目经理小李负责该项目。项目组经需求调研后制订了项目计划，将项目的主要活动划分为需求、设计、卡机具生产、应用系统开发、综合布线及硬件安装调试、软硬件系统联调、现场测试、验收等活动。

项目进入编码阶段后，校方领导指示，要求把另外一个教职工食堂也纳入一卡通管理，并对学校重点教研室和实验室进行门禁管理。因此，<u>校方代表直接找到 A 公司领导提出增加项目内容，并答应会支付相应的费用、延长项目工期</u>，由于该高校是公司重要的客户，A公司领导口头答应了客户的要求。

【问题1】（6分）

将空白处需要填写的恰当内容写入答题纸对应栏内。

（1）根据项目管理知识域相关理论，学校提出增加内容的要求造成了项目的变更。

（2）在此项目中，为了控制项目的变更过程，小李应首先向_____方提出书面的_____。

【问题2】（13分）

（1）项目组对变更产生的原因进行了分析，请说明此变更会对项目管理的哪些方面造成影响。（4分）

（2）项目的变更控制委员会（CCB）对变更进行了审批。请说明此项目CCB的组成应包括哪些人员。（2分）

（3）请简要叙述变更批准后小李应该安排哪些工作。（2分）

（4）对变更产生的结果可采取一定的方法进行验证。其中，对于需求、设计等文档类变更是否正确可采用什么方法进行验证？对于软硬件系统变更是否正确可采用什么方法进行验证？（2分）

（5）请简要叙述在这次变更过程中监理方应参与的工作环节。（3分）

【问题3】（6分）

在客户提出新需求时，该项目产品基线中哪些项目会发生变化？

确定主题方向

该案例所提供的背景信息主要作为线索起提示作用，各个问题考查的重点在于相应的知识点，而无需紧密结合背景信息逐一分析。

【问题1】（6分）

将空白处需要填写的恰当内容写入答题纸对应栏内。

（1）根据项目管理知识域相关理论，学校提出的增加内容的要求造成了项目的_____变更。

（2）在此项目中，为了控制项目的变更过程，小李应首先向_____方提出书面的_____。

答案：（1）范围或需求。（2）监理、变更申请表。

【问题2】（13分）

（1）项目组对变更产生的原因进行了分析，请说明此变更会对项目管理的哪些方面造成影响。

根据案例背景信息，变更可能会对项目管理以下方面造成影响：

①项目范围。

②项目进度。

③项目质量。
④项目成本。
⑤项目人员安排。
⑥系统合同。
⑦项目风险。

（2）项目的变更控制委员会（CCB）对变更进行了审批。请说明此项目 CCB 的组成应包括哪些人员。（2分）

根据案例背景信息，该项目的 CCB 至少应包括：
①校方领导。
②校方代表。
③监理。
④公司项目经理。
⑤A 公司领导。

（3）请简要叙述变更批准后小李应该安排哪些工作。（2分）
①小李应根据批准的变更申请表首先准备相应的变更通知单。
②将变更任务分配给相应的项目组成员。
③将变更任务更新到项目主计划和项目 WBS 计划中。
④跟踪变更任务直至完成。

（4）对变更产生的结果可采取一定的方法进行验证。其中，对于需求、设计等文档类变更是否正确可采用什么方法进行验证？对于软硬件系统变更是否正确可采用什么方法进行验证？（2分）
①对文档类变更采用技术评审的方式进行验证。
②对软硬件系统变更应采用测试手段进行验证。

（5）请简要叙述在这次变更过程中监理方应参与的工作环节。（3分）
监理方应该参与到变更过程中所有的主要环节：
①变更初审。
②对变更方案进行论证。
③CCB 对变更进行审查和批准。
④在项目中实施变更。
⑤对变更实施进行监控。
⑥对变更效果进行评估。
⑦判断变更后的项目是否已纳入正常轨道。

【问题3】（6分）
在客户提出新需求时，该项目产品基线中哪些项目会发生变化？
客户提出需求变更后，可能导致以下产品基线发生变化：

①需求基线。
②设计基线。
③代码基线。
④硬件配置基线。

【案例2】

某市信息资源管理中心经过公开招标，将该市的政务信息资源整合系统项目委托某公司开发，并准备将该系统推广应用到全市20个委办局。由于每个委办局的框架构成、业务功能、界面要求、资源类别等均有所不同，该软件公司经过讨论，决定对一家信息资源建设比较完备的委办局的需求进行开发和试用，然后再在此基础上进行修改，为其他委办局定制系统。

该项目的负责人是软件公司的刘经理，项目采用瀑布模型开发，项目组成员按分析、设计、编码、测试进行分工，历经3个月，进入试运行阶段。为了赶工，对项目开发人员进行了再分工，将试运行的系统版本作为原始版本，在此基础上开始并行为其他委办局定制开发各自的政务信息资源整合系统。

试运行的版本在运行中根据用户的要求，产生了一些功能的变动，开发人员改动了代码，这些改动后的代码有的适合其他委办局，有的不适合；而在为其他委办局的开发中，也根据用户的要求进行了各自代码的修改。项目进展得很顺利，期间，主要开发人员小王和小李因故提出辞职，刘经理向公司申请补充开发人员接替小王和小李的工作，然而由于之前的变更没有相关文档的记录，开发版本与设计和需求的版本对应不上，两名新的开发人员用了很长时间才开始编码，结果导致工期延误，而且在交付时出现文档与代码对应不上的情况。

【问题1】（12分）
请指出在该项目的开发过程中，配置管理方面存在的主要问题。

【问题2】（8分）
结合本案例，请列举配置项的内容。

【问题3】（5分）
经与客户协商，为确保系统推广应用顺利，刘经理决定加强项目的配置管理，简要回答刘经理在配置管理方面的主要活动应有哪些。

确定主题方向

阅读该案例材料可知，该案例的指向性很明确，所有的问题都围绕配置管理主题展开。其中，问题1与案例分析背景高度相关，为逻辑分析类的题目；问题2和问题3属于比较典型的内容记忆类的题目。考生回答项目中一般配置项的内容和配置管理主要活动即可。

提炼题干信息

【问题 1】(12 分)

请指出在该项目的开发过程中，配置管理方面存在的主要问题。

（1）公司未建立完整的产品开发配置管理策略。（<u>决定对一家信息资源建设比较完备的委办局的需求进行开发和试用，然后再在此基础上进行修改，为其他委办局定制系统</u>）

（2）公司缺乏明确的配置管理工作流程。（<u>将试运行的系统版本作为原始版本，在此基础上开始并行为其他委办局定制开发各自的政务信息资源整合系统</u>）

（3）项目未建立配置管理计划。（<u>将试运行的系统版本作为原始版本，在此基础上开始并行为其他委办局定制开发各自的政务信息资源整合系统</u>）

（4）项目未建立有效的产品发布策略。（<u>试运行的版本在运行中根据用户的要求，产生了一些功能的变动，开发人员改动了代码</u>）

（5）项目开发人员未遵循配置变更管理流程。（<u>试运行的版本在运行中根据用户的要求，产生了一些功能的变动，开发人员改动了代码</u>）

（6）项目未保存完整的配置变更记录。（<u>然而由于之前的变更没有相关文档的记录，开发版本与设计和需求的版本对应不上</u>）

（7）项目未进行有效的版本管理。（<u>然而由于之前的变更没有相关文档的记录，开发版本与设计和需求的版本对应不上</u>）

（8）项目中未进行有效的项目基线管理。（<u>在交付时出现文档与代码对应不上的情况</u>）

完善答题形式

对提炼出的题干信息进行分析整理，可得到如下答题要点：

（1）公司未建立完整的产品开发配置管理策略。

（2）公司缺乏明确的配置管理工作流程。

（3）项目未建立配置管理计划。

（4）项目未建立有效的产品发布策略。

（5）项目开发人员未遵循配置变更管理流程。

（6）项目未保存完整的配置变更记录。

（7）项目未进行有效的版本管理。

（8）项目中未进行有效的项目基线管理。

【问题 2】(8 分)

结合本案例，请列举配置项的内容。

软件项目中典型的配置项包括：

（1）项目计划书。

（2）需求文档。

（3）设计文档。
（4）源代码。
（5）可执行代码。
（6）测试用例。
（7）测试报告。
（8）试运行报告。
（9）运行软件所需的各种数据。

【问题 3】(5 分)

经与客户协商，为确保系统推广应用顺利，刘经理决定加强项目的配置管理，简要回答刘经理在配置管理方面的主要活动应有哪些。

刘经理应该在项目中开展以下配置活动：

（1）编写配置管理计划。
（2）建立和维护配置管理系统。
（3）建立和维护配置库。
（4）配置项识别。
（5）建立和管理基线。
（6）进行版本管理和配置控制。
（7）编写配置状态报告。
（8）进行配置审计。
（9）发布和管理交付。
（10）进行配置管理培训。

第 16 章 项目变更管理案例分析

16.1 项目变更管理知识定位

项目变更管理对于信息化项目有着重要的特殊意义，因为大多数信息化项目管理不善的主要原因在于项目中缺乏有效的变更管理。项目变更管理之所以困难，原因在于大部分信息化项目主要采用固定合同总价方式，客户不愿意变更合同金额，但又不断在项目执行过程中提交各种需求变更。在这样的大环境下，如果项目本身又缺乏有效的变更管理流程对需求变更进行约束，项目的失控就会成为大概率事件。《信息系统项目管理师教程》（第 3 版）为了强调变更管理的重要性，将其设置为单独一章。

16.2 项目变更管理知识体系

项目变更管理知识体系包括变更管理基本概念、变更管理原则、变更管理组织机构和工作程序、变更管理工作内容、版本发布和回退计划五部分内容。考生在理解变更管理的含义时，应有意识地将变更管理与项目管理部分的整体变更控制以及配置管理中的配置项变更内容相结合，各部分内容侧重有所不同。单纯从知识体系角度分析，整体变更控制已经完整地描述了变更管理知识；配置管理的作用在于说明如何在信息化项目（尤其是软件项目）实施具体的变更管理；变更管理则是为了强调变更管理的重要性，进一步说明变更的分类以及变更管理操作流程等重要内容。

16.3 案例分析

项目变更管理方面的案例分析题主要考查考生对变更管理的流程、工作内容、工作职责以及重要概念等内容的理解。针对项目变更管理案例的分析通常综合采用逻辑分析方法和内容记忆方法。

【案例 1】

某软件开发项目已进入编码阶段，此时客户方提出有若干项需求要修改。<u>由于该项目客户属于公司的重点客户，因此项目组非常重视客户提出的要求，专门与客户就需求变更共同开会进行沟通</u>。经过几次协商，<u>双方将需求变更的内容确定下来，并且经过分</u>

析，认为项目工期将延误 2 周时间，并会对编码阶段里程碑造成较大影响。项目经理将会议内容整理成备忘录让客户进行了签字确认。随后，项目经理召开项目组内部会议将任务口头布置给了小组成员。会后，主要由编码人员按照会议备忘录的要求对已完成的模块编码进行修改，而未完成的模块按照会议备忘录的要求进行编写。项目组加班加点，很快完成了代码编写工作。项目进入了集成测试阶段。

【问题1】（10分）
请说明此项目在进行需求变更的过程中存在的问题。

【问题2】（10分）
请分析此项目中的做法可能对后续工作造成什么样的影响？

【问题3】（5分）
请简要说明整体变更控制流程。

确定主题方向

阅读案例材料并结合问题进行分析可知，案例主题非常明确，主要考查的知识点为变更管理的内容，包括需求变更和配置管理，另外还涉及里程碑管理方面的内容。问题1和问题2具有很高的重复性，如果得到问题1的答案，问题2的答案也就有了。问题3考查的是具体的知识点，考生只要将变更管理的常见步骤列出来即可。

提炼题干信息

【问题1】（10分）
请说明此项目在进行需求变更的过程中存在的问题。

（1）没有根据严格的变更流程，首先提交书面的变更申请表。（由于该项目客户属于公司的重点客户，因此项目组非常重视客户提出的要求，专门与客户就需求变更共同开会进行沟通）

（2）没有对变更进行全面的影响分析，例如变更对质量、成本、风险、人员等方面的影响。（双方将需求变更的内容确定下来，并且经过分析，认为项目工期将延误 2 周时间，并会对编码阶段里程碑造成较大的影响）

（3）没有使用正式的变更申请表请客户签字确认。（项目经理将会议内容整理成备忘录让客户进行了签字确认）

（4）没有使用正式的变更通知表描述变更任务。（项目经理召开项目组内部会议将任务口头布置给了小组成员）

（5）变更时没有修改受影响的工作产品，例如需求文档、设计文档、测试用例、项目计划等工作产品。（主要由编码人员按照会议备忘录的要求对已完成的模块编码进行修改，而未完成的模块按照会议备忘录的要求进行编写）

（6）没有正式的、明确的里程碑管理活动。（很快完成了代码编写工作。项目进入了集成测试阶段）

完善答题形式

根据案例材料中的关键信息分析得出,该项目管理中的主要不足在于没有在项目中引入严格的需求变更管理流程。结合以上的分析,得到所存在的问题列表如下:

(1)项目中缺乏正式、严格的需求变更管理流程。

(2)没有根据严格的变更流程,首先提交书面的变更申请表。

(3)没有对变更进行全面的影响分析,例如变更对质量、成本、风险、人员等方面的影响。

(4)没有使用正式的变更申请表请客户签字确认。

(5)没有使用正式的变更通知表描述变更任务。

(6)变更时没有修改受影响的工作产品,例如需求文档、设计文档、测试用例、项目计划等工作产品。

(7)没有正式、明确的里程碑管理活动。

【问题 2】(10 分)

请分析此项目中的做法可能对后续工作造成什么样的影响?

该问题实际是问题 1 的引申,只需进一步说明已识别出的各个问题可能造成的严重后果即可,如下所述:

(1)项目中缺乏正式的需求变更管理流程可能导致项目失控,工期严重拖延,成本超支严重、质量低下等后果。

(2)项目中缺乏书面的变更申请表导致变更随意性较强。

(3)没有对变更进行全面的影响分析,无法控制项目的工期、成本、质量、风险等主要管理目标。

(4)缺乏客户签字确认的变更申请表使得变更不受控。

(5)没有使用正式的变更通知表描述变更任务,无法在需求变更和变更任务间建立严格的对应关系,可能出现变更任务缺失或错误等情形。

(6)变更时没有修改受影响的工作产品,可能导致软件配置项版本不一致等情形,严重时甚至导致版本错误或版本缺失等情形。

(7)没有正式的里程碑管理活动,导致项目的工期、成本、质量等关键目标失控。

【问题 3】(5 分)

请简要说明整体变更控制流程。

整体变更控制流程是一个考查频率很高的知识点,考生只需列出整体变更流程即可,如下所述:

(1)提出变更申请。

(2)变更初审。

(3)对变更方案进行论证。

(4)CCB 对变更进行审查和批准。

（5）在项目中实施变更。
（6）对变更实施进行监控。
（7）对变更效果进行评估。
（8）判断变更后的项目是否已纳入正常轨道。

【案例 2】

某市工商局为了给各个企业提供更好的服务、提高工作效率，决定建设电子政务系统，并选择 A 公司承担该项目，项目的工期经双方协定为 9 个月，A 公司指定项目经理李某负责该项目。李某带领项目团队完成了项目的需求分析，编制了项目范围说明书，并通过了审查，得到了甲方的确认。

项目进入编码阶段后，工商局项目负责人通知李某，由于政策的变化，一些业务流程发生变更，并答应延长项目工期 2 个月，同时支付相应的费用。李某凭借自己项目管理的经验，认为这些变更在约定的工期内可以完成，因此直接答应了对方的变更要求，随后，李某找到负责变更模块的项目组成员，要求其完成对业务流程变更的修改。

在项目继续实施的过程中，项目组成员抱怨业务流程变更较大，原来的代码很多需要重写，很难在计划时间内完成业务流程的变更任务，而且，系统其他模块的成员发现已经完成的一些功能突然出现错误，经过分析发现是受业务流程变更的影响。项目团队成员不得不重新修改并测试出现问题的功能模块，从而导致项目进度大大落后于计划，整个项目看来很难在预定工期内完工。

【问题 1】（6 分）

请指出工商局项目负责人提出的变更要求，除了项目范围外，可能会对项目管理的哪些方面造成影响。

【问题 2】（10 分）

请简要分析李某在项目管理方面存在哪些问题，导致项目进度大大落后于计划。

【问题 3】（9 分）

李某意识到项目存在的问题后，采取了改进措施，并与用户就项目进度重新达成了一致，项目进展较为顺利。在项目开发过程中，李某认为需要对项目需求变更进行验证和确认，作为项目经理，李某应如何开展此项工作？

确定主题方向

阅读该案例材料并结合问题分析，该案例考查的知识点主要集中于与变更管理相关的概念和流程。

【问题 1】（6 分）

请指出工商局项目负责人提出的变更要求，除了项目范围外，可能会对项目管理的哪些方面造成影响。

客户方提出的需求变更还可能对项目的进度、成本、质量、风险、人员、合同等方面造成影响，因而应该可能还需要相应地调整进度计划、项目预算、质量目标，合同条款等，可能还需要重新识别项目风险，对人员做出调整等。

【问题 2】（10 分）

请简要分析李某在项目管理方面存在哪些问题，导致项目进度大大落后于计划。

提炼题干信息

（1）项目没有提交书面的变更申请，导致变更随意性较强。（<u>工商局项目负责人通知李某，由于政策的变化，一些业务流程发生变更</u>）

（2）项目没有对需求变更进行相应的影响分析。（<u>李某凭借自己项目管理的经验，认为这些变更在约定的工期内可以完成，因此直接答应了对方的变更要求</u>）

（3）项目中缺乏负责变更决策的 CCB 组织。（<u>李某凭借自己项目管理的经验，认为这些变更在约定的工期内可以完成，因此直接答应了对方的变更要求</u>）

（4）项目中缺乏正式的书面变更通知。（<u>李某找到负责变更模块的项目组成员，要求其完成对业务流程变更的修改</u>）

（5）没有将变更后的任务纳入新的项目计划，导致实际与计划脱节。（<u>项目组成员抱怨业务流程变更较大，原来的代码很多需要重写，很难在计划时间内完成业务流程的变更任务</u>）

根据案例背景，还应该添加以下与变更有关的内容：

（1）<u>项目没有建立完整的需求变更流程。</u>

（2）<u>项目中缺乏对变更进行的有效管理和监督。</u>

完善答题形式

根据上述分析，对回答要点进行整理：

（1）项目没有建立完整的需求变更流程。

（2）项目中缺乏对变更进行的有效管理和监督。

（3）项目没有提交书面的变更申请，导致变更随意性较强。

（4）项目没有对需求变更进行相应的影响分析。

（5）项目中缺乏负责变更决策的 CCB 组织。

（6）项目中缺乏正式的书面变更通知。

（7）没有将变更后的任务纳入新的项目计划，导致实际与计划脱节。

【问题 3】（9 分）

李某意识到项目存在的问题后，采取了改进措施，并与用户就项目进度重新达成了一致，项目进展较为顺利。在项目开发过程中，李某认为需要对项目需求变更进行验证和确认，作为项目经理，李某应如何开展此项工作？

（1）在需求变更完成后，应该评审相应的需求文档、设计文档、代码、测试用例等内容，验证其与需求的一致性和正确性。

（2）通过需求跟踪矩阵维护需求与后续工作产品之间的双向跟踪关系。
（3）对完成的代码进行测试，通过测试结果确认需求的正确性。

【案例 3】

A 公司承接了一个为某政府客户开发 ERP 软件的项目，任命小张担任项目经理。由于该客户与 A 公司每年有上千万元的项目合作，A 公司管理层对该客户非常重视，并一再嘱咐小张要保证项目的客户满意度。为此，小张从各部门抽调了经验丰富的工程师组成了项目团队。

<u>在项目初期，小张制定了变更和配置管理规则</u>：<u>客户需求发生变化时，应首先由工程师对需求变化造成的影响做评估，如果影响不大，工程师可以直接进行修改并更新版本，不需要上报项目经理</u>；当工程师不能判断需求变化对项目的影响时，应上报给项目经理，由项目经理做出评估，并安排相关人员进行修改。

<u>在项目实施过程中，用户对软件的功能模块提出了一些修改需求，工程师针对需求做了评估，发现修改工作量不大，对项目进度没有影响，因此，出于客户满意度的考虑，工程师直接接受了客户的要求，对软件进行修改。在软件测试联调阶段，测试人员发现部分功能模块与原先设计不符，造成很多接口问题。经调查发现，<u>主要原因是客户对这些功能模块提出过修改要求，项目经理要求查验，没有发现相关变更文件</u>。

【问题 1】（10 分）
请分析该项目实施过程中存在哪些主要问题。

【问题 2】（10 分）
结合案例，请描述项目变更管理的主要工作程序。

【问题 3】（6 分）
请将下面（1）～（6）处的答案填写在答题纸的对应栏内。
根据变更的迫切性，变更可分为（1）和（2），通过不同流程处理。
变更管理过程涉及的角色主要包括项目经理、（3）、（4）、（5）、（6）。

确定主题方向

阅读该案例材料并结合问题分析，该案例考查的知识点主要集中于变更管理流程和变更管理角色两方面内容。问题 1 属于比较典型的逻辑分析类题目，需要结合案例背景信息和案例主题进行分析；问题 2 和问题 3 属于记忆类题目，考生需要了解与变更管理对应的知识点，这样会使回答相对容易。

【问题 1】（10 分）
请分析该项目实施过程中存在哪些主要问题。

提炼题干信息

（1）项目未遵循公司统一的变更管理和配置管理流程。（<u>在项目初期，小张制定了变更和配置管理规则</u>）

(2）项目发生变更时，应由项目经理而不是工程师进行影响评估。（<u>客户需求发生变化时，应首先由工程师对需求变化造成的影响做评估</u>）

(3）应该由配置管理员而不是工程师更新变更后的配置项版本。（<u>如果影响不大，工程师可以直接进行修改并更新版本，不需要上报项目经理</u>）

(4）客户发起的项目变更需求没有文档记录。（<u>在项目实施过程中，用户对软件的功能模块提出了一些修改需求</u>/<u>主要原因是客户对这些功能模块提出过修改要求，项目经理要求查验，没有发现相关变更文件</u>）

(5）项目变更影响评估局限于工作量和进度评估，未进行质量、风险等方面的影响评估。（<u>工程师针对需求做了评估，发现修改工作量不大，对项目进度没有影响</u>）

根据案例背景，还应该添加如下与变更有关的内容：

(1）项目未对项目组成员提供充分的变更管理和配置管理方面的培训。

(2）项目缺乏对变更管理和配置管理进行有效监控。

完善答题形式

根据上述分析，对回答要点进行整理：

(1）项目未对项目组成员提供充分的变更管理和配置管理方面的培训。

(2）项目缺乏对变更管理和配置管理进行有效监控。

(3）项目未遵循公司统一的变更管理和配置管理流程。

(4）项目发生变更时，应由项目经理而不是工程师进行影响评估。

(5）应该由配置管理员而不是工程师更新变更后的配置项版本。

(6）客户发起的项目变更需求没有文档记录。

(7）项目变更影响评估局限于工作量和进度评估，未进行质量、风险等方面的影响评估。

【问题 2】（10 分）

结合案例，请描述项目变更管理的主要工作程序。

项目变更管理包含的主要工作程序如下：

(1）提出变更申请。

(2）变更初审。

(3）对变更方案进行论证。

(4）CCB 对变更进行审查和批准。

(5）在项目中实施变更。

(6）对变更实施进行监控。

(7）对变更效果评估。

(8）判断变更后的项目是否已纳入正常轨道。

【问题 3】(6 分)

请将下面(1)~(6)处的答案填写在答题纸的对应栏内。

根据变更的迫切性,变更可分为(1)和(2),通过不同流程处理。

变更管理过程涉及的角色主要包括项目经理、(3)、(4)、(5)、(6)。

答案:(1)紧急变更;(2)非紧急变更;(3)变更申请人;(4)变更控制委员会;(5)变更执行人;(6)配置管理员。

第 17 章 综合管理案例分析

17.1 综合管理知识定位

信息系统项目管理师考试已经举行了将近 30 次,考试的总趋势是难度不断提升。针对案例分析考试,增加难度的一个重要途径即是增加考查的知识点广度,考生在同一个案例分析大题中需要回答和分析覆盖不同知识领域的题目。除了熟悉前述各章介绍的单一知识领域的题目之外,考生还应该熟悉包含多个知识领域的综合案例。

17.2 综合管理知识体系

综合案例所考查的知识是项目管理各个知识领域对应的内容,考生只要重点掌握项目管理各领域对应的知识点,对各部分知识领域的关系进行相应梳理即可。

17.3 案例分析

由于综合案例考查知识范围的不确定性,考生在分析综合类型案例的题目时,应该结合案例分析题目的要求和内容特点,决定采用计算类型方法、逻辑分析方法和内容记忆方法三类方法中的一种或多种。

【案例 1】

2007 年 3 月,系统集成商 BXT 公司承担了某市电子政务三期工程,合同金额为 5000 万元,全部工期预计 6 个月。该项目由 BXT 公司执行总裁涂总主管,小刘作为项目经理具体负责项目的管理,BXT 公司总工程师老方负责项目的技术工作,<u>新毕业的大学生小吕负责项目的质量保证</u>。项目团队的其他 12 个成员分别来自公司的软件产品研发部、网络工程部。来自研发部的人员负责项目办公自动化软件平台的开发,来自网络工程部的人员负责机房、综合布线和网络集成。

<u>老方把原来类似项目的解决方案直接拿来交给了小刘,而 WBS 则由小刘自己依据以往的经验进行分解</u>。小刘依据公司的计划模板填写了项目计划。因为项目的验收日期是合同里规定的,人员是公司配备的,所以<u>进度里程碑计划是从验收日期倒推到启动日期分阶段制订的</u>。在该项目计划的评审会上,<u>大家是第一次看到该计划,在改了若干错</u>

别字后，就匆忙通过了该计划。该项目计划交到负责质量保证的小吕那里，小吕看到计划的内容，该填的都填了，格式也符合要求，就签了字。

在需求分析时，他们制作的需求分析报告的内容比合同中的技术规格要求更为具体和细致。小刘把需求文档提交给了甲方联系人审阅，该联系人也没提什么意见。

在项目启动后的第 2 个月月底，甲方高层领导来到开发现场听取项目团队的汇报并观看系统演示，看完后甲方领导很不满意，具体意见如下：

系统演示的功能与合同中的技术规格要求不一致，最后的验收应以合同中的技术规格要求为准。进度比要求落后 2 周，应加快进度赶上计划。

……

【问题 1】（8 分）

你认为造成该项目的上述问题原因是什么？

【问题 2】（7 分）

项目经理小刘应该如何科学地制订该项目的 WBS（说明 WBS 的制订过程）？如何在项目的执行过程中监控项目的范围（说明 WBS 的监理过程）？

【问题 3】（10 分）

项目经理小刘应该如何科学地检查及控制项目的进度？

确定主题方向

阅读案例材料，并结合案例题目要求，可以分析出该案例主题为项目整体管理过程中的项目启动、项目计划与项目执行过程，案例分析应该围绕这几方面展开。

【问题 1】（8 分）

你认为造成该项目的上述问题的原因是什么？

提炼题干信息

阅读案例材料，可以提炼出以下原因，这些原因导致了项目出现问题：

（1）项目计划过程中缺乏对人员工作经验的考虑和要求。（新毕业的大学生小吕负责项目的质量保证）

（2）没有根据新项目的特点制定对应的技术解决方案。（老方把原来类似项目的解决方案直接拿来交给了小刘）

（3）项目经理在分解 WBS 过程中没有项目组成员的参与，这可能会造成项目范围的遗漏。（而 WBS 则由小刘自己依据以往的经验进行分解）

（4）项目中的里程碑计划不是基于客观事实所制订的合理计划。（进度里程碑计划是从验收日期倒推到启动日期分阶段制订的）

（5）对项目计划的评审和批准流于形式，没有发现真正的问题。（大家是第一次看到该计划，在改了若干错别字后，就匆忙通过了该计划/该填的都填了，格式也符合要求，就签了字）

（6）在对合同中的技术规格进行细化时，没有取得甲方正式的签字确认，没有将更新后的需求分析报告作为合同的一个组成部分。(小刘把需求文档提交给了甲方联系人审阅，该联系人也没提什么意见/系统演示出的功能与合同中的技术规格要求不一致)

（7）项目经理没有对项目的进度进行及时跟踪，造成项目进度失控。(进度比要求落后2周)

结合案例要求的项目启动、项目计划和项目执行过程，还可以补充如下要点：

该项目在前期缺乏正式的项目启动过程，人员缺乏积极性，因而没有采用团队工作的方式。

完善答题形式

对上述分析进行汇总，得到如下回答项：

（1）该项目在前期缺乏正式的项目启动过程，人员缺乏积极性，因而没有采用团队工作的方式。

（2）在制订项目计划的过程中缺乏对人员工作经验的考虑和要求。

（3）没有根据新项目的特点制订对应的技术解决方案。

（4）项目经理在分解WBS过程中没有邀请项目组成员一起参与，可能会造成项目范围的遗漏。

（5）项目中的里程碑计划不是基于客观事实所制订的合理计划，而是完全依据客户的主观要求。

（6）对项目计划的评审和批准流于形式，没有发现真正的问题。

（7）在对合同中的技术规格进行细化时，没有取得甲方正式的签字确认，没有将需求分析报告作为合同的一个组成部分。

（8）项目经理没有对项目的进度进行及时跟踪，造成项目进度失控。

【问题2】(7分)

项目经理小刘应该如何科学地制订该项目的WBS（说明WBS的制订过程）？如何在项目的执行过程中监控项目的范围（说明WBS的监督过程）？

小刘应该采用以下方式制订该项目的WBS：

（1）根据组织所提供的WBS模板制订项目的WBS结构。

（2）识别项目可交付物以及相关的工作。

（3）建立WBS结构。

（4）将高层WBS分解为详细的WBS。

（5）为WBS模块分配标识符。

（6）验证工作分解的粒度适合。

对项目范围监控主要采用以下的方式：

（1）根据范围变更控制系统对WBS的变更进行控制。

（2）根据偏差分析规定判断项目范围发生变更时是否需要采取纠正措施。

（3）如范围发生变更需要对相应的计划进行调整。

（4）使用配置管理系统管理项目范围变更。

【问题 3】（10 分）

项目经理小刘应该如何科学地检查及控制项目的进度？

对项目进度的检查控制主要与整体管理中项目监控的知识点相关。

（1）根据项目计划比对实际项目进度的执行状况。

（2）分析进度偏差状况，确定是否需要采取纠正措施或预防措施。

（3）分析、跟踪并监督项目的进度风险，确保进度风险得到识别、报告并执行相应的进度风险响应计划。

（4）维护准确、及时的项目进度信息。

（5）提供项目进度信息以支持进度状态报告。

（6）提供项目预报以更新项目的进度信息。

（7）监督批准后的进度变更的执行状况。

【案例 2】

某系统集成商 A 公司承担了某科研机构的信息系统集成项目，建设内容包括应用软件开发、软硬件系统的集成等工作。在项目建设过程中，由于项目建设单位欲申报科技先进单位，需将此项目成果作为申报的重要内容之一，因此在合同签订后 30 天内，建设单位向 A 公司要求总工期由 10 个月压缩到 6 个月，同时增加部分功能点。

由于此客户为 A 公司的重要客户，为维护客户关系，A 公司同意了建设单位的要求。为了完成项目建设任务，A 公司将应用软件分成了多个子系统，并分别组织开发团队突击开发。为提高效率，开始尽量采用并行工作方式，在没有全面完成初步设计的情况下，有些开发组同时开始详细设计与部分编码工作；同时新招聘了 6 名应届毕业生加入开发团队。

在项目建设过程中，由于客户面对多个开发小组，觉得沟通很麻烦，因此产生了很多抱怨。虽然 A 公司采取了多种措施来满足项目工期和新增功能的要求，但项目还是频繁出现设计调整和编码返工问题，导致项目建设没有在约定的 6 个月工期内完成，同时在试运行期间系统出现运行不稳定和数据不一致的情况，直接影响到建设单位科技先进单位的申报工作；并且项目建设单位对 A 公司按合同规定提出的阶段验收申请不予回应。

【问题 1】（10 分）

请简要分析 A 公司没有按期保质保量完成本项目的原因。

【问题 2】（5 分）

结合本试题所述项目工期的调整，请简述 A 公司应按照何种程序进行变更管理。

【问题 3】（10 分）

公司重新任命王工程师为该项目的项目经理，负责项目的后续工作。请指出王工程师应采取哪些措施使项目能够进入验收阶段。

确定主题方向

阅读案例材料后，结合问题 2 容易判断出该案例关注的主题是变更管理，因而可以围绕变更主题进行相应的分析。

【问题 1】(10 分)

请简要分析 A 公司没有按期保质保量完成本项目的原因。

提炼题干信息

（1）甲方不考虑项目管理的客观规律，在增加功能的前提下，盲目将工期由 10 个月压缩为 6 个月，是导致项目延期的主要原因。（由 10 个月压缩到 6 个月，同时增加部分功能点）

（2）乙方在工作中采用突击开发的方式，没有考虑合适的系统划分方式，可能导致项目的质量下降。（分别组织开发团队突击开发）

（3）由于在项目中过度采用并行开发方式，使得项目返工的风险大大增加。（有些开发组同时开始详细设计与部分编码工作）

（4）没有考虑在团队中增加新员工可能对项目工期带来的负面影响。（新招聘了 6 名应届毕业生）

（5）没有在项目中采用双方的单一接口人沟通制度，因而在项目中容易产生沟通混乱。（由于客户面对多个开发小组）

通过匹配案例分析材料中的关键信息，可以首先得出上面的五条原因。需要注意的是，该项目背景的主题方向是变更管理，而上述答案中对于变更并无明确的体现，所以应该在原因分析中添加与变更有关的内容，尤其是与项目工期变更有关的原因分析。

（1）项目中对变更缺乏有效的管理和监督。

（2）该项目在执行项目工期变更时并没有遵循相应的工期变更流程，这种变更的随意性直接导致了项目工期的失控。

完善答题形式

对上述的答题项进行分析汇总，得到如下答题项：

（1）项目中对变更缺乏有效的管理和监督。

（2）该项目在执行项目工期变更时并没有遵循相应的工期变更流程，这种变更的随意性直接导致了项目工期的失控。

（3）甲方不考虑项目管理的客观规律，在增加功能的前提下，盲目将工期由 10 个月压缩为 6 个月，是导致项目延期的主要原因。

（4）乙方在工作中采用突击开发方式，没有考虑合适的系统划分方式，可能导致项目的质量下降。

（5）由于在项目中过度采用并行开发方式，使得项目返工的风险大大增加。

（6）没有考虑在团队中增加新员工可能对项目工期带来的负面影响。

（7）没有在项目中采用双方的单一接口人沟通制度，因而在项目中容易产生沟通混乱。

【问题 2】（5 分）

结合本试题所述项目工期的调整，请简述 A 公司应按照何种程序进行变更管理。

该问题的关键点在于要求考生回答"变更管理程序"，一般的变更管理包含如下步骤：

（1）提出变更申请。

（2）变更初审。

（3）对变更方案进行论证。

（4）CCB 对变更进行审查和批准。

（5）在项目中实施变更。

（6）对变更实施进行监控。

（7）对变更效果评估。

（8）判断变更后的项目是否已纳入正常轨道。

【问题 3】（10 分）

公司重新任命王工程师为该项目的项目经理，负责项目的后续工作。请指出王工应采取哪些措施使项目能够进入验收阶段。

结合问题 1 和问题 2 的分析，建议王工程师采取以下措施促使项目能够进入验收阶段：

（1）甲乙双方的高层、客户方项目负责人、项目经理应举行问题交流会，分析产生目前问题的真正原因。

（2）在后续工作中加强对变更管理流程的管理和监督。

（3）对于项目调整后的进度根据新的变更管理流程进行管理。

（4）对于甲方不切实际的要求，应该以变更管理流程作为处理依据，而不是简单地迎合甲方的要求。

（5）在项目中遵循严格的文档管理流程，引入配置管理系统，避免采用突击开发模式。

（6）为了保证项目的质量尽可能不要采用并行开发模式，因为这种模式使得返工的风险大大增加。

（7）在团队成员改变之前，应首先进行事前评估，避免对项目的工期造成负面影响。

（8）加强与客户的沟通，使得双方对于需求的理解尽可能一致，避免"令出多门"的情形。

【案例 3】

某石化行业的信息化项目是一个大型项目，前期投标竞争非常激烈，甲公司最终中标。合同谈判过程也比较紧张，客户提出的一些要求，如工期和某些增加的功能，虽然在公司内部讨论时，认为并没有把握能按要求完成，但是为了赢得这个项目，甲公司在谈合同时未提出异议。

由于项目工期紧张，甲公司选择了项目经理老李负责该项目。原因是老李在甲公司多年一直从事石化行业的项目咨询、设计、开发，对行业非常熟悉，技术水平高。而且近一年来，他正努力转型做项目经理，管理并负责完成了2个较小规模的项目。

老李带领项目组根据客户要求的工期制订了项目计划，但项目执行到第一阶段就未按计划进度完成。由于项目刚开始，老李怕客户有意见，会终止合同，因此决定不把实际情况告知客户，打算在后面的工作中加班加点把进度追回来。

接下来，项目组在解决客户谈判过程中增加的功能需求的时候，遇到了一个技术问题，老李带领项目组加班进行技术攻关，耗费了几周的时间，终于解决了技术问题。但此时项目进度延误得更多了。

甲公司已建立项目管理体系，该项目的QA本应按照甲公司要求对项目过程进行检查，但老李认为过程检查会影响到项目组的工期，要求QA在项目阶段末再进行检查。

时间已经超过了工期的一半，客户到甲公司检查项目工作，发现项目的进度严重滞后，并且已经完成的部分也未能达到质量要求。

【问题1】（15分）

你认为该项目的实施过程中存在哪些问题？请逐条说明并给出正确的做法。

【问题2】（4分）

除了行业知识和专业技术知识外，你认为该项目的项目经理还应该具备哪些知识与能力？

【问题3】（6分）

结合案例，判断下列选项的正误（填写在答题纸的对应栏内，正确的选项填写"√"，错误的选项填写"×"）

（1）对于比较小的项目来说，可以选择技术能力较强的项目经理。（ ）

（2）大型项目的项目经理的管理工作应该以间接管理为主。（ ）

（3）公司中的项目必须按照公司定义的完整项目管理流程执行，不能进行裁剪。
（ ）

确定主题方向

阅读案例材料后，结合该案例的3个问题，容易判断出该案例为一道综合类型的分析案例题，要求考生具备项目经理选择标准、项目监控、项目质量管理等方面的概念和知识。问题1结合案例材料进行分析，主要采用逻辑分析方法；问题2和问题3属于相对固定的知识点考查，应采用内容记忆方法进行分析。

【问题1】（15分）

你认为该项目的实施过程存在哪些问题？请逐条说明并给出正确的做法。

提炼题干信息

（1）甲公司没有充分的风险管理意识，对已知风险没有采取有效的应对措施。甲公司应该在项目前期签署合同时针对风险制定相应的应对措施。（客户提出的一些要求，如工期和某些增加的功能，虽然在公司内部讨论时，认为并没有把握能按要求完成，但是为了赢得这个项目，甲公司在谈合同时未提出异议）

（2）甲公司选择项目经理时片面看重技术背景。甲公司应该针对大项目的特点，选择具有丰富管理经历的人员担任项目经理。(而且近一年来，他正努力转型做项目经理，管理并负责完成了 2 个较小规模的项目)

（3）项目经理不具备主动沟通意识，导致项目工作被动。项目经理应该主动向客户说明项目面临的实际困难，并与客户共同寻求解决方法。(因此决定不把实际情况告知客户，打算在后面的工作中加班加点把进度追回来)

（4）项目经理过于关注技术问题，工作不分主次。项目经理应关注于项目整体管理，而不是陷于具体的技术问题。(耗费了几周的时间，终于解决了技术问题。但此时项目进度延误得更多了)

（5）项目经理对 QA 工作的作用和重要性认识不充分。项目经理应该积极接受 QA 对项目的审查，及时发现问题、解决问题。(但老李认为过程中的检查会影响到项目组的工期，要求 QA 在项目阶段未再进行检查)

（6）甲公司缺乏对项目状态进行及时监控的有效手段。甲公司应该采取多种方法和手段，对项目进行及时监控，尽早发现问题、解决问题。(客户到甲公司检查项目工作，发现项目的进度严重滞后，并且已经完成的部分也未能达到质量要求)

通过匹配案例分析材料中的关键信息，可以首先得出上面的 6 条原因。需要注意的是，该案例的主题方向是项目经理的选择以及组织级项目管理方面的内容，而上述答案中已经体现了项目经理的选择和组织级项目管理方面的内容，所以不再增加与主题相关的分析。

完善答题形式

对上述答题项汇总如下：

（1）甲公司没有充分的风险管理意识，对已知风险没有采取有效的应对措施。甲公司应该在项目前期签署合同时针对风险制定相应的应对措施。

（2）甲公司选择项目经理时片面看重技术背景。甲公司应该针对大项目的特点，选择具有丰富管理经历的人员担任项目经理。

（3）项目经理不具备主动沟通意识，导致项目工作被动。项目经理应该主动向客户说明项目面临的实际困难，并与客户共同寻求解决方法。

（4）项目经理过于关注技术问题，工作不分主次。项目经理应关注于项目整体管理，而不是陷于具体的技术问题。

（5）项目经理对 QA 工作的作用和重要性认识不充分。项目经理应该积极接受 QA

对项目的审查，及时发现问题、解决问题。

（6）甲公司缺乏对项目状态进行及时监控的有效手段。甲公司应该采取多种方法和手段，对项目进行及时监控，尽早发现问题、解决问题。

【问题2】（4分）

除了行业知识和专业技术知识外，你认为该项目的项目经理还应该具备哪些知识与能力？

根据项目管理知识体系，项目经理除了行业知识和专业技术知识，还应该具备下列知识与能力：

（1）管理和领导能力。
（2）良好的沟通能力、解决冲突的能力。
（3）团队管理能力。
（4）良好的职业道德。
（5）综合管理能力。

【问题3】（6分）

结合案例，判断下列选项的正误（填写在答题纸的对应栏内，正确的选项填写"√"，错误的选项填写"×"）

（1）对于比较小的项目来说，可以选择技术能力较强的项目经理。（　　）

答案：√。对于小型项目而言，项目规模较小，涉及的干系人相对简单，项目主要矛盾通常为项目的技术实现，技术能力是选择项目经理的主要考虑因素。

（2）大型项目的项目经理的管理工作应该以间接管理为主。（　　）

答案：√。对于大型项目而言，项目主要矛盾通常来自管理方面，包括项目干系人协调、团队协作等，项目内部的技术管理等工作的重要性往往退居其次，大型项目的项目管理以间接管理为主。

（3）公司中的项目必须按照公司定义的完整项目管理流程执行，不能进行裁剪。
（　　）

答案：×。公司的项目管理流程是考虑到项目共性制定的通用项目管理制度，在具体项目执行过程中，可以根据具体项目的特点进行相应的调整，从而更符合项目管理的实际要求。

【案例4】

已知某信息工程项目由A、B、C、D、E、G、H、I 8个活动构成，项目工期要求为100天。项目组根据初步历时估算及各活动间逻辑关系得出初步进度计划网络图如图17.1所示（箭线下方为活动历时）。

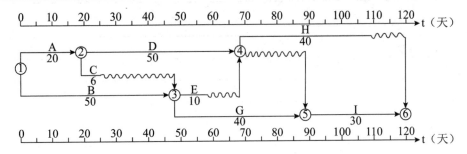

图 17.1 初步进度计划网络图

【问题 1】（7 分）

（1）请给出该项目初步进度计划的关键路径和工期。

（2）该项目进度计划需要压缩多少天才能满足工期要求？可能需要压缩的活动都有哪些？

（3）若项目组将 B 和 H 均压缩至 30 天，是否可满足工期要求？压缩后项目的关键路径有多少条？关键路径上的活动是什么？

【问题 2】（9 分）

项目组根据工期要求、资源情况及预算进行了工期优化，即将活动 B 压缩至 30 天、D 压缩至 40 天，并形成了最终进度计划网络图。给出的项目所需资源数量与资源费率如表 17.1 所示。

表 17.1 项目所需资源数量与资源费率

活动	资源	费率/元/人·天	活动	资源	费率/元/人·天
A	1 人	180	E	1 人	180
B	2 人	220	G	2 人	200
C	1 人	150	H	2 人	100
D	2 人	240	I	2 人	150

按最终进度计划执行到第 40 天晚对项目进行监测时发现，活动 D 完成一半，活动 E 准备第 2 天开始，活动 G 完成了 1/4。此时累计支付的实际成本为 40000 元，请在表 17.2 中填写此时该项目的绩效信息。

表 17.2 第 40 天晚时项目各活动的绩效 （单位：元）

活动	PV	EV
A		
B		
C		

续表

活动	PV	EV
D		
E		
G		
H		
I		
合计		

【问题 3】（6 分）

请计算第 40 天晚时项目的 CV、SV、CPI、SPI（给出计算公式和计算结果，结果保留 2 位小数），评价当前项目绩效，并给出改进措施。

【问题 4】（3 分）

项目组发现问题后及时进行了纠正，对项目的后续执行没有影响，请预测项目完工尚需成本（ETC）和完工估算（EAC），给出计算公式和计算结果。

确定主题方向

阅读案例材料，结合该案例的 4 个问题，可判断出该案例为计算类的案例分析题。问题 1 为进度管理知识领域的关键路径计算，问题 2、3、4 为成本管理知识领域的挣值管理计算。该题属于比较典型的计算类题目，难度一般。

【问题 1】（7 分）

（1）请给出该项目初步进度计划的关键路径和工期。

由图 17.1 所示的项目时标网络图可判断出，该项目初步计划的关键路径为 B—G—I，对应的工期为 120 天。

（2）该项目进度计划需要压缩多少天才能满足工期要求？可能需要压缩的活动都有哪些？

要求工期压缩为 100 天，现在的关键路径为 120 天，所以需要压缩 20 天才能满足工期要求。可能要压缩的活动包括 B、G、I、A、D、H 和 E。

（3）若项目组将 B 和 H 均压缩至 30 天，是否可满足工期要求？压缩后项目的关键路径有多少条？关键路径上的活动是什么？

若将 B 和 H 均压缩至 30 天，项目的工期由原来的 120 天缩短为 100 天，可满足工期要求。

压缩后的关键路径有三条，分别为活动 ADH、BGI 和 ADI 组成的关键路径。

【问题 2】（9 分）

项目组根据工期要求、资源情况及预算进行了工期优化，即将活动 B 压缩至 30 天、D 压缩至 40 天，并形成了最终进度计划网络图。请在表 17.3 中填写此时该项目的绩效信息。

表 17.3 项目绩效信息　　　　　　　　（单位：元）

活动	PV	EV
A	3600	3600
B	13200	13200
C	900	900
D	9600	9600
E	1800	0
G	4000	4000
H	0	0
I	0	0
合计	33100	31300

根据上述题意，各项活动对应的 PV 和 EV 如表 17.3 所示。需要注意的是，活动 D 完成了一半和活动 G 完成了 1/4，是指活动 D 完成了活动总体预算（19200 元）的一半以及活动 G 完成了活动总体预算（16000 元）的 1/4。

【问题 3】（6 分）

请计算第 40 天晚时项目的 CV、SV、CPI、SPI（给出计算公式和计算结果，结果保留 2 位小数），评价当前项目绩效，并给出改进措施。

根据表 17.3 中得到的数据，可知该项目在第 40 天对应的 PV、EV 和 AC 值分别是 33100 元、31300 元和 40000 元。CV、SV、CPI、SPI 各指标的计算结果如下：

CV=EV−AC=31300−40000=−8700 元

SV=EV−PV=31300−33100=−1800 元

CPI=EV/AC=31300/40000≈0.78

SPI=EV/PV=31300/33100≈0.95

根据上述计算结果可知，该项目目前的成本绩效为超支状况；进度绩效为滞后状态。

针对项目执行情况，项目组应该提升项目效率，增加人员的单位时间产出。此外，项目组还应该适当采用并行、赶工等方式加快项目进度。

【问题 4】（3 分）

项目组发现问题后及时进行了纠正，对项目的后续执行没有影响，请预测项目完工尚需成本（ETC）和完工估算（EAC），给出计算公式和计算结果。

正常情况下的 ETC 计算公式如下：

ETC=BAC−EV

BAC 为完成项目所有活动对应的预算。各项活动对应的预算及汇总信息如表 17.4 所示。

表 17.4　各项活动对应的预算及汇总信息　　　　　　（单位：元）

活动	PV
A	3600
B	13200
C	900
D	19200
E	1800
G	16000
H	8000
I	9000
合计	71700

代入上式，ETC=71700-31300=40400 元

EAC=AC+ETC=40000+40400=80400 元

针对本题要求，ETC 还有另外一种算法，即针对各项活动的未实现预算求和。根据题意可知，活动 D 尚需完成的预算为 1/2，活动 G 尚需完成的预算为 3/4，活动 E、H、I 已实现预算且均为 0，根据题意计算 ETC 如下：

ETC=(D×1/2+E+G×3/4+H+I)=19200×1/2+1800+16000×3/4+8000+9000=40400 元

EAC=AC+ETC=40000+40400=80400 元

需要说明的是，对挣值管理方法不是特别有把握的考生而言，最好还是采用第 1 种即完全按照公式计算的方法，虽然计算量稍大，但不易出错。

【案例5】

项目经理小李负责了一个新的项目，该项目是为某市开发一套智慧城市公共综合信息服务平台。在项目启动阶段，甲方仔细查看了小李提交的项目实施方案，<u>提出由于该项目的投资方构成复杂，项目需求不清晰，希望项目组能想办法解决这个问题</u>。

<u>小李向公司申请了几名经验丰富的系统分析师，加强需求分析阶段的工作</u>。经过较为充分的需求调研，形成了初步的需求说明书。小李认为需求分析工作较为详细，<u>按照公司常用的软件开发生命周期模型，选择了瀑布模型进行开发</u>。

在编写概要设计和详细设计说明书的过程中，客户方提出了对几处需求的修改要求，<u>由于工作量不大，小李直接安排系统分析师按客户的要求进行了修改</u>。在编码阶段后期，由于客户的投资方发生了变化，新的投资方采用了新的运营模式，导致需求发生

较大变化，由于前期甲方已经强调过项目需求的特点和要求，小李只能接受客户新的变更要求。在执行变更过程中，项目组发现新的需求将导致系统架构更改，经过评估该变更将使项目延期。

【问题 1】（5 分）
请分析该项目在整个过程中存在哪些主要问题？

【问题 2】（7 分）
请说明项目范围（需求）变更控制流程。

【问题 3】（6 分）
请将下面（1）～（6）处的答案填写在答题纸的对应栏内。
每项记录在册的变更请求都必须由（1）批准或否决。变更结束后，形成新的项目极限并纳入到配置库的（2）库中，这时配置管理员应向项目组成员提交一份（3）报告。（4）、（5）、（6）构成了项目的范围基准。

【问题 4】（3 分）
小李选择瀑布模型作为生命周期模型是否合适？如合适，请说明理由；如不合适，请说明理由，并给出合适的生命周期模型。

确定主题方向

阅读案例材料后，可判断出本题主要考查需求变更管理方面的内容，但结合问题分析，案例还考查了配置管理以及生命周期管理方面的内容。第 1 题、第 4 题与案例有关，问题 2 和问题 4 属于背诵记忆类型的题目。

【问题 1】（5 分）
请分析该项目在整个过程中存在哪些主要问题？

提炼题干信息

（1）项目经理未结合项目的特点在前期进行充分的风险分析和风险应对。(提出由于该项目的投资方构成复杂，项目需求不清晰，希望项目组能想办法解决这个问题/小李向公司申请了几名经验丰富的系统分析师，加强需求分析阶段的工作)

（2）项目需求说明书可能未经甲方评审和确认。(经过较为充分的需求调研，形成了初步的需求说明书)

（3）项目经理没有充分考虑项目需求不确定等特点，错误地选择了瀑布生命周期模型。(按照公司常用的软件开发生命周期模型，选择了瀑布模型进行开发)

（4）项目中出现变更时未严格遵循需求变更流程。(由于工作量不大，小李直接安排系统分析师按客户的要求进行了修改)

（5）在执行项目变更时未进行全面的变更影响分析。(由于前期甲方已经强调过项目需求的特点和要求，小李只能接受客户新的变更要求)

（6）项目所采用的系统架构可能未经过充分论证，导致其开放性不足。(项目组发现新的需求将导致系统架构更改)

完善答题形式

对上述答题项分析汇总如下：

（1）项目经理未结合项目的特点在前期进行充分的风险分析和风险应对。

（2）项目需求说明书可能未经甲方评审和确认。

（3）项目经理未充分考虑项目需求不确定等特点，错误地选择了瀑布生命周期模型。

（4）项目中出现变更时未严格遵循需求变更流程。

（5）在执行项目变更时未进行全面的变更影响分析。

（6）项目所采用的系统架构可能未经过充分论证，导致其开放性不足。

【问题 2】（7 分）

请说明项目范围（需求）变更控制流程。

项目范围（需求）变更控制流程如下：

（1）提出变更申请。

（2）变更初审。

（3）对变更方案进行论证。

（4）CCB 对变更进行审查和批准。

（5）在项目中实施变更。

（6）对变更实施进行监控。

（7）对变更效果评估。

（8）判断变更后的项目是否已纳入正常轨道。

【问题 3】（6 分）

请将下面（1）～（6）处的答案填写在答题纸的对应栏内。

每项记录在册的变更请求都必须由（1）批准或否决。变更结束后，形成新的项目极限并纳入到配置库的（2）库中，这时配置管理员应向项目组成员提交一份（3）报告。（4）、（5）、（6）构成了项目的范围基准。

答案：（1）CCB；（2）受控；（3）配置状态；（4）范围说明书；（5）WBS；（6）WBS 字典。

【问题 4】（3 分）

小李选择瀑布模型作为生命周期模型是否合适？如合适，请说明理由；如不合适，请说明理由，并给出合适的生命周期模型。

小李选择瀑布模型作为该项目的生命周期模型，这种做法不合适。

瀑布模型适用于需求明确、业务流程稳定的项目，而案例中的项目则具有需求不稳定、干系人众多且多变等特点，明显不符合瀑布模型的适用范围。

针对干系人众多、需求多变等特点，项目应该选择增量迭代模型或者敏捷开发模型，按客户的需求设计稳定、开放的系统架构，并在此基础上进行持续的迭代交付。

下篇　论文写作

第 18 章　论文写作概述

信息系统项目管理师论文写作一直是考生的软肋。观察考生的考试成绩，有不少考生都是前两科合格通过，论文写作却吃了个"闭门羹"；而前两部分不合格论文却合格的考生则鲜有出现。笔者注意到在有些项目管理师考前培训班中存在这样的情形：三科都通过的考生与前两科通过而论文不过的考生比例大概为 1∶3。这种现象正可以说明论文考核在前两科基础上又上了一个新的台阶。

信息系统项目管理师第一科考查的重点在于要求考生掌握扎实全面的项目管理相关理论、相关的信息技术知识、信息系统建设与管理所涉及的各种法律法规和工程规范等。第二科则重点考查考生是否具备很强的逻辑分析能力，是否能够全面、深入地将案例中出现的各种现象与项目管理相关的理论相结合，做到学以致用，理论联系实际，进而在分析问题的基础上解决问题。第三部分的考查重点在囊括前两部分的基础上对考生提出了更高的要求，即考生在论文写作过程中首先要对考查的知识点了然于胸，其次能够将自己的项目实践与相关理论进行允分结合，对未来的工作提出设想和改进建议。另外，通过论文写作还可以反映出考生是否具备足够丰富的项目管理实践经验，甚至考生的行文布局、遣词造句、笔体字迹等是否适宜，这些因素均会对论文成绩有直接的影响。如果将信息系统项目管理师考试比喻为"三级跳"，论文写作部分即是最后的一跳，也是难度最大的一跳。

正是考虑了以上事实，本篇重点集中于指导考生如何撰写符合信息系统项目管理师考试要求的论文。为了使考生对论文撰写的通用方法有一个总体的把握和了解，并可以在实际考试过程中针对不同的项目管理专题领域应用这些方法，本章和第 2 章首先说明和剖析一般的论文写作方法和写作要点；第 3～12 章则具体指导考生如何将这些通用写作方法应用到十个项目管理专题的写作中。每章的内容都包括项目管理专题写作概述、项目管理专题逻辑结构分析以及项目管理专题论文样例三个主要部分。笔者对每篇专题论文样例都进行了详细点评，读者可以对照这些样例论文和样例点评，形成自己的写作思路，规避常见的写作陷阱。

本篇论文样例都有明确的评级结果，评级结果从一星（★）到五星（★★★★★）不等，星级越高代表论文的整体质量越高。考生对各星级的论文最好都能有所了解，因为只有全面了解什么是好的写法，什么是考试应该规避的写法，写出的论文才能够最大限度地符合要求、规避误区。

第 19 章 信息系统项目管理师论文写作综述

信息系统项目管理师论文是一种相对特殊的论文体裁。它与通常意义的学术论文和科技论文有着明显的不同，学术论文与科技论文更多强调的是作者在哪些方面做了创造性的工作和思考，而信息系统项目管理师论文作为一项考试，则要求评价考生在项目管理实践中对于所考查知识点的理解和应用程度。从某种角度讲，信息系统项目管理师论文是综述性学术论文与项目工作总结相结合的一种论文体裁。

从历年考试的要求分析，对信息系统项目管理师论文结构有明确要求：第一部分是撰写论文摘要；第二部分是描述项目背景；第三部分是考生根据考查的知识点来描述自己在项目中如何灵活运用所考查的知识点；很多情形还会有第四部分，第四部分通常是在第三部分知识点的基础上进一步对特定知识点的应用总结。

正是通过这样的层层递进，使得阅卷老师可以判断考生是否具备相应的信息系统项目管理实践经验，是否具备将信息系统项目管理知识与项目管理实践相结合起来的能力。类似地论文还可以参考全国计算机技术与软件专业技术资格（水平）考试系列同级别系统分析师的论文考核要求，区别在于，系统分析师的考查重点更倾向于对某种技术架构和技术路线在实际工作中的应用。

以下分别从建立论文框架、选择论文内容、关注论文外观、提前准备论文四个方面说明信息系统项目管理师论文写作的主要要求，以帮助考生全面理解此类论文写作的特点。

19.1 建立论文框架

本节以某年考题为例，分析如何建立论文的主要框架。

试题一　论信息系统项目的成本管理

项目成本管理是项目管理的一个重要组成部分，它是指在项目的实施过程中，为了保证完成项目所花费的实际成本不超过其预算成本而展开的项目成本估算、项目预算编制和项目成本控制等方面的管理活动。

为保证项目能达到预定的目标，必须加强对项目实际发生成本的控制，一旦项目成本失控，就难以在预算内完成项目，不良的成本控制会使项目处于超出预算的危险境地。在项目的实际实施过程中，项目超预算的现象还是屡见不鲜。实际上，只要在项目成本管理中树立正确思想，采用适当方法，遵循一定程序，严格做好估算、预算和成本控制工作，将项目的实际成本控制在预算成本以内是完全可能的。

请围绕"论信息系统项目的成本管理"论题，分别从以下三个方面进行论述：

（1）概要叙述你参与管理和开发的信息系统项目以及你在其中担任的主要工作。

（2）结合你所参与的项目，从成本估算、成本预算和成本控制三方面论述项目成本管理应实施的活动。

（3）叙述你所参与的项目的成本管理过程，并加以评价。

19.1.1 确定论文布局

对于信息系统项目管理师论文而言，考生首先一定要明确它由两大部分组成：摘要和正文（根据要求的第 6 条）。下面分析论文摘要和正文的组成部分内容特点及其对应的字数范围。

19.1.1.1 摘要布局与字数分布

首先分析摘要部分。摘要的字数上限为 400 字，一般以 300 字左右为宜。设置摘要的目的是，阅卷老师能够通过提纲挈领的方式迅速了解考生正文的主要内容和观点。对于摘要的撰写方式虽无进一步的要求和说明，但应根据论文题目要求和内容条目进行细分。论文要求"请围绕'论信息系统项目的成本管理'论题，分别从以下三个方面进行论述"，此三方面也是摘要的主要内容。

以此题目为例，考生可以首先简明扼要地说明自己所从事的项目基本信息，重点论述项目的基本特点。例如，"2010 年 10 月，我们作为系统集成项目的总包商承接了×××客户所委托的×××项目，我作为该项目的项目经理负责全程管理该项目。该项目的主要业务目标是×××，在实施该项目的过程中，项目在成本管理方面主要具有以下特点：……"通过这样开门见山的方式来叙述项目的基本特点，也交待了项目的基本信息。论文这一部分的字数可以控制在 50～100 字。

然后根据正文的内容要求撰写第二部分，主要根据要考查的知识点分别从成本估算、成本预算和成本控制三方面进行综述，例如"在充分分析了该项目的特点之后，对于项目的成本管理主要遵从成本估算、成本预算和成本控制的典型成本管理方式。在该项目的成本管理过程中主要面临以下困难，××××，通过应用成本估计的××××方法解决了××××问题，使用了成本预算的××××方法克服了××××困难，此外通过成本控制的××××内容有效地规避了××××风险。该项目在成本管理方面基本达成了预期目标，并得到客户和我方管理层的一致认可。"这部分内容作为摘要的重点内容，字数建议在 200 字左右。

摘要的第三部分不可或缺，表面上第一部分是交待背景，第二部分是理论和实际结合，第三部分还有什么可写的内容吗？需要说明的是信息系统项目管理师论文一方面考核考生理论结合实际的能力，另一方面则意在希望考生总结经验，以便在后续的信息系统项目管理过程中能够百尺竿头，更进一步。因而第三部分应是考生在第二部分基础上的总结提炼,提出在当前项目管理过程中的不足与缺陷,表明未来的工作改进方向。例如,"该项目在成本管理过程中仍然还存在一些不足,例如在成本估计方面还存在××××问题,在后续的项目成本管理过程中如果进一步考虑××××方法,则可以有效地克服当前的不足;另外在成本控制方面可以在目前的做法××××方面进一步提高,采用××××方式。"这部分内容作为摘要的总结部分,简单提炼出一两条,以期收到画龙点睛的效果,字数建议50~100字。也有部分考生因为篇幅安排的原因,只能简单地说明"该项目在×××业务实际的运行过程中,发挥了显著的支撑作用,得到客户方领导和业务人员的一致认可",而来不及对不足进行总结。在摘要中如果来不及写不足,只写总结也是一种可接受的写法。对于摘要的布局与字数分布可以参考表19.1所列。

表 19.1 摘要的布局与字数分布

类 别	内 容	字 数 建 议
项目基本信息	描述项目基本信息,突出项目特点	50~100 字
理论与实践	以考查的知识为线索,叙述项目实际操作方式	200 字左右
经验总结	分析不足,总结经验	50~100 字

19.1.1.2 正文结构与字数分布

正文作为论文的主体部分,无疑更需要精心布局。需要强调的是,正文的布局同样应严格遵循试题中的细项要求。对正文的要求解析后发现,历年论文试题都遵循相对固定的模式。正文细项要求由两部分组成,即引言与细分条目。其中细分条目要求又包括三部分:项目背景,考查的知识点在实际项目中的应用,对自己的项目管理实践进行经验总结。

先来分析引言部分的结构。例如上题"论信息系统项目的成本管理",试题首先描述成本管理的主要内容,如"项目成本管理是项目管理的一个重要组成部分,它是指在项目的实施过程中,为了保证完成项目所花费的实际成本不超过其预算成本而展开的项目成本估算、项目预算编制和项目成本控制等方面的管理活动";然后强调成本管理的重要意义,如"为保证能完成预定的目标,必须加强对项目实际发生成本的控制,一旦项目成本失控,就难以在预算内完成项目,不良的成本控制会使项目处于超出预算的危险境地。在项目的实际实施过程中,项目超预算的现象还是屡见不鲜。实际上,只要在项目成本管理中树立正确思想,采用适当方法,遵循一定程序,严格做好估算、预算和成本控制工作,将项目的实际成本控制在预算成本以内是完全可能的。"考生千万不可对引言部分视而不见,实际上正是试题的引言部分为考生的论文撰写提供了方向性的指导。可以说,引言部分的内容对于论文整篇的布局都起着指引方向的作用,但该部分并没有单独的论文章节与之对应。如何利用引言部分的内容为论文正文提供逻辑方面的指导在19.1.2节会详细说明。

细分条目的要求主要包括三项：项目背景，考查的知识点在实际项目中的应用，以及对自己的项目管理实践进行经验总结。观察上例中的对应内容：

请围绕"论信息系统项目的成本管理"论题，分别从以下三个方面进行论述：

（1）概要叙述你参与管理和开发的信息系统项目以及你在其中担任的主要工作。

（2）结合你所参与的项目，从成本估算、成本预算和成本控制三方面论述项目成本管理应实施的活动。

（3）叙述你所参与的项目的成本管理过程，并加以评价。

以上细项要求必须体现在论文的正文中，至少对每一条的要求都应该分别进行描述，以示每部分的重点与区别。

1. 撰写项目背景

首先考虑项目背景的撰写。此处项目背景的介绍明显有别于摘要部分项目基本信息的介绍。正文部分除了在摘要的基础上说明项目的客户、业务内容、自己所承担的职责之外，更应该对项目的业务和管理特点进行重点描述。项目的基本信息应该包括业务内容、涉及人员、工期、项目金额等主要内容，其中业务内容应根据已完成的实际项目撰写，例如说明信息系统的主要组成部分，以及各部分的功能特征等。在这些基本信息的基础上，提炼和抽象项目的典型特征，此处典型特征的提取和前面的引言应该是一脉相承的关系。例如，示例的论文题目是"论信息系统项目的成本管理"，那么该项目面临的一些问题和困难则应该集中于成本管理方面，这样才能紧扣主题。如果置论文的主题于不顾，一味地讨论信息系统项目中评审流程不完善、测试用例的针对性不强等特点，**论文就完全跑题了**。所以尽管项目背景是正文的第一部分，但是撰写该部分时就应该考虑到第二部分和第三部分的内容，这样才能保证正文部分前后一致。

项目背景说明了作者所管理的项目的基本状况，因而要尽可能地突出项目的特点。考生可以根据自己所选项目的状况进行相应介绍，篇幅过短，会让阅卷老师对考生的论文产生"空中楼阁"的印象，降低信息的真实可信度；篇幅过长则会让阅卷老师怀疑考生"避重就轻"，对理论部分掌握得不透彻。尽管对于该部分的字数没有明确规定，但一般建议500~800字为宜。该部分篇幅比例应占到正文的1/4左右。

2. 撰写知识点应用

项目背景部分描述了项目的主要特征、业务内容等信息，知识点应用部分则在此基础上重点论述要考查的知识点在该项目的应用情况。知识点应用部分关键要能明确体现要考查知识点的线索。以本例要考查的成本管理为例，在知识点应用部分首先要强调成本管理的重要性和意义（参见论文题目中的引言部分），在此基础上应严格结合论文细项要求的第2项"结合你所参与的项目，从成本估算、成本预算和成本控制三方面论述项目成本管理应实施的活动"。从形式上看，接下来各部分的子标题应该依次为成本估算、成本预算、成本控制，但考生也不用完全照搬，比如标题可以稍加变化，用×××项目成本估算、×××项目成本预算、×××项目成本控制的形式。**需要强调的是，子标题**

一定要出现成本估算、成本预算和成本控制字样，因为这是知识点应用的主要线索。

确定了知识点应用部分的主要线索后，就要根据自己的理解依次说明每部分知识点的主要目的、所采用的主要方法、对应的输入输出等内容。在该部分考生容易产生的一个误区是直接背书，将自己熟悉的理论直接往上搬，这样就与考试要求背道而驰了。理论结合实际的特点在于使用实际的项目事例说明理论方面的操作方法。

例如对于成本估算部分，考生可以类似这样论述："鉴于×××项目工期较长、涉及的干系人众多、采购的设备与货物种类繁多，因而我在该项目的前期就组织了人员对该项目的成本进行了详细的估算。由于项目估算应该考虑项目所使用的所有资源的成本（说明项目估算的主要目的），所以在该项目中主要对项目所涉及的设备采购、货物采购、人员费用、分包费用、设备折旧与分摊费用等费用科目进行了详细的估算（估算内容）。该项目考虑到项目范围说明书的要求、项目计划中对进度和人员的要求，以及我们公司之前的项目经验（估算的输入条件），对于硬件设备的采购采用了资源单价估算方法。以监控系统所使用的摄像头为例，每个摄像头的单价为×××，需要采购的总量为××，因而对应的成本为×××。此外我们还将之前×××项目的成本发生状况，作为该项目成本估计的重要参考。考虑到人员费用也是该项目成本的一个重要组成部分，我们根据项目的 WBS 结构采用了自底向上的成本估算方法估算总的工作量。成本估算是×××项目成本管理的一个非常重要的环节，正是因为在前期我们对可能的成本类型都进行了详细的估算，所以项目最终实际发生的总成本与前期成本估算偏差很小，仅有 7%。成本估算工作为后续的成本预算提供了一个坚实的基础……"

用这种理论和实际相结合的方式对所要考查的知识点进行完整的论述，阅卷老师便可以明确判断出考生不但对相关理论有着扎实的基础，并且能够学以致用，在实际项目管理中进行了充分应用。该部分作为论文正文的主体部分，且往往涉及较多知识点，建议的字数为 1000~1500 字。该部分的篇幅比例应该占到正文的一半左右。

3．撰写经验总结

完成了项目背景与知识点应用的撰写工作之后，还有关键的一部分内容即项目经验总结。经验总结部分归纳得恰当，可以收到画龙点睛的效果，也是阅卷老师的注意力集中所在。通过阅读考生撰写的项目背景，阅卷老师可以推断考生的实际项目管理经验，而根据知识点应用则可以基本判断考生理论与实际的结合能力，经验总结则集中反映了考生对于所考查的项目管理知识的综合分析能力与项目实践的丰富程度。这一部分要求考生在前两部分的基础上评价自己在实际项目管理中的不足与待改进项。

当然，考生也可以分享自己在项目成本管理方面的最佳实践，但一般来说应更多地总结在此项目管理实践中还存在哪些不足。对这些不足的分析与对未来的展望是该部分的主要内容之一，此外，还应该对知识点应用部分的内容作一个简短的总结与回顾。所以，**在经验总结部分首先回顾知识点应用部分的内容，然后指出不足之处，最后再对未来进行展望**。

例如，可以采用类似这样的总结方式："通过在×××项目管理过程中全面应用成本管理的方法，使得该项目在成本管理方面较好地达到了预期的效果。鉴于该项目前期就制订了相应的成本管理计划，根据成本管理计划进行了项目估算，在项目估算的基础上又综合考虑了项目的特点和我们公司的组织架构的特点，制订了切实可行的项目预算。在×××项目成本执行的过程中，我们采用公司和项目两级成本跟踪与控制的方式，力争使项目实际发生成本与项目预算的偏差最小。项目最终发生的总成本与项目前期批准的总预算相比仅超出了 3%，这也是我们公司在最近两年所完成的同类项目中成本绩效较好的一个项目。'百尺竿头，更进一步'，在我们公司的项目管理成本方面也还存在这样和那样的不足。以我们刚刚完成的×××项目为例，虽然最后的结果比较满意，但是仍然存在以下不足：

第一，成本估计分类不够细。有些成本科目之前甚至没有预计到，例如为施工队人员购买人身意外险。

第二，成本预算过程很大程度上还是依靠人员过去的经验，对历史项目信息的分析不够深入、全面，从而使预算结果对人员因素的依赖性过强。

第三，在×××项目中仍然沿用了传统的预算与实际成本直接比较方式，没有引入成本管理中的挣值管理跟踪方式。

如果对以上方面能够进行更好的总结与提高，我们在未来的项目成本管理水平还会不断提高，真正达到'运筹于帷幄之中，决胜于千里之外'的成本管理目标。"

信息系统项目管理师论文的一头一尾往往是阅卷老师重点关注的对象，考生对这两部分的撰写不可掉以轻心。因此，经验总结部分是在第二部分知识点应用的基础上首先归纳主要条目，然后指出几点不足并展望未来，难度相对不大。不过对于遣词造句应稍加留意，不能过于平铺直叙。经验总结部分建议的字数为 500~800 字，篇幅比例应该占到正文的 1/4 左右。

信息系统项目管理师论文正文三部分的内容特点与字数建议可以参考表 19.2。

表 19.2 信息系统项目管理师论文正文三部分的内容特点与字数建议

正文部分	内 容 特 点	字 数 建 议
项目背景	描述项目主要内容、业务特点以及管理方面的约束等	500~800 字
知识点应用	将所考查的知识点与项目实践结合论述	1000~2000 字
经验总结	对知识点的应用进行归纳总结，并提出项目的不足与努力方向	500~800 字

19.1.2 建立逻辑线索

信息系统项目管理师论文写作考生常犯的一个通病是流水账。许多论文从前到后依次描述了项目背景，遇到了什么问题，这些问题如何解决，得到了哪些经验等。这种写法表面上看来也基本符合项目背景+理论与实践操作+经验总结的三段论结构，但稍加留意就会注意到许多论文只是内容的简单堆砌，内容与内容之间缺乏明确的逻辑关系，读后给人以罗列拼凑之感。克服论文这种流水账风格的最好方法就是建立完整的逻辑结构，突出逻辑线索。论文的段落与段落之间、段落语句之间、论文的起始与结束部分都需要体现明确的逻辑关系。只有建立了明确的逻辑线索，才会使论文的观点鲜明、条理清晰。下面以论文整体逻辑结构和段落逻辑结构为例，讲述如何在论文中建立明确的逻辑线索。

19.1.2.1　建立论文整体逻辑结构

信息系统项目管理师论文包括摘要和正文两部分。首先分析摘要和正文之间的逻辑结构。摘要就是对正文信息的浓缩，以使读者能够快速地了解作者在正文中所论述的概要信息，所以摘要与正文的逻辑结构基本一致，都是项目背景+理论与实践操作+经验总结的三段论模式。因为摘要有字数限制，故考生在准备论文时只能将正文每部分内容的关键信息浓缩。当然，考生不能机械地将正文原话搬到摘要中，这样会有凑字偷懒的嫌疑。

实际工作中撰写学术论文或工作总结的模式一般都是写完正文后再编写摘要，因为论文写作的过程往往是一个需要反复的过程。如果事先撰写摘要，则摘要也需要反复修改，故一般都采用先正文、后摘要的方式。但信息系统项目管理师论文撰写则不能完全照搬此模式，因为论文考试写作的时间往往很紧，如果安排不当，甚至出现摘要编写不完整的情形，会直接影响到阅卷老师的第一印象。故建议考生最好在完成摘要之后撰写正文，否则留给摘要的空间可能过多或过少。

但遵循这种先摘要、后正文的写作方法也存在一定的挑战性，因为考生首先会根据题目要求构思论文的整体内容，然后再将整体内容浓缩为摘要。而论文构思至少也需要5～10分钟，这样就会带来另一个风险：可能没有足够的时间写完论文。所以在参加正式的考试之前一定要有所准备，熟悉论文考试大纲，提炼自己的项目历史背景等，使得考生在考试时看到论文题目就可以结合题目要求，迅速下笔。摘要的撰写可以参考19.1.1.1节建议的摘要结构特点完成。完成摘要之后，再以摘要结构作为主要线索，提纲挈领式地完成正文部分的内容。总而言之，**论文整体逻辑结构的基础即摘要与正文所体现的逻辑结构比较相似**。至于摘要和正文的组成部分及其特点，在19.1.1节已经详细说明，此处不再赘述。

正文作为论文的主体部分，其重要性自然不言而喻，而正文部分的第二部分"知识点应用"则是正文的重中之重，也是论文考核的重点。以"论信息系统项目的成本管理"为例，论文要求"结合你所参与的项目，从成本估算、成本预算和成本控制三方面论述项目成本管理应实施的活动"。如何从这三方面进行论述？实际上，在信息系统成本管理实践中虽然做法各异，但基本上都反映了这三个基本过程，而之所以论文强调要从这三方面进行项目成本管理，**关键依据是《信息系统项目管理师教程》（第3版）第7章"项目成本管理"中列出的知识结构**。

在撰写信息系统项目管理师论文之前,首先要判定论文的写作重点及逻辑线索。如上例,论文的写作重点必然与成本管理相关,其逻辑线索则应遵循成本估计—成本预算—成本控制的模式。如果论文考查的重点为项目的整体管理,则对应的逻辑线索就是制定项目章程—制订项目计划—项目执行—项目监控—整体变更控制—项目收尾(关于信息系统项目管理各部分的知识线索参见《信息系统项目管理师教程》(第3版)对应的各部分知识的目录结构)①。对于考生而言,掌握考试大纲论文写作部分所要求的各个知识点的目录结构是一项基本要求,否则非常可能偏离论文主题。

考生一定要在动笔之前就建立论文的整体逻辑结构,具体包括以下三点:
- 论文要分为摘要和正文两部分,摘要是正文的浓缩。
- 正文的三部分一般是项目背景、理论联系实际和经验总结。
- 理论联系实际的线索与要考查的知识点保持一致。

19.1.2.2 建立论文段落的逻辑结构

19.1.2.1 节讨论了如何建立信息系统项目管理师论文的整体逻辑结构,本节则主要关注论文段落与段落之间,以及段落内部的逻辑结构。完整的论文由段落组成,而段落又是以语句作为基本单位。段落与段落之间的逻辑关联除了体现在上节所述的各部分内容外,还包括段落之间的承前启后、前后呼应等方面。段落内部的句子也存在很强的逻辑关联,例如首句开门见山,说明本段的主要目的或内容;而末句进行总结,强调该段落的主要内容、主要观点或引发的问题和思考等。特别需要强调的是,理论联系实际部分各段落的撰写还要体现一种特殊的逻辑关系,即所考查的每部分知识结构的输入输出过程结构。例如论述成本管理的成本估计过程就应该以成本估计过程的输入输出结构作为理论依据,如图 19.1 所示。

图 19.1 成本估计过程的输入输出结构

---

① 对于信息系统项目管理师论文写作而言,在论文正文中要有意识地表现所考查知识点输入输出过程的结构,以强化考生规范化项目管理的意识。所以考生应积极地认同这种论文考核方式。

段落与段落之间通常存在承前启后的关系，或是在时序方面存在先后顺序，或是对某一内容的深化描述，也可能是对某种现象的具体描述等。这种承前启后的关系主要可以表现为两种方式：

- 前一段落对后一段落要讨论的内容进行提示。例如，"通过在该项目前期使用类比估算和自下而上的估计方法，对该项目所使用的材料成本以及项目的人员成本进行了估算。在此基础上，我与项目组成员一起制定了项目的预算。下面讨论具体的预算过程。"通过这种提示方式引出下一段落要讨论的内容，避免行文突兀。
- 后一段落对前一段落的内容进行总结。例如，"上文介绍了该项目的成本估计过程。在得到项目活动费用估算的基础上，我与项目组成员一起制定了该项目的预算。"通过对前一段落的总结，指出前一段落的工作是后续段落的基础。

两种承前启后的方式选用其一即可，如果上一段落已经做了提示，后续段落再要总结，就会有累赘之嫌。通过这种承前启后的逻辑关联可以使论述的内容逻辑严密、形式完整。

除了段落之间的承前启后关系，段落内部也存在句子之间的承前启后关系，另外段落还要强调首句与末句的作用。与段落之间的承前启后关系不同，段落内部的承前启后关系一般不通过内容提示或内容总结的方式来表现，更多是通过使用连词和介词来体现语句之间的逻辑关系。例如，"上文介绍了该项目的成本估计过程。在得到项目活动费用估算的基础上，我与项目组成员一起制定了该项目的预算。**首先……；其次……；然后……；接着……；最后……**。"通过突出语句之间的呼应关系，使得段落的内容更为连贯，从而也方便了阅卷老师和读者对论文的评判和理解。

段落内部的逻辑关系还突出地表现在段落的开头与总结。段落的开头一般应做到开门见山，例如，"虽然该项目得到了客户的认可和公司的好评，但是还存在以下几点不足"。这样读者就知道该部分内容为经验总结。段落的结语则通常与段落开头相呼应，例如，"相信在后续的成本管理过程中有意识地克服以上几点不足，一定会促使我们在信息系统项目的成本管理方面取得更大的进步。"

按照以上方式建立论文的整体逻辑结构和段落逻辑结构，考生所准备的信息系统项目管理师论文将会具备整体框架完整、逻辑结构清晰的特点，并且与试题要求的知识点线索保持一致，而不会出现内容偏离题目要求的"跑题"情形。当然，"巧妇难为无米之炊"，选择具有特定背景的项目同样重要，19.2 节将介绍项目背景选择的注意事项。

19.2 选择论文内容

信息系统项目管理师论文要求考生理论与实际相结合，首先就是介绍自己所从事和管理过的信息系统项目。信息系统项目论文内容的选择有特殊的意义，作为一项由工业和信息化部和人力资源和社会保障部组织的统一考试的高级职称考试,该考试对于报考人员的工作经验和年限等没有任何限制和要求。众所周知,该项考试是一门实践性很强的考试,考生如不具备丰富的项目管理实践经验,通过考试几乎不可能。作为评判考生是否具备信息系统项目管理的实践经验的主要依据,阅卷考试会重点考查项目背景的真实性和可信性。项目背景的真实性和可信性主要体现在以下两个方面。

第一,所选择的项目背景具备真实性、独特性。

第二,在项目背景中凸显所遇到的主要问题。

19.2.1 选择项目背景

对于参加信息系统项目管理师的考生而言,随便从自己所完成的项目中抽取一个项目来概述肯定不是一件难事,但是所选择的项目一定要表现出真实性和独特性,因为只有这样才能"说服"阅卷老师你有足够的实际项目管理经验。显然不是所有的项目都具有这样的说服力。例如,你和另外一位同事一起花了两周的时间完成了一个网管系统的升级项目,这样的项目背景对于阅卷老师可能意味着你没有管理过复杂项目的经历。甚至写完项目背景之后无论其他部分论述得多么完整,可能你的论文也逃脱不了被"枪毙"的命运——因为你不具备相应的信息系统项目管理经验。具体来说,考生在叙述自己的项目背景时应选择符合相应的管理特征以及具有明显业务特点的项目。

历年试题对于项目背景描写的要求没有太大区别。例如,"概要叙述你参与管理和开发的信息系统项目以及你在其中担任的主要工作",可以在其中拆分出两项要求,一是项目背景,二是考生担任的角色。首先是对角色的建议,考生最好选择自己作为项目经理角色的那些项目,有些项目可能比较复杂,项目背景具有较强的说服力,但如果考生在其中只是一个普通的项目组成员,则该项目的说服力就会大打折扣。所以在确定了自己的角色后,再去筛选那些管理特征适合的项目。一般来说项目的管理特征包括项目的工期、项目的合同额、项目组的人员数目等信息,有时还包括项目涉及的地理范围、业务单元或业务部门的数量、系统的用户类型和数量等信息。

通过这些量化的项目信息,阅卷老师可以快速建立该项目的基本印象,了解该项目在管理方面所面临的特点和挑战性。对于这些项目特征的选取尽可能挑选有代表性的。根据我国系统集成行业的项目特点,可以选择那些项目工期介于半年到一年之间的项目[①]。项目的合同额可以根据项目类型有所区别,如果是软件项目可以是百万数量级的项目,如果是偏硬件和集成的项目一般应该是千万数量级的项目。项目组的人员数目则根据项目的实际情形而定,一般为十几到几十人。至于项目所涉及的地理范围、业务单位或是系统的用户信息等则根据具体的项目确定,如果项目在这些方面没有明显的

---

① 此处只是建议,考生应该结合自己所在组织的项目特点选取项目。

特点，甚至可以略去不写。

对于背景项目的选择还应该突出其特殊性，从而使阅卷老师形成第一印象：考生确实具备实际的项目管理经验。考生应该注意到信息系统项目管理师考试对于考生的报考资格并没有做出任何明确的限制，毋庸讳言，该项考试也要求考生具备很强的项目管理实践经验。对考生是否具备经验的考查，阅卷老师判断的主要依据是通过考生所介绍的项目背景来推断考生是否具备项目经验。

真实的世界总是丰富多彩、摇曳生姿的，总是能够打动人心的，所以考生在介绍项目背景时应该突出项目的真实特色。各种文学作品对人物形象的描述、对故事情节的介绍无不采用突出特点和细节的方式。细节和特点可以使读者迅速建立起一个场景的轮廓和梗概。例如鲁迅先生在其作品《社戏》中对孩子们驾船去看社戏的描写，"有说笑的，有嚷的，夹着潺潺的船头激水的声音，在左右都是碧绿的豆麦田地的河流中，飞一般径向赵庄前进了。"寥寥数语，将孩子们兴奋的心情、作者对社戏的期盼，描摹得淋漓尽致。尽管考生不可能具备如此高超的手法，但是对于项目中一些典型场景的描写，无疑会对增加项目的真实性起到画龙点睛的作用。

为了增强项目背景的真实性和可信性，信息系统项目管理师论文也要突出项目的特点和细节。例如某论文采用如下的方式描述项目背景："此项目也是由国家投资，对72个县级医院的ICU病房进行设备改造，增设数字化多路电视监视系统。ICU病房由于其接收的病人病情重、抵抗力差，加之各种侵入性监测的实施及介入治疗等，使ICU病人感染的概率明显高于一般病房，所以多采用各种隔离措施，病人家属不允许直接进入病房。因此设置数字化多路电视监视系统是为了便于值班室医生、护士及时观察和了解病人的情况并且进行记录；另外，病人家属可以通过该系统与病人进行可视对讲，有利于病人的康复。"通过该项目背景的介绍，读者了解到该项目的主要内容是建设ICU的数字监控系统，但如果只是介绍该项目对ICU病房进行监控，则其可信性明显不足。作者进一步描述项目的业务特点："ICU病房由于其接收的病人病情重、抵抗力差，加之各种侵入性监测的实施及介入治疗等，使ICU病人感染的概率明显高于一般病房，所以多采用各种隔离措施，病人家属不允许直接进入病房。"由于突出了该项目的业务特点，使得该项目背景更为真实可信。又如，某论文对项目特点的分析如下：

项目环境风险主要包括如下两项：

（1）施工工地多处于藏族聚居区，易引发民族矛盾。

（2）施工环境恶劣，且在冬春季交接时施工，易由于感冒而引发严重肺水肿。

对这两项风险进行原因分析后制定了相应的应对措施：

（1）引发民族矛盾的主要原因是风俗、生活习惯的不同；应对措施包括尽量不到藏族聚居区，交待相关注意事项等。

（2）引发严重疾病的主要原因是高原缺氧，天气寒冷；应对措施包括挑选身体健康的工人，准备军棉衣和大衣，并在当地租用氧气瓶等设备。

仅通过这两项风险识别，阅卷老师就一定会得出结论：该论文正是作者亲身经历的项目，否则不可能提炼出这样具体的项目风险。尽管我们经常从电视或报纸上注意到"加强民族团结""减少民族矛盾"这样的提法，但是如何加强团结、减少矛盾，大部分人可能没想过，而作者的建议是"尽量不到藏族聚居区，交待相关注意事项"却有很强的针对性。再如环境恶劣的风险，建设××铁路到底环境恶劣到什么程度？恐怕外人没有直接感受。而作者却能够条缕分析，不但指出原因，且能对症下药给出合理的应对措施。该论文正是因为从细节上表现了项目的真实性，故而一定可以打动读者和阅卷老师。

上面主要对考生应选择的信息系统项目的管理特点作了说明，建议所选项目最好具备业务方面的独特性，然后再通过细节描述突出其真实性。下面重点说明考生应如何突出背景项目所面临的困难和冲突。

19.2.2 凸显项目特点

在19.1.2节强调了论文逻辑线索的建立应该取决于所考查的知识点的要求，但逻辑线索的依据是什么呢？"因为论文题目要求为项目的范围管理，所以下面主要从范围管理的角度来探讨我在该项目中的具体做法"，如果论文这样开头则免不了被"枪毙"的命运，因为完全成了"背诵式"的论文了。**更为自然的写法是在交待项目的主要背景后，紧接着点出该项目在实际过程中主要面临哪些挑战，作者又是采用哪些具体的管理方法和管理手段来解决这些挑战和困难。所以项目面临哪些困难应该根据论文题目进行相应取舍。**如果论文考查的题目为项目成本管理，而作者却在项目背景中强调该项目前期在人力资源管理方面遇到了人员技能不足、没有形成共同目标、与客户沟通不畅等问题，这样的写法如何能引出作者在项目成本管理方面的实践呢？所以项目所面临的管理问题一定要和后续正文中要论述的知识点应用部分呼应。

例如某论文（主题为范围管理）通过如下方式引出要论述的范围管理："对于这样一个施工地域广、最终用户繁多的项目，要使项目能够顺利实施，清楚地分析项目工作具体范围和具体工作内容至关重要，同时也为提高项目成本、时间和资源估算的准确性打下良好基础。"通过这样的过渡，就可以将项目的特点——施工地域广、最终用户繁多与范围管理建立了直接的呼应关系。作者并没有就此直接论述自己在范围管理方面的具体实践，而是进一步表明自己对于范围管理重要性的认识："我认为，项目范围管理不仅应该让项目管理和实施人员知道为达到预期目标需要完成哪些具体工作，还要确认清楚项目相关各方在每项工作中清晰的分工界面和责任。这不但有利于项目实施中的变更管理及推进项目发展，减少责任不清的事情发生，而且便于项目结束时项目范围的清晰确认。"通过这样两个段落的过渡衔接，论文的重点也就自然而然由前面交代项目背景转到项目的正文论述部分。

再如在某论文（主题为风险管理）中，作者也是采用交待项目所面临的主要困难来引出要讨论的逻辑线索："由此可见，本项目工程分布范围广，施工环境较为恶劣，人文环境比较复杂，同时还需要协调配合众多的项目干系人，并且'7·1全线通车'高压线等都大大增加了项目实施的风险"，以这样的方式写读者下一步的阅读预期自然就会转向风险管理方面了。然后作者提纲挈领地说明了自己在风险管理方面的实践："针对这些实际情况，在该项目的各种管理活动中，我们对项目全过程的风险管理给予了高度重视。从制订详细可行的风险管理计划开始，充分识别现在和未来可能发生的各种风险，对风险清单进行定性和定量的分析，并据此针对发生概率较大和对项目影响较重的风险制订了一对一的风险应对计划，同时采取各种手段和措施在项目进行的全过程对每个工地、每个阶段、每个环节出现的各种风险都进行了有效监控和处理。"通过上述两个样例，考生可以体会如何在项目背景和论文的正文之间建立自然的过渡。

19.3 关注论文外观

信息系统项目管理师论文要求逻辑结构正确完整，内容真实可信。除此之外，还有一个重要的方面即论文的外观是否整齐清晰。具体来说，影响论文外观的主要因素包括语言风格、语句与段落的划分、考生的笔迹与字体等。阅卷老师对考生论文的印象不仅来源于论文的逻辑框架和背景项目内容，还与论文的外观密切相关。下面分别就可能会影响到论文外观的语言风格、语句与段落的划分以及考生的笔迹等因素进行分析。

19.3.1 论文语言风格

根据信息系统项目管理师论文的特点，论文主要关注于事实描述以及问题分析。因而对应的语言风格也应该以客观陈述、理性分析为主。对于项目背景的描述主要采用客观陈述的方式，如项目的主要内容、项目规模、工期、自己的职责等。以某论文为例（主题为沟通管理），作者就以客观陈述的方式首先介绍了自己所管理的项目背景："2006年由××总××部立项进行了××工程设计项目集成应用系统研制和实施工作。该项目推广后涵盖全国 40 余家大型××工程设计单位、总部以及 7 个主管部门的大型集成性应用系统，以网络化的协同设计与管理为中心，建设了两个平台（网络平台、业务基础应用支撑平台）、四个系统（综合计划任务管理系统、综合项目管理系统、工程协同设计系统、行业管理系统），实现全军工程设计领域的任务下达、工程策划、设计活动、施工配合、成果档案、行业监管等全方位、多角度、流程化的科学管理与控制。受单位委任，我作为乙方的项目经理参与了项目管理工作，带领团队历时 3 年完成项目的开发和实施。系统于 2009 年初全面切换上线，取得了很好的运行效果。"从这样的描述中，读者可清晰地了解作者所管理项目的背景。

对于该项目的管理特点总结，以及在此基础上引出的论文正文逻辑线索，作者采用了理性分析的方式，如"针对大型项目的规模大、任务重、周期长、风险高和团队结构复杂等特点，在大型项目的沟通上会存在许多难点：项目干系人因项目的完成受着不同程度的影响，怎样使不同项目干系人对项目的进展情况有所了解，才能尽可能地达到最大的满意度；不同的项目干系人需要不同的项目资料，他们是通过哪些渠道拿到自己所需资料的；项目进度计划是否按时执行，是否存在变更，如何体现给不同的项目干系人；不同的干系人在对待问题上可能存在差异，怎样平衡不同干系人之间的期望"。在提炼项目的管理特点后作者对项目所面临的困难进行了归纳总结，指出了项目存在的各种难点[①]。

总的来说，信息系统项目管理师的论文应该以客观陈述、理性分析作为语言风格的基调，不可流于抒情或者过于平铺直叙。

19.3.2　语句与段落划分

语句与段落的划分同样重要。语句与段落划分得合理不但有助于表现论文的逻辑线索（参见 19.1.2.2 节），而且可以从形式上使论文的结构清晰、层次分明。试想，如果论文只有两个段落（摘要和正文），那么读者的第一印象是什么？可能是写得再好的论文也会被戴上一个"层次不清"的帽子。所以，论文的结构与层次固然需要内容之间的逻辑线索，但外在的形式同样不可或缺，论文的语句和段落必须进行合理划分。

对段落的长短首先应该根据论文的内容确定，但也应该适当地注意外观形式，一般来说，段落的长度应为 5~15 行，字数为 100~300 字，这样可以使论文结构清晰、层次分明。另外，论文的语句长度不宜过长，例如，"我们在项目计划会议上根据现场调研的结果和本项目内外部环境特点和制约条件以及公司以往类似项目的执行情况初步制订了针对本项目的风险管理计划。"要理解这样的超长语句，首先得识别该句的逻辑结构，阅卷老师必然要花费额外的精力，这样难免会降低阅卷老师的"印象分"，所以应尽量避免长句。如上例可改为："在项目计划会议上，我们根据现场调研的结果，同时结合本项目内外部环境特点、制约条件以及公司以往类似项目的执行情况，初步制订了针对本项目的风险管理计划。"重写后的句子结构清晰，避免了阅读长句可能产生的窒息感。

此外，在论文写作过程中还应该有意识地避免"一逗到底"的情况，即在一个段落的末句才使用句号，前面都是逗号。"一逗到底"的写法会混淆段落逻辑结构，使段落中层次不清，看不清语句之间的关联关系。句子与句子之间的关系不仅可以通过各种连词表示，还可以通过标点符号提示。考生可以根据内容的需要决定采用不同的标点符号，可以根据需要适当地采用疑问句等句式。考生在论文写作中应尽量避免使用感叹号，因为信息系统项目管理师论文一般不需要表达强烈的感情色彩。

---

① 根据 19.1.2 节，此处的难点归纳应该与后面所要论述的知识点应用大致对应。

19.3.3 论文笔迹要求

信息系统项目管理师的考试科目包括客观选择题、案例分析和论文写作三个科目，其中案例分析考试和论文写作考试都要求考生现场纸面写作。仅此一项就让不少考生忐忑不安：就我这两笔字，行吗？俗语说"字是门面虎"，考生的笔迹字体如何，不可避免地会影响自己在阅卷老师那里的"印象分"。随着信息化时代的来临，越来越多的书写都通过计算机完成，"提笔忘字"的情形屡见不鲜。尽管在我们眼下的社会中，如果能写得一笔好字自然可以赢得赞誉；但时移世易，大家的书写水平普遍下降，写出的字体能够横平竖直、比例和谐已经不易，更遑论笔迹遒劲有力，自成一家了。好在绝大部分考生的书法水平并无明显的伯仲之分，能够做到笔画清楚、书写工整可能就是每位考生对自己的最高要求了。当然，如果时间允许，考生也可再去学习书法，假以时日，必然能够为自己的论文生色不少，不过其中的投资回报关系则需要考生仔细斟酌。

案例分析和论文写作两部分的考试都需要以书写的形式完成，考生累计要完成的字数大约 3000 字，这样的书写量对大部分考生而言非同小可。且不说写完这两部分内容手腕发酸，单是考生所用的签字笔可能就会写光两支。所以在参加下午的案例分析和论文写作考试时，考生至少应该准备三四支签字笔，以免写作过程中出现无笔可用的窘境。以前的考试过程中就出现过考生满考场借笔的情形，这样的状况能不对论文写作产生负面影响吗？另外，有些试卷纸张书写时洇水，所以考生可以准备黑色圆珠笔或者比较细的签字笔，例如使用 0.5mm 的签字笔，如果使用 0.7mm 的签字笔，笔画较多的字体可能就会成为一个黑团。

19.4 提前准备论文

考生在考场上完成论文写作面临着不同的挑战，包括是否有合适的论文背景，是否熟悉所考查的知识体系，如何将论文正文部分浓缩为摘要等，所有这些挑战的根源都来自一个共同的约束条件——时间限制。论文写作的规定时间是 120 分钟，即 2 小时。论文包括摘要和正文两部分，正常情况下，考生总共要撰写 2500~3000 字。姑且不论如何去写，单是抄写 3000 个汉字对许多考生而言就是一项挑战。那么，考生如何在规定的时间内撰写一篇内容翔实、逻辑连贯、层次分明，且还要符合所要考查的知识点的论文呢？汉魏时期的曹植向来为人称道，其中一个重要原因就是他不但文采飞扬，更兼聪敏过人。在觉察到他的兄长曹丕试图加害于他时，在七步之内就写出一首情真意切、讽喻曹丕的诗[①]。

---

① 据《世说新语·文学》记载，文帝（曹丕）尝令曹植七步中作诗，不成者行大法，曹植应声便为诗。其诗曰"煮豆燃豆萁，漉豉以为汁。萁在釜下燃，豆在釜中泣。本是同根生，相煎何太急。"帝深有惭色。

可惜大部分考生（当然也包括笔者）远不具备曹植的七步之才，只能是笨鸟先飞了。所以，信息系统项目管理师论文写作的关键在于**提前准备**。

如果没有提前准备，许多考生考试时往往会顾此失彼：或是凝神构思、谋篇布局，等到胸有成竹才下笔撰写论文，却往往发现交卷时许多内容还没来得及写完，论文试卷上还留有扎眼的空白（论文有具体的字数要求，试卷中印制方格便于统计字数）；或是为了赶进度，看到题目便埋头写作，写到一半发现逻辑冲突、内容遗漏，恨不得推倒重来，可时间有限，只能是将错就错，出现前后不一致，甚至不能自圆其说的情形。俗话说，文章不厌百回改，好的文章需要反复斟酌、多次修改方可臻于成熟。信息系统项目管理师论文的这种考核方法比较独特，确实是对考生的工作经验、知识背景、理论结合实际、应急分析能力等多方面的综合考查。为了确保考生所撰写的论文更有针对性，笔者强烈建议考生一定要提前准备。

考生的论文准备工作仍可以分为项目背景和正文知识两部分。项目背景可以是一个较通用的项目背景，"任凭东西南北风，我自岿然不动。"具体的项目背景的写法参见19.2.1 节。至于在项目背景的最后部分如何引出项目的特点或项目面临的困难，则要取决于论文所要考查的知识点，具体的写法参见 19.2.2 节。正文的撰写建议在项目管理的九大知识领域任意选择两个，根据每个知识领域的线索撰写相应的论文。通过这样的方式，考生不但可以复习和巩固学过的知识，还可以提前感受论文写作过程中所要面临的问题。论文正文的具体写法参见 19.1.2 节。建议考生先在计算机上完成论文，然后再将论文抄写在白纸上，在抄写的过程中要计时，抄完后要对时间分配、卷面整洁度、段落布局等做评判，发现不足后要及时改正，从而为考试时的论文撰写奠定坚实基础。

当然，如果考生愿意，也可以将自己所撰写的论文发送给笔者，笔者愿意作为一名读者向各位考生提供个人的建议。

第 20 章　项目整体管理论文写作解析

20.1　项目整体管理论文写作概述

项目整体管理以项目执行的时间线索为顺序，几乎包含了项目管理中所有要执行的活动，因而是各个论文主题中相对容易完成的论文题目。"巧妇难为无米之炊"，但即便是整体管理知识域包含的内容和线索众多，考生容易下笔，也需要首先对整体管理的知识框架、逻辑关系以及相关的知识点全面了解，才能写出中规中矩的论文。

需要重点说明的是，项目整体管理论文所写的项目应是以乙方实施的项目为主。整体管理第一个子过程为"制定项目章程"，制定项目章程输入信息中的"协议""工作说明书"在典型情况下，分别对应甲乙双方签署的合同以及对应的合同技术附件。制定项目章程的一般含义为乙方与甲方签署合同之后，在乙方内部进行项目立项、选拔项目经理等操作。所以，考生在撰写整体管理论文时，需要明确理解项目开始的时间点为乙方签署合同后，准备实施项目的阶段。明确了项目的开始时间后，项目的收尾时间也容易确定。对应于项目的启动，项目最后应该是项目总结。汉朝的霍去病将军虽然英年早逝，但留下一句不朽名言，"匈奴未灭，何以家为"，引申过来就是我的主要任务没完成，其他事情统统靠边站。对于乙方项目经理而言，项目管理中最关键的节点一定是项目验收，只有项目验收后，才能进行项目总结。如果项目还没验收就完成项目总结，那就真成了笑话了[①]。

对于项目整体管理过程，考生可以按照制订项目计划、项目执行、项目监控、项目整体变更管理过程之间的关系进行叙述。需要注意的是，指导与管理项目执行的输入除了项目管理计划之外，还包括批准的变更请求。而批准的变更请求来源于整体变更控制的输出，整体变更控制的作用是对变更申请进行审查，批准或否决变更从而得到批准后变更。进一步观察注意到，整体变更控制的输入又来自于监控项目工作的输出，包括工作绩效报告和变更请求，其中的变更请求也包括指导与管理项目执行输出的变更请求。所以考生应该注意到这几个过程之间不是简单的单一方向的线性关系，而是存在一定的循环或重复关系。另外，指导与管理项目执行中输出可交付成果，而结束项目或阶段的输入中有验收的可交付成果，从"可交付成果"到"验收的可交付成果"中间经历了怎

[①] 笔者知道现实工作中确实存在这样的情形（项目总结完成于项目验收之前），但考生一定不要写这样的项目，因为这是失败项目。

样的过程？结合其他过程组中的过程分析可知，指导与管理项目执行过程中输出的"可交付成果"，作为质量控制过程的输入，经过质量控制过程输出"核实的可交付成果"，而"核实的可交付成果"又作为范围确认的输入，经过范围确认过程输出为"验收的可交付成果"。

针对项目整体管理主题的论文写作，考生除了关注整体管理过程本身的六个子过程外，一定要意识到整体管理过程中的项目计划、项目执行、项目监控以及整体变更管理同时包含了范围管理、进度管理、成本管理、质量管理等相关知识域的输入输出内容。考生如果在论文撰写过程中，能够忙里偷闲，顺便说明在整体管理过程中如何综合考虑范围、进度、成本、质量等方面的管理事项和具体实践，就更可轻松为自己在阅卷老师那里赢得一个更好的印象分。

20.2 项目整体管理逻辑结构分析

如前所述，项目整体管理论文写作的逻辑主线为整体管理六个子过程的输入输出内容，考生必须以这六个子过程为论文正文部分的主要逻辑架构。项目整体管理过程的逻辑架构如图20-1所示[①]。

项目整体管理包括为识别、定义、组合、统一和协调各项目管理过程组的各种过程和活动而开展的过程与活动。项目整体管理包括选择资源分配方案、平衡相互竞争的目标和方案，以及管理项目管理知识领域之间的依赖关系。虽然各项目管理过程通常以界限分明、相互独立的形式出现，但在实践中各过程会相互交叠、相互作用[②]。

项目整体管理包括下面6个过程：

（1）制定项目章程：编写一份正式批准项目并授权项目经理在项目活动中使用组织资源的文件的过程。

（2）制订项目管理计划：定义、准备和协调所有子计划，并把它们整合为一份综合项目管理计划的过程。项目管理计划包括经过整合的项目基准和子计划。

（3）指导与管理项目执行：为实现项目目标而领导和执行项目管理计划所确定的工作，并实施已批准变更的过程。

（4）监控项目工作：跟踪、审查和报告项目进展，以实现项目管理计划中确定的绩

[①] 虽然在《信息系统项目管理师考试辅导（针对下午案例与论文考试）》（第3版）已经包含了项目整体管理的逻辑架构图，但为了方便考生阅读和记忆，此处仍然引用了该图。之后对于项目管理其他知识领域的逻辑架构图也采用相同的方式处理。

[②] 对整体管理过程以及各个子过程的描述与《信息系统项目管理师考试辅导（针对下午案例与论文考试）》（第3版）一致，目的是使考生加深对这些重要概念和知识的印象，对项目管理其他知识领域采取相同的处理方法。如果考生博闻强记，甚至可以在论文正文中介绍每个子过程时引用此处的说法，但对于一般考生而言，死记硬背的办法事倍功半，因此建议考生得其大旨，考试时适当发挥即可。

效目标的过程。

（5）整体变更控制：审查所有变更请求，批准变更，管理对可交付成果、组织过程资产、项目文件和项目管理计划的变更，并对变更处理结果进行沟通的过程。

（6）结束项目或阶段：完结所有项目管理过程组的所有活动，以正式结束项目或阶段的过程。

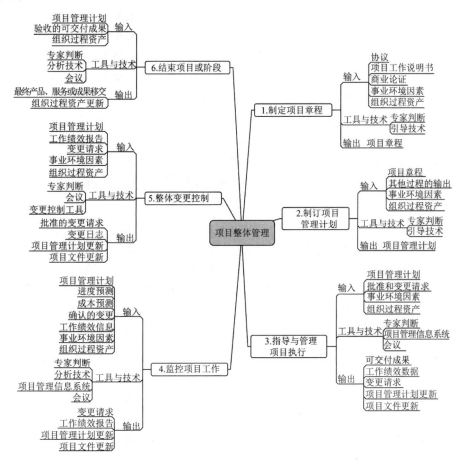

图 20.1　项目整体管理过程逻辑架构图

20.3　项目整体管理论文样例

论文样例 1　★★★

样例点评：★★★

该论文以考生管理的医保系统为例，描述的背景真实可信，正文部分的写法也比较典型，符合建议的信息系统项目管理师论文写作方法。不足之处是没有从形式上强调论文的主题是整体管理，所以尽管论文确实从论述内容和逻辑结构两方面基本符合要求，但缺乏明确的线索，考试时可能会因为线索不够明确而影响考生的论文成绩。

其实本例只需要做些微修改，就可以突出表现该论文的主题为整体管理。如果考生在过渡段落"项目整体管理是项目管理中的一项综合性和全局性的管理，从始至终需要我密切关注，把握全局项目各个过程的执行，才可引领项目沿着正确的轨道前进，才能使项目团队齐心协力"中添加引出语句——"下面主要从项目整体管理的项目章程、项目初始范围说明书、项目计划、项目执行、项目监控、项目整体变更以及项目收尾等环节介绍我在该项目中的管理实践"，就可以使项目背景介绍部分与后续的正文论述部分过渡自然，水至渠成。然后就可以顺利引出后续的论述内容。尽管该考生在后续段落中确实根据整体管理的七个子过程进行了论述[①]，但没有点题说明，故而强烈建议在每段话的前面加上相应的标题，将七个子过程的内容对号入座。这样就可以从形式方面呈现出完整的"整体管理"为主题的逻辑结构。

该论文的不足之处在于对于子过程内容的描述过于轻描淡写，使得论文的理论部分稍显薄弱。

摘要

摘要简明扼要，首先叙述项目背景信息"2008年7月，我参加了××市医保门诊实时结算项目……全面提升了医保行业的信息化水平"；然后提炼出项目特点"由于项目涉及人群众多，影响重大，而又涉及与卡商、医疗机构的共同配合，同时面临政策的不稳定，都对项目的完成提出了很高的要求"；接着引出论文的主题即整体管理"我同项目组成员首先从项目整体管理方面，全面把握项目，制订详尽的项目管理计划……使其变更可控"；最后说明项目结果"由于对项目整体管理的方方面面关注,实时分析风险……有效地满足了客户的要求和期望。"该摘要的写法典型，开门见山，能够紧扣论文主题，比较符合第2章摘要写作部分所建议的写法。

正文

【论文背景】

该论文描述的项目背景真实可信，项目特点的提炼分析得当，只是在背景段落的过渡部分没有自然衔接，显得生涩、突兀，具体的过渡在"样例点评"中已作建议。另外，在信息系统项目管理师论文写作过程中很多情形下需要对主题进行目的说明，就如该论文一样，"项目整体管理是项目管理中的一项综合性和全局性的管理，从始至终需要我密切关注，把握全局项目各个过程的执行，才可引领项目沿着正确的轨道前进，才能使项目团队齐心协力。"作者对整体管理进行了综述之后，后续段落才对各个子过程进行

---

① 《信息系统项目管理师教程》（第3版）的项目管理知识体系参照美国PMBOK体系2012版本，项目整体管理子过程由原来的七个子过程调整为六个子过程，不再包含项目初始范围说明书子过程。

了相应的描述。

然而，问题也就在这里！整体管理的综述能不能用我们通常所说的全局把握、齐心协力等说法替代？不能！整体管理的定义和目的很明确，"整体管理的目的主要在于根据组织定义的过程有效集成项目管理过程组之间的关系，以便达成项目的目标。必要时，在项目的范围、时间、成本和质量等方面做出必要的折中。"其实该考生在此处对于整体管理的理解基本上是偏离方向的，阅卷老师可能会因为这一点就把该论文枪毙掉。所以考生在复习备考的过程中应该注意知识和概念的积累，着重加强对于项目整体管理逻辑架构方面的理解（参见 20.2 节）。论文最好不要出现方向性的偏离。

【论文逻辑框架】

该考生在论文中建立了完整的整体管理逻辑框架，但没有从形式上加以突出，并且理论部分的描述过于单薄。以上两点前文均有论及，也希望其他考生能够汲取类似的经验教训。

【论文总结】

论文总结呼应了正文的整体管理，并提出两点不足，从形式和内容两方面都比较符合建议的论文写法。

【论文外观】

论文语句通顺，段落之间的过渡与关联则比较生硬。

论信息系统的整体管理

边永红

【摘要】

2008 年 7 月，我参加了××市医保门诊实时结算项目的管理工作，在项目过程中任项目经理，全面负责项目组整体管理、控制工作。项目历经 1 年，圆满完成了预定目标。项目通过参保人员由拿医疗手册日后报销改为持卡门诊实时结算，由过去 1 个月以上的报销周期提升为数十秒，彻底解决了参保人员报销难、慢、复杂的问题，全面提升了医保行业的信息化水平。由于项目涉及人群众多，影响重大，而又涉及与卡商、医疗机构的共同配合，同时面临政策的不稳定，都对项目的完成提出了很高的要求。我同项目组成员首先从项目整体管理方面，全面把握项目，制订详尽的项目管理计划，严格按计划执行，对不可避免的变更，也科学管理，使其变得可控。由于对项目整体管理的方方面面关注，实时分析风险、纠正偏差，保证了项目进度、成本、质量按计划执行，有效地满足了客户的要求和期望。

【正文】

我于 2008 年 7 月参加了××市医保门诊实时结算项目的管理工作，在该项目中担任项目经理。该项目于 2009 年 9 月完成并上线运行。

我公司承担建设维护的××医疗保险信息系统运行了近10年时间。现行就医报销流程采用参保人员先行垫付医疗费用，日后手工报销的方式，需要日后填报申请表，并附上相关票据，到区县医疗保险经办机构申报；经办机构通过人工审核、录入相关报销明细，再通过财务转账到个人银行账户中，才可完成支付流程。随着××市实现医疗保险制度的全覆盖，目前参加医疗保险的城乡居民有1400多万人，已认定的定点医疗机构有1700余家，年审核医疗费用额高达200多亿元，经办机构已不堪重负。随着信息化的发展，医疗保险原始的手工报销方式已经不能满足人们的需求。

2008年7月，对医保报销方式的改进提上了日程，人力资源和社会保障局（下称人社局）对××市医保门诊实时结算项目立项。经多方角逐，我公司被选中承担实时结算信息系统的软件建设部分，IC卡制作为另一家制卡商承担。

实时结算的项目的建设，依托现运行的医疗保险信息系统，将现行医保就医证由××替换，实现参保人员就医持卡实时结算。实时结算项目改造了现医保信息系统，并为各医院HIS系统提供标准的访问接口；同时建立社保卡服务管理系统，为制卡商提供数据。门诊结算业务的完成，需要涉及外部开发商如各HIS系统开发商、制卡商。项目改造工程量大，流程复杂。改造完成后，参保人员持卡在医院就医，只需要支付个人支付部分，医保报销部分则由医院垫付，医院统一通过数据上传，与医保系统进行结算。参保人支付流程极大的简化，也减轻了经办机构的审核工作。实时结算涉及与众多医院的通信，同时，实时结算又要满足参保人员持卡结算时对系统的实时查询响应。应对这样的挑战，作为项目经理，只有充分在项目实施过程中应用项目管理理论，才能使项目能够顺利实施。

事实表明，企业实施项目管理的投入都会得到丰厚的回报。对项目经理来说，掌握管理技术能够提高自己的管理能力，从而能够使项目高质量、低成本、按期限地完成，还可以有效地预防、缓减风险。通过切实有效的管理，可使项目成本得以控制，项目投资效益得以提高，用户满意度提升，达到最终提高企业综合经济效益的目的，取得良好的社会信誉。

项目整体管理是项目管理中的一项综合性和全局性的管理，从始至终需要我密切关注，全局把握项目各个过程的执行，才可引领项目沿着正确的轨道前进，才能使项目团队齐心协力。

项目中标后，公司按照惯例召开项目启动大会，正式向主要干系人介绍项目管理团队及项目主要前期参与成员，包括项目经理、分析人员等。同时颁布项目章程，对项目正式授权。明确了项目的人事安排后，项目具体工作随即展开。作为项目经理，首先依据项目工作说明书，会同分析人员确定初步范围，形成正式文档，为今后工作奠定基础。

未雨绸缪，要使项目沿着正确的轨道运行、完成，实现干系人所关注的需求，满足干系人的期望，同样需要详尽而完善的管理计划。实时结算项目，涉及市人社局、市信息办、卡商、众多医院等单位部门的外部关注人员，以及公司内部的相关人员。项目更是××市2009年度的折子工程，项目的成败影响巨大。因此，在售前人员及部分专家共同参与下，识别出如合作方需要技术方面更多的交流、人社局不同人员的关注也不同等细节，制订详细的沟通计划。复杂的参与者、项目干系人对项目都会有不同的影响，为此，我们详细识别了干系人不同的影响。

实时结算项目依托原医保信息系统，而且项目组成人员也多从原系统中抽调，对系统的基础业务较为熟悉。根据这些特征，选择生命周期模型为瀑布模型，制订了阶段计划包括需求分析、概要设计、详细设计、编码、集成测试、系统测试等，明确了各阶段的交付物。我依据CMMI三级裁剪后的模板，制订各类管理计划，重点从范围、时间、成本、质量这几个方面确定了项目计划；同时类比以往类似项目所积累的经验，加以鉴别，制订了有针对性的风险计划，比如风险记录里列出了医院辨认人员同时在线多、实时性强、反馈速度要求快、造成对系统性能压力大的方法等。

有了完善的管理计划，更应按计划贯彻执行。我依据进度计划的安排，执行项目各项活动。为了掌控项目执行情况，在全项目生命周期内，要求项目成员通过内网的项目管理系统填写工作周报，并不定期地抽检以获取具体、真实的绩效信息，通过这些信息，将项目各阶段收集到的数据，定期形成进度、质量成本等绩效信息文档，并与管理计划对比，利用挣值分析等项目管理工具与技术，对当前项目的成本效益、进度快慢进行分析，及时发现问题，以利于采取纠正措施，或进行缺陷改正与补救。

对进度、成本进行有效保证，但也不能疏忽质量，因此要求项目开发人员、测试人员与本项目的1名质量保证人员及1名配置人员积极协调配合。质量人员对评审过程全程参与监控，同时对各成员问题修改进行跟踪、询问，保证按质及时完成；项目成员所提交的交付物及时提交给配置管理员，以利于纳入配置库，便于项目组其他成员的使用。

变更存在于项目的各个阶段，但无序、随意的变更，会使项目进程发生突变，轻者项目超时超预算，重者项目失败。如何有效地应对变更、接受变更，将不利的变更转变成为有序的活动，处在项目经理角色上的我，对此尤为重视。我们的项目团队，通过应用各种工具、技术，使得项目中的变更也变得并不可怕，如需求跟踪表、变更操作申请表等一系列模板的采用；变更控制系统、配置管理软件的有效支持；还有变更评审、完备的变更跟踪流程等的制度保证。为保证变更的不随意性，对客户提出的变更，通过咨询单的形式来确认，并让责任人签名，使我们的变更都有条不紊，让变更纳入正常的流程中。对于较大变更，必须由包括部门级领导的CCB参加的评审会通过后才能正式作为一项变更进行实施；对所有已发生的变更，记录在Source Safe系统中，同时修改配置管理系统基线中的相关计划及相关文档，也及时通知相关部门及人员。

项目的整体管理是对项目各项活动全面、整体的把握。项目完成后，要进行收尾工作，首先内部要整理总结，及时对项目的经验、教训进行总结，形成文档，加入公司数据库中，以利于今后借鉴。

项目的最终完成，还需要用户对项目的认可。本项目按合同要求，正式上线前，选择了一家定点医院和一定数量的参保人员进行了三个月的试运行，根据实际运行检验，除软件在可用性上做了一定的调整修改外，其他方面客户及参保人均表示满意。最终，配合客户比照项目的绩效及合同，对这些可交付物正式接收，完成项目的合同收尾。

项目按期完工，并赢得了客户、社会的赞誉，极大地提高了医保报销的效率，方便了1000多万参保人，显著地提升了公司的声誉。回顾1年的工作，项目整体管理的理念一直伴随着项目的各个阶段，对项目顺利高效地完成起到了极大的支撑作用。通过项目整体管理，使项目所有的组成要素在适当的时间充分地、有机地结合在一起，极大地提高了项目的实施效率。

在项目的执行过程中，也出现了不尽如人意的地方，值得我及团队成员反思：

（1）项目在人力资源计划中，未能明确划定出角色的边界，致使项目中公用功能部分出现了人员互相推诿的现象；同时也对新加入的团队成员的能力估计不足。这些都使项目工作进展受到了影响。

（2）对政策变化估计不足，风险应对计划未能有效识别。如项目初期需要明确个人账户封闭管理，而在集成测试期政策变化，账户不再封闭，仍保留原方式，导致系统大范围的变更，不得以采取了临时加班才解决了问题。

纵观项目的全程，项目整体管理的理论在我的项目实施中起到了重要的作用，也使我在实践中对整体管理有了更加深入的理解，为应对复杂项目积累了宝贵的经验。

论文样例2　★★

样例点评：★★

该论文以考生管理的某省烟草公司工商信息协同项目为例，项目背景真实可信。纵观全文，该论文虽然多次强调项目整体管理，但不具备信息系统项目管理师论文的基本特点，摘要和正文中都无法清晰地体现出项目整体管理的逻辑线索，即按照制定项目章程—制订项目管理计划—指导与管理项目执行—监控项目工作—整体变更控制—结束项目或阶段对项目工作进行全面论述。

该论文写法比较随意，重点不突出，无论是摘要、正文还是总结都存在较明显的不足。例如作者将项目整体管理粗略地映射为项目计划制订—项目实施监控—项目变更管理三个方面，与项目整体管理逻辑架构内容有着明显出入，且无法从上述三个子过程中识别出清晰的输入-方法-输出子过程要素。尽管该论文从项目管理实践方面仍然具备一定的参考价值，但不符合信息系统项目管理师论文典型的写法，不能视为一篇合格的论文。

摘要

论文摘要过长，主次不分明。作者花了大量的篇幅介绍项目背景信息，导致摘要中描述项目整体管理逻辑线索的内容过于简略，仅有一句"主要通过在计划阶段制订完整的项目管理计划，实施阶段对项目的进度、成本和质量进行跟踪和控制，力求三大目标的统一，正确处理变革等方法和策略对项目进行整体管理"。逻辑线索内容描述占摘要整体篇幅不足 15%，难免给人以头重脚轻、本末倒置之感，与第 2 章所建议的摘要写法相去甚远。

正文
【论文背景】
论文描述的背景真实可信，但对于项目整体而言内容描述不够清晰。论文简单地说明了系统主要完成的功能是销售预测和完成的合同数量汇总，其他功能则是与多个系统进行协同。项目背景描述缺乏条理、主次不明。

论文背景过渡部分虽然谈到了整体管理，但将整体管理简单归结为制订计划、实施监控、变更管理三方面内容，不符合整体管理的逻辑线索。当阅卷老师看到这种写法时已经初步产生了是不合格论文的印象，除非后续的逻辑框架部分写法规范、完整。

【论文逻辑框架】
如前所述，该论文的逻辑框架虽然包含了项目整体管理逻辑框架的部分子过程，但明显欠缺，不够完整，因而论文逻辑框架不符合建议的论文写作要求。

【论文总结】
论文总结过于简略和突兀，缺乏实质性内容，聊胜于无。

【论文外观】
论文语句不通畅，逻辑不严密；另外，段落之间的过渡与关联也比较生硬，反映了作者的基本写作技能尚需进一步提升。

论信息系统项目整体管理

【摘要】
2017 年 6 月，我作为项目经理开始参与某省烟草公司工商信息协同项目的开发，主要负责系统的组织规划实施开发与项目管理，该系统工程浩大，外部运行环境复杂，具有严格的安全、稳定、时实高效和可靠性要求，是一个基于网络的大型数据库实时分布式系统。该系统由数据交换存储子系统、信息分析查询子系统、产销衔接子系统、管理监控子系统四部分组成，统一于服务器端软件模块。系统建设从数据中心中获取销售、订单数据，与商业企业核心的专卖、计划决策、订单处理及库存管理、CRM 系统以及呼叫中心等系统进行数据交互，通过统一的数据传输层进行数据的传递。同时分公司一级的工商信息协同系统与省公司一级的工商信息协同系统进行数据交互，形成整个的工商信息协同系统。

我们采用分期建设、研发与试点同步推进的开发方案，使用 RUP 软件工程方法对项目进行管理。一个项目成功离不开项目经理对整个项目的全局把握。本文以该项目为例，结合作者实践，讨论了该项目整体管理方面的问题，主要通过在计划阶段制订完整的项目管理计划，实施阶段对项目的进度、成本和质量进行跟踪和控制，力求三大目标的统一，正确处理变革等方法和策略对项目进行整体管理。目前该系统已开发完毕并全面推广，运行状况良好，受到客户一致好评。

【正文】

2017年6月，我作为项目经理开始参与某省烟草公司工商信息协同项目的开发，主要负责系统的组织规划实施开发与项目管理。工商信息协同系统完成了工商企业之间的销售预测和合同数量的达成，并自动实现国家局电子交易系统的数据上报，减少了现有合同签订的工作量，也保证了合同数据的合理、可靠。该系统采用分公司分布方案，并统一建设在商业企业一方，系统总体结构包括系统展现层、四个应用子系统、数据传输层、支撑层数据传输层、支撑层。系统展现层是该系统用户界面的接口，使用 BEA 的 Portal 产品来实现展示。四个应用子系统分别是数据交换存储子系统、信息分析查询子系统、产销衔接子系统、管理监控子系统。在传输层部署工作流引擎、传输引擎和各类系统插件（Web Service），在支撑层上架设应用服务器 BEA WebLogic Server、消息中间件（IBM MQ）、后台数据库软件 Oracle 和 LDAP 目录服务，硬件平台使用 IBM 小型机和 PC 服务器，系统平台是 Windows NT、UNIX 或者 Linux。系统在各分公司要提供各类业务系统接口，实现工商信息协同系统与核心运营 CRM、营销系统、专卖系统、数据中心 call center 的无缝集成，省公司工商信息协同系统建设需要国家局电子交易平台提供相应的数据接口。

在本项目中，我们采用分期建设、研发与试点同步推进的开发方案，并使用 RUP 软件工程方法进行项目的开发和管理。项目开发周期为1年，项目人员配置情况如下：客户方项目组由客户方项目领导小组3人、客户顾问1人、客户方项目负责人1人、客户方项目实施人员2人，一共7人组成，负责监督项目的实施和开发方沟通，明晰需求。开发方项目组由开发方项目领导小组3人、开发方顾问组3人、项目经理1人、分析设计组3人、开发组6人、测试组3人、界面美工1人、工程实施组3人、配置管理人员1人、质量管理人员1人、质量保证人员1人一共26人组成。项目的成功很大程度上要归功于我对项目的整体管理。在该项目中，我主要使用 Microsoft Project 2003 作为辅助工具，并通过在计划阶段制订完整的项目管理计划，实施阶段对项目的进度。成本和质量进行跟踪和控制，力求三大目标的统一，正确处理变革等方法和策略对项目进行整体管理。

一、计划阶段制订完整的项目管理计划

我带队在经过两个月的整体规划和可行性分析之后，项目于2017年8月正式立项建设。项目计划是实施时的依据和指南，好的项目计划可以有效地指导项目的实施。在该项目中，我制订了如下计划：工作计划，主要说明该项目的实施方案以及对资源的有效利用；人员组织计划，主要说明工作分解结构图中的各项任务由谁来承担；设备采购供应计划,主要需要采购哪些设备,采购的具体流程;资源供应计划,它是有关项目全过程资源供应的方案;变更控制计划,主要说明如何处理变更请求;进度计划拟定项目的进度,完成时间以及各阶段目标;成本投资计划,包括各层次项目单元成本,文件控制计划是保证项目顺利进行文件管理的方案;支持计划,主要包括培训、考评、系统测试等支持方式。比如,在采购计划中,我制定了 IBM 小型机、PC 服务器,其他硬件设备和中间件产品都需从外部采购,并要求必须严格按照采购流程完成,例如合同编制、招标、供方选择、合同管理、收尾等。

二、进度、成本、质量进行跟踪和控制,力求三大目标统一

实施阶段要进行进度的跟踪和控制。在确定项目开发计划时,我们制定了详细的工作进度表,在确定每项任务时都确定了该任务的工作量、开始时间、结束时间、持续时间,同时要让每个小组成员都知道自己承担的任务时间表,根据自己的任务制订详细的工作计划。

工作日志是了解每个小组成员工作情况的最好方式,我要求每个小组成员都要对自己的工作情况做日志,详细记录自己每天的工作,在每周 5 下班前通过内网 B/S 项目管理信息系统 PMIS 提交项目周报,把各自本周内完成的任务进度情况和下周任务计划做出汇报。报告要严格按照百分比量化任务完成的情况,因为 PMIS 只提供具体的百分比选择,每个小组成员都要对自己的总结报告负责。我把各项任务实际完成数据输入到项目进度计划中,Project 自动完成甘特图的绘制并生成成本统计表,通过查看甘特图就可以较好地把握项目的总体进度绩效,随时了解项目进度,并确定是否调整下一阶段的进度计划。

一个产品是否合格,取决于该产品的质量是否达标。在该项目中,我要求开发人员要和质量管理人员、质量保证人员紧密配合,对他们提出的问题都要有清晰的文档记录。同时,我们公司还引入 CMM3 质量保证体系,有效地指导了项目的质量保证工作,并尽力保证成本、进度、质量三大目标的平衡。

三、正确处理变更

在一个项目中,变更是必然的,也是不可避免的,进度拖延、成本失控、客户有新的需求等都会引起项目的变更。在本项目中,我要求有处于工作状态的产品,开发人员才可以对其任意修改,修改完成后,重新入库即可。而作为基线入库的产品,需进行修改时,必须提交变更请求,经 CCB 变更完成并经评审后,确认变更无误方可重新入库,使其恢复到受控状态。CCB 由用户代表、软件质量控制人员、配置控制人员和包括我在内的 4 个人构成。

工商信息协同系统已于 2018 年 6 月下旬开发完毕并全面推广,目前运行状况良好,受到客户和有关部门的一致好评。项目能够成功,作好整体管理工作是非常重要的,但是在管理过程中也会遇到一些问题,例如进度和成本控制不到位、团队成员沟通力度不够、客户参与不足等。在这些方面,的确有待加强。在今后的项目中,我会

不断努力改进。

论文样例 3　★★★★

样例点评：★★★★★

该论文以考生管理的建设成品油物流配送管理系统为例，描述的背景真实可信，正文部分的写法也比较典型，符合建议的信息系统项目管理师论文的写作方法。

该论文的不足之处是没有从形式上采取一一对应关系，分别介绍项目整体管理对应的七个子过程。这种写法存在一定的风险，遇上过于机械的阅卷老师，有可能会认为子过程论述不完整，从而影响论文成绩，这也是所有考生需要重点关注的重大事项。无论是论文写作还是案例分析，案例分析答案和论文段落形式上都必须醒目，让阅卷老师一目了然。总是寄希望于阅卷老师"一定会仔细阅读我的案例解析或者论文，从字里行间明白我的真正意图"这样的幼稚想法过于以自我为中心，最后的结果往往事与愿违。

摘要

该论文摘要简明扼要，条理清楚。分别包含了项目内容、项目经理的职责、项目特点、项目整体管理主要内容、项目评价等关键内容，做到了开门见山，一目了然。阅卷老师看到这样的摘要自然会颔首称许、心生好感。

正文

【论文背景】

该论文描述的背景真实，对项目的来龙去脉交代清楚，有很强的可信度。

【论文逻辑框架】

如前所述，论文逻辑框架虽然实质上比较完整，但因为没有从形式上明确列出每个逻辑子过程的名称，导致整体管理各个子过程从形式方面不突出，这种写法存在一定的风险。

【论文总结】

论文总结的写法规范、标准，很好地达到了论文总结的目标。稍显不足的是成语和格言的引用，"练功不练拳，犹如无舵船；练拳不练功，到老一场空。"的说法不是很贴切。如果要强调理论和实际结合的重要性和必要性，可以适当采用其他格言，如"纸上得来终觉浅，绝知此事要躬行""读万卷书，行万里路"等。

【论文外观】

论文语句通顺，段落过渡合理，值得考生借鉴。

论项目整体管理

【摘要】

2016 年 5 月，我公司承建了×××公司"成品油物流配送管理系统项目"。该项目的目标是建立一套成品油物流调度指挥系统，实现成品油从炼厂到油库，从油库到加油站及客户两段运输过程的资源配置、计划、监控、调度指挥及应急处理等管理需求。

该项目的特点是干系人多、业务覆盖面广、建设周期短、集成复杂。这些特点都对项目管理提出了很高的要求。

我作为项目经理全程参与了项目建设，负责带领实施团队达成项目目标。

针对该项目的特点，我充分运用了项目整体管理知识，和项目成员一道制定了项目章程、范围说明书和管理计划；在执行过程中指导各小组对项目绩效进行评估，纠正偏差；严格按流程控制项目变更；在收尾阶段进行验收、总结、资料归档等收尾工作。该项目目前已通过用户验收，应用效果良好。

【正文】

×××销售分公司（以下简称，×××）拥有500多座油库和1800多座加油站，成品油的运输方式包括四种：水运、铁路、管道和公路。×××的资源主要集中在北方，销售终端却覆盖全国。漫长的运输距离和复杂的运输网络，对成品油物流的计划和管控提出了很大的挑战。×××把物流运输分成两个段：成品油从炼厂到油库的运输，称为一次物流；从油库到加油站及终端用户的运输，称为二次物流。

×××把成品油物流的管理分为三级：1个总部，2个大区公司（及其下辖的二级子公司、驻厂办）和32个省级销售分公司。其中：总部负责一次物流的资源配置和制订运输计划；大区公司负责与炼厂和省公司衔接，执行一次物流运输计划；省公司负责一次物流的收货和省内的二次物流计划制订与执行。主要承运商包括负责公路运输的××运输公司，负责海上运输的××海运公司，负责铁路运输的××，负责管道运输的×××管道分公司。

随着成品油销售业务的不断发展，物流成本快速增长，已经成为企业运营的巨大负担。为降低物流成本，提高运营效益，加强管理效率，×××在"十三五"IT规划中，明确规划了"成品油物流配送系统项目"。该项目从2015年开始可行性研究，2016年5月启动实施，投资5千万元，历时2年。我公司在2016年中标成为集成商后，迅速组建了由集成商、软硬件供应商和×××三方构成的实施团队，总人数高峰时达130人。

该系统的建成投产，实现了资源配置和运输计划的优化，解决了断油、憋罐、路径迂回等业务问题，使得成品油的资源配置、库存和运输路径按线性规划达到最优；实现了运输全过程的数据反馈和可视化监控，并利用GPS和GIS等技术对在途运输工具进行跟踪监控；通过调度指挥大屏对各项业务指标进行综合展现，对突发事件进行应急处理；通过系统集成平台完成成品油物流管理系统与销售ERP系统、加油站管理系统、油库管理系统等内部系统及炼化ERP、管道ERP、运输ERP、铁路调度系统及海运系统的集成，实现数据共享和全业务流程贯通。

面对该项目干系人多、业务覆盖面广、建设周期短、系统集成复杂等诸多困难和复杂局面，作为项目经理，如何积极应对挑战成为我的重要课题。而项目管理理论中的整体管理在项目启动、规划、执行、控制和收尾各个阶段,提出了最佳实践,提供了各种方法和工具,并强调有机地整合各个过程组,合理地平衡项目范围、进度、成本和质量。这恰恰是我在该项目管理过程中的关注重点。

在项目启动阶段,我们接到中标通知书,立即在公司内部召开了启动大会。由公司总经理亲自挂帅成立了项目决策委员会,任命我为项目经理。我根据项目需求并结合我公司人力资源状况组建了由架构师、业务专家、设计人员、开发人员、测试人员和实施人员构成的项目团队。参照公司项目管理制度,并借鉴上一期"加油站管理系统项目"的档案资料,我们初步拟定了本项目的项目章程、项目范围初步说明书和项目管理计划,明确了项目的管理制度、管理平台、配置管理工具、文档管理工具和项目的关键里程碑、主要交付成果及验收标准。同时,我还组织项目核心成员对项目成本进行了评估分析,参考中国石化同类项目,并征求了外部专家的意见,进一步细化了项目的成本预算。在做完上述准备工作之后,我率队入场,和用户、供应商等各方项目团队成员共同对我们拟定的项目组织架构、项目章程、项目范围说明书进行了修订和完善。最后,我们召开了各实施单位参加的启动大会,宣读了项目章程和项目整体计划,批准了项目的正式启动。事实证明,在启动阶段,我们对项目章程、组织和范围等工作的充分准备,为后续项目的顺利实施奠定了坚实的基础。

在项目启动会开过之后,我们以项目整体计划为基础,本着先试点再推广的实施原则,进一步规划了各个小组的子计划。在细化过程中,我们对近期任务细化到天、中、远期任务细化到周,逐步求精,滚动推进,分别制订了项目的时间、人力资源、配置、质量、沟通及风险等管理计划内容。并通过前导图等技术找出关键路径,通过资源平衡保证关键路径资源使用。梳理出现场调研、需求评审、蓝图评审、系统发布、用户接收测试、系统上线试运行及用户验收等7个重要里程碑;识别出资源配置及运输计划优化职责定位、集成业务流程重组、站级数据采集精度等11个业务和技术上的风险,并作了分析和应对计划。在上述规划工作完成之后,我们上报项目管理委员会审批通过后,在项目团队和建设单位范围内正式发布了项目管理计划,并在配置管理系统中定义了基线版本。

在项目执行和控制过程中,我们主要采用管理会议的形式进行绩效评估和偏差纠正。管理会议主要分三类:(1)周例会;(2)重大问题决策会;(3)小组业务讨论会。以周例会为例,我们每周二上午召开,采用挣值分析等方法对项目进度和成本进行评估分析,找出偏差,给出应对策划,或提出变更申请,并对下一周的工作计划进行评估修订。周例会是重要的项目管控过程手段,但它不能解决全部问题,有些问题描述不准确或分析不透彻的还需要通过各小组的专题讨论会加以完善,而重大问题决策还必须升级到项目决策委员会讨论决策。本项目的重大决策会议开过两次,分别是针对运输计划优化业务流程和系统集成业务流程,由用户方总经理组织各部门主要负责人讨论决策。一旦决策方案出台,项目组立即下发相关干系人,通知各个小组落实执行,并把决策方案及会议纪要归档记录，跟踪检查。

在项目执行过程中，由于需求不断细化澄清，用户业务随着市场变化在不断发展，因此项目中的变更是不可避免的，但必须是可控的。范围、时间、成本、质量四者之间是彼此约束的，而用户在提出范围变更的同时往往强调时间和质量不变，不关心成本增加。这显然是不合理的。项目经理从市场及干系人关系维护的角度出发，采取无条件妥协的作法往往导致项目失控甚至项目失败。我们对用户提出的变更，一律要求书面提交，做出分析评估后，根据影响程度及重要性给出解决方案，上报项目管理委员会审批执行。由于我们严格地执行了申请、评估、审批、执行这一套完整的变更管理流程，尽管项目建设期变更申请有50多项，我们仍然按计划、在规定的预算内完成了项目建设，并赢得了用户的认同。

在项目收尾阶段，项目经理往往容易关注合同收尾的验收与回款，而忽略了管理收尾的经验总结和资料归档。我们在项目收尾阶段整理了项目从启动到验收的全部交付文档和过程文档，并纳入到公司的知识库。对项目时间、成本进行度量评估，对比项目投标方案进行了回归分析，总结了项目中出现的各类问题和风险，为公司的后续项目实施积累了宝贵的经验。

回顾2年来的项目建设历程，项目整体管理的各种理念一直伴随着项目的各个阶段，对项目顺利实施起到了关键性的支撑作用，但仍有些遗憾和不足，值得我及团队成员反思：

（1）在制订项目人力资源计划过程中，对人力资源的准备期和市场供给情况估计不足，导致项目启动后关键人员缺少，仓促招聘来的人员难以保证质量，项目进度和质量都受到了不同程度的影响；

（2）对于软件供应商的产品和实施支持能力缺乏必要的了解和分析，过于乐观，导致部分产品与用户需求差距过大，实施工作难以推进，不得不加大客户化开发工作量进行弥补。

通过本项目的实践，我对项目整体管理加深了感性认知。"练功不练拳，犹如无舵船；练拳不练功，到老一场空。"只有在日后的项目实践中不断应用和总结，才能真正把知识转化为能力，为我所用。

论文样例4 ★★★★

样例点评：★★★★

论文整体写法规范，基本上是按照笔者建议的写作方式完成的。一般的文章写作推崇所谓的"形神兼备"，首先是满足形式上的要求，对于信息系统项目管理师论文而言，考卷通常会明确要求摘要、项目背景、正文和总结等固定组成部分，考生只需在此基础之上，进一步遵循第19章对于摘要、背景、正文和总结等部分的基本要求即可。至于说如何能写出"形神"兼备的考试论文，并不是本书的关注重点。考生的论文只要能符合形式上的写作要求，顺利通过论文科目考试便不是难事。

摘要

摘要写法规范，开门见山地说明了该论文管理的逻辑线索是整体管理各个逻辑子过程，并说明了项目整体管理的主要目的以及达成途径："我认为对于项目的整体管理主要应遵循制定项目章程、制定项目初步范围说明书、制订项目管理计划、指导和管理项目执行、监控项目工作、整体变更控制和项目收尾的典型管理方式。工作中，我们主要面临以下的困难，如人员配备、项目质量、进度控制等。我通过项目的整体管理，使项目所有的组成要素在适当的时间充分地、有机地结合在一起，同时运用了项目管理方法论、项目管理信息系统、专家判断等工具和技术解决了相应问题，使该项目很好的达成了预期的目标，并得到了客户的高度评价。"这样的描述方式精简规范，阅卷老师无需任何映射便可判断出论文写法符合整体管理的逻辑框架要求，值得借鉴。

正文

【论文背景】

该论文以建设网络安全平台为例，描述的项目背景真实可信。不过对于项目背景信息的描述过于简略，文字篇幅不足，应适当扩充，增强项目的真实性和可信度。

【论文逻辑框架】

正文部分也很规范，按照整体管理逻辑子过程分别说明，通过顺序描写方式覆盖了每个子过程对应的主要工作内容，涉及相应输入和输出方法。但该论文只是简单地停留在映射各个子过程的输入输出方法上，不够鲜活生动。为了符合项目整体管理的逻辑线索要求，作者刻意采用了标准的写法完成所有的逻辑子过程段落写作，缺乏鲜活的事例支撑。正如第 19 章中所建议的那样，考生最好在论文中增加两三个具体的实例，对项目管理采用的方法和工具进行举例说明。本篇论文正是因为缺乏关键实例，因而显得规范有余、生动不足。

【论文总结】

论文总结呼应了正文的整体管理，并提出两点不足，属于规范的论文总结写法，值得重点借鉴。

【论文外观】

论文结构合理，语句通顺，但各段落之间的起承关系比较生涩。

论信息系统工程项目整体管理

【摘要】

2015 年 5 月，我公司作为信息安全系统集成的总承包商承接了×××学习超市系统网络安全项目，公司任命我为该项目的项目经理。该项目主要业务目标是建立信息安全保障体系，做到统一管理、统一监控、统一维护，实现风险管控。项目在整体管理方面存在着如下的特点：专业性强、知识面宽、周期比较长、干系人众多等。

在充分分析了该项目的特点以后，我认为对于项目的整体管理主要应遵循制定项目章程、制定项目初步范围说明书、制订项目管理计划、指导和管理项目执行、监控项目工作、整体变更控制和项目收尾的典型管理方式。工作中，我们主要面临以下的困难，如人员配备、项目质量、进度控制等。我通过项目的整体管理，使项目所有的组成要素在适当的时间充分地、有机地结合在一起，同时运用了项目管理方法论、项目管理信息系统、专家判断等工具和技术解决了相应问题，使该项目很好的达成了预期的目标，并得到了客户的高度评价。

在该项目的整体管理过程中，还存在一些不足，例如在监控项目工作过程中，没有引入挣值管理；在组建项目团队方面还存在着双重管理问题，需要在后续的项目人力资源管理过程中进行重点管理。

【正文】

2015 年 5 月到 2016 年 5 月，我担任了"×××学习超市系统网络安全项目"的项目经理，全权负责该项目的管理工作。该项目工期一年，项目金额 1500 万元。

×××的"学习超市"教育新媒体平台是一个融合了多种网络、多种终端、多种传输路径的教育新媒体服务平台。"学习超市"将利用网上学习系统为教师和学生提供增值服务，整合国内外各种优质教育资源，以多形式、多渠道、方便快捷的现代传输方式满足不同受众个性化、多样化的学习需求，同时能够提供世界教育资讯和配套的优质服务，成为学习者智力资源的交换中心。

该项目的主要任务是：建立信息安全管理组织，建立信息安全管理制度，以规范安全管理工作；建立信息安全技术防护体系，包括防火墙、入侵检测、身份认证、加密、审计、防病毒等；建立监控平台，集成安全运营中心（SOC）和网络运营中心（NOC），提高安全运行管理的效力；提高安全运行维护能力，为×××平台的安全可靠运行保驾护航；建立应急体系，以有效应对运营期间的突发事件。

本项目总计投入人员 14 人，其中我部门原有人员 6 人，从安全运营中心借调 6 人，还需要招聘 2 名新员工。

由于项目涉及的人员多、专业性强、知识面宽，因此项目整体管理就更加的重要。

项目整体管理就是对项目管理过程组中的不同过程和活动进行识别、定义、整合、统一和协调的过程。整体管理也包括在一些相互冲突的目标和可选方案之间进行权衡。主要包括 7 个阶段：制定项目章程、制定项目初步范围说明书、制订项目管理计划、指导和管理项目执行、监控项目工作、整体变更控制和项目收尾。下面根据×××学习超市系统网络安全项目中所遇到的具体情况来进行说明。

一、制定项目章程

制定项目章程的主要目的是对项目进行正式授权，正式批准项目。我们采用了项目管理方法论和专家判断等工具和技术来制定项目章程。由于项目涉及的产品比较多，其中专家判断除了项目组成员外,还邀请了研发中心防火墙、入侵检测设备和SOC的开发人员参加,另外,还邀请了客户的主要技术负责人参加,听取他们的意见,共同制定了项目章程。项目章程中不仅对项目经理授权,还对项目的基础目标和初步范围以及概要的里程碑计划有一定的描述。这样在以后的工作中可以给予有效的参考。

二、制定项目初步范围说明书

制定项目初步范围说明书主要是给出项目范围的高层描述。在制定完项目章程以后,我们原班人马,包括研发中心的研发人员和客户又一起讨论制定了项目的初步范围说明书。在初步范围说明书中,我们大致列出了项目与产品的目标、项目及其产品和服务的特征与边界、产品的验收标准、项目假设、项目约束等相关条款。这些记录为以后制定详细的范围说明书提供了基础。

三、制订项目管理计划

制订项目管理计划过程包括定义、准备、集成和协调所有子计划以形成项目管理计划所必要的所有行动。项目管理计划是一个很庞大的工作,在总体管理中只是做一个总的概括,其细支还需要在后面的诸如范围、时间、成本、质量、人力资源、沟通、风险以及合同的管理中进行详细的描述。这些子计划统一形成项目的管理计划。另外,项目管理计划中除了这八个知识领域规划过程外,还包括了进度基准、成本基准、变更管理计划、配置管理计划等。

在本项目中,因为系统关系,很多事情不可能完全定下来,所以有的子计划只有一个框架,在以后的工作中会逐渐细化。制订项目管理计划给我的工作带来了很多的好处,对系统的需求确定、人员管理等都进行了很好的描述。让团队成员很清楚地明白项目工作,这一点是非常重要的,为以后的项目顺利进行打下了很好的基础。

四、指导与管理项目执行

指导与管理项目执行过程要求项目经理及其团队执行项目管理计划,完成项目范围说明书中所定义的工作,在本项目中主要就是建立信息安全技术防护体系、建立信息安全管理组织并对所有相关的产品按要求在规定的各个地方进行上线、调试、运行。我主要就是按照项目管理计划的要求,协调各团队成员之间的工作,保证工作能够按计划顺利的进行。这一过程是项目中投入人力最大的,也是工作量最多的,但是由于前期计划工作做得好,这一过程反而相对简单了。

五、监控项目工作

监控项目工作是对项目的启动、规划、执行和收尾进行监督和控制的过程。监控项目工作是贯穿项目始终的。我在这一过程中主要是进行当前的项目绩效和项目管理计划比对、按期评价绩效、监督风险、度量项目的进展情况以及项目预测等工作。运用的工具和技术是项目管理方法论。

六、整体变更控制

整体变更控制是指评审所有的变更请求,批准变更,控制对交付物和组织过程资产的变更。在本项目中，我作为项目经理，要求项目从启动阶段开始一直到收尾的整个过程，所有的变更都必须严格按照变更控制流程进行，取得了很好的成效。项目中的几次变更得到了很好的控制，没有出现范围蔓延等情况，使得项目顺利进行。

七、项目收尾

项目收尾是指完成项目过程组中的所有活动，正式结束一个项目或阶段。本项目按合同要求，正式上线后，有 3 个月的试运行期，运行期过后，同客户一起依据项目合同及详细的项目验收标准对可交付物进行了正式的终验，客户表示非常满意并签字确认，圆满完成了项目的合同收尾工作。

后续工作中，我们又开展了项目的合同和文档梳理活动，同时进行了项目的经验总结，最后进行了人员的遣散。项目中的 14 人中，安全运营中心的 6 名员工回本部门工作，我部门的 6 名员工和这次项目中新招聘的 2 名员工一起回安全工程部。项目中留存的多个文档成为了很多后续类似项目的模板。

【总结】

2015 年 5 月份，×××学习超市系统网络安全项目按时完成，并且运行良好。该项目获得了客户和公司的高度评价，在 2016 年底被评为公司最优秀的项目。我觉的能获得此成绩，主要归功于项目管理得当，尤其是项目的整体管理。回顾一年的工作，项目整体管理的理念一直伴随着项目的各个阶段，对项目顺利高效的完成起到了极大的支撑作用。通过项目的整体管理，使项目所有的组成要素在适当的时间充分地、有机地结合在一起，最终项目得以成功验收，并锻炼了一批能打硬仗的团队骨干。但是，我们的管理工作中仍然存在着不足，主要体现在以下方面：

第一，在监控项目工作过程中，没有引入挣值管理，如果引入挣值管理，基于以往绩效来预测未来绩效，会收到更好的效果。

第二，由于项目成员涉及安全运营中心职能部门的员工，存在着双重管理的问题，在实际工作中解决得不太好。

以上是我在×××学习超市系统网络安全项目管理中的一些体会。通过本项目的整体管理，使我在实战中积累了经验，也深深体会到对于专业性强、知识面宽、周期比较长、干系人众多等特点的大型项目，有效的整体管理对项目的顺利实施至关重要。在以后的工作中，相信我会做得更好。

论文样例 5　★

样例点评：★

纵观作者的这篇论文，是一份很好的项目工作总结。作者明确提出了"系统及动态地处理问题、明确接口定义并严格实施、换位思考以化解冲突"的工作方法，该方法对项目管理具有普遍的参考意义。如果没有丰富的项目管理实践经验，作者是得不到上述结论的。但从信息系统项目管理师论文的角度出发，作者显然偏离了论文的要求。

摘要

　　该论文的摘要部分过于简略，"探讨了信息系统项目的整体管理，指出项目整体管理在信息系统项目实施中具有重要地位和关键作用，应根据项目的实际情况和特点，在做好项目整体管理各项工作内容的前提下，有针对性地强化某一方面整体管理的工作。"尽管使用了这样的超长语句，但是内容空洞，没有提炼出整体管理的内容。而最后一句，"具体论述了在本信息系统项目的实施中，系统及动态地处理问题、明确接口定义并严格实施、换位思考以化解冲突三种方法对整体管理工作的积极意义"，不禁让读者疑窦丛生：这几方面的内容如何与整体管理相关联？总体来说，该摘要没有对整体管理提纲挈领地描述，且结论与整体管理的相关性较弱。

正文

【论文背景】

　　作者对于项目背景的写法无可厚非，描述了项目的内容并提炼了项目的特点。但作者所提取的项目特点是为了呼应自己后文提出的"三点论"，作者整篇论文的重点也在于介绍自己的"三点论"。这样的布局首先就偏离了论文的主题"项目整体管理"，所以，尽管论文背景真实可信，可惜没有紧扣主题，势必会影响对论文的评价。

【论文逻辑框架】

　　作者以"三点论"作为文章的主体部分，几乎令读者怀疑作者是否理解项目整体管理的逻辑线索。结果却出人意料，作者对于整体管理过程描述得很完整，见"项目整体管理是贯穿项目生命期全过程的一项综合性和全局性的管理工作……通常项目整体管理工作包括"一节。问题在于作者就此裹步不前，中间通过过渡"项目整体管理工作中着重做好了系统、动态地处理问题，明确接口定义并严格实施，换位思考以化解冲突这三方面的工作密切相关"，直接就将项目整体管理的内容映射为自己的"三点论"，让读者一头雾水。对于前面作者所说的整体管理的七个部分在项目管理中如何体现，文章缺乏明确的线索。所以尽管作者提出了正确的整体管理的逻辑线索，但因为理论与实际几乎没有关联，因而此处的逻辑线索形同虚设，没有起到贯穿项目实践的作用。

【论文总结】

　　论文的总结写得过于简单，只是将前面的"三点论"重新列举一遍，缺乏新意。

【论文外观】

　　论文的语句通顺，但表述稍嫌冗余。论文长句过多，有"一逗到底"的情形。另外，有些段落超长，如果是纸面写作可能会给人层次不清的印象。总的来说，作者可能对于信息系统项目管理师论文写作的要求了解得不够。尽管实用参考价值很强，但作为应试论文则明显偏离了论文内容的要求。

论信息系统项目整体管理

【摘要】

本文以我参与的某大型结构分析软件系统的消化、移植、开发项目为实例,探讨了信息系统项目的整体管理,指出项目整体管理在信息系统项目实施中具有重要地位和关键作用,应根据项目的实际情况和特点,在做好项目整体管理各项工作内容的前提下,有针对性地强化某一方面整体管理的工作。具体论述了在本信息系统项目的实施中,系统及动态地处理问题、明确接口定义并严格实施、换位思考以化解冲突三种方法对整体管理工作的积极意义。

【正文】

项目整体管理在项目实施中具有重要地位和作用,在本人参与的一项工程分析软件系统的开发项目中,充分体现了这一点。该项目开发的主要内容是:将引进某外国的运行于大、中型计算机(如 IMB 4381、WAX3300 等)的结构有限元分析系统进行消化、移植,形成有自主版权的可运行于工作站(如 HP715)和微机的结构分析系统,并在此基础上开发出当时国内急需的结构优化功能、图形化前后置显示功能和复合材料结构单元等新功能。该项目工作量大,仅需消化、移植的某源代码就有 40 多万条;技术复杂,涉及有限元理论、离散数学、计算机技术、各型计算机体系结构和操作系统的兼容性、结构力学、材料力学等多学科;多单位协作,有多达四个单位参加;参加人员众多且跨不同专业,有数学人员、力学人员和计算机开发应用人员。如此大型复杂的信息系统项目开发,综合的整体管理至关重要,决定着项目的成败。

为了保障项目的成功实施,在前期由我单位领导挂帅成立了项目领导小组,统一管理、协调根据项目的学科方向组建了相应项目研发小组,成立了项目管理组负责组间协调和项目的整体管理工作,我担任了项目管理组的组长,自始至终参与了项目的整体管理工作,切身感到了研发活动的整体管理所起到的重要作用,并认识到了一些整体管理的具体理念和方法。

项目整体管理是贯穿项目生命期全过程的一项综合性和全局性的管理工作,它以项目成功为目标,采取统一、协调、集约、澄清等措施,使项目实施全过程沿正确的轨道运行。通常项目整体管理工作包括:

(1) 制定项目章程,确立项目的组织机构和运行机制,约定行动规则、制定实施标准等;

(2) 初步确定项目的工作内容和工作范围,明确完成项目都要做哪些工作;

(3) 在项目实施各分计划的基础上,制订、协调、集成项目管理计划,并作为项目实施的准绳;

(4) 依据管理计划,指导和管理项目实施过程中各项活动的执行;

(5) 监督、控制、协调项目的各项工作;

(6) 进行变更控制管理，保持项目的完整性和一致性；

(7) 对项目进行收尾总结，工作有始有终，积累经验。

信息系统项目往往比较复杂。如本人参与的这个项目，既有涉及不同技术和专业的，如建立力学模型、设计各种算法、使用高级语言和汇编语言等；也存在有不同组织和个人的不同期望，如有计算力学所、计算机所，对模块性能有不同观点期望。协调进度、成本、质量，进行有效沟通和资源配置，树立全局观念等，都是项目所必须的，但又往往存在大量主观和客观的问题，对以上的管理构成障碍和挑战。在各项目目标之间和参与项目的单位和人员之间经常出现不协调或冲突，项目管理人员必须在这些不协调或冲突酿成危机前处理好，将之协调为完成项目所需的资源、计划以及工作。可见没有有效的整体管理，项目是难以成功的。

信息系统项目整体管理工作的内容繁多、涉及方方面面，存在着需要特别关注和做好的重要方面，换句话说，就是要特别关注在正确的时间、正确的场合，使用正确的方法，投放资源和实施工作。以我参与的这项工程分析软件开发项目来说，项目最终按期完成，基本实现预期目标，与项目整体管理工作中着重做好了系统及动态地处理问题、明确接口定义并严格实施、换位思考以化解冲突和矛盾这三方面的工作密切相关。

系统及动态地处理问题，就是对项目实施中出现问题的处理应放到项目全局中进行考虑，全面地、相互联系地进行分析，动态而不是静止地加以解决。在本项目的开发实施中，由于系统的需求是来自工程领域利用计算机进行结构分析与优化，并实现大型分析系统的微机化，项目成功与否的技术重点和难点在于不同计算机系统的差异和兼容性，而项目负责技术总体设计的总工程师是工程力学方面的专家，对其他领域专业知识（特别是计算机专业）的局限，使动态内存管理模块的设计方案几易其稿，难以满足系统总体要求，造成项目开发进度在系统移植阶段停滞不前。为了解决这个问题，我向项目领导小组及时请示，取得了单位领导的支持，召集相关的主要负责人，通过认真分析，采取了数学组专家提出的方案，并由数学组的组长来负责移植阶段的总体技术工作，系统移植的技术难题才得以正确解决。由此可以看出，在项目实施的全过程中，系统地看待和处理问题，动态地、恰如其分地调配资源，有益于项目整体管理工作目标的达成。明确接口并严格加以实施，是促使项目成功采取的一个重要措施。本结构分析系统是在已有原型基础上的移植、开发，在模块之间的接口调用上，存在不同的解决方案，具有不同的性能指标，如何整合集成，仅仅给出笼统的标准还不够，在项目进行到一定的阶段，必须由模块开发的各方，在项目有关的负责人协调下，确立明确、具体的接口定义，并严格按照定义的接口检测验收，以保证软件系统的完整性和一致性，形成阶段可交付的子系统，推进项目的进度。在如此庞大的信息系统项目开发过程中，没有明确的接口定义，项目在模块联调阶段，将面临大量协调、沟通、更改工作，为项目推进带来许多不必要的返工和重复，使本来不存在技术问题的项目实施举步维艰。我们项目管理组根据以往的经验，从项目一开始，就特别注重模块接口定义的整体、全局管理工作，协调各研发小组共同讨论接口的设计问题，使各研制组的工作在衔接处平稳对接，没有因为接口定义的不到位而对项目造成拖延和资源上的浪费，取得了明显的成效。

项目在开发过程中实施的各项活动交互重叠，不可避免地会发生冲突和矛盾，矛盾和冲突发生时，在双方方案均具有合理性，又各持己见、相持不下时，换位思考以求折中、平衡，从而化解冲突和矛盾，不失为整体管理工作中的一项行之有效的方法。在本项目中，研发人员主要由两类专业技术人员组成，工程结构方面的和数学、计算机方面的，两类人员由于专业背景的关系和出发点的差异，在对问题的解决上，常常各持己见，互不相让，而有时冲突的原因是对方专业知识的缺乏。为了很好地解决这一问题，我们项目管理组经过计划和组织，约定在每周五举办学术交流活动，请两方面的专家讲解、介绍各自专业领域的基本知识，使双方都能对对方的技术观点有较客观的理解，从而有利于在工作配合、协调时，能够站在对的角度，寻求到双方均满意的平衡点。由于课题组积极的措施和倡导，换位思考成为项目参加人员的共同理念，为项目的成功实施创造了良好的文化氛围。

该项目历时两年，较为成功地实现了当初制定的目标，并被评为当年部科技进步二等奖，能取得这样的成绩，很大程度上得益于良好的项目整体管理工作，特别是系统及动态地处理问题、明确接口定义并严格实施、换位思考以化解冲突这三种解决项目冲突的方法。

论文样例 6　★

样例点评：★

该论文以考生管理的医疗保险管理信息系统为例，总结和提炼了作者在项目管理实践中所积累的四方面经验，但作者并没有采用整体管理的逻辑线索来叙述和总结自己的工作。论文中甚至没有提到整体管理的任何子过程（制定项目章程、制定项目初始范围说明书、制订项目计划、项目执行、项目监控与跟踪、项目整体变更、项目收尾）。第 4 点需求管理勉强可以和整体管理变更沾点边，但看不到作者对于变更管理流程有具体的论述。所以，该论文尽管也是一篇关于项目管理实践总结的好文章，但明显不符合信息系统项目管理师论文的写作要求。

摘要

摘要的写法比较典型，值得推荐。作者开门见山，描述了自己的项目及其特点，然后说明自己在项目整体管理方面采取了哪些做法，"我在项目整体管理中采取了针对性的措施……通过这些办法，平衡了各方的利益，控制了项目的范围和进度，保证了项目的质量"，这样的写法就可以将项目背景和要讨论的项目整体管理自然地结合在一起。遗憾的是，作者在正文中完全天马行空，置整体管理的逻辑线索于不顾，直接采取枚举的方式给出自己在沟通管理、人员配置、风险管理以及需求管理和测试方面的实践。所以尽管写法值得推荐，但其正文内容的论述与整体管理的知识线索相去甚远，可惜。

正文

【论文背景】

论文背景真实可信，只是因为作者没能正确把握整体管理的逻辑线索，因而提炼的项目特点"项目的质量、人力资源、沟通和风险管理"与整体管理并不能紧密相关。所以尽管也介绍了项目特点，与后续讨论的内容也可以一一呼应，但方向偏离，功亏一篑。

【论文逻辑框架】

论文没有建立有机的正文逻辑框架。作者只是干巴巴地列出了四个段落，对应着作者要论述的项目的质量、人力资源、沟通和风险管理四方面的内容。论文的背景和后续的四点内容关联线索不明显，尤其引人注目的是，作者对于这四个方面的交代是完全孤立的，从形式和内容看是四段不相关的文字。

【论文总结】

论文总结的写法值得推荐，一方面指出工作中还存在的不足；另一方面对前面的内容又进行了提炼和总结，与前文的论文背景部分相呼应。

【论文外观】

论文语句通顺，但内容缺乏内在的逻辑关联，只是简单罗列，缺乏层次感。

论信息系统项目整体管理

【摘要】

医疗保险管理信息系统涉及医保管理部门、各定点结算点（医院、药店）、开发商，加之政策多变、业务不成熟，需求变化频繁，开发的难度和风险较大。在某市医保管理信息系统开发过程中，我作为用户方的项目负责人参与了项目的整体管理工作。我在项目整体管理中采取了针对性的措施，加强了参与各方的沟通，注重用户需求和需求的变化，合理配置项目组成员，对风险进行了及时的评估并顺利地控制了风险。通过这些办法，我们平衡了各方的利益，控制了项目的范围和进度，保证了项目的质量，顺利完成了这个项目。

【正文】

几年前，某市为实施城镇职工基本医疗保险，开发了一套医保管理信息系统，我作为用户方项目负责人，参与了项目管理、系统分析和编程的部分工作。这个系统的功能包含了基金征集和支付管理、参保单位（职工）管理、定点结算点管理、参保职工就诊结算管理、IC 卡管理等，目标管理人数为 30 万、定点结算点 200 个，计划投资 400 万元；采用 C/S 结构，数据集中保存在市医保中心，定点结算点与医保中心之间数据实时交换。通过公开招标，明确了项目的范围、时间、成本和采购，因此，我把整体管理工作的重点放在了项目的质量、人力资源、沟通和风险管理方面，目的是保证实现计划的功能并按时投入运行。在工作中，我根据实际情况，采用了灵活的工作方法，取得了较好的效果。该系统在 2004 年一次上线运行成功，目前运行情况良好。

一、加强了沟通管理

该项目涉及医保中心、参保单位、定点结算点、系统开发（集成）商等多个单位，从需求分析到系统设计、测试都要各方参与、协调配合。由于各方的地理位置十分分散，难以经常或长期集中，因此，让各方及时有效的沟通是项目成功的必要条件。为解决好这个问题，我采取了三个办法：

（1）提高大家对沟通作用的认识，特别是各方主要领导人对沟通的必要性和重要性的认识，从而对沟通工作给予必需的人员、经费和时间支持，保证了沟通工作得以按计划进行。

（2）对项目组外部的沟通，坚持从实际出发，采用多种沟通方式：一方面，把必要的、重要的沟通需要以联席会议、工作计划、总结报告的形式制度化；另一方面，在适用的前提下，采用灵活、经济的沟通方式，比如，对一般的小问题或者是简单问题进行电话交流，复杂一点的问题开碰头会，需要后续解决的、比较重要的及涉及面较大的问题要形成书面的会议纪要，有必要的情况下要由相关单位加盖公章确认。

（3）对项目组内部沟通，进行适当的控制，避免形式主义，在保证效果的前提下节省时间，提高工作效率。规定项目组成员将每天工作过程中遇到的问题记录下来，然后以邮件方式发送给需要沟通或者询问者。大家每天下班之前收取邮件，对于可以直接回答的问题则直接以邮件方式回复；对于无法直接答复而只需与提出问题者讨论的问题，在第二天上班前进行商议确定；而需要众人一起讨论的问题则放到每周会议上讨论；较紧急的问题召开临时性会议。通过以上方法，基本上实现了有关各方及项目组内部的有效沟通，及时发现问题、解决问题，避免了因各方立场不一致造成严重对立而影响项目进度，避免了因交流不畅形成重大质量问题。

二、合理配置人员

对项目组人员进行规划配置，合理分工，明确责任，保证项目各阶段、各方面的工作能够按计划完成。我们在项目组中配置了以下人员：技术组长 1 名，负责技术难题攻关，组间沟通协调；需求人员 5 名，负责将用户需求转换成项目内的功能需求和非功能需求，编制项目需求规格说明书，针对每个迭代集成版本与用户交流获取需求的细化；设计人员 5 名，负责对需求规格说明书进行系统设计；开发人员 8 名，实现设计，完成用户功能；集成人员 1 名，负责整套系统的编译集成，督促小组系统功能提交，及时发现各模块集成问题，起到各小组之间的沟通纽带作用；测试人员 2 名，对于集成人员集成的版本进行测试，尽可能地发现程序缺陷，以及未满足需求的设计；文档整理人员 1 名，负责对小组内产生文档的整合、统一；维护人员 1 名，负责系统验收后的维护，建议维护人员早期进入项目并参与项目测试以便顺利承担起项目维护职责。在人员的管理方面，一方面要求项目组成员相对稳定，以保证开发工作的连续性，另一方面，不搞终身制，不能够胜任工作的坚决调换，保证项目整体工作不受影响。通过平常和阶段性的工作考核、评审，对不合格人员进行调换。有一名需求分析人员因为工作态度不好，与客户单位业务人员关系恶化，调查落实后，我们立即把他调出项目组。

三、进行风险评估，在进度和质量之间进行权衡，争取最佳平衡点

由于项目资金已经确定，我就在进度和质量之间找平衡点，力争把风险降到最低。由于医疗保险业务本身比较复杂，加之当时国家政策不稳定，业务流程不是很规范，系统需求也在不断调整、完善，给项目的进度带来一定影响。由于这个项目涉及十余万参保职工的医疗待遇，影响很大，通过与用户方领导沟通，决定不搞"形象工程"，在质量和进度之间优先考虑质量。同时，考虑到这个项目采用了增量开发模型和模块化的设计方法，我把项目目标进行了分解，涉及业务经办的部分优先完成，保证系统在规定的时间上线运行，其他不影响业务经办的、辅助性的功能适当延期，包括医疗监督、统计分析和部分报表。这样虽然整体工期有所延长，但没有影响系统及时上线。这种做法同时照顾到各方的利益，把整体风险降到了最低。

四、重视需求变化的客观性，强化测试，保证了软件功能的完整、正确、高效

质量是软件的生命，软件功能完整、正确、高效是软件质量的重要组成部分，也是用户最关心的内容。我们采用了软件工程方法，使用渐增式的增量模型，注重满足用户需求和需求的变化。由于国家没有统一的医疗保险业务经办规范流程，并且，为保证医保基金的收支平衡，各地都在根据医保基金的运行情况进行不断的政策调整，造成医保系统的需求变化频繁。根据这个情况，为保证软件满足应用需要，我们规定：在整个项目的开发过程中，凡是用户提出的、经调查情况属实、经技术可行性论证可行的，全部予以响应。同时，采取措施避免需求的反复和无意义、不合理的变更。对较大的变更和比较关键的变更，要经各方联席会议论证通过，参与人员签字负责，并由提出变更的单位加盖公章确认。由于不合理或技术上不可行而没有通过的需求变更，要提出替代的解决办法，并与用户单位协商，达成一致意见后予以解决。测试是保证软件质量的重要手段，也是让用户直观地了解软件质量和熟悉软件操作的有效途径。我有计划地强化测试环节，让用户由始至终地参与测试工作。我们主要采取黑盒法进行测试，把工作重点放在测试用例的准备上，严格定义测试索引、测试环境、测试输入、预期结果、评价标准，尽可能地把各种业务的不同情况都表现出来。同时，我们准备了一家定点结算点进行实际运行测试，在该结算点手工记账和计算机联网记账同时进行，并有计划地穿插一些测试用例。通过这些办法，及时发现和解决了许多问题。

经过努力，该系统一次上线运行成功，并在6个月后通过了验收。回顾项目的整体管理工作过程中，虽然没有大的事故发生，但仍然存在许多问题，主要有以下三点：

（1）软件测试不系统，用例准备仍不够充分，忽视了压力测试。系统实际运行后随着参保职工和定点结算的增加，运行速度下降很快，达不到设计要求。虽然通过升级硬件缓解了这个问题，但造成了资金的额外投入。

（2）在需求分析过程中对各方目标的权衡不够充分，导致定点结算点使用的结算子系统功能较弱，提供的系统接口又不够强大，给定点结算点内部管理带来不便，一些必要的统计和查询功能难以实现。

（3）开发人员与操作人员对系统的要求差异认识不足，两者的直接沟通不够，造成一些对操作人员而言很重要的问题在开发人员那里得不到重视，产生了一些矛盾，给项目带来不利影响，特别是影响到用户方及领导部门对项目的整体印象。

综上所述，良好的项目沟通管理；合理的人力资源配置；用风险评估在进度和质量之间进行权衡；重视需求变化的客观性，强化测试，保证软件功能完整、正确、高效是我在某市医疗保险管理信息系统项目整体管理中的四个主要实践，为项目的成功奠定了坚实的基础。在以后的项目整体管理工作中，我要加强测试的系统性和科学性，注重各方利益的权衡，继续深化各方的沟通，协调好开发工作各个部分及各个方面的关系，更好地完成项目。

第 21 章　项目范围管理论文写作解析

21.1　项目范围管理论文写作概述

　　从一般考生的角度来看，似乎项目范围管理论文不太好写，毕竟范围管理所包含的各个子过程与考生的 IT 项目管理实践映射不是那么直接。即便如此，项目范围管理作为一个经常考查的论文写作主题，考生在写作时同样遵循第 19 章所建议的论文写作方法，便可写出合格的考试论文。与项目整体管理论文写法相似，考生在写作范围管理方面的论文时，首先形成范围管理论文的逻辑线索，即范围管理包括的六个逻辑过程，分别是制订范围管理计划、收集需求、范围定义、创建工作分解结构、范围确认和范围控制六个子过程。除了在日常复习过程中，熟悉每个子过程的输入-方法-输出信息，还应该有意识地以自己的方式去理解各个子过程的含义和作用，这样才可以更好地理解项目范围管理的知识结构，以及与 IT 项目范围管理实践之间的映射关系。

　　制订范围管理计划为范围管理中第一个过程，它所包含的内容是如何开展项目范围管理方面的工作，即范围管理后续其他五个子过程的内容。

　　收集需求的主要任务是确定、记录并管理干系人的需求，其目的是为范围定义奠定基础，需求文件和需求跟踪矩阵是收集需求的结果，需求文件是范围管理后续各过程的依据，需求跟踪矩阵是范围确认和范围控制的依据。在 PMBOK 早期版本中，范围管理知识域包含五个子过程，并没有收集需求这个子过程。包含收集需求这一子过程主要目的是为了反映 IT 项目范围管理和范围定义的特点[①]，一定程度上，可以将收集需求这一子过程视为范围定义子过程的前期工作。

　　范围定义是制定项目和产品详细描述的过程。在收集需求过程中所收集的需求，需要在范围定义过程中明确哪些将包含在项目范围内，哪些将排除在项目范围外，从而明确项目、服务或成果的边界，最后输出项目范围说明书。从项目管理范围角度分析，项目范围说明书是项目执行的范围基线；但对于实际的 IT 项目而言，软件需求规格说明书才是项目执行的范围依据。考生可以近似地将软件需求规格说明书映射为项目范围说明书，至于收集需求得到的需求文件可近似地视为项目软件需求规格之前的项目业务需求类文件。考生可以通过这样的近似映射关系，加强对收集需求和范围定义两个子过程作

---

① 在 PMBOK 编写委员会中，有 IT 项目背景的委员更积极、更主动，所以才加入需求收集这个子过程。对于传统行业而言，收集需求过程的必要性并不是很强。

用的理解和认识。

创建 WBS 则是根据所要完成的可交付成果及工作内容，将其逐步细化为对应的工作包，在其他知识域的管理过程中再为这些工作包安排相应的时间、人员以及预算等内容，故而创建 WBS 的目的是把将要完成的工作内容转换为应执行和监督的任务。它与范围定义的目的有着本质的区别，范围定义的目的在于将完成的内容表述清楚，即对工作内容"说清楚"，创建 WBS 虽然也是对工作内容进行细分，但它的目的在于基于合适的粒度对项目要执行的工作内容进行有效监督，即对完成工作内容而需执行的活动"管得住"。

范围确认是对可交付成果的确认和最终验收。实际工作中范围确认主要体现在得到外部干系人（客户）的认可。范围确认需要依据从范围管理知识域的各规划过程获得的输出（如需求文件或范围基准），以及从其他知识域的各执行过程获得的工作绩效数据，对核实的可交付成果进行验收。核实的可交付成果是指导和管理项目执行过程中输出的可交付成果，经过质量控制过程后得到的经过核实的可交付成果。

范围控制则是相对广义的提法，实际工作中往往倾向于将范围控制局限于所要完成的工作内容。项目管理中的范围控制还应关注由范围变更带来的项目工期、成本、质量等方面的变更。例如，当客户需求发生变更时，应该考虑工作内容的更新，同时还应考虑因为需求变更所引发的工期、成本等方面的变更。所以当发生范围变更时，范围控制应该与整体管理中的整体变更管理相结合。范围控制强调控制对象，而整体变更管理强调变更流程。

针对范围确认和范围控制之间的关系，考生可以近似地认为范围确认是 IT 项目中的阶段评审或阶段验收工作；而范围控制则是在项目的执行过程中，持续对项目计划完成或者实际完成的工作内容与项目范围说明书、项目 WBS 等文件之间的偏差进行监督控制，如出现偏差需要及时修正。换句话说，项目中如果不出现范围变更，范围控制不需要进行实质性工作；但无论如何，项目都要在计划阶段进行范围确认。

21.2　项目范围管理逻辑结构分析

项目范围管理包括确保项目做且只做所需的全部工作，以成功完成项目的各个过程。管理项目范围的主要目的是定义和控制哪些工作应该包括在项目内，哪些不应该包括在项目内。

在项目环境中，"范围"这一术语有两种含义，分别为：
- 产品范围：某项产品、服务或成果所具有的特性和功能。
- 项目范围：为交付具有规定特性与功能的产品、服务或成果而必须完成的工作。项目范围有时也包括产品范围。

应根据项目管理计划来衡量项目范围的完成情况，根据产品需求来衡量产品范围的完成情况。项目范围管理各过程需要与其他知识领域中的过程整合起来，以确保项目工作能实现规定的产品范围。

如前所述，项目范围管理论文写作的逻辑主线为范围管理六个子过程的输入输出内容，考生必须以这六个子过程作为论文正文部分的主要逻辑架构。项目范围管理过程的逻辑架构如图 21.1 所示。

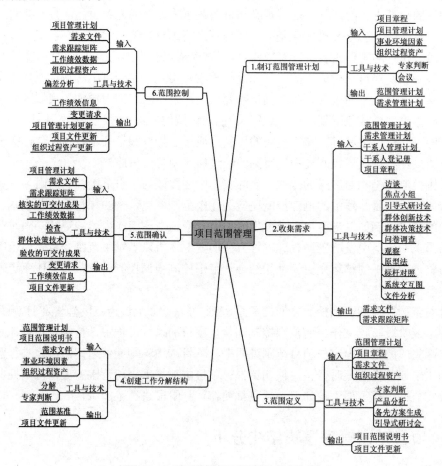

图 21.1 项目范围管理逻辑过程框架图

项目范围管理包括下面 6 个过程，分别为：
- 制订范围管理计划：创建范围管理计划，书面描述将如何定义、确认和控制项目范围的过程。
- 收集需求：为实现项目目标而确定、记录并管理干系人需求的过程。
- 范围定义：制定项目和产品详细描述的过程。
- 创建工作分解结构：将项目可交付成果和项目工作分解为较小的、更易于管理的组件的过程。
- 范围确认：正式验收已完成的项目可交付成果的过程。

- 范围控制：监督项目和产品的范围状态，管理范围基准变更的过程。

21.3 项目范围管理论文样例

论文样例1 ★★★★

样例点评：★★★★

该论文以作者管理的国家××监控信息系统项目为例，重点说明了如何进行项目的范围管理。在介绍项目背景"随着经济的发展和医疗水平的不断提高，国内的多个县级医院开始设立重症监护病房（ICU），此项目也是由国家投资……同时与其他紧急呼叫系统、对讲系统协同工作，共同构成一个完善的医用数字化多路电视监视系统"基础之上，作者总结了该项目的特点，"对于这样一个施工地域广，最终用户繁多的项目，要使项目能够顺利实施，清楚地分析项目工作具体范围和具体工作内容至关重要，同时也为提高项目成本、时间和资源估算的准确性打下良好基础"。通过总结特点，就非常自然地将正文的重点引向范围管理。

对范围管理进行论述时，采用了标准的逻辑框架（制订范围管理计划、范围定义、创建工作分解结构、范围确认、范围控制），从而使论文的脉络分明、结构清晰。作者还对自己的项目管理实践进行了总结，提出了工作中的不足以及对应的解决方法，使论文的内容更为具体、真实。论文布局合理、逻辑清晰、行文流畅，可以当作信息系统项目管理师考生的参考范文。需要注意的是，论文的字数偏多。可以适当地对论文摘要、项目背景以及最后的论文总结进行压缩。压缩的主要原因并不是因为内容空洞或者逻辑结构不合理（恰恰相反，这三部分的内容详略得当），只是因为考试时论文写作有字数限制，太多了卷面写不下，另外，写作时间也有限。

摘要

摘要结构合理、线索清晰，叙述项目背景和特点之后，提出该项目的管理重点是范围管理，并进一步指出范围管理的主要内容，为整个论文起到了提纲挈领的作用。该摘要的写法也是建议考生重点参考的写法。

正文

【论文背景】

项目背景真实可信，同时对项目特点进行了总结，使得项目背景与后面论述部分的内容相互连贯，浑然一体。不足之处是对项目的具体内容描述过多，信息系统项目管理师论文考查的重点是作者是否具备项目管理的实践经验，项目背景只是用于判断是否为实际的项目，因而在背景叙述时不用面面俱到，说明项目的基本信息和特点即可。在该论文中作者甚至可以将"项目最终要在1年内完成89套数字多路系统在72个市县级医院的现场考察……使系统具有灵活、简便的操作特点，又不失去整体的稳定性"和"控制中心（指护士站）可对整个病房、探视区所有监控点进行实时监视……共同构成一个完善的医用数字化多路电视监视系统"这两段内容可略去不写。这样的取舍，不会对项目背景的完整性和特点产生明显的影响，但可以为作者的论文写作节省宝贵的时间。

【论文逻辑框架】

论文逻辑线索突出（与摘要和论文背景的范围管理线索一致）、结构清晰，建议考生参考这样的写法。对于范围管理各个子过程还可以进一步描述过程的输入、输出、主要的方法，这样可以使论文的逻辑结构更清晰。但需要强调的是，过程的输入、输出和方法无需面面俱到，考生的重点仍然在于说明自己在实际工作中如何参考这些输入输出方法模型，即理论和实际需要合理平衡。该论文的写法就比较典型，对于每部分子过程首先说明其主要目的，然后介绍自己在项目管理实践中的具体做法，因而能做到实际与理论紧密关联，符合信息系统项目管理师论文写作的基本要求。

【论文总结】

论文总结的写法同样值得推荐。论文总结的落脚点在于工作中的不足和未来的改进方向，但需要说明的是这些不足和改进一定要与论文的主题相关。对于范围管理的论文，如果作者不管不顾非要总结出项目估算的经验或者合同谈判的重要技巧等，那么仍然属于偏题。而该论文对于不足和改进的分析则始终围绕范围管理的主题展开，使得论文的主题明确，始终能够保持清晰的主线。

【论文外观】

论文布局合理，逻辑结构清晰，行文流畅，段落与语句划分合理，值得重点借鉴[①]。

论项目范围管理

杨 桢

【摘要】

2005年3月，我参加了国家××监控信息系统项目的管理工作，在项目过程中担任项目经理，负责领导项目小组进行项目计划实施及全面监控项目运行情况。项目要求在一年内完成。本项目是国家卫生部及各省卫生厅共同出资的项目，项目涉及全国17个省，72套信息系统，主要系统安装在各省的传染病医院。此数字化多路电视监视系统便于值班室医生、护士及时观察和了解病人的情况并且进行记录，同时病人亲属可以通过电视监视系统和病人进行可视对讲，以利于缓解病人情绪，提高治疗效果。在项目实施中，因最终用户分散，项目实施范围广给项目顺利推进带来了一定的困难。针对项目范围不明确，没有有效管理项目的范围变更等问题，我和项目小组成员制定了范围确认流程及

---

① 该论文作者在考试时采用类似的方法撰写主题为项目成本管理的论文，论文成绩为49分。鉴于信息系统项目管理师论文写作的阅卷标准严格，49分的论文成绩已经不错了，故而值得考生重点借鉴。

范围变更控制流程，并理论联系实际，在项目管理过程中，通过进行范围规划、范围定义、创建工作分解结构、范围确认和范围控制各环节的有效管理，解决了项目中的问题，保证了项目工期、成本及质量，最后顺利完成了这个项目。

【正文】

随着经济的发展和医疗水平的不断提高，国内的多个县级医院开始设立重症监护病房（ICU），此项目也是由国家投资，对72个县级医院的ICU病房进行设备改造，增设数字化多路电视监视系统。ICU病房由于其接收的病人病情重、抵抗力差，加之各种侵入性监测的实施及介入治疗等，使ICU病人感染的概率明显高于一般病房，所以多采用各种隔离措施，病人家属不允许直接进入病房。设置数字化多路电视监视系统是为了便于值班室医生、护士及时观察和了解病人的情况并且进行记录；另外病人家属可以通过该系统与病人进行可视对讲，有利于病人的康复。此项目采用了公开招标方式，我公司参与了投标并顺利中标，于2005年初签订了合同，随后成立了项目小组。在项目初期设计、计划执行过程中，我作为项目经理，项目干系人的沟通、各方利益的平衡、用户需求的满足是我的工作重点。项目最终要在1年内完成89套数字多路系统在72个市县级医院的现场考察、设备安装、调试及验收工作。多功能数字化电视监视系统由视频矩阵和硬盘录像机组成。利用数字化的硬盘录像技术完善传统的模拟监控系统的缺点；又保留视频矩阵等相关模拟产品，利用原有成熟的模拟视频切换技术，使系统具有灵活、简便的操作特点，又不失去整体的稳定性。

控制中心（指护士站）可对整个病房、探视区所有监控点进行实时监视，并对监视的内容实时录像；同时，还可以根据控制软件的设置，对报警事件进行视频跟随，并自动录像。当有病人亲属来访时，操作人员通过简单的操作，将病人的图像调到探视区相应的彩色监视器上，并利用对讲呼叫系统实现双向可视对讲。以视频切换矩阵主机为中心，配置归档计算机、矩阵控制键盘、硬盘录像机、监视器等设备，同时与其他紧急呼叫系统、对讲系统协同工作，共同构成一个完善的医用数字化多路电视监视系统。

对于这样一个施工地域广，最终用户繁多的项目，要使项目能够顺利实施，清楚地分析项目工作具体范围和具体工作内容至关重要，同时也为提高项目成本、时间和资源估算的准确性打下良好基础。

我认为，项目范围管理不仅应该让项目管理和实施人员知道为达到预期目标需要完成哪些具体工作，还要确认清楚项目相关各方在每项工作中清晰的分工界面和责任。详细、清楚地界定分工界面和责任，不但利于项目实施中的变更管理和推进项目发展，减少责任不清的事情发生，也便于项目结束时项目范围的清晰确认。

结合项目范围管理理论，要使项目能够顺利实施，实现最终客户对项目进度及质量多方面的要求，我认为应该做好范围管理计划编制工作。范围计划编制的过程就是制订一个项目范围管理计划，它规定了如何对项目范围进行定义、确认，以及如何制订工作分解结构的过程。

首先成立了20人的项目组。我负责全面的项目管理，担任项目经理，将人员分成4个小组进行项目实施，将分布于17个省的最终用户按地理方位分成四个区；以项目投标文件、深化设计方案及合同等文件作为依据，对项目范围进行了分析，以公司类似项目国家粮库信息系统建设的相关文件为模板，建立了范围管理计划。范围管理计划中包括详细的项目范围说明，就是将各最终医院通过系统设计，布线施工，设备检验、安装、调试、验收过程实现对病房中重症病人的实时监护。同时包含创建工作分解结构的初步计划及验收确认等内容。

范围定义是开发一个详细的项目范围说明书，作为将来项目决策的基础。项目范围说明书中对项目工作定义的详细程度，决定了项目团队能否很好地管理项目的范围。对项目的范围进行管理，又可以决定项目团队能否很好地规划、管理和控制项目的执行。所以我组织项目团队首先制定了项目目标。项目规定在11个月内完成验收，并获得国家卫生部的验收认可，同时项目利润达到35%。项目的最终客户满意度评价中，评价为优质工程的比率达到85%。同时，利用产品分析和干系人分析的技术方法，我和项目小组成员共同规定了项目的范围描述、项目的最终交付产品、项目的验收标准、约束假设条件、项目进度里程碑等内容。

创建工作分解结构是将项目的主要可交付成果和项目工作细分为更小的、更易于管理的部分。根据项目的特点，经和项目小组成员充分讨论，应用分解技术，以项目生命周期的各个阶段作为工作分解结构的第一层；即需求分析、设计、布线施工、设备检验、安装、调试、验收作为第一层次；把第一层次中的项目具体内容在第二阶段继续进行划分，以设备检验为例，产生的第二层次的内容为开箱检验、加电测试。通过全面的工作结构分解，把项目范围分解开来，使项目人员对项目一目了然，使项目的概况和组成明确、清晰、透明、具体，并把工作包作为分解结构的最底层，且不大于80小时。在各个层次上保持项目的完整性以便于项目管理计划及管理需要。同时，将工作分解结构中包含的工作单元的细节在工作分解结构字典中加以描述。批准的项目范围说明书、工作分解结构及工作分解结构字典共同构成了项目范围管理的基准。

范围确认是项目干系人正式接受已完成的项目范围的过程。在范围确认过程中规定了需要确认的各个环节，如设计确认、施工图纸确认、布线施工确认、设备交验确认、安装及系统调试确认，各阶段确认汇总后，将对系统总体检验作为最终交付的确认，即验收。同时规定了项目各阶段的交付文档。

范围控制是控制项目范围变更的过程。项目团队以项目范围基准为依据，结合项目绩效信息，采用变更控制系统进行了项目的范围变更管理，并规定范围变更的批准由变更控制办公室批准执行；将变更分为设计变更、设备变更、人员变更等类别，要求变更以书面提出申请并由规定的部门批准后执行；在变更执行过程中进行跟踪，以确认达到效果。

在项目实施过程中，我也遇到了一些问题，下面总结一下我的解决方案。

问题一：在项目的执行过程中，我发现因施工地址分散，最终客户复杂，项目干系人众多，在项目确认的各个阶段，没有明确的责任人。例如在图纸确认阶段，医院的施工负责人签字确认后，有时重症监护科科长认为图纸设计不够合理，对设备的安装位置和施工负责人意见不一致，使得图纸确认无效。医院方意见不统一，迟迟不能给出最终意见，也耽误了项目的工期。

针对这个问题，我和项目小组成员共同进行了讨论。问题解决方案如下：

首先，明确了需要确认的各个关键节点，即设计确认、施工图纸确认、布线施工确认、设备交验确认、安装及系统调试确认等，并规定了施工图纸确认、布线施工确认、设备交验确认需医院的传染病科科长签字确认。设计确认、安装及系统调试确认由机械科科长签字确认同时加盖医院公章。其次，明确以上确认均以书面形式为准，并由我公司项目实施工程师提交确认申请后三天内完成。明确了责任人、审批时间、确认的关键内容后，提高了工作效率，问题得到了有效改善。

问题二：范围变更的控制管理及审批过程不够明确，范围变更没有进行有效控制。例如在实施过程中，个别技术比较先进的医院，已经安装了重症监护系统，院方要求将此套系统更改为对医院楼道及周界的监控系统。由于变更审批时间长，为了满足工期及院方要求，我公司项目小组组长直接对项目变更进行了审批。针对这个问题，经公司领导层及省卫生厅、国家卫生部、招标公司共同协商，解决方案如下。

首先，对项目组成员进行变更控制管理的培训，学习变更控制系统控制及审批流程。不同的变更申请审批级别不同。通过培训，使项目团队成员以项目范围的基准为衡量标准，超出范围的要求按流程提交申请，避免了未审批就执行的现象发生。其次，建立了变更控制办公室，成员由我公司、国家卫生部、省卫生厅、院方及招标公司代表组成。对于改变项目需求的变更，需执行以上各代表的审批即 5 级审批流程，经批准后方可执行。通过审批流程的学习和项目变更控制办公室的建立，提高了对变更的有效管理，为项目顺利验收奠定了基础。

以上是我在医疗监控项目范围管理的一些体会及措施，通过本项目的沟通管理，使我在实战中积累了经验，也深深地体会到对于施工地点分散的大型项目，有效的项目范围管理对项目顺利实施至关重要。

论文样例 2 ★★★

样例点评：★★★

该论文以考生管理的餐饮管理信息系统为例，论述了如何在项目执行过程中进行有效的范围管理。论文的摘要结构清晰，层次分明，可以推断出考生对于范围管理理论知识具有较扎实的基础。如果单纯根据摘要的写法去推断，该论文应该是一篇比较符合信息系统项目管理师论文写作要求的文章。

论文在正文部分有条不紊地介绍和分析了项目背景后，结合项目的实际状况，谈到了范围管理计划的准备与制订，将理论与实际做法进行了较好地对照。如果照此写法继续下去，该论文将会是一篇四星甚至五星级别的论文。但令人惊讶的是，考生在后续的写作过程中突然判若两人，对于后续的范围定义、WBS 分解，尤其是范围确认和范围变更控制更是一笔带过，机械地对理论部分进行了复述，看不到任何项目管理实践的痕迹。

让人意外的写法不只体现在正文部分，论文总结同样使得这样一篇本该是四星的论文黯然失色。论文没有进行总结，也没有进行相应的经验提炼，只是虚张声势，草草收尾。

摘要

论文的摘要结构合理，内容递进得当。摘要部分展现出了考生对于范围管理的理论知识有着较全面的掌握和理解。

正文

【论文背景】

论文背景翔实可信，考生对于项目特点和角色也作了说明。不足之处是背景的叙述仍然不够具体，因而不能对读者产生强烈的感染。

【论文逻辑框架】

论文体现了范围管理的逻辑线索，不足之处是理论介绍过多，而项目实践操作过少，容易给阅卷老师留下"背书"的印象。

【论文总结】

这样的论文总结聊胜于无，仅此而已。

【论文外观】

论文布局合理，逻辑结构线索明确。但论文措辞仓促，多有语误，个别部分甚至不知所云，如"通过对用户需求及行业人员素质进行分析后发现，前期项目范围管理在整个项目成功的关键""在确保了满足客户需求及系统时间、成本、质量的提供下，为项目顺利完成打下了坚实的基础"，考试时应该尽量避免类似的行文错误。

论项目范围管理

【摘要】

2008 年，受公司委托，我作为项目经理参加了××餐饮企业资源信息管理系统建设，负责领导项目小组进行客户需求论证，开发出适合该餐饮集团资源信息管理系统。系统要求管理采购、配送、库存、销售、生产、成本、质量控制及财务，由于该餐饮集团在全国范围内直营店和加盟店较多，地域分布广，对系统的时效性、稳定性及易用性要求比较高，通过对用户需求及行业人员素质进行分析后发现，前期项目范围管理是整个项目成功的关键。在项目进行中，因涉及最终用户人员多，且人员操作水平差异大，给准确定义项目范围带来了一定困难。在项目过程中，针对项目范围不明确，没有有效的管理项目范围变更等问题，我和我的小组成员制定了范围确认流程及范围变更控制流程。

在项目管理的过程中,通过进行范围规划、范围定义、创建工作分解结构、范围确定和范围控制各环节的有效控制,解决了项目范围管理中的问题。在确保了满足客户需求及系统时间、成本、质量的提供下,为项目顺利完成打下了坚实的基础。

【正文】

随着信息技术和计算机技术的发展,在当今以市场经济和计划经济为导向的前提下,企业信息化建设成了引领企业未来发展的必由之路,因此××餐饮公司通过对市场和信息技术的发展做了调研,决定上一套适合本集团的资源信息管理系统,要求该系统能够管理公司采购、配送、库存、销售、生产、成本、质量控制及财务等主要业务流程,能够时时准确地了解和掌握整个集团运行状态,及时反映和分析出客户取向及公司运行过程中的问题,以及时调整经营和管理策略。

此项目采用公开招标方式,我公司参与了投标并顺利中标,于 2008 年初签订了合同,随后成立了项目小组。我作为项目经理,参与了该公司前期需求讨论和分析,通过前期与客户接触发现人员操作水平差异大、业务复杂,这是我们在招标前期没有想到的,对项目范围过于乐观的估计,可能使我们增加成本,更要命的是拖延项目工期,这样将使公司遭受项目亏本、失去客户信任的风险。因此我召集项目小组成员,制订了详细的项目范围确认计划、确认流程及确认要求,与客户共同制订了范围确认流程,及范围变更控制流程,将项目按多个里程碑分期交客户验证,确保如期保质保量将一个时效性好,稳定的及易用性突出的系统交付给客户。下面我将详细说明项目范围管理的各个阶段。

范围确认流程,由于系统模块较多,涉及用户比较,而且不能因为流程确认阻碍客户目前业务的正常进行,因此与客户高层协商,分期分批与各个业务口用户确认。客户那边根据实际业务情况将日常业务较多的业务口和相对业务紧急程度不高的业务分开来确认。首先,对于日常业务较多的业务口先安排集中处理业务,然后再抽出一部分时间进行流程分析和范围确认,当业务比较繁忙时,我们安排人员到其他业务口去工作,这样避免了在某一个业务口上虚耗过多的等待时间,影响整个项目的工期。

确认要求是我们为了保证确认的质量,要求我们小组成员克服当前范围确认困难,如何与客户达成一致,如何解决在工作的过程中与客户的业务冲突以及当与客户发生意见冲突时应如何与客户交流,对于不能达成一致的需求应如何处理。客户是系统的最终用户,我们又代表着公司的根本利益,如何兼顾双方利益是我们每个小组成员认真思考的问题。同时这也为我们保证项目时间,提高项目质量,保证项目成本打下良好的基础。

根据项目范围确认流程和确认要求,我们制订了详细的项目范围计划。制订范围计划时我们借鉴了以前项目的经验,制定了确认样板、表格及标准,充分考虑了客户现场情况,将业务复杂的业务口适当地放宽了相隔确认周期,尽量多留给客户和工作小组一些时间思考,做到与客户共同抽提业务需求。对于业务比较清晰的,由我们小组人员抽提业务需要,做完后拿结果直接请客户确认,尽量缩短确认时间,同时又预留了一些风险时间,保证应付在范围确认过程中出现的风险,计划中还安排了相对某个业务比较熟悉的同事监督和审核确认结果。实际上范围计划编制的过程就是制订一个项目范围管理计划，它规定了如何对项目范围进行定义、确认以及如何制订 WBS 分解的过程。

范围定义是开发一个详细的项目范围说明书，作为将来项目决策的基础。项目范围说明书中对项目工作定义的详细程度，决定了项目团队能否很好地管理项目的范围。根据该项目章程、初步范围说明书以及范围管理计划，通过对产品分析和各方案识别，我们进一步完善了项目范围说明书，更加详细地补充了项目范围管理计划。

创建工作分解结构是将项目范围说明书和项目范围管理计划以及批准的客户变更请求，通过一些分解方法和表示方法，按一定的粒度，以项目的生命周期分解成里程碑，以及每个里程碑应完成的功能需求，制订阶段性的交付成果，与客户进行功能验证。其中里程碑是以客户业务特性划分的，将必需的基础业务和基础的系统架构划分到第一里程碑，将其他业务分到第二里程碑，将一些友好性的实现和部分分析模块划分到剩下的里程碑里，每个里程碑都进行了与客户的交互验证。

对于一些范围验证过程出现的需求变更，团队以项目范围基准为依据，采用变更控制系统进行了项目的范围变更管理，并成立了变更控制办公室对变更进行批准和执行，对于影响较大的变更请求提议公司决策。

【总结】

项目范围管理是通过项目范围计划、范围定义、WBS 及范围验证和控制达到项目管理的目的，项目范围管理是项目管理的关键一步。在范围管理的过程中要根据客户的实际情况、项目本身的特点、项目所处的环境，制定相应的管理流程，以减少后期风险，做到以客户为中心，实现双赢。

论文样例 3　★★★★

样例点评：★★★★

论文以考生管理的项目为例，全面论述了在项目中执行项目范围管理的主要环节与具体的做法。论文结构明确、逻辑线索清晰、段落过渡自然、语言流畅，是一篇不可多得的信息系统项目管理师论文范文。可能没有足够的准备时间，考生没有撰写论文的结束部分，但有足够的理由推测考生的结论部分会同样特色鲜明，符合信息系统项目管理师论文的写作要求。

摘要

论文的摘要结构明确，线索清晰。考生通过对项目背景的简要叙述"作者参加了××省指纹自动识别系统（AFIS 系统）的开发，担任开发方项目经理的职务……数据上报下载和 Web 访问为一体"，提出论文的论述内容为项目的范围管理"本文结合作者的实践，以该项目为例，讨论了项目的范围管理……范围确认和范围控制五个部分"，提炼出项目的特点"针对该项目功能较复杂，涉及干系人众多的实际情况"，最后说明了项目的结果评价以及论文总结"采用多种方式很好地保证了项目按质量完成。最后总结了该项目在范围管理上的一些有待改进之处"。该论文的摘要符合信息系统项目管理师论文的建议写法，值得借鉴。

正文

【论文背景】

论文背景翔实，通过数字列举了项目的基本信息，让阅卷老师可以充分感受到该项目确实具备考生所提炼的特点，"和以往同类项目相比，本项目具有中心库数据庞大、功能复杂、涉及干系人多、用户水平参差不齐的特点"。所以论文的撰写重点由背景信息过渡到项目范围管理的过程非常自然。

【论文逻辑框架】

论文逻辑线索清晰，对于项目范围管理每个子过程部分的论述能够理论结合实际，较好地平衡理论与项目实践之间的比重关系，值得借鉴。

【论文总结】

可能是因为时间关系，考生没有准备论文总结。论文总结的写法应是在呼应前面正文部分主要内容的基础上，对项目实践过程中的经验进行总结，最后展望项目范围管理在未来项目管理实践中的应用。

【论文外观】

论文结构合理，逻辑线索清晰，语言流畅，值得借鉴。

论项目范围管理

陶姊雨

【摘要】

2005年10月，作者参加了××省指纹自动识别系统（AFIS系统）的开发，担任开发方项目经理职务。该项目作为××省××工程的重点工程，受到了省政府公安厅领导的高度重视。该系统合同额为3000万元，开发时间为一年。系统采用C/S三层架构，涉及软、硬件，面向省公安厅，各县市公安局以及基层派出所，集信息采集、指纹认定、指纹查询、数据上报下载和Web访问为一体。本文结合作者的实践，以该项目为例，讨论了项目的范围管理，包括制订范围计划、范围定义、创建WBS、范围确认和范围控制五个部分。针对该项目功能较复杂、涉及干系人众多的实际情况，采用多种方式很好地保证了项目按质量完成。最后总结了该项目在范围管理上的一些有待改进之处。

【正文】

传统的基于油墨捺印的指纹采集方式效率低下，并且采集后的信息也不利于存储。随着国家××工程的开展，对公安信息化的要求不断提高。××省公安厅决定启动全省范围内指纹自动识别系统（AFIS）的建设，涉及全省共1100个派出所。项目采取了公开招标的方式，我公司顺利中标。该工程也被列为××省××工程的重点工程。项目总合同额 3000 万元，其中软件费用 1800 万元，硬件费用 1200 万元，项目于 2005 年 9 月 15 日开始，要求在 2006 年 10 月 1 日前全面竣工并投入使用。

该系统要求在省厅建立能容纳 500 万人的捺印指纹、120 万人现场指纹数据库，面向省公安厅、县市局和基层共 1100 个派出所。支持的信息种类包括指纹、掌纹、人像和文字信息，具备信息采集、信息比对、信息查询、数据上报下载、工作结果统计和 Web 访问等功能。另外该系统要求能和省内已有的旧指纹识别系统保持兼容。指纹采集所需的 470 套活体采集仪也从我公司采购。和以往同类项目相比，本项目具有中心库数据庞大、功能复杂、涉及干系人多、用户水平参差不齐的特点。

公司的组织方式为项目型，除了核心的算法科学家为独立工作外，其余项目成员直接归属项目经理领导。项目组成员包括：1 名项目经理，2 名质量控制人员，1 名技术经理，8 名程序员（4 名高级程序员，4 名中级程序员），1 名算法科学家，1 名配置管理人员，共计 14 人。团队中除了两名程序员和一名质量控制人员外，都有类似项目的经验。

项目范围管理包含一系列子过程，用于确保项目包含并且只包含达到项目成功所必须完成的工作。包括如下五个过程：范围规划、范围定义、分解 WBS、范围确认和范围控制。成功的项目范围管理不仅有利于项目管理和实施人员明确要达到项目目标需要完成哪些工作，同时也能有效地明确各参与方在项目中明确的责任和分工。另外，一开始定义好项目的范围有利于项目实施中的变更管理，减少责任不清事件的发生，也便于项目结束和范围验证时能够清晰地判断范围是否完成。

在项目的启动阶段，我们就感到这个项目和以往做过的同类项目相比，具有一些鲜明的特点。首先是项目需求不够清晰，从省公安厅的高层领导到基层派出所的民警同志，大家都对该项目抱有很高的期望，每个人都有一些想法，但是往往不同人之间的想法存在冲突，这就给范围定义带来了一些困难，需要作出一些取舍。其次，项目的功能较多，尤其是还要兼容以前的旧系统数据，但是初始的项目范围说明书没有提供足够的信息，这对我们编制详细的项目范围说明书是个潜在的风险。最后，由于项目干系人较多，在项目执行的过程中如何做好范围控制也是一个不小的挑战。

面对以上困难，在本项目的范围管理中，我们主要采取了如下办法：

在制订范围管理计划的时候，我们明确了范围控制中所要做的事项。主要原则包括：严格控制变更来源，对一般项目干系人提出的变更需求应当予以记录，但通常不当场解决；重要项目干系人提出的需求，即使需要短期内答复的，也应该通过项目变更委员会讨论决定是否执行；需要变更的事项，必须经过技术经理或者项目经理的同意，不允许私自答应客户的变更；对于需要执行的变更，应该及时录入配置管理系统。随后项目的执行情况表明我们制定的这些原则是行之有效的。

在范围定义的时候，需要制定详细的项目范围说明书。详细的项目范围说明书定义了项目边界，能够明确地判定变更或附加工作是在项目范围内还是在项目范围外，也是进行成本、质量和进度管理的基础。由于不同项目干系人之间有不同的期望，如何管理好这些期望,变成明确清晰的项目范围是一个值得讨论的问题。在本项目中,我们采取的办法是先进行干系人分析,将不同干系人的需求和期望以及它们的重要程度和对项目的影响力识别出来,再进行筛选和排序。对项目成功完成有重要意义的需求,要尽量满足,而对于影响力较高的干系人的需求,即使对项目没有多大意义,也要予以考虑,以避免对项目完成造成负面的影响。

工作分解结构是对完成项目目标所需的工作进行结构性的分解。准确的分解工作是成本和进度估算的基础。为了做好这个工作,我们借鉴了以往同类项目的工作分解模板,并结合当前项目做了改进,主要增加了和已有旧系统数据兼容的部分工作。另外,考虑到项目要做的功能比较多,对分解的详细程度,我们也制订了一套规则。对部分工作暂时还没有明确详细的细节但是又不需要在当前完成的,可以不用分解得太详细,只保证列出需要完成的功能;但是在两周内需要开始的工作,必须分解到工作包的水平,即 80 个小时·人能够完成的工作。

范围确认是对已完成项目范围正式确认的过程。及时、规范的范围确认可以使项目组成员提高士气,并且管理层和客户能够最直观地了解当前项目的进度。在范围管理计划中我们明确规定,对被确认的可交付物,必须有客户正式的签字确认文件,即使是客户没有通过的,也要书面记录该结果以及被拒绝的原因,以待分析检查原因。

范围控制的核心是管理变更,即影响发生变更的因素、保证所有被请求的变更按照项目整体变更控制处理,并对范围变更实际发生时进行管理。在制订范围管理计划时,已经介绍了主要的范围控制原则。为了对范围变更进行追踪,确保已通过的范围变更请求得到处理,我们引入了配置管理系统,将所有的通过的变更请求作为配置项管理,并委派专门的配置管理人员不定期检查配置项的状态。此外,我们在定期的项目评审会议上,还要检查当前项目中是否引入了未批准的变更。另外,针对项目绩效报告,我们也要进行分析,确定是否需要采取措施引入变更。

论文样例 4　★★★★

样例点评:★★★★

论文以考生管理的项目工程造价管理平台为例,对项目范围管理方面执行的主要活动进行了清晰的描述。论文结构完整、逻辑线索明确、段落过渡自然、语言通畅,是一篇写得较好的应试论文,值得其他考生借鉴。

摘要

论文的摘要结构明确,线索清晰,不足之处是篇幅较长,可以将第一段和第二段的内容进行精简后合并。此外,考生在摘要中引出范围管理的主题时不够自然,可以将"结合自身实践,以此项目为例,讨论项目的范围管理,包括制订范围计划、范围定义、创建 WBS,范围确认和范围控制 5 部分",修改为类似的说法 "该项目的成功实施有多方面因素,规范有效的项目范围管理则是其中的主要因素。本次项目范围管理主要包括五方面的工作内容，分别是制订范围计划、范围定义、创建 WBS、范围确认和范围控制。"

总体上看，除了字数较多之外，该论文的摘要符合信息系统项目管理师论文的建议写法，值得借鉴。

正文

【论文背景】

论文背景翔实，比较清楚地说明了工程造价平台所包括的四部分工作内容 "实现建设项目估算、概算、预算、标底、结算阶段从编制到审查全流程管理，编审工作采用多级数据对照审查；然后实现年度估算、概算、预算、标底、结算造价审查统计、年度投资项目造价分析；最后建立以项目造价文件、工程指标、材料价格、计价依据为对象的造价知识（数据）库；实现与计价编审软件、身份认证系统和计划管理软件的集成应用"。这种采用分号说明系统组成部分、顿号说明组成部分所包含的细项功能的写法值得考生借鉴。有些考生在介绍项目完成的功能时，一逗到底，看不出各个功能之间的并列关系和层级隶属关系，使用顿号、逗号和分号三级符号的句式，可以较好地描述系统的多类别、多层级功能。

【论文逻辑框架】

论文逻辑线索清晰，每个子过程描述都体现了对应的输入-方法-输出要素，且能够有意识地与项目中的具体实践工作相互映射，也是其他考生可以充分借鉴的正文逻辑框架的写法。

【论文总结】

论文总结内容合理、可信，篇幅适当，是比较典型的论文总结写法。

【论文外观】

论文结构合理，逻辑线索清晰，语言通顺，值得借鉴。

论项目范围管理

【摘要】

2011 年 4 月，我参加了××××油田公司工程造价管理系统项目的管理工作，在项目过程中担任项目经理，负责领导项目小组进行项目计划编辑、实施和监控等工作。项目历时 1 年，并顺利交付，目前系统运行良好。

××××油田公司每年都要处理上千亿元的概预算及结算等工作，大量的手工资料，造成管理查询不方便，再加上审批环节烦琐等严重阻碍公司工作效率的提高，因此急需构建一个网络化的造价管理平台。我公司通过构建××××油田公司造价管理系统，实现造价管理工作的信息化，很好地解决了他们的困难，提高了工作效率，得到了用户的好评。

结合自身实践，以此项目为例，讨论项目的范围管理，包括制订范围计划、范围定义、创建 WBS、范围确认和范围控制 5 部分。项目实施过程中针对项目功能复杂、范围不明确、平台涉及干系人众多的实际情况，我们通过范围管理很多方法，最终确定了范围，规避了范围不断变化的风险，保证项目按质按量完成，得到了客户管理层的一致认可。

在项目的范围管理上，还是存在一些不足，例如在范围定义中，还可能多讨论，制定更详细的范围说明书；可以引导客户与用户更好地沟通，从而更好的控制项目的变更，相信这些会在以后的范围管理工作中得到更好的运用。

【正文】

传统的工程造价纸质文档管理、审批效率低下，并且不利于查询统计审查，更不容易形成知识成果。随着国家信息化的不断推进，应总公司国际化、现代化经营对造价管理工作的新要求，××××油田公司根据当前油气田工程造价管理工作的现状，对建设工程造价网络平台系统建设提出了要求：提高工程造价管理水平，落实造价管理信息化的要求，构建造价网络审查体系。应用网络技术将工程造价中的信息平台、价格平台、网络审查三个部分有机整合到一个公共的平台上，实现业务沟通、交流和造价管理的功能。为此××××油田公司对此项目采取了公开招标的方式，我公司顺利中标，合同金额 300 万元。项目于 2011 年 4 月 12 号开始，要求截止 2012 年 4 月 12 日前全面竣工并投入使用，项目组成员共 20 人，其中需求人员 4 名，开发人员 10 名，测试人员 6 名，我负责全部的项目管理工作，担任项目经理。

该系统要把全公司造价部门以及下面各建设单位都容纳进系统平台，用户将近 1000 人。首先，实现建设项目估算、概算、预算、标底、结算阶段从编制到审查全流程管理，编审工作采用多级数据对照审查；然后实现年度估算、概算、预算、标底、结算造价审查统计、年度投资项目造价分析；最后建立以项目造价文件、工程指标、材料价格、计价依据为对象的造价知识（数据）库；实现与计价编审软件、身份认证系统和计划管理软件的集成应用。

与其他项目相比，本项目功能相对复杂，有很多计算规则，同时项目初期客户对于系统平台很多细节也没有形成统一共识，很多人都有一些想法，但是不同人之间的想法存在一定的冲突，需要做出一定的取舍。其次，项目要与他们的 ERP 系统与内部飞鸽系统（通信系统）有接口，这些在初始的项目范围说明书中没有提供足够的信息，对于我们编制详细的项目范围说明书是一个潜在的风险。最后，由于项目干系人较多，在项目执行过程中，如何做好范围控制是一个不小的挑战。

面对以上困难，在本项目的范围管理中，我们主要采用了如下方法：

一、范围规划

在制订项目范围管理计划的时候，首先根据招标文件以及项目签订的合同，对范围进行了分析。考虑到曾经做过类似的项目，我们以×××信息管理系统的相关文件为模板，建立了范围管理计划，并最终确定了如何准备一个详细的项目范围说明书，包括对目标的描述、项目边界、项目可交付物等。同时我们还对范围控制做了要求，对于一般项目干系人提出的变更要求，予以记录，一般不当场解决；重要项目干系人提出的需求，即使需要近期大幅修改的，也应该通过项目变更委员会讨论决定是否执行，需要变更的事项，必须经过项目经理同意，不允许私自答应客户的变更；对于需要执行的变更，应该及时录入配置管理系统，以上的工作在项目实施过程中证明是行之有效的。

二、范围定义

在此过程中，需要对项目范围说明进一步细化，编制一个详尽的范围说明书。详细的范围说明书，描述了项目的交付物和哪些必须要做的工作，并定义了项目的边界，它是范围基线中重要的组成部分，是成本、质量、进度管理的基础，对项目的成功至关重要，所以我们团队在此过程中，通过对项目业务分析，以及考虑项目干系人的需求，明确了需求。过程中值得一提的是分析项目中的干系人，我们将他们的需求与期望进行记录，把他们的需求和期望以及他们的重要程度和对应的影响力识别出来，并进行了筛选、排序。此过程中，即使我们认为没太大意义的地方，只要客户提出来，我们要会予以考虑尽量满足，也就是这样通过不断交流，最终与项目干系人就范围达成一致，明确了项目的目标、范围描述、项目的边界、项目的最终交付物等内容。

三、创建工作分解结构

创建工作分解结构是对完成项目目标、交付物所需的项目工作的分解，把项目工作细分成更小、更易管理的工作单元，是成本与进度估算的基础。根据项目的特点，在和项目小组成员充分讨论后，我们借鉴了同类项目的工作分解模板，以项目周期的生命周期的各个阶段作为工作分解结构的第一层，即需求阶段、设计阶段、软件构建阶段、测试阶段、安装实施阶段，然后第二层沿着第一层继续划分成可交付物，最后将可交付物分解成工作包。以测试为例，我们在第二层将测试可交付物分成了迭代、集成、系统的测试用例和报告，对于具体的描述，包括关注点、注意事项，在工作分解结构字典上。通过全面的工作结构分解，使项目人员对项目一目了然。分解程度上，对于现在还没有明确的细节但是又不需要当前完成的，可以不用分解得太详细，只需要保证列出需要完成的功能，分解到工作包的水平，即80个小时能够完成的工作即可。

四、范围确认

范围确认，是项目干系人正式接受已完成的项目范围的过程，为此，我们项目组在整个过程中进行了需求确认、设计方案确认、安装实施前确认。在范围管理计划中，我们明确规定，可交付物与工作成果必须有和客户正式的签字才能确认，即使没有听过的，也要书面记录结果与原因。最后通过这三次和客户的确认，客户对此造价管理信息系统管理平台十分满意。

五、范围控制

范围控制主要是管理项目的变更，通过影响引起范围变更的因素，确保所有被请求的变更按照项目整体变更控制处理，并在范围变更实际发生时进行管理。根据之前制订的范围管理计划,由变更管理委员会审批通过变更请求,对于批准的变更,派配置管理人员记录到配置管理系统,并由他不定期检查配置的状态。在变更执行过程中,我们也进行了跟踪,以确认达到效果。

【总结】

××××油田公司工程造价管理系统项目在 2012 年上线运行后,得到了客户和公司的高度评价,并被公司评为 2012 年优秀项目。能获得次成绩主要归功于我们明确了范围,控制了范围变更,考虑到了很多干系人的需求。当然,通过总结我们注意到,项目在范围管理方面还存在一些不足:第一,在范围定义中,可以多发动成员,多进行讨论;第二,范围控制中,要引导、启发用户需求,不能让用户凭空想象;第三,变更发生后,及时总结为什么会发生这样的变更,客户的真实需要是什么,为以后同类项目积累经验。如果这些方面都做好,相信以后的项目管理工作过程中范围管理水平将得到不断的提高,工作更加得心应手。

论文样例 5　★★★★★

样例点评:★★★★★

论文以考生管理的×市广播电视网络城域网建设改造项目为例,对项目范围管理实践进行了全面论述和总结。论文结构完整、逻辑线索明确、方法应用具体、段落过渡自然、语言流畅,是一篇规范的应试论文,值得其他考生重点借鉴。

摘要

论文的摘要结构明确,线索清晰。个别语句的措辞不够精炼,需要适当调整。例如"在分析了该项目特点之后,对项目的范围源管理主要遵从范围管理的典型管理方式。我和项目组成员制定了范围确认流程和范围变更控制流程,通过理论联系实际,在项目管理过程中,通过进行对范围规划,范围定义,创建工作分解结构,范围确认和范围控制等各个环节的有效管理",可以调整为"在分析了该项目特点之后,对项目的范围管理主要遵从范围管理的典型管理方式,通过实施范围规划、范围定义、创建工作分解结构、范围确认和范围控制等项目范围管理环节,对项目范围进行全程有效管理";"例如在项目前期客户需求获取方面还存在不够细致的问题,导致一些可以避免的变更在项目实施过程中出现,后续考虑通过加大客户需求信息搜集和分析的力度,特别是客户的隐性需求的挖掘的方法解决",可以调整为"例如在客户需求获取方面还存在不够细致的问题,导致项目实施过程中出现一些本可避免的变更问题,后续考虑通过加大客户需求信息搜集和分析的力度,特别是加强对客户隐性需求的挖掘和引导"。

总体上看,该论文的摘要符合信息系统项目管理师论文的建议写法,值得借鉴。

正文

【论文背景】

论文背景翔实,描述清晰。稍显不足的是,项目背景描述篇幅过短,一定程度上削弱了项目的独特性和可信度。

【论文逻辑框架】

论文逻辑线索清晰，每个子过程描述都体现了对应的输入-方法-输出要素，且通过举例方式介绍了分解方法的具体应用，增强了创建工作分解结构子过程的可信度，也是该论文中的点睛之笔。这种重点说明方法应用示例的写法是应试论文中容易出彩之处，但也比较有挑战性，建议考生在整体论文中至少应该有一处示例，如果能够有两到三处则是最佳写法。

【论文总结】

论文总结内容详细、合理、可信，不足之处是篇幅稍长。

【论文外观】

论文结构合理，逻辑线索清晰，语言流畅，值得重点借鉴。

论信息系统工程项目范围管理

王金铭

【摘要】

2009年至2010年，我公司作为信息系统集成项目的总承包商承接了××省××市广播电视网络有限公司所委托的××市广播电视网络城域网建设改造项目，我作为该项目的项目经理全程负责管理该项目，该项目的主要业务目标是对××市现有广播电视网络的升级改造和多功能业务的开发。该项目在范围管理方面的主要问题如下：施工范围广，地点分散，工作内容多，客户需求细节难以明确，工作范围的界限难以定义等。

在分析了该项目特点之后，对项目的范围源管理主要遵从范围管理的典型管理方式。我和项目组成员制定了范围确认流程和范围变更控制流程，通过理论联系实际，在项目管理过程中，通过进行对范围规划、范围定义、创建工作分解结构、范围确认和范围控制等各个环节的有效管理，解决了项目中的问题，保证了项目工期、成本及质量，最终顺利完成了该项目，有效地实现了项目目标，得到了客户的认可。

该项目在范围管理过程中仍存在一些不足，例如在项目前期客户需求获取方面还存在不够细致的问题，导致一些可以避免的变更在项目实施过程中出现，后续考虑通过加大客户需求信息搜集和分析的力度，特别是客户隐性需求的挖掘的方法解决。

【正文】

广播电视技术的飞速发展及数据网络技术的不断更新，赋予了有线电视网络新的历史使命。互联网、通信网和有线电视网络的三网融合正在成为全球的趋势，广播电视行业面临着宽带互联网带来的新机遇。

2009年初至2010年末，我公司作为信息系统集成项目的总承包商承接了××省××市广播电视网络有限公司所委托的××市广播电视网络城域网建设改造项目，我作为该项目的项目经理全程负责管理该项目。该项目的主要业务目标是对××市现有广播电视网络的升级改造和多功能业务的开发，在其广电网络原有的骨干网结构、业务汇聚层和接入层结构的基础上进行改建和优化，并优化原有的综合网管平台，提升其业务承载能力和处理能力。具体工作内容包括网络结构的优化、内部网关协议的优化、数据链路层优化、设备及其配置的改建和优化、网管施工和设备安装等，以组建成技术先进、质量优良的光纤和同轴电缆相结合的混合双向有线电视网和宽带 IP 城域网。改造后的××市广电宽带城域网是集语音、数据和图像为一体的宽带综合信息网，除完成传输广播电视节目的基本功能以外，还要充分发挥有线网络的宽带优势和承载多功能业务的优势，同时为发展国家数字电视打下基础。该项目的覆盖地区包括××市的 6 个主城区（朝阳区，南关区等），4 个县级市（农安县、九台县等），总工期为 2 年，项目总金额是 5700 万元。

项目的范围管理主要是通过一系列的过程和活动，确保项目包含且只包含达成项目成功所必须完成的工作，主要关注项目内容的定义和控制，通过编制范围管理计划，对项目范围进行定义，创建工作分解结构，并通过对项目范围进行确认和范围控制，来保证项目的成功完成。

一、范围管理计划编制

范围管理计划规定了如何对项目范围进行定义、确认，如何制定工作分解结构，以及如何对项目的交付物进行确认和接受。

首先成立了 20 人的项目组，我负责全面的项目管理工作，担任项目经理，同时将人员分成 4 个小组，将项目涉及的 6 区 4 县按地理方位分成四个工作区域。以项目投标文件、合同文件和设计方案为依据，对项目范围进行了分析，以公司做过的类似项目，如甘肃广电和天津广电项目为模板，并咨询做过类似项目的专家的意见，建立了该项目的范围管理计划。范围管理计划中包括了详细的项目范围说明，就是将项目涉及的原有网络的软件、硬件、网路、配置和功能，通过系统设计、布线施工、设备检查、安装调试和验收过程，实现网络的升级改建工作。

二、范围定义

范围定义是完成一个详细的项目范围说明书，作为将来项目决策的基础。项目范围说明书对项目工作定义的详细程度，决定了项目团队能否很好地管理项目的范围。对项目的范围进行管理，又可以决定和影响项目团队能否很好地规划、管理和控制项目的执行和实施。基于此，在项目开始，我就和项目团队通过对项目的分析和方案的研讨，同时参考公司其他类似项目专家的意见，制定了项目目标，规定项目在合同期内必须完成，并通过客户的验收。为此我们对项目的工作职责、工作内容、交付物、验收标准、进度及费用和资源的使用、里程碑的设置及检查和备选方案、变更的处理等进行了详细的描述。

三、创建工作分解结构

创建工作分解结构是将项目的主要可交付物和项目工作内容细分为更小的易于管理的部分。根据项目特点和项目的交付要求,经过和项目组成员充分讨论,应用分解技术,以项目的生命周期的各个阶段作为工作分解结构的第一层,即需求分析、设计、软件调测、设备验收和安装、布线施工、系统调试和验收作为第一层。然后把第一层的工作在第二阶段进行继续细化和分拆。以设备检验为例,进行的第二层工作内容包括设备开箱检验、加电测试、性能和功能确认。通过全面细化的工作结构分解,使项目成员对项目工作内容一目了然。在分解结构的各层次上保持项目的完整性便于对项目进行计划和管理。同时,工作分解结构中涉及的各单元内容在工作分解结构字典中加以描述,批准的项目范围说明书、工作分解结构及工作分解结构字典,构成了项目范围管理的基准。

四、范围确认

范围确认是项目干系人正式接受已完成的项目范围的过程。在范围确认过程中规定了需要确认的各个环节。例如设计确认、施工方案和图纸确认、设备交验确认、网路施工确认、安装及系统调试确认等,各环节确认汇总后,以对系统的总体检验作为最终交付的确认和验收,其中包括对项目各阶段文档的交付和确认。

五、范围控制

范围控制是控制项目范围变更的过程。项目团队以项目范围基准为依据,结合项目绩效信息,采用变更控制系统进行项目的范围变更管理,并规定范围变更的批准由变更控制办公室批准执行;将变更分为设计变更、设备变更、人员变更等类别,要求变更以书面提出申请并由规定的部门审核,批准后执行;在变更执行过程中进行跟踪,以确认变更的效果和影响,并采取相应的纠正和预防措施。

【总结】

在将近2年的××市广电城域网建设改造项目中,我的项目管理经验和能力得到了很大提高,为后续更好地完成广电信息化建设奠定了坚实的基础。通过在此项目管理过程中全面应用范围管理的方法,在项目启动过程中制订了比较详细的切实可行的项目范围管理计划,对项目的范围进行了比较清晰的定义,制定了详细的工作分解结构,明确了各干系人的职责、工作内容和工作范围及接口、输入输出和里程碑,并对项目范围所涉及的内容同团队成员及客户进行了详细的确认,特别是对交付物的确认及验收标准的确认。在项目实施过程中对项目范围进行了有效的监控,特别是对范围变更和需求变更的控制,使得该项目在范围管理方面较好地达到了预期的效果。项目总体完成的结果也得到了客户的表扬,此项目也是我公司在承接的广电项目中完成的比较好的项目,为以后的广电项目人力资源管理提供了比较好的可借鉴的经验。但总结前面的管理经验,仍存在以下不足,主要体现在以下两点:

(1)客户需求确认方面。该项目涉及的合作方比较多,客户介入的人员比较杂,涉及的客户管理人员层次和职能部门比较多,而且客户的办公地点范围比较广,造成在客户需求信息获取方面存在欠缺。前期和客户接口责任人确认的需求,在项目实施过程中,因为基层人员的意见和实地的网路配置情况,造成一些网路设备的型号和配置需要变更;在以后的过程中,需要充分了解项目运行环境的接口设备配置和功能,需要搜集更详尽的客户原有网络设备的型号和配置及网路实际的拓扑结构。在设备的选型和环境搭建中还需要听取基层网点员工的意见,并和客户进行确认,同时进行初步的模拟环境下的确认,减少项目实施过程中变更的频次,保证项目的顺利实施。

(2)范围变更的管理和控制需要更加明确。在项目实施过程中,由于项目干系人组成复杂、客户接口组织和人员多,一些前期采购的设备,因客户提出临时的需求变更,造成了新设备采购不能满足项目进度的要求。一些组长为满足客户需求就先提出采购申请,后补变更流程,造成成本监控和变更管理出现盲点,也带来了新设备可能实际不满足项目需求的质量风险。后续工作需要加强对项目组成员进行变更管理的培训,多和客户进行沟通,争取他们的理解,避免因为变更管理失控给项目带来的风险。

论文样例6 ★★★★

样例点评:★★★★

论文以考生管理的××市区域医疗管理平台开发项目为例,对项目范围管理所涉及的各个子过程进行了完整、清晰地描述。论文结构完整、逻辑线索明确、范围管理各子过程的输入-方法-输出清晰,是一篇写得较好的应试论文,值得其他考生借鉴。

摘要

论文的摘要结构明确,线索清晰,不足之处是语句多有不通顺之处,其他考生应该引以为鉴。考生在自己提前准备应试论文的过程之中,应该尽可能地确保论文语句流畅。论文的阅卷老师虽然不太可能对每篇论文都字斟句酌,但语病频发的论文显然更有可能被关注,甚至会影响论文的判定结果。对考生而言,比较保险的方式是自己在准备完论文以后,对着家人、朋友或者其他可作为听众的人员,至少出声朗读一遍,征求听众的意见和反馈,确保论文语句通顺。

总体上看,除了语句不十分通顺之外,该论文的摘要符合信息系统项目管理师论文的建议写法,值得借鉴。

正文

【论文背景】

论文背景翔实,项目内容描述清晰,较好地由项目特点引入项目范围管理主题,过渡自然。

【论文逻辑框架】

论文逻辑线索清晰,每个子过程的描述都体现了对应的输入-方法-输出要素,且与项目中的具体实践工作相互映射,值得考生借鉴。

【论文总结】

论文的总结合理、可信，篇幅适当，是比较典型的论文总结写法。

【论文外观】

论文结构合理，逻辑线索清晰，段落过渡自然，值得借鉴。

论项目范围管理

【摘要】

2016年4月，我参加了××市区域医疗系统的开发工作，我作为该项目的项目经理全程负责项目管理工作。本系统的主要业务目标是实现多家医院的影像与信息管理，以及医院之间的区域医疗。本项目涉及的医院多、业务复杂、集成困难，因此项目在范围管理方面具有如下的特点：内容多，需求不明确，需求变动大等特点。

在充分分析了该项目的特点之后，对于项目的范围管理主要遵从创建范围管理计划、范围定义、创建WBS、范围确认、范围控制的典型管理方式。在该项目的范围管理过程中主要面临以下的困难：需求不明确，通过专家头脑风暴法和同类型软件的观察，实现了范围的定义；需求经常变更，通过严格的需求变更控制，确保了范围的跟踪和可控。

此项目在医院得到了良好的运行。但是在范围管理过程中仍存在一些不足，项目的文档规范、编码规范不完全符合要求，以后多加强范围确认尽早发现问题。另外范围控制审批过程不够明确，以后应该加强范围变更的审批流程。

【正文】

随着经济的发展和医疗水平的不断提高，以病人为中心，实现医疗信息的流动和共享将成为必然的趋势。2016年4月，××科技有限公司承包了××市区域医疗项目，我作为项目经理负责全程项目管理，并参与了业务需求讨论、系统分析、架构设计等工作。本系统主要实现对该市8家医院的医疗系统进行升级改造，并实现8家医院之间的区域医疗。病人到医院就诊后，对病人进行登记、分诊、检查，然后对病人的影像信息和诊断信息进行归档、存储。对于疑难病例，通过远程会诊功能请求专家进行诊断。该系统还实现了与医院其他信息系统的集成。数据管理和数据共享为医院信息化和区域合作提供了良好的工作和管理平台。

系统采用C++、C#、Java三种语言开发。由于图像处理对性能要求很高，所以采用C++开发语言。由于业务流程复杂，所以核心流程采用C#开发语言。同时该系统涉及远程医疗和远程会诊，所以采用Java语言开发Web功能。

本系统开发历时6个月，总计投入人员15人，其中C++开发人员3人，C#开发人员6人，Java开发人员3人，测试人员2人，QA人员1人。经过半年的努力，该系统于2016年底正式投入运行，目前运行情况良好，得到了干系人的认可。

该项目规模大、流程复杂、需求点多，因此项目中的范围管理显得尤为重要。如果没有有效的范围管理，项目的范围就无法详细定义，造成范围出现偏差，项目的范围变更得不到有效控制和跟踪，甚至造成项目失败。范围管理不但要明确达到预期需要完成哪些具体工作，还要明确每项工作的分工和责任。从项目开始的范围规划，到范围定义、创建 WBS、范围确认、范围控制，最终的目的是保证项目的范围、工期、成本及质量，为圆满实现项目目标奠定坚实的基础。

一、范围规划

范围规划实际上就是指定一个项目范围管理计划，它规定了如何对项目范围进行定义、确认、创建 WBS 和范围变更控制的过程。根据项目范围确认流程和要求，我制订了详细的范围管理计划。制订范围管理计划时，我借鉴了项目的经验，制定了需求模板、确定模板、变更模板、表格以及标准。充分考虑到需求不明确的特点，前期制定了需求采集的方法，主要参考已有的产品，结合业务领域的专家，加强需求采集的工作顺利进行。计划中还明确了需求确认的方法，对于业务比较清晰的功能，尽量缩短确认时间，而对于业务相对较为模糊的功能，则适当放宽确认周期，尽量做到与用户共同挖掘业务需求。计划中还明确了变更控制，对于一般干系人提出的需求，应该先记录；对于重要干系人提出的需求，不许私自答应客户的变更，而是必须经过项目经理的同意；对于变更的执行，应该及时计入变更配置管理系统。

二、范围定义

范围定义的时候，依照初步范围说明书，需要制定详细的项目范围说明书。详细的项目范围说明定义了项目的边界，能够明确地判断变更或者附加工作是在项目范围之内还是项目范围之外，也是进行成本、质量、进度管理的基础。由于不同干系人对项目的期望不一致，如何管理这些期望，并转换为明确清晰的项目范围也是一个值得讨论的问题。在本项目中，我们采取的办法是对干系人分析，将不同干系人的需求和期望以及他们的重要性、对项目的影响力识别出来，再进行筛选和排序。对项目成功完成有重要意义的需求，要尽量满足，而对于有影响力的干系人需求，也要尽量考虑，以免对项目造成负面影响。

三、创建 WBS

创建 WBS 是将项目的主要可交付成果和项目工作细分为更小的部分。我应用分解技术，以项目的生命周期作为工作分解结构的第一层，分为需求设计、概要设计、详细设计、编码、测试、交付等，然后把第一层次中的项目具体内容继续划分，得到工作包。例如设计的得到的工作包为对应的设计文档；编码的工作包对应为代码；测试得到的工作包为测试文档。通过全面的工作分解结构，把项目的范围分解开来，使项目人员对项目一目了然，便于将工作任务分配给对应的项目组成员。同时将工作分解结构中包括的工作单元细节在工作分解结构字典中加以描述，批准的项目范围说明书、工作分解结构与工作分解结构字典共同构成了项目范围管理的基准。

四、范围确定

范围确定是项目干系人正式接受已完成的项目范围的过程。在范围确认过程中规定了需要确认的各个环节。如需求确认、设计确认、编码确认、测试确认、产品交付确认。范围确认的我采用的方法是检查与测试,将设计文档与需求逐一核对,以确认设计是否全面满足需求。编码完成后,通过单元测试、集成测试、系统测试来确认产品是否项目干系人的要求和期望。各阶段确认汇总后,对系统总体检验作为最终交付的确认,即验收。同时,向项目干系人提交项目成果文档,如设计文档,测试结果文档、操作手册、部署文档等。

五、范围控制

范围控制是控制线项目范围变更的过程。项目团队以项目范围基准为依据,结合项目绩效信息,采取变更控制系统进行了项目的范围变更管理,规定了变更必须以书面申请提交为依据,并且规定当项目受合同制约时,变更控制应该符合所有相关合同条款。IT行业很多需求会因为客户随着理解的改变随时发生更变,如果没有变更的书面确认过程和有效控制,项目的范围将与项目初始确认大相径庭,从而使项目无法控制。

范围变更带来了一系列项目交付物、文档系统的变化。结合项目特点,通过配置管理系统管理这些变化,给出客交付物的状态报告,在批准对项目的变更前后一并将所有的变更记录在文档中。

【总结】

通过在××市区域医疗项目管理过程中全面应用了范围管理的方法,使得该项目在范围管理上较好地达到了预期的效果,让我深深地体会到对于大型项目,有效的项目范围管理对项目顺利完成至关重要。但是在项目的开发过程中仍存在如下的不足。

第一,项目初期对编码规范、文档规范的执行力不够,造成每个人的编码风格不一致,文档风格也不一致,当最终提交给客户时做了大量的修改,延误了不必要的时间。所以在以后的工作中应该加强范围的确认工作,通过检查和评审制度,尽早发现问题并按照规范执行。

第二,范围变更控制管理及审批过程不够明确。范围变更没有进行有效的控制。例如在项目的过程中,随着用户对系统的深入认识,对项目早期的需求提出了变更,并且增加了部分超出项目范围的需求。由于变更审批的时间较长,为了满足工期及院方的要求,项目变更审批还未完成的情况下开始工作,对范围控制带来了一定的影响。所以在以后的工作中要严格执行变更审批流程,避免未审批就开始执行的现象发生,并将变更记录在文档,通过配置管理系统管理起来。

论文样例7 ★★★

样例点评:★★★

论文以考生管理的客户服务支持系统建设项目为例,全面介绍了考生在项目范围管理方面的工作和具体操作实践。论文结构明确、逻辑线索清晰，但语句不够通顺，反映出作者的基本写作技能还有待进一步提高。

摘要

论文的摘要结构明确，线索清晰。

正文

【论文背景】

论文背景翔实，可信度较强。

【论文逻辑框架】

论文逻辑线索清晰，对项目范围管理各个子过程进行了相应的介绍，包括对应的输入-方法-输出信息。借鉴范文的痕迹过于明显，另外文字不够通顺。

【论文总结】

论文的总结恰当、合理可信，具有较好的参考意义。

【论文外观】

论文结构合理，逻辑线索清晰。但论文语句不够通顺，书面表达能力有待提升。

论信息系统项目范围管理

【摘要】

2017年3月，我参加了××公司的客户服务支持系统建设项目的管理工作，在项目过程中作为承包方负责人担任项目经理，全面负责项目整体管理、控制工作。项目总投资为180万元人民币，2017年11月验收。由于项目涉及全国各地销售点的数据采集，加之原业务流程不清晰、业务不成熟、需求变化频繁，给项目顺利推广带来了一定的困难。针对项目范围不明确，没有有效管理项目范围变更等问题，我和项目小组成员通过进行范围规划、范围定义、创建工作分解结构（WBS）、范围确认和范围控制各环节的有效管理，解决了项目中的问题，保证了项目进度、成本、质量按计划执行，有效地满足了客户的要求和期望。项目历经8个月，圆满完成了预定目标。

【正文】

2017年3月，我公司为××公司开发了一套客户服务支持系统，透过系统对客户资料的分析，结合该公司的业务流程，针对不同产品、使用情况的客户，生成回访任务，利用电话、短信等信息渠道为客户提供产品咨询、专家解答等免费服务，以提高该公司的品牌形象和客户满意度。与此同时，希望利用系统通过对客户数据的收集分析，发掘潜在客户，通过信息化沟通手段开拓新的营销渠道。因此系统由客户服务管理系统及呼叫中心系统组成，两者使用先进的CTI技术结合。呼叫中心系统主要实现语音电话服务、互动式语音应答、通话录音、短信及传真功能。客户服务管理是整个系统的核心，负责处理数据收集、整理、分析，客户管理、任务管理，销售管理，绩效结算，远程咨询顾问管理，六大功能模块，另外利用接口的方式运用 Web Service 技术与该公司现有的网上商城实现数据交互，包括产品信息、订单数据、客户积分数据、物流状态等。而分散在全国各地的 300 多个专家顾问，需要通过互联网访问系统，跟进呼叫中心产生的工单。

考虑到保证客户服务的质量，系统需要符合稳定、可靠、易用、高效的原则。呼叫中心系统采用我公司以 Dialogic 语音板卡为基础的一款现有产品 WISE-xb。考虑到服务支持系统需要提供互联网访问，因此采用了 B/S 的方式开发，使用 VS 2010 作为开发工具；硬件配置方面，采用 HP DL380 作为数据库服务器；数据库使用 SQL Server 2008。

该公司原先由于没有对客户资料采取信息化的系统管理，数据格式没标准，且数据量大，资料难以标识唯一性，同时导致该公司对此方面的业务不成熟，需求变化频繁。面对这样的挑战，我作为项目经理，充分在项目实施过程中应用项目管理理论，清楚地分析项目工作具体范围和具体工作内容至关重要，同时也为提高项目成本、时间和资源估算的准确性方面打下良好基础。

项目范围管理不仅应该让项目管理和实施人员知道为达到目标需要完成哪些具体工作，还要确认清楚项目相关各方在每项工作中清晰的分工界面和责任。详细、清楚地界定分工界面和责任，不但利于项目实施中的变更管理和推进项目发展，减少责任不清的事情发展，减少责任不清的事情发生，还便于项目结束时对项目范围清晰地确认。

一、范围规划

范围规划是指结合项目范围管理的理论，实现最终客户对项目进度、质量、成本多方面的要求。首先做好范围计划编制。根据项目章程、初步项目范围说明书、项目管理计划以及过往类似项目的记录文档，制订项目范围管理计划，明确了范围控制所要做的事项。主要原则包括：严格控制变更，任何变更必须提交《变更申请表》并说明变更内容、原因，如客户方提出的变更必须由客户方指定干系人签名确认。由 CCB 对变更进行评审，评审通过的变更方可实施。对已发生的变更进行审核，并记录到配置管理系统中，修改该相关计划及文档，同时通知相关人员。

二、范围定义

范围定义最重要的任务就是详细定义项目范围边界，制定详细的项目范围说明书。详细的项目范围说明书能够明确地判定变更或附加工作是否在项目范围内还是项目范围外，是进行成本、质量和进度管理的基础。我邀请了客户方干系人，与项目团队分析人员共同对系统所提供的服务进行分析，利用头脑风暴法，不但可以加深项目成员对客户业务的了解，同时部分有类似项目经验的人员还分享了一些可行性方案供客户理清业务流程。最终共同完成了详细项目范围说明书，规定了项目的范围描述、最终交付物、验收标准、约束条件、进度里程碑等内容。

三、创建工作分解结构

工作分解结构是对可交付物的项目元素的层次分解，详细描述了项目所要完成的工作，WBS 的最低层次元素是能够被评估、安排进度和被跟踪的，是准确估算成本和进度的基础。为了做好这个工作,我们借鉴了以往同类项目的工作分解模板,并结合当前项目做了改进,按照范围定义中确定的里程碑和交付物,对部分工作暂时还没有明确到详细细节且不需要当前完成的,可以不用分解得太详细,但要保证 1 个月需要开始的工作,必须分解到工作包的水平,并不大于 80 小时。在各个层次保持项目的完整性便于项目管理计划及管理需要,同时工作分解结构中包含的工作单元的细节在 WBS 字典中加以描述。批准的项目范围说明书、WBS 和 WBS 字典构成了项目范围管理的基准。

四、范围确认

项目范围确认是项目干系人正式接受已完成的项目范围的过程。范围确认需要审查可交付物和工作成果,以保证项目中所有工作都能准确地完成。本人在项目实施过程中,在完成了计划中各里程碑之后,与项目干系人共同完成了里程碑的评审与总结,目的是为了防止范围与需求的偏差、遗漏,并获得干系人对阶段工作成功情况和阶段交付物的正式确认并获得客户的签字确认,同时将其发给各与会人员,以使阶段范围确认留下正式的书面记录。在项目中主要定了以下里程碑,在到达里程碑时,邀请所有项目干系人代表参与原型评审工作:

(1)系统原型完成之后。
(2)服务管理系统完成后。
(3)CTI 技术集成完成后。
(4)系统上线。
(5)系统验收。

五、范围控制

产生项目范围变更的原因主要包括:项目外部环境发生变化,项目范围计划不周详,新技术、新方案,项目实施组织发生变化,客户对服务产生变化。范围控制实际上就是控制项目范围的变更,要求任何变更都必须根据项目范围管理计划中确定的变更流程进行,通过正式书面方式提交,经过变更评估、审批、实施、验证等一系列变更控制管理过程,从而保证了项目范围的可控性,为项目提供了可靠的保障。另外,针对项目绩效报告,我们也要进行分析,确定是否需要采取措施引入变更。项目过程中我们运用了配置管理软件对变更进行记录管理。

综上所述,经过全体项目成员 8 个月的努力,项目得以顺利完成,同时得到了客户方和公司领导的一致好评。回顾过去,近一年的时间,项目范围管理的理念一直伴随着项目的各个阶段,对项目的高效完成起到了具大的作用,使项目所有组成要素在适当的时间充分、有效地结合在一起,极大提高了项目的实施效率,保证了项目质量,从而最大限度地满足了项目干系人的需求。

在项目执行过程中,也出现了不尽如人意的地方,值得我及团队成员反思:
(1)由于最终用户对系统的使用习惯差异性较大,项目在验收阶段需要对系统的易用性进行调整,因此在项目的原型确定阶段应吸纳更多的用户意见。

（2）由于客户方项目干系人多，在项目确认的各个阶段，没有明确的责任人，导致延误了确认时间。之后针对此问题经过双方讨论，明确了责任人，确认了时间，提高了工作效率，使问题得到了有效解决。

纵观项目的全程，项目范围管理理论在我的项目实施中起到了重要的作用，也使我在实践中对项目管理有了更加深入的了解，为以后的项目管理工作累积了宝贵的经验。

论文样例 8 ★★★★

样例点评：★★★★

论文以考生管理的集团级 ERP 实施项目为例，比较系统地介绍了作者在项目范围管理方面的主要工作内容，并在文末对不足进行了总结和建议。论文结构明确，逻辑线索清晰，段落过渡自然，语言通顺，是一篇规范的信息系统项目管理师论文范文。

摘要

论文的摘要结构明确，线索清晰。摘要开门见山地说明了项目内容及所面临的问题，自然引申出项目范围管理是该项目的重点管理内容，进一步过渡到项目范围管理完整的逻辑子过程。该论文的摘要符合信息系统项目管理师论文的建议写法，值得借鉴。

正文

【论文背景】

论文背景真实、可信，不足之处是关于项目内容本身的介绍过于简略，一定程度上削弱了项目可信度。

【论文逻辑框架】

论文逻辑线索清晰，项目范围管理每个逻辑子过程的叙述都较好地体现了输入-方法-输出要素，符合信息系统项目管理师论文的建议写法，值得借鉴。

【论文总结】

论文的总结恰当、可信度高、针对性比较强，具有较好的参考意义。

【论文外观】

论文结构合理，逻辑线索清晰，语言通顺，值得借鉴。

论信息系统工程项目范围管理

张 璋

【摘要】

2016 年 8 月，受公司委托，我作为项目经理负责管理××集团信息管理系统的建设。该项目的主要业务目标是建立针对该集团全国分（子）公司采购、库存、销售、成本、财务的统一管控系统。该项目在范围管理方面具有如下特点：项目业务功能复杂、工期较长，项目干系人多且比较分散，并且企业方要求项目必须在 2017 年底完成。因而项目的范围管理是项目成功的关键。针对该项目的特点,我理论联系实际,在项目范围管理过程中,通过进行范围规划、范围定义、制定工作分解结构、范围确认和范围控制各环节的有效管理,解决了项目中的问题,保障了项目工期、成本及质量,最后顺利完成了项目。论文最后还对范围定义和范围控制方面的一些不足进行了总结和建议。

【正文】

随着信息技术和计算机技术的发展,市场经济获得了蓬勃发展,信息化建设成了引领企业未来发展的必由之路。××集团在全国范围内有6家分(子)公司,地域分布广,为了应对市场变化和信息技术发展带来的挑战,决定上一套适合集团应用模式的信息管理系统,要求该系统能够管理公司采购、库存、销售、成本及财务等主要业务流程,能够实时准确地了解和掌握整个集团的运行状态,及时反映和分析出公司运行过程中的问题,以及时调整经营和管理策略。

此项目采用公开招标方式,我公司参与了投标并顺利中标,于2016年8月签订了合同,随后成立了项目小组,我被委派为项目经理,参与了该公司前期需求讨论和分析。团队组织方式为项目型,所有成员直接归属项目经理领导。项目组成员包括:1名项目经理,2名质量控制人员,1名技术经理,10名程序员(5名高级程序员、5名中级程序员),1名配置管理人员,共计15人。团队中除了两名程序员和一名质量控制人员外,都有类似的项目经验。对于这样一个业务功能复杂、工期较长、项目干系人多而且比较分散的项目,要使项目能够顺利实施,项目范围管理显得尤为重要。项目的范围管理就是确保项目包含且只包含达到项目成功所必须完成的工作的过程。我从范围规划、范围定义、制定工作分解结构、范围确认和范围控制几个方面管理范围,最终在既定的时间完成了所有项目工作,取得了良好的效果。2017年底由企业方正式宣布一次性上线成功,目前运行情况良好。

一、范围规划

范围规划是制订项目范围管理计划,说明如何对项目范围进行定义、确认和控制,以及如何制定工作分解结构的过程。我以项目章程、初步范围说明书及合同等文件作为依据,对项目范围进行了分析,并参照类似项目相关文件,建立了范围管理计划。范围管理计划中包括详细的项目范围说明、创建工作分解结构的计划及可交付物的验收确认等内容。同时,我们明确定义了范围变更的处理流程,即使是重要干系人提出的需求,需要短期内给予答复的,也需要通过变更控制办公室讨论决定是否执行。需要变更的事项,我们全部录入变更控制系统予以记录和追踪,随后的项目执行情况表明我们制定的这些原则是行之有效的。

二、范围定义

范围定义是编制一个详细的项目范围说明书。我们以项目章程、初步范围说明书及范围管理计划为依据,着重进行了干系人分析,识别不同干系人的需求和期望以及他们对项目的影响力,再进行筛选、排序。对项目成功完成有重要意义的需求,要尽量满足,而对于影响力较高的干系人的需求，即使对项目没有多大意义，也要予以考虑，以避免对项目完成造成负面的影响。通过这些措施建立了干系人之间对于项目目标的共识，形成了项目的范围说明书，清楚地描述了项目的可交付物和产生这些可交付物所必须做的工作。

三、创建工作分解结构

创建工作分解结构是将项目的主要可交付成果和项目工作细分为更小、更易于管理的部分。为了做好这项工作，我们借鉴了同类项目的工作分解模板，经和项目小组成员的充分讨论，应用分解技术，以项目生命周期的各个阶段作为工作分解结构的第一层，即需求分析、设计、编码、单元测试、联调测试、集成测试、发布、验收作为第一层次。再经过多次、逐层的逐步细化分解，把项目范围分解开来，使项目人员对项目一目了然，使项目的概况和组成明确、清晰、透明、具体，同时把工作包作为分解结构的最底层，并不大于 80 小时。其中，我应用滚动式规划的思想，对部分没有明确详细细节且又不需要在当前完成的，没有分解太细，只需要保证列出需要完成的功能。我们将工作分解结构中包含的工作细节在工作分解结构字典中加以描述，已批准的项目范围说明书、WBS、WBS 字典构成了项目范围管理的基线。

四、范围确认

范围确认是项目干系人对已完成的项目范围和相应的交付物的正式验收。在范围确认过程中，我们规定了需要确认的各个环节及阶段交付文档，如需求确认、设计确认、单元确认、联调确认、集成确认、发布确认，各阶段确认汇总后，对系统总体检验作为最终交付的确认及验收。及时、规范的范围确认可以使项目组成员提高士气，并且管理层和客户能够最直观地了解当前项目的进度。我们在范围管理计划中明确规定，对被确认的可交付物，必须有客户正式的签字确认文件，即使是客户没有通过的，也要书面记录该结果被拒绝的原因，以待分析检查原因。

五、范围控制

范围控制是对项目范围变更的因素施加影响，并控制这些变更造成的后果的过程。项目团队以项目范围基准为依据，结合项目绩效信息，采用变更控制系统进行项目的范围变更管理，并规定范围变更的批准由变更控制办公室批准执行。将变更分为需求变更、设计变更、编码变更等类别，要求变更以书面提出申请并由规定的流程批准后执行。为了更好的管理，我们引入了配置管理系统，将所有通过的变更请求作为配置项管理，并委派专门的配置人员不定期地检查配置项的状态。此外，我们在定期的项目评审会上，还要检查当前项目中是否引入了未批准的变更。

【总结】

在××集团信息管理系统相关管理过程中，我全面应用了项目范围管理的方法，使得项目在范围管理方面较好的达到了预期目的，确保了 2017 年底系统上线。我们通过借鉴同类项目的模板制定了范围规划，运用干系人分析完成了范围定义，使用分解技术创建了工作分解结构,运用检查制度保障范围确认的有效,运用变更控制系统和配置管理系统合理地进行了范围控制,确保了 2017 年底完成项目所有工作,并由企业方正式宣布一次性上线成功。

通过总结,对于项目在范围管理方面我认为还存在一些不足:

第一,范围定义可以想一想更多的方案。在执行过程中,我们发现有些应用方案的实现比较烦琐,可以采用其他更简洁的方案实现同样的应用目标。后续计划采用头脑风暴法加强可选方案的识别。

第二,范围变更的控制管理需要加强。在实施过程中,个别部门提出将之前使用 Excel 编制的数据处理表纳入到系统范围,由于变更审批时间长,加之实现比较简单,为了满足工期和企业方领导的要求,我公司项目组小组长直接响应了该项目变更。针对这个问题,计划加强对项目组成员进行变更控制管理的培训,学习变更控制系统控制及审批流程,使项目团队成员明确以项目范围的基准为衡量标准,超出范围的要求按流程提交申请,避免了此问题的发生。

以上是我在信息系统范围管理的一些体会及措施,通过本项目的范围管理,使我在实战中积累了经验,也使我深深地体会到有效的范围管理对项目顺利实施至关重要。

第 22 章　项目时间管理论文写作解析

22.1　项目时间管理论文写作概述

　　以项目进度管理或者项目时间管理为主题的论文，与项目整体管理主题方面的论文相似，都是项目管理典型十个主题中容易撰写的论文类型。虽然项目时间管理论文主要聚焦于项目进度管理方面的内容，但因为存在明确的时间先后顺序，考生无论从理论还是实际操作方面把握，都更容易写出具有实质性的内容。另一方面，因为信息系统项目管理所涉及的项目范围、项目进度、项目成本和项目质量四个关键指标中，项目进度管理无疑最受重视；项目范围很多时候说不清；项目成本的核算一般都会涉及费用分摊和人力成本，而这两部分也不容易说清楚；项目质量更是到系统上线以后才会有切身感受。相比较而言，项目工期的要求是明确的，对于项目工期的跟踪也相对容易。所以，项目工期的直观性和易操作性使得项目时间管理方面的论文比较容易撰写，也容易成为论文考查的主题。

　　对于项目时间管理各个子过程的逻辑结构，考生一定要条分缕析，不但要了解制订进度管理计划、活动定义、活动排序、活动资源估算、活动历时估算、制订进度计划和进度控制的输入、输出和所使用的工具与技术，更要了解它们之间的逻辑关系，关注如下内容：

- 制订进度管理计划的输出"进度管理计划"是其他各过程的输入（进度控制的输入"项目管理计划"中包含"进度管理计划"的内容），即其他各过程需要按照进度管理计划的要求来实施。
- "组织过程资产"和"事业环境因素"是除进度控制以外的各过程的输入，进度控制过程的输入中包括"组织过程资产"，但不包括"事业环境因素"，这是由组织过程资产和事业环境因素所包含的内容决定的。
- 制订进度计划的输入中含有前面 5 个过程的输出，说明这 5 个过程都是为制订进度计划服务的，都是制订进度计划之前需要完成的步骤。
- 知识结构图中的 7 个过程并不一定按照序号标注的顺序进行，活动排序、活动资源估算和活动历时估算这 3 个过程中活动排序和其他两个过程没有必然先后关系，但活动历时估算需要在活动资源估算之后进行，从这几个过程的输入输出中也能看出其关系。

22.2 项目时间管理逻辑结构分析

如前所述,项目时间管理论文写作的逻辑主线为时间管理七个子过程的输入输出内容,考生必须以这七个子过程作为论文正文部分的主要逻辑架构。项目时间管理过程的逻辑架构如图 22.1 所示。

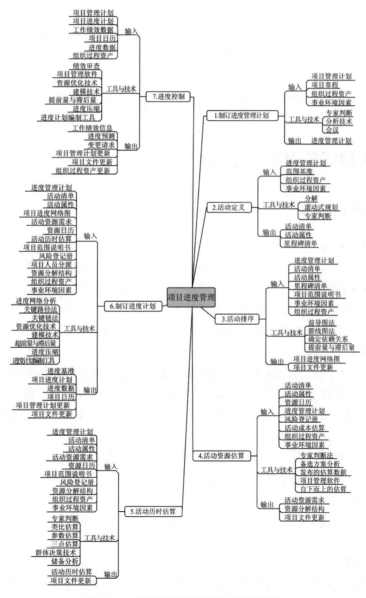

图 22.1 项目时间管理逻辑过程框架图

项目进度管理包括上述七个逻辑子过程，各个子过程主要内容如下：
- 制订进度管理计划：为规划、编制、管理、执行和控制项目进度而制定政策、程序和文档的过程。项目进度管理计划是项目管理计划的组成部分。
- 活动定义：识别和记录为完成项目可交付成果而需采取的具体行动。
- 活动排序：识别和记录项目活动之间的关系。
- 活动资源估算：估算执行各项活动所需的材料、人员、设备或用品的种类和数量。
- 活动历时估算：根据资源估算的结果，估算完成单项活动所需的工期。
- 制订进度计划：分析活动顺序、活动持续时间、资源要求以及进度制约因素，创建项目进度模型。
- 进度控制：监督项目活动状态、更新项目进度、管理进度基准变更，以实现计划。

22.3 项目时间管理论文样例

论文样例1 ★★

样例点评：★★

论文以作者所管理的项目××工程设计项目集成应用系统为例，说明了作者对该项目进度管理所采取的主要方法。作者对进度管理中主要采用的方法分为四个方面进行论述，提炼出"整体策划、抓住重点、控制变更、项目监控"四个重点。根据作者论文中所表现的项目实践，例如"如果连续两周，超过三分之一的组员进度都没有按照计划完成，则说明对工作的估算过于乐观，需要进行计划时间的调整……对于连续两个月以上按时按质完成工作的组员，给予适当的绩效奖励，以提升组员的工作热情"，可知作者具备丰富的项目管理实践经验。虽然论文整体的逻辑结构比较明显，但是与论文主题的要求还是有一定的偏离。此外，论文语句不够流畅，语句与段落之间缺乏相应的过渡。

摘要

该论文的摘要简洁明了，介绍了作者所从事项目的基本信息并引出项目进度管理作为该项目的主要内容，从而也为后续的正文做好了铺垫。不足之处是只表现了项目进度管理的部分线索，例如对于活动定义、活动排序、活动资源估算等内容虽然有所提及，但是并没有进行明确论述，使得论文的逻辑线索不完整，与论文主题的重合程度不高。

正文

【论文背景】

项目背景真实可信。通过作者对项目背景的描述，充分体现了该项目"规模大、周期长、团队结构复杂"等项目特征。作者首先提炼了项目特征，然后以非常自然的方式引出了项目进度管理的重要性。

【论文逻辑框架】

该论文逻辑框架不完整，尽管制订进度计划、合理安排资源、严格变更控制、进度监控是项目进度管理的主要内容，但应该以更明确的方式表现出进度管理其他几个过程组。所以，论文尽管具备明确的逻辑框架，但线索不完整，阅卷时可能会被扣分。

【论文总结】

论文总结的写法比较典型，首先对前面的正文部分进行总结提炼，然后又指出工作中存在的不足，使得总结结构合理，线索分明。

【论文外观】

论文语句通顺，但不够流畅。论文正文采用了小标题，突出了论文的逻辑结构，这种写法值得其他考生借鉴。

论项目进度管理

pjx420@163.com

【摘要】

2006 年到 2009 年，受单位委托，我作为开发方项目经理带领项目团队参与了"××工程设计项目集成应用系统"的研制和实施工作。该项目涉及四个开发单位、50 个应用单位和大量终端用户，项目具有复杂度高、涉及单位多、开发周期长等特点。我综合运用项目管理的理论、技术并结合实际项目情况采取措施。为了加强进度有效管理，我首先利用 Project 制作详细而具有弹性的项目任务计划；其次分析出关键任务，控制主要的项目难点；再次在组织内部建立透明的项目状态汇报制度，使用偏差分析，对比进度状态，及时调整计划与实际进度的差异，加强人力资源管理，提高团队工作效率。基本上按期、按质在规定成本下顺利完成了该项目，取得了很好的应用效果，并从中得到很多经验和体会。

【正文】

第一部分

随着信息化进程的不断推进，以信息化支撑××工程建设和后勤服务工作变得越来越重要。为了适应现代化的管理方针和策略，同时满足国家制定的"十一五"计划中关于信息化发展的方针，2006 年由××总××部立项进行了××工程设计项目集成应用系统研制和实施工作。该项目推广后涵盖全国 40 余家大型××工程设计单位、总部以及 7 个主管部门，以网络化的协同设计与管理为中心、建设了两个平台（网络平台、业务基础应用支撑平台）、四个系统（综合计划任务管理系统、综合项目管理系统、工程协同设计系统、行业管理系统），实现全军工程设计领域的任务下达、工程策划、设计活动、施工配合、成果档案、行业监管等方面全方位、多角度、流程化科学管理与控制。

受单位委任，我作为乙方的项目经理参与了项目管理工作，带领团队历时3年进行项目开发和实施。项目于2009年初全面切换上线，取得了很好的运行效果。

由于项目规模大、周期长、团队结构复杂，所以能有效地按进度计划开展项目并且很好地控制进度，是一项极为重要的工作。

项目进度管理的基本方法是首先制订项目进度计划，然后跟踪监视计划，根据实际状态及时调整计划分配资源，以达到使项目如期进行的目的。为了保证项目计划如期进行，我在本项目中，首先对项目计划的制订做了很详细的工作，然后又采取一些技术及方案，保证项目进度如期进行。

第二部分

一、项目计划整体策划，逐步细化

要控制好项目进度，良好的项目任务计划是一个有效的保证，也是基础。我使用Project工具，利用类比法及功能点列表，力求进行任务计划安排接近实际。首先将项目的每个子系统划分为初步版本需求阶段、设计阶段、实现阶段，然后将整体项目划分为集成阶段、验收阶段、维护阶段。这样做的目的是设立好项目阶段性里程碑，每一个阶段下也设置二级、三级、四级里程碑，便于考核审批项目计划，分析与实际之间的差异。

在制订了粗略进度计划的基础上，随着需求调研的详细开展，逐步细化项目进度的任务安排，做到尽量明确任务，确保前后任务关系清晰。比如，我在开展业务调研时发现，任务管理子系统和项目管理子系统之间个别业务存在前后依存关系，我及时将两个子系统的部分业务做了顺序调整，保证两个的系统同步进行，关联业务前后错开。采用Project工具可以弹性地调整进度，省去了不少人工计算，为加快项目进度计划，提供了很好的保证。

二、抓住项目重点，合理安排计划和资源

在整个项目中，不是所有的子系统和模块都是重点，要掌握主要的业务部分，即项目干系人最关注的功能和项目验收的重点部分。抓住主要功能的进度，才能保证整个项目不失控。在制订了阶段性的项目计划后，我把目光集中在了项目管理子系统和工程协同子系统上。项目子系统因为是设计院的核心业务所在，所以注重业务上的逻辑，在调研和开发上需要给予高度关注，尽可能在前期圈定正确的范围定义，并且防止后期的返工。所以我在安排进度时，在需求调研阶段给予人员的充分支持，确保项目范围确定的准确性，并且在后期的设计实施阶段，多设置里程碑检查点，与客户一起评审，防止项目偏差。工程协同子系统，因为涉及AutoCAD的技术，对于我们现有的技术人员来说，不属于熟悉领域，需要有学习的过程，所以制订计划时在设计实施阶段安排得较其他任务宽松一些，并且设立了多个检查点，以保证范围和进度在有效控制内。

三、严格控制变更，以确保控制进度

随着项目设计和实施的开展，一些客户对项目的认识也逐步加深，同时也会产生各种各样的想法，有些对于项目有积极的作用，有些则是用户理想化的想法，很难实现，所以迫切需要变更控制系统来进行需求设计等的控制，防止过度的范围蔓延影响整个项目进度。我在项目初期制订了变更控制的流程，在需求调研基本结束开展后续工作后，所有需进行的变更，都要严格提交变更申请单，由我和子项目负责人组成的变更控制委员会分析其对现有进度和其他因素的影响，审核是否进行变更，确定后进入项目内部使用的变更信息库，作为后续的修改、跟踪、查询的依据。

组织内部透明的项目汇报制度、人力资源管理，保证了项目进度反馈真实，人员工作高效。

严谨的进度计划制订是项目成功的第一步，后期的项目进度控制则是一个漫长的艰辛过程，所以为了确保进度被有效地执行和可控，需要采取一系列的措施。在本项目中，我首先制定了严格的绩效报告制度，所有的项目组成员，每周末汇报本周的工作完成情况，上报给各子系统负责人，负责人进行检查并回填到 Project 的实际完成情况中。每周一上午各组召开例会，就上周的工作进行小结。我每周将 Project 中反映的实际工作进展情况与计划情况进行对比，关注进度完成有偏差的部分，及时进行纠正。如果连续两周，超过三分之一的组员进度都没有按照计划完成，则说明对工作的估算过于乐观，需要调整计划时间。

每个月定时召开进度会议，评审上一个月的项目完成情况，确保上报的绩效中体现的工作进度真实可靠。对于连续两个月以上按时按质完成工作的组员，给予适当的绩效奖励，以提升组员的工作热情。组员可以随时查阅整个项目进度，能看到自己和其他人的进度执行结果，为整个项目团队形成一个积极良好的氛围。

【总结】

本项目最后达到了预期的目标，项目计划内的任务也得到了实现，保证了进度的有效执行。我在本项目中总结出了进度成功的几个因素：（1）计划的完整和细化，本项目由于前期的进度计划制订采用滚动计划的方式，配合工具的使用，达到了很好的效果；（2）变更的有效控制，防止项目范围的蔓延是保证进度按原有计划进行的重要因素；（3）进度的有效执行和控制，后期项目计划和绩效报告以及绩效奖励制度的结合运用，基本上达到了进度有效开展和控制的目的。但是还有一些遗憾之处，由于项目执行期间客户单位进行了人事变更，原有的一些项目沟通人员的更换对我们的项目产生了一定的影响，被更换的单位部门领导对项目的内容提出了部分修改意见，对原有进度计划进行了部分调整。一部分工作被重新安排。这是由于我在项目初期对于影响项目的风险因素分析不够充分，在进度安排时没有充分安排缓冲时间，虽然最后项目如期地验收完成，但是中间采取了赶工期、加班和并行的方式，增加了一些成本，这些在今后的工作中需要防范。

论文样例 2 ★★★★

样例点评：★★★★

论文中关于项目背景的叙述真实可信，通过对项目基本信息和项目特征的介绍突出了项目的特色。论文结构合理，摘要、项目背景、正文论述、总结与提炼等部分结构清晰，详略得当。论文的逻辑线索清晰，紧扣时间管理，从活动定义、活动排序、活动资源估算、活动历时估算、制订进度计划和进度控制六个方面综述了项目进度管理的主要内容，并能有意识地在每个子过程中表现相应的输入、输出与方法结构，同时做到了理论与实际结合，反映了考生同时具备丰富的项目管理实践经验和对于项目时间管理理论的全面掌握。论文语言流畅，段落过渡衔接自然，是一篇值得重点参考的论文。不足之处是论文的摘要过长，考试时可能会影响论文写作时间的合理分配。

摘要

摘要结构合理，层次清晰。不足之处是摘要过长，字数为 670 字，应该压缩到一半左右，因为考试中摘要的长度一般要求不超过 400 字。例如该论文中对于项目背景信息的叙述可以适当压缩，对于项目的经验教训也可以一带而过。另外，"百尺竿头，更进一步"的提法在第 19 章中举例时做过说明，考生不宜反复引用，完全可以采用其他类似的说法来替代，避免考试时出现雷同。

正文

【论文背景】

项目背景真实可信。考生首先对项目背景进行了全面描述，然后分析项目特征，接着引出项目进度管理的重要性和主要内容。

【论文逻辑框架】

论文逻辑线索清晰，每个子过程的内容表现为一个自然段落，也使得阅卷老师在阅卷过程中直接可以判断考生有无相应的理论知识。也有的考生将各个子过程的内容在同一段进行综述，这种写法结果并不理想。在第 19 章的分析中就提醒过考生，论文写作中一定要注意逻辑线索的展现，而线索展现除了论文内容方面的逻辑关联，其形式表现也是一个重要手段。建议考生采取该样例的段落划分方式。

【论文总结】

论文总结的写法比较典型，首先对正文部分进行总结，又对工作的不足进行了分析，并指出未来项目管理的努力方向。论文总结的写法同样值得借鉴。

【论文外观】

论文语句流畅，段落分明，且使用段落编号的方式使论文的结构更为清晰。

论信息系统项目时间管理

李然非

【摘要】

2008年10月，××发展股份有限公司作为系统集成项目的总包商承接了××市人力资源和社会保障局委托的××市基本医疗保险门诊实时结算信息系统建设项目，我作为项目经理负责全程管理该项目。该项目的主要业务目标是建设覆盖全市1800家医保定点医疗机构的门诊实时结算系统。在实施该项目过程中，项目在时间管理方面具有以下特点：业务功能复杂，涉及××市1800家医保定点医疗机构和1300万医保参保人，同时该项目工期较长（历时一年多），涉及的项目干系人众多，并且项目属于2009年××市政府折子工程，要求必须在2009年底完成。因而该项目的时间管理是项目成功的关键。

在充分分析了该项目特点的基础上，在时间管理方面我对项目的所有活动通过活动分解进行了定义，使用前导图的方法对项目活动进行了排序，经过对项目活动的资源估算、项目活动历时估算，制订了项目进度计划，形成了项目进度甘特图。在项目执行过程中依据项目甘特图进行项目绩效测量，根据绩效测量的结果以及通过项目进度变更控制系统对项目进度进行了很好的控制。在项目的各个里程碑阶段都很好地在确保项目质量和成本的基础上，按照项目时间进度计划完成了项目。最终，在2009年底由××市政府正式宣布系统一次性上线成功。

该项目在时间管理过程中还存在一些不足，例如在活动历时估算时我们应该安排更多的预留时间，为项目风险做好时间方面的准备；在制订项目进度计划时，我们还应该更多考虑资源平衡方面的问题，使项目资源得到更充分的利用；在进度控制阶段，我们在各个里程碑评审过程中应该增加用户参与度，与用户更好地进行项目进度沟通。改进以上不足，我们就可以在今后的项目管理过程中百尺竿头，更进一步。

【正文】

2008年10月，××发展股份有限公司作为系统集成总承包商承接了××市人力资源和社会保障局委托的××市基本医疗保险门诊实时结算项目，我作为项目经理负责全程项目管理，并参与了业务需求讨论和系统分析等工作。该项目覆盖了全市18个区县、1800家医保定点医疗机构和1300万参保人。在参保人门诊就医费用结算时，使用社保卡实时计算医保基金和个人支付金额，参保个人只需负担个人支付金额即可完成结算过程，将门诊费用报销支付时间由几个月缩短为几秒钟，极大地方便了参保人。该项目从2008年10月开工，到2009年12月验收结束，历时一年多，项目涉及××市和18区县人社局、1800家定点医疗机构，项目干系人众多，项目业务需求内容繁多。由于项目属于××市政府折子工程，项目时间进度要求必须在2009年底完成，项目管理过程中的时间管理尤为重要，是项目是否成功的重要评价标准。在具体管理过程中，我根据项目实际情况，遵循时间管理的主要方法，对项目活动进行了定义、排序、资源估算、历时估算并制订了项目进度计划。在项目执行过程中，通过项目进度变更控制系统对项目进度进行了很好的控制，最终在既定时间完成了所有项目工作，取得了良好的效果。2009年底由××市政府正式宣布系统一次性上线成功，目前系统运行情况良好。

一、活动定义

首先，我们根据项目范围说明书以及项目的 WBS 对项目所有活动进行了定义。我们将项目先进行了阶段定义，包括项目的需求获取、需求分析、系统设计、系统开发、系统测试、用户测试、系统试点、系统正式上线阶段，然后，我根据项目进展的不同阶段，采用滚动规划方法，将项目涉及的所有活动逐步定义。对于近期需要完成的工作在工作分解结构最下层详细规划，远期需要完成的工作则表现在工作分解结构相对高的层次上。通过滚动规划方式开展项目工作，项目活动也逐层逐步清晰起来。

二、活动排序

根据活动定义，我将所有活动进行了排序，通过前导图的方法，将所有活动之间的依赖关系整理形成项目网络图。在此阶段中最重要的就是明确各个活动之间的依赖关系，例如在系统测试阶段，我们通过与用户沟通，最终明确先进行我们公司内部的自测工作，然后由用户代表在公司的实验室环境下进行用户测试，最后再选择两家试点医院在医院实地环境下进行现场测试；而对于公司内部测试阶段，我们将医院端系统与区县经办机构端的系统进行同步闭环测试。

三、活动资源估算

为了做好所有项目活动在所需资源上的准备工作，我们还对项目活动的资源进行了估算，通过自下而上的估算方法整理了整个项目所需要的相关资源。例如在测试阶段，我们针对需要测试的系统数量、每个系统的测试人员数量，以及试点测试医院的数量，估算了所需测试用的读卡机具以及测试卡的数量。在系统测试之前要求机具和卡片提供商必须按时提供测试用的设备以保证测试工作的顺利进行。

四、活动历时估算

对于活动历时估算我们使用了活动历时三点估算法。由于在系统开发过程中业务算法相对比较复杂，具体开发过程中可能会遇到很多不确定因素，因此，我要求项目人员估算了最乐观、最悲观以及最可能的开发时间，使用三点估算法计算公式计算出项目活动的历时估算。例如，对于系统测试工作，无法很准确地估算测试 bug 的修改时间，为此我要求测试人员进行了三点估算，最乐观的时间为 3 周，最悲观的时间为 8 周，最可能的时间为 6 周，通过三点估算公式计算出估算时间为 5.9 周。通过使用三点估算法设置统计权重，运用统计规律降低了项目历时的不确定性。

五、制订进度计划

在前期时间管理工作的基础上，我制订了项目进度计划，通过项目甘特图全面反映了项目进度状况。在制订进度计划过程中，使用了关键路径法，根据各项目活动之间的依赖关系以及项目活动所使用的资源情况，我们分析并寻找了项目的关键活动，并形成了项目的关键路径。通过平衡与协调项目资源使用情况，最终绘制了项目计划甘特图。为了使项目干系人都了解和掌握项目进度计划，我们还将项目计划甘特图印刷成册，形成了项目手册，下发给项目参与各方，得到了用户方及项目监理方的好评。

六、进度控制

在项目执行过程中，每周各子项目组根据项目进展报告进行挣值分析，形成项目跟踪甘特图，并与项目计划甘特图进行比对，如果发现有滞后现象则安排项目组进行赶工。每两周项目整体进行绩效测量，通过挣值分析以及项目跟踪甘特图进行绩效评估。如果出现进度变更，则通过项目组以及公司两级进度变更控制系统进行变更评审。对于项目工作重大的变更则由项目监理公司主持召开项目监理会，与用户方和监理方共同沟通项目进度变更情况，对于批准的变更申请，在监理会后形成项目进度变更报告，发送给项目相关各方。

【总结】

在门诊实时结算项目管理过程中，我全面应用了项目时间管理的方法，使得该项目在时间管理方面较好地达到了预期目的，确保了2009年底系统上线。鉴于我们在项目初期通过项目工作分解进行了活动定义，使用前导图法对项目活动做了排序，并使用自下而上的估算方法对项目活动进行了资源估算，使用项目历时三点估算法降低了历时估算的不确定性，最终形成项目进度计划。在项目执行过程中，我们很好地运用了绩效测量以及项目组与公司两级进度控制系统，对项目进度进行了控制，并且在项目监理方的组织下与用户进行了有效的沟通，最终确保了在 2009 年底完成项目所有工作，并由××市政府正式宣布（系统）一次性上线成功。

通过总结，对于项目在时间管理方面我认为还存在一些不足：

第一，在项目活动历时估算时应该安排更多的预留时间，为项目风险做好时间方面的准备。

第二，在制订进度计划方面还应该更多地考虑资源平衡方面的问题，使项目在确保时间进度不变的情况下更好地减少成本。

第三，在项目执行过程中，各个里程碑评审过程还应该加强用户参与度，在项目进度方面增加与用户的沟通。

如果对以上方面能够进行更好的总结与提高，我在今后的项目管理过程中时间管理方面的水平将得到不断提高，真正达到"百尺竿头，更进一步"的目标。

论文样例3　★★★★

样例点评：★★★★

考生对管理的项目的背景进行了详细叙述，项目背景真实可信。在介绍项目背景的基础之上提炼了项目的特点，引申出项目时间管理的必要性和重要性，所以论文从项目背景叙述到时间管理各个子过程的论述过渡自然，逻辑线索明晰。论文的摘要和总结部分结构明确、重点突出。整篇论文的写法符合信息系统项目管理师论文的建议写法，值得参考。

摘要

论文摘要层次分明，首先叙述了项目基本信息，然后根据项目的特点引申出时间管理的必要性，对时间管理的六个子过程进行简单列举后，强调最终项目结果的有效性。在摘要的结束部分还列举了项目时间管理方面的不足和经验教训，不足之处是摘要部分过长。其实可以对经验和不足进行简略处理，甚至省略。例如可以将摘要部分的经验总结"该项目在进度管理过程中仍然还存在一些不足，例如在项目进度计划方面还不够详细，导致在项目进行中间采用了赶工、加班和并行的方式，增加了一些成本，在后续的项目进度管理过程中如果进一步加强使用关键路径法，则可以有效地克服当前的不足；另外，在进度控制方面可以在目前的基础上进行加强，以便在以后的项目中更好地制订项目进度计划"，简化为如下表述方式："论文最后还对进度计划制订和进度控制方面的一些不足做了总结和建议"。至于总结的具体内容无需在摘要中详述，在正文中叙述即可。

正文

【论文背景】

论文所描述的项目背景真实可信。作者通过对项目背景的描述，体现了项目的特征，通过强调对这些特征的有效管理，引申出下文要重点叙述的项目进度管理的逻辑框架。

【论文逻辑框架】

论文逻辑结构清晰，根据项目时间管理的各个子过程进行了充分的论述。考生能够理论结合实际，将项目时间管理方面的经验较好地融合于理论知识中，这样的写法值得借鉴。

【论文总结】

论文总结部分提炼了两条工作中的不足并进行了相应的分析。问题在于从正文到总结没有任何过渡，直接就从"对本阶段的进展情况做出结论，并决定是否调整下一阶段的进度计划"转到"在项目实施过程中，我也遇到了一些问题，下面总结一下我的解决方案"，这种写法过于突然。应该首先对正文部分进行总结，然后话锋一转，引出对工作经验的总结，否则思路转换过于突然。考生在撰写论文总结时不应该让阅卷老师觉得这是刻意安排的结构，而是正文总结部分的自然延伸。关于论文总结的写法建议考生参考 21.1.1.2 节 "撰写经验总结"部分相应的内容。

【论文外观】

论文语句通顺，但不够流畅，部分语句之间的过渡不够自然，个别语句存在口语化倾向，例如，"同时，我还从人力资源部门那儿拿了各个人员人工费率数据，以备赶工时候使用。"

论项目进度管理

吴 敬

【摘要】

2008年3月，我参加了某部队资产管理信息系统项目的管理工作，在项目过程中担任项目经理，负责领导项目小组进行项目计划实施及全面监控项目运行情况，项目要求在一年内完成。本项目是国家武警部队出资的项目，涉及全国31个省级警卫部队。此资产管理系统便于各个省警卫部队对资产预算管理、资产状态管理、涉密资产全寿命跟踪、资产配置及投资状况分析、资产预警，特别是在资预结合方面，使部队能够做出准确的资产估算，使部队资产得到合理的使用。在项目进行过程中，因项目规模大，周期长，团队结构复杂，给项目顺利推进带来了一定困难。在项目过程中，针对项目周期长，项目干系人多而且比较分散等问题，我和项目小组成员制订了进度管理计划及进度变更控制流程，并理论联系实际，在项目管理过程中，通过进行活动定义、活动排序、活动资源估算、活动历时估算、进度计划制订和进度控制各环节的有效管理，解决了项目中的问题，保证了项目工期、成本及质量，最后顺利完成了这个项目。该项目在进度管理过程中仍然存在一些不足，例如在项目进度计划方面还不够详细，导致在项目进行中间采用了赶工、加班和并行的方式，牺牲了一些成本，在后续的项目进度管理过程中如果进一步加强使用关键路径法，则可以有效地克服当前的不足；另外，在进度控制方面可以在目前的基础上进行加强，以便在以后的项目中更好地制订项目进度计划。

【正文】

随着信息化进程的不断推进，以信息化支撑部队建设和后勤资产管理工作变得越来越重要，并且为了适应现代化的管理方针和策略，同时满足国家制订的"十一五"计划中关于信息化发展的方针。2008年由武警部队立项进行了部队资产管理信息项目应用系统研制和实施工作。此项目对全国31个省级警卫部队的资产管理系统进行了监视，包括资产预算管理、资产状态管理、涉密资产全寿命跟踪、资产配置及投资状况分析、资产预警五大功能模块。此项目采用了公开招标方式，我公司参与了投标并顺利中标，于2008年初签订了合同，随后成立了项目小组。在项目初期设计、计划执行过程中，我作为项目经理，其中项目干系人的沟通、各方利益的平衡、用户需求的满足是我的工作重点。项目最终要在1年内完成31个省级警卫部队资产管理系统的现场考察、安装、调试及验收工作。资产管理系统由资产预算管理、资产状态管理、涉密资产全寿命跟踪、资产配置及投资状况分析、资产预警五个模块共同构成。对于这样一个规模大，周期长，团队结构复杂的项目，要使项目能够顺利实施，准确的项目进度安排和合理的分配工作至关重要，同时也为提高项目成本、质量和资源估算的准确性打下了良好基础。

我认为，项目进度管理应该让项目管理和项目团队的每一个人清楚地知道为达到预期目标需要完成哪些具体工作，同时利用有效的分析方法来严密监视项目的进展情况，使项目的进度能够按照计划进行，项目能够顺利完工。

结合项目进度管理理论，要使项目能够顺利实施，实现最终客户对项目成本及质量多方面的要求，我认为应该做好活动定义工作。活动定义就是制订活动清单以确保项目团队成员能够明确自己的工作和责任，以及制订里程碑清单使后期的项目控制行为有连贯的基础。

首先我们成立了 16 人的项目组，我负责全面的项目管理，担任项目经理，将人员分成 4 个小组进行项目实施。我们把五大功能模块作为第一类，每一类由一个开发小组承担，然后对五大功能模块进行细分，如将资产预算管理模块分为资产标准方案设置和资产预算核对报表；资产状态管理分为资产调剂、维修、报废以及资产使用状态修改，资产使用年限设置，资产涉密性设置；涉密资产全寿命跟踪模块分为涉密资产调剂、维修、报废的全过程跟踪；资产配置及投资状况分析模块分为资产配置状况分析，资产总投资状况，资产投资状况组成比例，资产投资状况分类环比；资产预警模块分为资产使用年限预警，资产标准配置预警。同时将每个子模块分配给各个小组成员，让他们清楚地知道自己的工作和责任。

同时我们在项目进度计划中根据项目设计定义了相关的里程碑，例如在资产核对报表部分我们认为各设施所对应的类定义完成为一个里程碑，每个类是否具备相对应的设施的数量及价格是该里程碑的标准，这些类的实现完成又成为一个里程碑……整个资产核对报表部分完成也是一个里程碑。

活动排序是确定各个活动任务之间的依赖关系。我们用以前为公安资产管理系统的网络图作为模板，将五大功能模块及其子模块进行了排序，确定了各个活动任务之间的依赖关系。如资产预算管理模块，要对资产进行预算必须首先制定资产标准，标准制定后才能核对预算标准是否与实际的资产配备标准一致，生成资产核算核对报表。因此资产标准方案设置必须在资产预算核对报表之前完成。

活动资源估算包括决定需要什么资源和每样资源应该用多少，以及何时使用资源来有效地执行项目活动。本次项目是一个软件开发项目，首要的是人力资源，软件开发人员是 12 人，需求调研为 2 人，测试人员 2 人。我确定了这些人员的参与工作时间，对于他们工作的时间进行资源平衡，和部门领导协调好时间，以保证人员能按时到岗，同时，我还从人力资源部门那儿拿了各个人员人工费率数据，以备赶工时候使用。

活动历时估算是项目制订计划的一项重点工作，它直接关系到各项活动、各项工作网络时间和完成整个项目所需总体时间的估算。因此，在对活动历时估算时，我们严格依据活动清单、资源日历，利用 PERT 进行三点估算，得出一个时间段，并且加上了这个时间段的 10%的预留时间得出了项目周期，正是因为这样使我们避免了整个项目的完工期限延长，造成无谓的损失。

制订进度计划是决定项目活动的开始和完成时间。由于该项目规模大，周期长，团队结构复杂，因此我召集了所有项目干系人一起制订了项目进度计划。在进度计划中，我们以项目范围说明书及 WBS 为依据，利用 Project 确切定义了每一项活动的工作量、开始时间、持续时间和结束时间，并最终形成甘特图将其表示出来，便于以后对进度的变更进行控制。

进度控制是控制项目进度变更的过程。我们以项目进度计划、绩效报告、进度基准以及已批准的变更需求为依据，结合项目绩效信息，采用变更控制系统、偏差分析方法进行了项目的进度变更管理，并规定进度变更的批准由变更控制办公室批准执行；将变更分为时间提前变更、滞后变更、人员变更等类别，要求变更以书面提出申请并由规定的部门批准后执行；在变更执行过程中进行跟踪，以确认达到效果。我让开发小组的每一位成员认真了解自己所承担任务的时间表，并根据自己的任务制订相应的工作计划。我们公司有一个用来管理员工每日工作情况的日志管理系统，为了使部队资产管理系统项目能够顺利完成开发任务，我们要求参与此项目开发的人员在当日工作结束后都要按实际工作情况填写它。例如，一个开发人员今天的工作是对某个功能模块进行编程，在日志文档中会包含：开发的模块名称、开发目标、使用的方案、新建或修改的文件名称、遇到困难、解决的方法以及计划的完成情况等。同时每周要对自己的工作进展作出结论，如，某某任务已完成 80%，能够按照计划时限完成本项任务，并向项目组汇报。开发组每个成员都要对自己做出的结论负责，这样管理人员就可以做到随时了解项目进度，为调整项目计划提供客观基础。

同时我们在项目进度计划中根据项目设计定义了相关的里程碑，在每个里程碑中我们都采取小组会议形式对本阶段的工作进行确认、总结，对本阶段的进展情况做出结论，并决定是否调整下一阶段的进度计划。

在项目实施过程中，我也遇到了一些问题，下面总结一下我的解决方案。

问题一：项目进度计划方面还不够详细，导致在项目进行中间采用了赶工、加班和并行的方式，增加了一些成本，在后续的项目进度管理过程中如果进一步加强使用关键路径法，则可以有效地克服当前的不足。

问题二：进度变更没有进行有效控制。例如在项目实施过程中，个别省级警卫部队的干系人发生了变动，导致了我方开发人员在完成阶段性成果后，不能及时得到项目干系人的确定，无法对下一阶段进行实施。在后续的项目进度管理过程中一定要加强与项目干系人的联系，及时了解动态信息。

以上是我在部队资产管理项目进度管理中的一些体会及措施，通过本项目的进度管理，使我在实战中积累了经验，也使我深深地体会到对于项目时间长，地点分散，结构复杂的大型项目，有效的项目进度管理对项目顺利实施至关重要。

论文样例 4　★★★★★

样例点评：★★★★★

该考生对所管理的保险核心业务系统建设项目的背景进行了详细叙述，项目背景真实可信。考生在介绍项目背景的基础上自然引申出项目时间管理的必要性和重要性，该论文从项目背景叙述到时间管理各个子过程的论述过渡自然，逻辑线索明晰。论文的摘要和总结部分结构清晰、重点突出。论文的写法很好地符合了信息系统项目管理师论文的建议写法，建议读者重点参考。

该论文唯一的不足就是篇幅稍长，考试时肯定写不出将近 4000 字的论文。不过作为考试前准备的参考论文，篇幅稍长更稳妥，考试时适当缩减即可。

摘要

论文摘要结构清晰，首先叙述了寿险核心业务系统建设项目的主要内容，然后根据项目的特点引申出时间管理的必要性，对时间管理的七个子过程进行简单列举后，简要说明在项目进度管理中应用了哪些典型方法，并在摘要结束部分提及项目时间管理方面的不足和经验教训，很好地体现了摘要的三段论写法，即项目基本信息、主要逻辑线索、结论三部分内容，让阅卷老师能够一目了然了解论文所讨论的项目背景、进度管理的逻辑子过程以及项目的主要结论信息。

正文

【论文背景】

论文所描述的寿险核心业务系统建设项目背景真实可信。作者通过对项目背景的描述，体现了项目对进度管理要求严格的特征，通过强调对这些特征的有效管理，引申出项目进度管理的逻辑框架。

【论文逻辑框架】

论文逻辑结构清晰，根据项目时间管理的各个子过程充分论述。作者能够理论结合实际，较好地将项目进度管理方面的实际工作经验融于理论知识中，这样的写法值得读者借鉴。

【论文总结】

论文总结部分内容贴切，真实可信，体现出作者在项目管理工作中具备比较丰富的实战经验和较高的理论水平。

【论文外观】

论文结构合理，语句流畅，段落过渡自然。

论项目进度管理

喻　隆

【摘要】

2015 年 9 月，×××公司决定由其下属信息技术中心负责建设新一代寿险核心业务系统。我作为该项目的项目管理组核心成员全程负责该项目。项目的主要目标是自主研发全新一代的寿险核心业务系统，以适应公司高速发展的业务需要，同时通过系统实现先进的管理办法,以技术带动管理提高。项目范围涉及寿险业务的全流程,完全重新研发核心系统,同时需改造已有的周边系统,亦需处理新旧核心系统的业务数据转换及迁移。

本文结合作者的实践,以该项目为例,讨论了项目的进度管理,以及在项目中应用编制进度计划、活动定义、活动排序、资源估算、历时估算、编制进度计划及进度控制的典型进度管理方式。针对项目工期短、资源有限、范围变更频繁、干系人众多等难点,通过在活动排序中采用关键路径、提前等方法,在历时估算中采用经验判断、类比及三点估算,及严格控制进度变更流程的方法,较好的在计划时间内按质量完成项目。但在项目过程中,仍有不足之处,本文最后总结了该项目在进度管理上的有待改进之处。

【正文】

随着保险信息化建设的不断提高及市场竞争的愈发激烈,×××保险股份有限公司在2015年中决定由其信息技术中心建设具有自主知识产权的新一代寿险核心业务系统。

2015年8月开始公司组建项目团队及项目前期准备工作,项目于2015年11月初正式启动,在2016年12月正式上线运营,项目周期超过13个月。项目预算投入超过2000万元,是行业内为数不多的采用自主研发,同时投入成本低、工期短、资源有限并成功完成的核心系统建设项目。

项目组织架构以总公司经管层高管担任项目负责人,班子成员共同参与管理组。项目组内部的正式成员超过60人,对比保险同行×××的开发维护团队超过100人,我们资源严重受限。项目下设项目管理组,包括1名高层领导及负责具体项目管理工作的本人;设立开发组,包括产品、单证、财务、契约、保全、理赔、续收、银保等主要各模块相应的10个开发小组,合计超过50名开发人员;设立测试组,包含8名专职测试人员;设立用户组,业务部门投入人力总计超过80人,负责前期业务需求沟通确认及后期用户测试与上线推广的工作事项;设立上线推广组,由IT人员及业务人员共同参与,负责项目后期的上线推广工作。

项目工期确定,公司董事长明确要求项目在2016年12月上线,但范围涉及面广,囊括了寿险业务流程的全生命周期,支持事前分析、事中跟踪、事后总结的全面精细化管理,支持业务领先的全国后援集中管理模式。首先,新核心业务系统既包括契约核保、保全、理赔、续收的业务功能模块,也拥有产品管理、单证管理、财务收付、打印扫描、规则引擎等基础功能模块。其次,在建设核心业务系统的同时,需改造监管报送、稽核、反洗钱、准备金、报表等现有关联系统的接口。最后,还需将原有核心系统的历史及在途业务数据全盘清理,并最终迁移至新核心业务系统上。

项目干系人众多,内部包括总公司的产品、精算、核保核赔、客服、保费、财务、资金、企划、银保及营销等10个核心部门,同时涉及全国31家省级分公司及上百家分支机构的管理与操作用户。公司外的重要干系人还包括各家合作银行、保监局、经纪代理公司及保单外包录入厂商,这些外部干系人与公司业务发展极其密切,是影响项目成败的重要因素。

通过分析项目背景，我们得知项目工期短、资源受限，同时兼具范围涉及面广、干系人众多的特点，将面临项目进度压力大、变更频繁等难点，因此如何有效管理项目进度，符合董事长及经营管理层的进度要求，既是项目成败的关键之处，也是项目管理的挑战。为了应对上述特点及风险，我们在项目进度管理范围内采取了以下措施。

首先是项目活动定义。我们首先参考和充分利用了现有的组织过程资产及行业模板框架，结合公司原有核心系统的系统范围及行业领先开发经验来定义项目活动。根据项目特点对各阶段活动进行拆分细化，并对活动进行了分解。第一层活动目录，分别是新核心系统建设、关联系统接口改造及数据清理与迁移。由于项目自身的特点，在项目过程中出现变更是必然的，因此我们采用滚动式规划，渐进明细的定义模式，随着项目开展，逐步细化定义各阶段活动。由于项目组众多骨干人员都是拥有超过10年以上行业经验，并在行业龙头企业经历多年的资深开发人员，我们采用专家判断法，尽可能地详实分解具体活动，最终产出了详细的项目活动清单、活动属性清单及里程碑清单。

接下来是活动排序。利用传统的前导图方法对项目各阶段及各阶段内的活动，进行分析，确定各活动之间的逻辑关系及依赖关系。由于项目工期短、进度压力大，我们尽可能地细化依赖关系，提前部分活动。由于数据清理及迁移耗时耗人力，我们在新核心系统的数据库设计确定后，便提前开展数据清理及新旧数据模型比对的工作，减少后期数据清理的人力资源压力。

在资源估算时，因为大部分资深骨干人员及主力开发人员，均有业内龙头企业多年开发经验，我们利用现有项目团队内的资深骨干人员的丰富业内经验，对各活动所需的时间进行估算，尽可能提高估算精度，在资源受限的情况下，合理分配人力资源。

对于历时估算的工作，由于部分骨干及主力人员曾经有参与过同类核心系统建设的经历，我们采用类比的方法，在历时经验的基础上，对核心模块开发的各活动所需工作时间进行了较为精确的估算。对于打印扫描、规则引擎等经验不足的模块，我们采用三点估算方法，由骨干人员与具体开发人员共同估算。在打印平台的具体开发中，核心架构师估算理想工期为 3 周，实际开发人员估计悲观工期为 6 周，而骨干开发人员估算平均耗时需 4 周，最后得出工期 4.25 周的结果。与此同时，我们预留了 10%的项目工期，为中后期范围变更带来的赶工及新增活动留下可灵活分配使用的时间。因此我们估算的项目工期，总体上是前期紧张，后期较松弛，采取了封闭集中加班开发的方式，尽可能将工期提前，以应对后期项目可能出现的各种风险。

在编制项目计划的过程中，我们利用前期的活动清单、资源估算结果、历时估算结果，采用关键路径法，产出了详细的项目进度计划。因为项目范围涉及新核心系统建设、关联系统接口开发及数据清理与迁移，我们对三方面工作进行了合理排序，尽可能压缩进度。当新核心系统数据模型确定后，立即开展数据清理工作；当新核心系统接口设计完成后，立即开展关联接口改造开发工作。由于资源受限，人力不足，我们尽可能的在各阶段活动中平衡资源,数据库设计人员在完成数据模型设计开发后,随即将工作重心投入到新旧数据模型的映射开发中,同时提供对新核心系统开发过程中数据库开发的支持。

因为变更是本项目的最大特点之一,我们采取了完备的进度控制方法。在项目初期,我们建立了进度考核模型,对各阶段各模块的进度进行绩效考核,每周每月产出项目周报、月报,向项目高层及团队成员汇报项目进度的情况,采用预警估算模式,分析进度偏差,将度量结果告知领导及开发组,提出哪些活动有延期的风险,并及时响应作出应对。例如在开发难度最大的新核心保全模块,估算整体工作量需 8 人合计 128 人·周,进行到第 8 周预计完成 50%工作量,实际度量仅完成 40%,因此我们经过评估协商,从理赔分组调动 1 人支援保全分组,最终赶在计划进度内完成开发工作。由于项目中后期出现较多变更活动,增加了项目开发测试活动,因此对于通过确认的变更,我们采用了平衡资源的方法,调动压力较小的开发人员支持出现变更的分组,并滞后一部分优先级较低的活动,优先完成重要变更活动。与此同时,我们使用业界常用的 JIRA 变更控制系统进行管理,对所有变更进行记录,并对变更后的内容进行记录。

通过在项目中较好的应用项目进度管理的方法,我们紧张有序地在项目计划时间、成本内,完成了项目的开发,系统按照预期在 2016 年 12 月正式上线,新核心系统运行良好,各关联系统运作正常,数据迁移成功,成功支持了 2017 年 1 月的开门红业务,承受了同比 2 倍的业务量,没有出现系统问题,很好地支撑了各环节的业务发展,从前端销售到后台服务支持,均保证了业务开展,提高了工作效率,整个项目得到了总分公司上下的一致好评。

尽管项目取得成功,但我们在过程中仍存在不足,也为我们后续的工作开展提供了宝贵经验。

首先是估算准确性有待提高。尽管具有丰富经验的骨干人员众多,但仍然无法覆盖所有模块。新核心系统中较重要的续收模块,由于负责人能力经验不足,进度估算过于乐观,进度延期频频出现。我们的解决方案是调配另外一名分组负责人,共同管理分组开发工作,并调动 3 名开发人员支持续收模块开发工作,大量加班,最终才按进度完成工作。对于此类问题,我们建议在项目初期组建团队时,尽可能选用合适的人员进行管理及估算,避免前期过于乐观,后期频频救火,甚至可能影响其他活动的正常开展以使整个项目进度陷入巨大风险中。

其次是项目范围广,变更多,给项目中后期带来了很大的困难。我们的解决方案有两点:一是完善变更控制系统,对业务由上至下地宣导、确认,固化变更流程,高层管理人员参与控制需求,避免项目范围漫延;二是进度估算时为后期预留工作时间,前松后紧,同时严格控制非必要的需求及镀金现象,才可在变更出现时,有可支配的人力及时应对。

以上是我在寿险核心业务系统项目进度管理中的体会及采取的具体举措,通过对本项目的进度管理，使我在实战中积累了经验，也使我深深认识到，进度管理对此类项目的顺利实施至关重要。

论文样例 5　★★★

样例点评：★★★

考生对××基金信息化总体建设项目的背景进行了详细叙述，项目背景真实可信。在介绍项目背景的基础上提炼了项目的特点，自然引申出项目时间管理的必要性和重要性。项目正文部分完整描述了时间管理包含的各个子过程，逻辑线索相对完整。论文结论规范、简洁，符合建议的论文写法。论文正文部分的逻辑子过程描述繁简不一，整体过于单薄。

论文背景篇幅与正文部分篇幅比例不太相称，显得有些头重脚轻。

摘要

论文摘要描述了项目的基本信息及项目结论，但没有明确提出项目时间管理的基本线索，属于比较明显的缺陷。

正文

【论文背景】

论文描述的项目背景真实可信，引申出项目进度管理主题的过程自然。

【论文逻辑框架】

论文逻辑结构清晰，根据项目时间管理各个子过程的逻辑顺序进行了相关论述，但对于子过程输入-方法-输出的描述不够清晰。

【论文总结】

论文总结完整、简洁，符合建议的论文总结写法。

【论文外观】

论文语句通顺，但段落之间缺乏过渡，有堆砌之嫌。

论项目进度管理

【摘要】

2010 年 12 月，我参与了××基金总体建设项目的管理工作，我作为该项目的项目经理负责全程管理该项目。该项目总投入 1000 万元，系统集成、机房建设约 600 万元，应用软件约 400 万元。由于该项目涉及相关干系人众多、影响重大，而又涉及与系统集成、机房建设、应用软件的共同配合，加之政策多变，都对项目进度提出了很高的要求。本文以此项目为例，结合本人的实战，就进度方面，我采用 PERT 计划评审技术，标识关键任务的同时，允许一些任务并行，着重考虑人员在整个项目过程中的安排，跟踪和控制项目计划的执行等措施，有效地控制进度，历时 1 年的时间，系统至今运行稳定，取得客户的好评，很大程度上得益于项目成功的进度管理。

【正文】

2010年12月，××科技股份有限公司作为总体建设的承包商承接了××基金公司所委托的××基金总体建设项目，我作为项目经理负责全程项目管理工作。该项目包含了系统集成、机房建设、应用软件，其中应用软件涉及的内容包含开放式基金注册登记系统（含专户 TA）、投资交易管理系统、基金直销系统、基金网上交易系统、网上查询系统、呼叫中心系统、主动客服系统、对账单管理系统、网站系统、反洗钱系统、资金清算系统、基金财务及估值系统（含专户估值）、XBRL 系统的实施。该项目从2010年12月开始，到2011年12月验收结束，历时一年左右，由于该项目比较大，涉及相关干系人众多，影响重大，加之政策多变，都对项目进度提出了很高的要求。项目时间进度要求必须在2011年底完成，因此项目管理过程中时间管理至关重要。在项目管理过程中，我依据项目的实际情况，遵循时间管理的主要方法，对项目活动进行定义、排序、资源估算、历时估算并制订了项目进度计划；在项目执行过程中依据项目甘特图，进行项目绩效测量，根据绩效测量的结果以及通过项目进度变更控制系统对项目进度进行有效地控制。在项目的各个里程碑阶段都很好地在确保项目质量和成本的基础上，最终在预计的时间完成了项目所有工作，取得了良好的效果，2011年底成功上线，且目前运行良好。结合项目的实施，本人依据实战经验，从以下几点分享本项目进度管理：

一、活动定义

首先，我负责全面的项目管理，担任项目经理，把项目分成三个小组进行项目实施。不同领域的工作分入不同的小组：系统集成为一小组，机房建设为一小组，应用软件为一小组。然后根据项目范围说明书以及项目的 WBS 对项目的所有活动分三个小组进行了定义。我们将项目先进行了阶段定义，如应用软件包括项目的需求获取、需求分析、系统设计、系统开发、系统测试、用户测试、系统场检、系统试运行、系统正式上线。然后，我根据项目进展的不同阶段，采用滚动规划方法，将项目涉及的所有活动逐步进行定义。对于近期需要完成的工作在工作分解结构最下层详细规划，远期需要完成的工作则表现在工作分解结构相对高的层次上。渐进明细，通过滚动规划方式随着项目工作的开展，使项目活动逐层逐步清晰。同时我们在项目进度计划中根据项目定义了相关的里程碑，例如：需求获取过程中产生的业务需求说明书为一个里程碑，需求分析过程中定义的软件需求说明书又为一个里程碑……

二、活动排序

活动排序是指确认各个活动任务之间的依赖关系。通过前导图的方法，我们将所有活动的依赖关系整理形成项目网络图。在此阶段中最重要的就是明确各个活动之间的依赖关系，例如在需求分析阶段，要对需求进行分析，产生软件需求说明书，就必须首先与客户进行沟通，获取需求逐步产生业务需求说明书；因此，业务需求说明书必须在软件需求说明书之前产生。

三、活动资源估算

活动资源估算包括决定需要什么资源和每样资源应用多少，以及何时使用资源来有效地执行项目活动。我采用了自下而上的估算方法整理了整个项目所需要的相关资源。例如应用软件方面，我针对所包含应用软件的数量、每个系统所需的人员，确定了这些人员的参与工作时间，对他们工作的时间进行资源平衡，和部门领导协调好时间，以保证人员能按时到岗。

四、活动历时估算

活动历时估算是制订项目进度计划的基础，我在综合考虑了资源、人力、物力、财力的情况下，采用了活动历时三点估算法，如：应用软件涉及多个系统，过程中可能会遇到很多不确定因素，因此，我要求项目人员估算了最乐观、最悲观以及最可能的开发时间，使用三点估算法计算公式计算出项目活动的历时估算。

五、制订进度计划

由于该项目规模大，周期长，团队结构复杂，因此我召集了所有项目干系人一起制订了项目进度计划。在制订进度计划过程中，我们以项目范围说明书及 WBS 作为依据，按系统集成、机房建设、应用软件制订了相关的子计划，每个子计划利用 Project 确切定义了每一项的工作量、开始时间、持续时间、结束时间。各子计划完成后合并成项目进度计划，并最终形成甘特图将其表示出来，且全面反映了项目进度状况。

六、进度控制

进度控制是控制项目进度变更的过程。在项目执行过程中，我们使用项目管理信息系统 OA 工具，通过每周各子项目根据项目的进展情况在 OA 中填写在线周报，OA 系统会与项目计划甘特图进行比对，对每周项目的进展情况进行跟踪，并产生 CPI/SPI。项目经理通过 SPI 对本项目的进度进行分析，如果 SPI<1，表示出现了滞后现象，则安排项目组进行赶工。如果项目出现了进度变更，则通过项目组以及变更控制委员会进行变更评审；对于项目工作重大的变更则与客户方共同沟通项目进度变更情况；对于批准的变更申请，形成项目进度变更报告，发送至项目相关各方。为了使项目能按时按质按量完成，我们项目组成员每天下班前都会召开 15 分钟的日会，形成项目的日报，这样管理人员可以做到随时了解项目进度，为调整项目计划提供客观基础。

在××基金总体建设项目中，我全面应用了项目时间管理的方法，确保了 2011 年底系统上线，且至今运行良好，受到客户和相关方的一致好评，对项目的满意度较高。项目成功很大程度归功于项目各阶段对进度和成本的有效管理和控制，没有进度管理，项目很难如期交付，对项目质量、进度、成本三大目标的实现有巨大的风险。

通过这次开发我也发现了一些问题和不足，由于对人员流动估计不足，复用力度不够，给项目的进度管理带来了一定的困难，在以后的项目中，我们把限制人员流动率作为一项合同约束；还有就是团队成员的协作程度不高，未最大限度地发挥团队的凝聚力，在沟通方面我还做得不够，在以后的项目中我会不断努力和改进。

论文样例 6 ★★★

样例点评：★★★

考生对所论述的项目的背景进行了详细描述，项目背景真实可信。在介绍项目背景的基础上提炼了项目的特点，引申出项目时间管理的必要性和重要性，所以论文从项目背景叙述到时间管理各个子过程的论述过渡自然，逻辑线索明晰。论文的摘要和总结部分结构明确、重点突出。整篇论文的写法符合信息系统项目管理师论文的建议写法，值得参考。

摘要

论文摘要虽然符合建议的写法，但不够简练、直接。例如，可以将"在时间管理方面我对项目的所有活动分解进行了定义，使用前导图对活动进行了排序，经过对项目活动的资源估算，活动的时间估算制订进度计划，在项目的执行过程中依据挣值法进行项目绩效测量，根据绩效测量的结果以及项目进度变更控制系统对项目进度进行了很好的控制"，替代以简明扼要的说法"在时间管理方面我遵循了项目进度管理的典型过程，从进度计划制订、活动定义、活动排序、活动资源估算、活动历时估算、制订进度计划、进度控制等七个方面对项目进行了有效的管理"。改写后的内容简单、直接，容易与进度管理的逻辑子过程一一映射，让阅卷老师一目了然，迅速判断出考生已完全掌握了项目时间管理的各个逻辑子过程。

正文

【论文背景】

论文描述的项目背景真实可信。作者通过对项目背景的描述，提炼了项目的特征，引申出下文要重点叙述的项目进度管理的逻辑框架。

【论文逻辑框架】

论文逻辑结构清晰，根据项目时间管理的各个子过程进行了相应的论述。考生能够理论结合实际，将项目时间管理方面的经验与理论相结合，不足之处是论述各个逻辑子过程的篇幅较短，略显不足。

【论文总结】

论文总结完整、简洁，言之有物，符合建议的论文总结写法。

【论文外观】

论文语句通顺，段落划分清晰，不足之处是段落之间的过渡不够自然。

论信息系统项目时间管理

【摘要】

2017 年 7 月，××信息产业工程有限公司作为系统集成的总承包商承接了××县公安局所委托的××县城市公共安全视频图像信息系统建设项目,我作为项目经理负责管理该项目。该项目旨在通过科技化手段实现"接处警方式数字化、案情判断智能化、指挥系统集成化、指令下达自动化、资源调集集群化、系统功能联动化、各种信息实时化、案情档案标准化、现场信息可视化、管控防打一体化"的目标。在实施该项目过程中,项目在时间管理方面具有以下特点:项目业务功能复杂,牵涉到300个城区重点路段和市级重要单位,100个乡镇重点路段和重要单位,同时该项目工期较长,历时一年多,涉及的项目干系人众多,并且该项目属于××县重点项目,要求必须在2018年的10月1日前完成,因此该项目的时间管理是项目成功的关键。在充分分析该项目的特点的基础上,在时间管理方面我对项目的所有活动分解进行了定义,使用前导图对活动进行了排序,经过对项目活动的资源估算,活动的时间估算制订了进度计划,在项目的执行过程中依据挣值法进行项目绩效测量,根据绩效测量的结果以及项目进度变更控制系统对项目进度进行了很好的控制。在保证成本和质量的基础上,按照项目进度计划在规定的时间内完成竣工验收。该系统至今运行稳定,取得客户好评。该项目很大程度上依赖于成功的时间管理。

【正文】

2017年7月,××信息产业工程有限公司作为系统集成的总承包商承接了××县公安局所委托的××县城市公共安全视频图像信息系统建设项目,我作为项目经理负责管理该项目。该项目旨在通过科技化手段实现"接处警方式数字化、案情判断智能化、指挥系统集成化、指令下达自动化、资源调集集群化、系统功能联动化、各种信息实时化、案情档案标准化、现场信息可视化、管控防打一体化"的目标。在实施该项目过程中,项目在时间管理方面具有以下特点:业务功能复杂,牵涉到300个城区重点路段和市级重要单位,100个乡镇重点路段和重要单位,同时该项目工期较长,历时一年多,涉及的项目干系人众多,并且该项目属于××县重点项目,要求必须在2018年的10月1日前完成,因此该项目的时间管理是项目成功的关键。在具体管理过程中,我根据项目实际情况,遵循时间管理的方法,对项目活动进行了定义、排序、活动资源估算、活动时间估算,制订了进度计划;在项目实施过程中,通过变更控制系统对项目进度进行了很好的控制,最终在既定的时间内完成所有项目工作,取得良好的效果,获得客户好评。目前该系统运行情况良好。

一、活动定义

首先,我们根据项目范围说明书,依据专家判断法,对项目WBS的所有活动进行了定义,按照项目的启动、规划、执行、监控、收尾进行阶段定义。在不同的阶段采用滚动规划方法,将项目涉及的所有活动逐步进行定义。

二、活动排序

根据活动定义,我将所有活动进行了排序,通过前导图的方法,将所有活动之间的依赖关系整理形成项目网络图。在这阶段中,最重要的就是明确各个活动的依赖关系。

例如在系统测试阶段，我们通过与客户的沟通，先进行乡镇各个点的测试，然后在各个点测试完成的基础上对所有乡镇进行联调，所有乡镇联合调试完成后再进行整个乡镇和城区的联合调试。

三、活动资源估算

为了做好整个活动在所需资源上面的准备工作，我们还对活动的资源进行了估算，通过自下而上的估算方法整理了整个项目所需要的相关资源。例如在硬件施工阶段，针对每个点的线路传输需要多少人，线路设备施工需要多少人，集成部分需要多少人，我公司现有资源能否满足此项目要求等。

四、活动历时估算

对于活动历时估算，我们使用了专家判断法和活动历时三点估算法，对于确定性，这种项目活动采用专家判断法。对于不确定性较多的活动，我要求项目成员估算了最悲观时间、最乐观时间、最可能时间，使用三点估算法计算出活动的历时估算。例如，对于系统测试工作，无法很准确地估算测试 bug 的修改时间，为此，我要求测试人员进行三点估算，最乐观时间为 3 周，最可能时间为 5 周，最悲观时间为 7 周，通过三点估算公式计算出估算时间为 5 周。

五、制订进度计划

在前期时间管理工作的基础上，我制订了项目进度计划，通过项目甘特图全面反映了项目进度状况。在制订进度计划过程中，使用了关键路径法，根据各活动的依赖关系以及活动的资源估算，活动的时间估算，我们分析并找到关键活动，形成关键路径。通过平衡与协调项目资源使用情况，使用关键链法，绘制项目计划甘特图。我们将项目进度甘特图发给各项目干系人，确定里程碑，得到客户和项目监理方的好评。

六、进度控制

在项目的实施阶段，每周各子项目根据项目进度报告进行挣值分析，并形成项目跟踪甘特图，与项目进度计划进行比较，如果发现有滞后现象则安排项目组赶工或增加资源。如果出现进度变更，未涉及时间基线的变更，我们项目组及公司两级变更控制系统就进行变更评审。如果牵涉到时间基线的变更，则由监理单位主持召开项目监理会，与客户、监理共同沟通确定。对于批准的变更，严格按照变更控制流程进行变更。

【总结】

在这个项目的实施建设过程中，我全面应用了项目时间管理的方法，使得该项目在时间管理方面较好地达到了预期，确保了系统的正常运行；在项目的各个阶段对项目活动进行了定义，前导图法对活动排序，专家法估算活动资源，三点法估算活动时间，制订项目计划，实施进度控制，严格按照变更控制流程实施变更。通过总结，对于项目在时间管理方面还存在一些不足：（1）在活动历时估算方面还应该安排预留时间，为项目风险做好时间方面的安排。（2）在制订进度计划方面还更应该考虑资源平衡方面的问题，在确保进度的前提下，保证质量的同时，更好地控制成本。（3）在项目的实施过程中，更多地加强客户的参与，在项目进度方面加强与客户的沟通。通过对以上3方面的总结，在以后的项目管理过程中，我在时间管理方面的水平将得到不断提高，综合管理能力将有更大的进步。

论文样例 7 ★★★

样例点评：★★★

论文整体结构完整，逻辑线索清晰，主要有三处不足：一是摘要写法有明显缺陷；二是项目进度管理中对活动定义逻辑子过程的描述过于简略；三是论文总结中所提到的不足程度过于严重，不太符合成功项目的特点。

摘要

论文摘要不符合建议的摘要写法。考生应该在论文摘要中开门见山地提出项目时间管理的逻辑子过程，包括活动定义、活动排序、活动资源估算、活动历时估算、制订进度计划、进度控制各个子过程，而不是笼统地说"我通过合理地估算工作量和技术难度，识别关键任务和进度追踪与控制，随时了解项目进度，必要时调整进度表等对项目进行进度管理"。应该先声夺人，给阅卷老师留下这样清晰的印象：考生完全理解项目时间管理包含的各个逻辑子过程。

正文

【论文背景】

论文所描述的项目背景真实可信。作者通过对项目背景的描述，引申出下文要重点叙述的项目进度管理的逻辑框架。

【论文逻辑框架】

论文逻辑结构清晰，对项目时间管理的各个子过程进行了充分论述。如果能在各段落之前明确各个逻辑子过程的名称，则各段落结构以及段落继承关系会更清晰。

【论文总结】

论文总结部分谈到的不足过于严重，"首先，在项目初期活动定义粒度过大、活动的约束条件和假设条件不清楚，使得项目组成员对工作安排不是很清楚，出现不满情绪。其次，在制订项目进度计划时没有和客户、公司领导进行及时沟通，客户对项目计划不满，使得计划进行多次修订。再次，在做项目历时估计时，对关键的项目任务的资源分配不足，导致项目进度出现延迟。"不管是不满情绪、计划多次修订还是关键人任务资源分配不足，这些缺点都非常有可能导致项目不能在原计划的工期内完成，而项目背景则交代该项目是按期完成的，所以可信度不高。

再次建议考生在对项目不足进行总结时，注意分寸，如果项目不足的程度过于严重，则不可能是一个成功的项目。一个考生如果连一个成功项目的特征都不能把握和判断，至少说明该考生离期望的项目经理标准还有一定差距。

【论文外观】

论文语句通顺，段落结构合理。

论信息系统项目进度管理

【摘要】

2013年1月，我参加了国家××中心的网络攻击行为采集系统的开发，在项目中担任项目经理职务。该系统采用B/S架构，分布式部署方式，实现攻击行为的采集与分析功能，时间要求在一年内完成。由于项目工期短、功能模块较多、技术难度较高，因此加强项目的进度管理是非常重要的。在充分分析项目的特点之后，我从合理地估算工作量和技术难度、识别关键任务和进度追踪与控制、随时了解项目进度、必要时调整进度表等方面对项目进行进度管理。2014年1月，项目如期完成，顺利通过了客户方验收。虽然项目取得了成功，但也存在很多不足之处，如活动定义粒度过大、项目进度计划多次返工和资源分配不平衡等现象，需做进一步的经验总结与改进。

【正文】

2013年1月，我公司签署了国家××中心的网络攻击行为采集系统的建设项目，此项目为国家863项目，合同金额为1200万元，项目周期为一年。公司指定我为项目经理，负责领导项目小组进行项目计划实施并全面监控项目运作情况。

网络攻击行为采集系统集攻击行为采集、攻击方式甄别、攻击序列展示、攻击数据下载、攻击态势分析等功能为一体，采用分布式部署方式，在网络不同节点部署数据采集节点，由集中管理中心进行统一管理。攻击行为的采集是整个系统的关键，攻击行为采集模型的深度、数据采集的广度、采集类型的种类构成系统的三维空间。集中管理中心采用B/S架构，分为采集节点管理、用户分组管理、报表展示、数据上传下载、攻击分类统计与查询等模块。由于公司之前在网络攻击行为采集上没有成熟的技术方案和技术积累，用户对此处的需求也不是很清晰，因此在项目启动阶段系统的范围缺少明确的定义。

在充分分析项目存在的技术难点后，公司领导抽调两名技术专家加入项目组，负责整个项目的技术攻关工作，另外分配一名系统分析师，负责整个系统的架构分析与设计。此外还配备了四名有经验的程序员和一名配置管理人员。项目组采用项目型组织方式，使得项目组成员全身心地投入到该项目中来，以保证项目如期交付。

我在接到项目经理授权后，与客户方沟通，详细了解整个项目的实际情况后，将项目管理的重点集中在进度管理。项目进度管理，即把项目组成员的工作量与花费的时间联系起来，合理分配工作量，利用进度安排的有效分析法来严密监视项目的进展情况，以使项目的进度不致被拖延。在项目实施过程中，我遵循项目进度管理的方法，对项目活动进行定义、排序、资源估算、历时估算、制订项目进度计划，并将进度控制与项目整体控制相结合，使用综合变更控制系统对项目进度进行很好的控制。

首先，我根据项目的范围说明书以及工作分解结构（WBS），利用分解技术和公司同类项目的模板进行项目活动定义。我们在活动定义中列出五大里程碑，包括模型建立、管理中心详细设计、节点详细设计、原型开发、系统开发。

其次，我们使用前导图法将活动进行排序，确定各个活动任务之间的依赖关系，并形成文档，用来指导项目的实施。如模型建立与管理中心详细设计可同时进行，而节点的详细设计需要在模型建立完成后开始。原型开发需要管理中心详细设计和节点详细设计计均完成后方可开始。

再次，我们对每项任务活动进行资源估算和历史估算，即估算每项任务需要什么样的技术人员、需要投入多少人·月。例如，对于技术难度相对较大的工作，一般会安排给经验丰富的程序员，这样不至于在某个技术细节上影响项目的整体进度。由于本公司之前曾有多个大型管理信息系统开发经验，因此有不少的案例可供参考，如系统框架部分的组织机构、功能授权、系统登录等，甚至包括数据库设计我们都可以参考以前的案例，在此基础上做少量修改，这对工作量的估算也是一个重要的参考。另外，前台的常用操作，如增加、删除、修改、查询等一系列活动各模块大体上也是相同的，我们就编写统一的类，通过传递参数的方式实现对不同的表的增、删、改、查等常用操作业务。这样我们就可以在需求分析和软件测试上多投入些时间。

项目计划是项目管理的基础，如果没有制订现实可达的进度计划，我们的项目就不可能如期完成。由于该项目时间短、任务重，合理安排每项活动的时间，是整个项目成败的关键。根据项目活动的逻辑关系，我采用关键路径法定义项目进度管理网络图，比如数据分析模块作为整个报表模块的驱动，应该安排在报表模块的前面开发；数据导出模块要以报表模块的内容和形式为依据，所以安排为报表模块的紧后任务。利用项目管理信息系统（PMIS）可以在人力资源充足并且不影响整个工程进度的情况下，找出历时最长的路径定义为关键路径，并且在重要的活动上定义里程碑或者检查点，以便对项目进度实行监控。此外我还为项目制订了详细的进度计划表，进度表内容包括任务工作量、开始时间、持续时间、结束时间、任务版本号等，并且让每个人都知道自己承担的工作任务的时间表，根据自己的任务制订详细的工作计划。对于进度计划中重要的检查点以高亮显示，以便在进度执行的时候引起重视。进度计划编制完成后，更新了包括项目日历表、资源安排表、进度基准表、项目管理计划等文档。

项目的不确定性因素导致了项目的进展未必像想象中或计划中的那样顺利，而当这种不确定性变得明确且和当初的预测不一致时，就会导致项目出现变更。监督和控制项目工作，采取纠正和预防措施来控制项目的绩效是项目管理工作的重要组成部分。我通过项目管理信息系统（PMIS）和每周的项目例会，搜集项目完成情况的数据，将实际完成情况与计划进程进行比较，一旦发现进度滞后则采取措施进行纠正。例如在项目实施过程中，项目组成员擅自修改数据库结构，造成管理中心系统数据库访问模块运行不正常，导致后续的工作进度推迟了两天。在出现进度延迟的第二周，我采取赶工的方式将项目的进度向前推进，最终保证项目如期交付。

【总结】

在此项目中，我运用项目进度管理理论指导实际工作，取得项目的成功。2014 年 1 月，项目顺利通过验收，得到公司领导和客户方的一致认可。此项目不但为公司在经济上获得较大收益，还在客户方树立了良好的公司形象，为公司日后的项目申请赢得一个好的开端。虽然项目取得了成功，但也存在很多不足之处。首先在项目初期活动定义粒度过大、活动的约束条件和假设条件不清楚，使得项目组成员对工作安排不是很清楚，出现不满情绪。其次在制订项目进度计划时没有和客户、公司领导进行及时沟通，客户对项目计划不满，使得计划被多次修订。再次在做项目历时估计时，对关键项目任务的资源分配不足，导致项目进度出现延迟。

以上是我在网络攻击行为采集系统项目中使用的管理措施。经过此项目，我再次认识到项目进度管理对项目顺利实施的重要性，在今后的项目中还需不断总结和提高。

论文样例 8 ★★★★★

样例点评：★★★★★

这是一篇非常典型的应试论文，很好地符合了信息系统项目管理师论文的考试要求。摘要线索明确、语言简洁，依次描述了项目背景、项目进度管理主要逻辑线索及典型方法应用，以及项目结论三部分内容；正文写法也很典型，逻辑线索明确，对各逻辑子过程的方法应用介绍也比较充分；论文结论部分篇幅适当、总结也比较贴近实际。唯独有一处可信度不高的地方，即在项目进度监控中应用挣值管理方法来对项目的偏差进行判断，因为在国内的项目中采用挣值监控方法的组织凤毛麟角，如果在项目总结部分将其总结为未来的努力方向，可信度倒是更高一些。

摘要

摘要写法典型，包含了建议的主要线索，语言简练，值得考生借鉴。

正文

【论文背景】

论文项目背景真实可信。项目分软件、硬件介绍，且对软件的组成系统又进行了相关说明，条理清晰，可信度很高。在论文背景部分引申出项目进度管理的重要性和必要性，过渡自然。

【论文逻辑框架】

论文逻辑结构清晰，对各个逻辑子过程的输入-方法-输出描述相对充分，较好地符合了逻辑子过程的建议写法。

【论文总结】

论文总结写法规范。对有些担心论文篇幅不够的考生而言，可以适当对论文总结进行扩充，扩充的一个重要途径即是在总结部分对正文部分的内容进行总结和概括，一方面呼应正文内容，一方面也可以比较自然地引出项目结论以及不足。

【论文外观】

论文语句流畅，段落划分清晰，过渡自然，值得考生重点借鉴。

论进度管理

【摘要】

2015年10月，××软件股份有限公司作为系统集成项目的总承包商承接了××省财政厅委托的投资评审信息系统项目，我作为该项目的项目经理负责全过程管理，该项目的业务目标是建设覆盖××财政评审中心所有业务及日常办公活动的管理系统。由于功能多且复杂、项目周期长且工期紧张的问题，这些都对该项目的完成提出了很高的要求。充分分析了项目的特点之后，我和项目核心团队非常重视项目的进度管理，严格遵守活动定义、活动排序、活动资源估算、活动历时估算、制订进度计划、进度控制的典型管理方式。我们对活动进行了清晰的定义并按逻辑关系排序，解决了功能复杂带来的问题。我们在编制进度计划时，通过关键路径法和资源平衡，并在进度控制时严格按进度计划执行。通过这些措施有效地缩短了项目工期，解决了项目周期长、工期紧张的问题。最后，项目在合同要求的时间内完成，并顺利通过了客户验收，得到了客户的认可。

【正文】

随着近年来财政投资快速增长，财政投资评审的工作量越来越大，另外，财政部提出精细化管理的发展思路，对财政投资评审的评审思路及工作效率提出了更高的要求。××省财政厅评审中心决定通过开发信息系统并整合相关评审工具，提高效率，提升管理水平。2015年10月，我们通过投标方式获得了财政投资评审信息系统的开发合同，开发内容为××财政评审信息系统及配套设施采购，合同金额为255万元整，其中系统包括评审管理子系统、日常办公管理子系统、专家管理子系统、政策法规管理、材料价格、造价指标以及门户网站。配套设施包括服务器、数据库及防火墙。由于系统中包含了服务器、数据库等设施采购，还包含与公司其他部门评审工具、指标分析工具的整合开发，因此本系统采用了C/S与B/S的混合架构，使用Silverlight在自有财审平台上开发。由于财政投资评审过程会产生大量的数据，而且这些数据需要积累、抽提、分析，我们经过多方比较，系统数据库选择Oracle。

该项目划分了两个大的里程碑，第一个里程碑目标是2016年5月30日交付完成评审管理、日常办公管理、专家管理、政策法规四个子系统及门户网站的开发，第二个里程碑目标是到8月30日，完成剩余的材料价格、造价指标两个子系统的开发。项目功能多、工期紧张，而是否能按时完成又是项目是否成功的重要评价标准，因此项目中的进度管理显得非常重要。

为保证项目能完成预定的目标,我们非常重视进度管理,从活动定义、活动排序、活动资源估算、活动历时估算到制订进度计划、进度控制,我们都致力于把人员的工作量与花费的时间联系起来,合理分配工作量,利用进度安排的有效分析方法来严密监视项目的进展情况,使得项目的进度不致被拖延。

一、活动定义

活动定义就是把所有的活动编制成一个明确的活动清单,并且让项目团队的每一个成员能够清楚有多少工作需要完成,并对活动清单进行文档化,便于项目其他过程的使用和管理。首先我们根据项目范围说明书及 WBS,完成了六个子系统及门户网站相关活动的分解,参考×××财审项目的清单模板进行描述,形成了项目活动清单。在分解活动清单时,我们采用滚动式规划方式,对近期要完成的工作在工作分解结构最下层详细规划,而计划在远期完成的工作则表现在工作分解结构的较高层次上。活动定义的过程产生了 22 个里程碑,例如接收评审项目、编制评审计划、造价评审等,这些里程碑也是我们后来划分迭代的主要依据。

二、活动排序

活动排序主要是确定各个活动任务之间的依赖关系。我们利用前导图法,首先对六个子系统及门户网站及其主要模块进行排序,确定各子系统的依赖关系,例如必须先完成日常办公子系统中的收文管理模块,才能进行评审管理子系统的开发。完成评审管理子系统后才能进行专家管理子系统和指标管理子系统,以及日常办公子系统中的评审经费管理模块。其次,我们对各模块中的功能进行排序,例如评审管理中要先完成评审计划,才能进行造价评审。通过以上过程整理形成了项目计划网络图。

三、活动资源估算

活动资源估算决定需要什么资源和每样资源应该用多少,以及何时使用资源来有效地执行项目活动。我们采用自下而上的估算法,统计项目活动总工作量,然后根据进度要求计算需要的开发人员,最后根据开发与测试人员的大致比例关系计算测试人员及需求人员数量,得出完整的活动资源需求。本项目主要内容是软件开发,需求人员为 1 人,开发人员为 10 人,测试为 4 人。在项目需求分析及设计阶段,有需求人员和 2 名开发人员参与,在迭代开发阶段所有开发、测试人员都参与。

四、活动历时估算

活动历时估算是项目制订计划的一项重要工作,它直接关系到各项具体活动、各项工作网络时间和完成整个项目所需要总体时间的估算。本项目中我们严格依据项目活动清单、活动资源需求及资源日历,对熟悉的活动采用类比估算法,对不确定的活动采用三点估算法,计算出项目活动时间后加上 10% 的预留时间得出活动的完成历时估算值。

五、制订进度计划

制订进度计划就是决定项目活动的开始和完成日期。我们根据活动清单、活动资源需求、活动资源估算、项目进度网络图、活动历时估算,采用关键路径法,使用 Project

软件制订进度计划。最初的进度计划显示项目工期会超过合同要求的时间，所以我们又采用了资源平衡方法，把日常办公子系统中的部分资源调整到评审管理子系统中，最终制订了符合合同要求的进度计划，并形成甘特图以及里程碑图，用于对进度及变更进行控制。

六、进度控制

项目进度控制是依据项目进度计划对项目的实际进展情况进行控制，使项目能够按时完成。本项目执行过程中，每周各子项目都要根据项目进展情况进行挣值分析，并与甘特图进行对比，分析是否存在偏差，并编写进度报告。对监控发现的偏差进行偏差分析，并采取补救措施；对出现的进度变更，通过变更控制系统进行变更审批；对于项目重大变更则由项目监理公司主持召开项目监理会，与用户和监理方共同探讨沟通进度变更情况；对于批准的变更申请，在监理会后形成项目变更报告，并发送给相关各方。同时内部调整项目计划，用于内部执行及后续的进度监控。

通过在××财审项目管理过程中全面应用进度管理的方法，使得该项目在进度管理方面取得了较好的预期效果，提前一周通过了公司内部的评审，并一次性通过了客户验收，这是我们公司近期进度控制最好的项目。但是对于进度管理我们也还存在一些不足的地方：

（1）部分活动预留时间不够，在项目活动历时估算时所有活动均预留10%的时间，对于不确定的活动，应该预留更多的时间。

（2）项目进度计划不够详细，导致在项目进行过程中发现部分活动时间不够，只能通过赶工、加班方式来赶进度，增加了项目成本。

如果对于以上方面能进行更好的总结与提高，我在今后的项目管理过程中进度管理水平将得到不断提高，真正做到精益管理。

第 23 章　项目成本管理论文写作解析

23.1　项目成本管理论文写作概述

相对于其他主题的论文写作，许多考生最发愁的论文主题就是项目成本管理了，主要原因是 IT 项目的项目经理很少直接关注项目的财务信息，因而自认为对项目的成本管理不甚了解，无从下笔。根据第 19 章的建议，无论要求考生撰写哪个主题的项目管理论文，重要的是要符合论文写作的一般规范，考生不必过于纠结是否在项目成本管理方面具备足够的实践经验。

在许多 IT 组织中，和项目相关的成本管理工作其实是由项目经理和财务部门一起执行的。项目经理在前期根据客户要求和项目特点估算项目所需资源的类型和数量，然后提交该结果；财务部门将该结果转换为相应的金额，再根据组织特点对该估算结果进行调整，生成项目的预算；项目在执行的过程中，项目经理报告实际发生的费用，例如材料成本、项目工时、项目差旅费用等，财务将实际发生的费用归集到相应的项目账号中，并与项目的预算相比对，从而对项目的成本执行状况进行监督。以上三方面的工作内容近似地可以映射到成本管理的三个子过程：成本估算、成本预算、成本控制。在开始成本管理的这三个过程前，作为项目管理计划的一部分，项目管理团队需先行规划，制订成本管理计划，从而为成本估算、成本预算和成本控制统一格式。如上所述，项目经理只是部分参与项目成本管理方面的工作，但在成本管理主题的论文写作过程中，则应该尽可能淡化财务部门的工作，强化项目经理在成本管理方面的工作。

23.2　项目成本管理逻辑结构分析

根据项目成本管理知识领域的具体内容，项目成本管理共包含四个子过程，分别是制订进度管理计划、成本估算、成本预算和成本控制。项目成本管理过程的逻辑架构如图 23.1 所示。

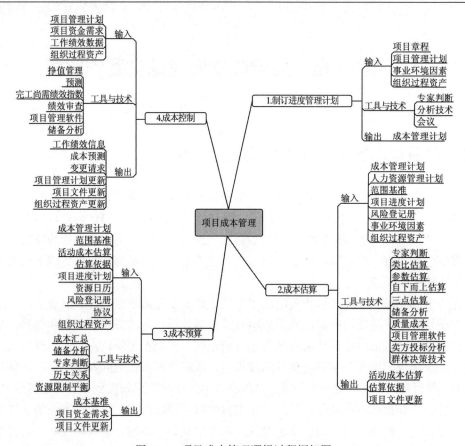

图 23.1　项目成本管理逻辑过程框架图

23.3　项目成本管理论文样例

论文样例 1　★★

样例点评：★★

论文以考生参与管理的项目为例，论述了考生在该项目中成本管理方面的实践。通过阅读论文可以感受到考生确实在该项目的管理过程中花费了很多心思，项目背景的真实可信度毋庸置疑。但问题的关键在于考生对项目成本管理的理解与论文考核中的成本管理知识出现了重大偏差。从实际工作总结的角度来说，这篇论文是一篇不错的应用型学术论文，完全有资格在相应领域的期刊杂志上发表，考生甚至在摘要部分还提炼了论文的关键字，这都表现了他是以学术论文的方式去准备考试论文。遗憾的是这种做法没有可取之处，信息系统项目管理师论文几曾要求考生准备关键字？

尽管该论文段落清晰，语句通顺，但论文逻辑主线不符合考试要求，与论文的题目方向严重偏离，其他考生应该警惕类似的论文写作模式。

摘要

论文摘要简明清晰，简述了项目背景后指出项目成本管理的重要性，接着对成本管理的主要内容进行了提炼，最后说明系统运行稳定、可靠。这样的摘要写法基本符合第 19 章所建议的摘要写法。但问题在于考生对成本管理的提炼出现了内容错误，成本管理的主要线索是成本估算-成本预算-成本控制，而非考生此处所提炼的逻辑线索工作量估算-风险控制-成本控制。所以论文写作时一定要根据题目理清题目要求的逻辑线索。考生切不可对项目管理的逻辑线索进行创新，否则就会像该论文一样，其他方面再突出也可能会被"毙掉"。

正文

【论文背景】

项目背景翔实可信，内容叙述详略得当，并能自然引申出成本管理的重要性，为后续的正文逻辑框架部分做了合适的铺垫。

【论文逻辑框架】

逻辑框架错误，概念混淆。成本管理的逻辑线索错误前已述及，且概念混淆严重，例如"计划阶段做好活动历时（工作量）估算"，活动历时估算是进度管理的内容，不属于成本管理的范畴；再如"我尝试采用了'关键事项跟踪'张榜方式，把项目中各主要事项按照排名张贴在项目进展公告栏上"，事件跟踪机制可以属于风险跟踪、团队建设或者信息发布等项目子过程，但唯独与成本管理的三个过程没有关系。所以该考生更多的是基于自己的理解，而置项目管理的知识框架于不顾。尽管论文表面上阅读起来具体生动，但很遗憾与考核的要求南辕北辙[①]。

【论文总结】

论文总结的写法仍然沿用学术论文的写法，没有针对性，建议考生参照第 18 章中对论文总结的准备方法。

【论文外观】

论文语句通顺、流畅，但段落之间缺乏过渡。

论项目成本管理

【摘要】

2009 年 3 月，我作为项目经理开始参与××水电站后台监控系统的开发和通信系统

[①] 再次重申：为了满足考试要求我们要求论文有标准的写法，实际工作中则尽可能地避免这样的写法。这种出于应试的写作方法可能会造成作者缺乏创新、人云亦云等负面后果。

集成项目，主要工作职责为需求分析、系统设计和项目管理，我还负责了整个系统通信集成的设计工作。系统采用 VC6＋MS SQL 数据库应用框架，同时集成 Web 实时网站实现发布应用与远程诊断功能。

项目的成功很大程度上归功于在项目过程中各个阶段对进度和成本的有效管理和控制。本文以该项目为例，结合实践，讨论信息系统项目中的成本管理问题，主要通过在计划阶段做好工作量估算，有效管理和控制风险因素，在实施阶段进行成本跟踪和控制等方法来有效管理和控制项目成本。2010 年 3 月，项目顺利完成了预定目标并通过出厂验收，目前运行稳定。

【关键词】

水电站、后台软件、成本估算、成本预算、成本控制。

【正文】

2009 年 3 月，我作为项目经理开始参与某国 SESAN 水电站后台监控系统和系统通信集成的开发项目，主要工作职责为需求分析、系统设计和项目管理。系统基本功能包括：数据组态、画面组态、SCADA 处理、界面图形化操作、SOE 事件处理、状态变位提醒、设备基础资料、历史查询统计、报表显示和权限管理等模块。系统采用 VC6＋MS SQL 数据库应用框架，同时集成 Web 实时网站发布应用与远程诊断。

系统实现的 SCADA 功能包括数据获取、数据抗干扰过滤、标度变换、信号变位及越复限报告、SOE 事件及雪崩事件处理、合格率统计、实时操作控制等，遥测、遥信、遥控、遥调"四遥"功能，是水电站监控系统中最为重要的业务之一。系统的组态包括数据组态和画面组态两大部分，数据组态是建立水电站监控系统的数据源，如数据的名称、类型、存贮周期、处理方式设置；画面组态根据用户实际要求画出全站电气主接线图，油、水、气运行装置图和机组控制流程图等，并与数据源建立绑定关系，供程序运行时的实时数据显示和控制操作。

系统要求实时性强，开发工具采用 VC6，硬件配置方面包括：一台 Dell 服务器用于安装 SQL Server 2000，实现全站历史数据库存储；一台 Dell 服务器用于安装 IIS 实现 Web 实时网站发布；两台 Siemens 工控机用于操作员工作站并使用双屏显示方式，其中一台显示器用作主画面显示，一台显示器用于实时事件处理和操作指导；一台笔记本电脑作为工程师维护工作站。

考虑到该水电站的土建工程进展较为顺利，客户要求系统在 2010 年 3 月底前交付，项目开发周期为 12 个月。项目人员配备情况为：项目经理 1 人，开发人员 5 人，测试人员 3 人，行政文档、配置管理和质量管理人员由 1 人兼职，且配置管理为多项目共享。公司在项目基础设施方面，包括开发服务器、开发机、测试服务器、配置管理服务器、开发工具等，配备状况较好，团队具有电力行业后台软件开发的丰富经验和基础。

项目成本控制指在工程项目整个生命周期中，对其消耗的人力资源、物资资源和费用支出等，进行指导、监督、调节和控制，对将要发生的成本偏差采取预防措施，对已经发生的成本偏差采取纠偏措施，尽量把各项成本控制在目标成本范围之内，以保证工程项目预期利润的实现。软件成本管理是软件项目管理的一个重要组成部分，也是一个十分容易被忽视但却又十分重要的内容，成本管理的目的是通过执行项目成本管理过程和使用一些基本项目管理工具和技术来改进项目成本绩效。项目组整体上把按进度和预算交付项目作为我们最大的挑战，因此我们十分重视对项目进度和成本的控制和管理。该项目中我们借助项目管理软件 Microsoft Project 2007 来辅助进度和成本的计划和管理。我们主要通过在计划阶段做好工作量估算，有效管理和控制风险因素，并在实施阶段采用成本跟踪和控制等方法，有效管理和控制项目成本。

项目的成功很大程度上归功于在项目过程中各个阶段对进度和成本的有效管理和控制。主要通过以下三个方面有效管理和控制项目成本：

一、计划阶段做好活动历时（工作量）估算

项目需求分析阶段结束，软件需求进一步得到客户正式签字确认后，我们借助项目管理软件 Microsoft Project 2007 开始合同要求和需求变更范围定义，创建工作分解结构（WBS）、形成 WBS 字典和制订详细项目进度计划。我们认为工作量估算是成本估算的基础，对于项目成本管理十分关键。由于我们在变电站和电力调度系统的开发中积累了 SCADA 部分的经验，这部分代码行（LOC）估算有参照对象，其余工作量估算也主要采用基于公司 VC6 平台上开发的项目历史绩效、数据库应用等组织过程资产中的经验评估，即类比估算法。对于估算把握不是很好的任务，我们按三点法通过提供一个乐观估算 A、悲观估算 B、正常估算 M 进行 3 次估算，然后利用 PERT 公式[(A+4×M+B)/6]计算取整，每次估算结果与前一次的差别大于 30%时进行差异分析讨论，再重新评估。每项活动我都先确定具体人员，例如对于项目新增的"需要支持基于 IEC 61850 通信体系标准的电站保护装置和后台系统"的要求，我认为这是一个技术性要求很高的需求，且在国内外水电站应用中还未见相关案例和报道。我召集软件部技术经理、技术总监、业务骨干、兼职顾问的高校教师，然后需要对活动本身进行详细分析，查看了公司项目历史相关绩效数据库。由于难度较大，也考虑过外包给××的一家公司开发，最后对范围、时间、成本、质量和风险因素作了艰难的平衡后，由公司一把手大力支持，决定结合高校技术自己开发。我们为各项活动建立了前后依赖关系，明确各项活动的前置任务，活动开始时间和结束时间，总体上活动历时估算工作量较大，大约花费了 15 个工作日。

项目组中软件开发人员工作相对固定，互相协调，两个人主要负责在 VC6 平台下 SCADA 整体功能、历史数据库接口和报表处理等开发，该部分应用开发已经有一定的项目积累和基础，但具体功能模块较多；安排三个人负责 IEC 61850 的配置管理和客户端应用开发，如基于 XML 的建模和统一维护工具，在 SCADA 基础上嵌入实现 MMS（制造报文规范）客户端通信，与常规后台实时数据库集成，将面向 IEC 61850 的模型转为常规的点表库模型分析、显示和存储等。项目中有大量可供复用的东西，如数据和图形组态，数据库存储，基于 IEC 60870-5-101/103/104、CDT、Modbus TCP/IP 通信规约库

等基础代码包,以及站级系统必须的权限管理模块等,这些也是在我们工作量估算中需要考虑的因素。

二、有效管理和控制风险因素

项目风险是指所有影响该项目目标实现的不确定因素的总和。风险会造成工程项目实施的失控,如工期延长、成本增加、计划修改等,最终导致工程经济效益降低,甚至项目失败。

在项目中我们对项目风险进行了必要的管理,以避免风险事件的发生引发项目成本增加或超支。公司研发中心提供了风险管理计划的模板和风险事件列表模板,为了让项目组整体在各个阶段保持良好的风险和进度意识,我尝试采用了"关键事项跟踪"张榜方式,把项目中各主要事项按照排名张贴在项目进展公告栏上,如:①Siemens 保护装置的 MMS 服务端接口;②基于 XML 的模型转换和组态工具;③公司外贸部、设计院、客户方、分包商提出的新需求和协调变更。另外范围界定不清、计划不充分、用户参与不足、缺乏领导支持、技术问题等也是我们项目计划阶段主要的风险事件。事实表明,这种做法效果是非常明显的,特别是客户方面,我定期将一些实施过程的范围界定问题和第三方通信配合问题列表 E-mail 给外贸分管该项目的周某,能尽快落实未明晰的需求部分和系统成套问题,并与设计院项目负责人进行了沟通。通过一番利弊关系的陈述,达成明晰的需求共识。例如在基于 IEC 61850 的功能需求上,经过多次协商,达成了"仅在保护系统和后台监控软件中实现 IEC 61850 数字化"的功能需求,明确减小了技术范围,针对具要需求,加上领导大力支持,项目组整体信心十足,积极性和责任感增加。

三、加强项目成本控制

实施阶段需要进行成本的跟踪和控制,Project 2007 中需要设定各项资源(人员)的工时标准费率,即人员每小时的工作成本。项目组成员每周五下班前通过内网 B/S 项目管理信息系统 PMIS 提交项目周报,把各自本周内完成的任务进度情况和下周任务计划进行汇报。报告要求按百分比严格量化任务完成情况,PMIS 只提供具体百分比的选择。我把各项任务实际完成数据输入到进度计划中,借助该项目的 Project 2007 自动生成成本统计表,以清楚地显示任务基准和实际成本信息,如当前时刻的计划值(PV)、挣值(EV)和实际费用(AC),实时分析掌控项目的进度和成本动态,查看跟踪甘特图,较好地把握项目总体的进度和绩效。

成本控制不是无原则地降低成本,而是把成本控制在合理的范围之内,减少不必要的浪费。因此,根据市场变化情况调整成本预算就很有必要。在采购基于 IEC 61850 的底层网络交换机时,我们充分权衡成本、质量和风险因素,由于是第一次上 IEC 61850 数字化,又是国外项目,为保证项目质量,必须选用国外符合 IEC 61850-3 标准的产品,征询了 SIEMENS 公司意见并参考国内数字化变电站的应用,我们选择了加拿大罗杰康公司的 RSG2100 模块型系列交换机产品。项目采购人员时刻关注市场变化并互通有无,经过在广州、XX、成都、南京多方市场询价,最后落实在南京与 SIEMENS 公司成套签订其保护装置，比预期节省了 1/3 的费用。

【总结】

SESAN 水电站后台项目在 2010 年 2 月下旬正式在厂内测试完成，提前 2 周完成了项目，于 4 月完成 SESAN 项目的厂内 FAT 验收。目前系统运行正常，受到国外客户方各有关部门的一致好评，对项目满意度较高，为公司在该国的水电站应用再次树立了新的数字化水电站标杆。项目的成功很大程度上归功于在项目过程中各个阶段和细节中对进度和成本的有效管理和控制。没有成本管理，项目也可能成功，但没有成本管理的项目，对于项目管理质量、时间、成本三大目标的实现是有巨大风险的。

水电站系统集成项目涉及设备多，相互协调和控制复杂，其成本控制是一个复杂的系统工程，不仅需要完善的成本控制体系、独特的成本控制策略，更需要监控系统厂家和相关分包单位参与，共同落实成本控制责任。要采用全面的动态成本控制，我们还需在今后的实践中不断总结和提高。

论文样例 2　★★★★★

样例点评：★★★★★

比对信息系统项目管理师论文的写作要求，该论文是一篇优秀的论文。论文摘要简洁明了，包含了项目的基本信息，提炼了项目的基本特点，简述了成本管理的主要内容，总结了项目的一些不足，符合摘要的基本框架。项目背景翔实可信，逻辑线索有条不紊，段落衔接自然，论文总结要言不烦。加之语句流畅，段落分明，是一篇符合信息系统项目管理师论文写作要求的优秀论文。

摘要

论文的摘要结构清晰，内容完整，字数还应稍加压缩以符合论文对于摘要的字数限制（摘要不超过 400 字）。

正文

【论文背景】

论文背景真实可信，项目特点提炼全面，从而能够自然引申出成本管理的重要性和必要性。需要说明的是，考生可能注意到在论文范例中存在相同的项目背景。出现这种现象并不奇怪，考生在参加信息系统项目管理师考试之前，需要做一些考前准备工作。对于论文写作应该在考试之前就准备一个统一的项目背景案例，当需要撰写不同的论文题目时，首先根据记忆在试卷上书写相同的项目背景信息，然后再根据相应的论文考试主题撰写相应的论文正文内容。

【论文逻辑框架】

论文逻辑框架完整，且在每个子过程的论述中均适当地表现了其输入、方法与输出，例如，"在此基础上还根据该项目范围说明书的要求，对硬件设备的采购采用了资源单价的估算方法。以社保卡服务网点使用的条码扫描器为例，每个条码扫描器单价为 1300

元，需要采购的总数量为700个，因而对应的总成本为91万元。考虑到项目计划中对于进度和人员的要求，根据项目的WBS结构采用了自底向上的成本估算方法，估算总的工作量"。另外，逻辑框架知识与项目管理实践的结合也比较密切。

【论文总结】

论文总结要言不烦，在对正文呼应的基础上，描述了项目执行的正面结果，并对项目成本管理的不足做了总结。

【论文外观】

论文语句通顺，段落分明，值得重点借鉴。

论信息系统项目成本管理

李然非

【摘要】

2008年10月，××发展股份有限公司作为系统集成项目的总包商承接了××市人力资源和社会保障局所委托的××市基本医疗保险门诊实时结算信息系统建设项目，我作为项目经理负责全程管理该项目。该项目的主要业务目标是建设覆盖全市1800家医保定点医疗机构的门诊实时结算系统；在实施该项目过程中，项目在成本管理方面具有以下特点：由于该项目工期较长（历时近一年），涉及的项目干系人众多，因而该项目的成本管理是项目成功的关键。

在充分分析了该项目特点的基础上，在成本估算方面我详细分析了项目成本科目，采用了类比估算法、固定资源费率法等方法对项目总体成本进行了估算；在成本预算方面采用了项目逐步分解分摊的方法，详细地制定了项目的预算；在成本控制方面，采用公司级与项目级控制机制，并且通过挣值分析法，进行了绩效测量，根据绩效测量的结果与成本预算相比对，以控制项目成本。通过使用这些方法我很好地做到了成本管理，项目最终发生的总成本与项目前期批准的项目预算相比仅超出2%。

该项目在成本管理过程中还存在一些不足，例如在成本估算方面还应该细化估算科目，比如将医院实施的租车费用估算进去。另外，在成本控制方面可以进一步利用挣值分析进行成本预测。争取在今后的项目管理过程中百尺竿头，更进一步。

【正文】

2008年10月，××发展股份有限公司作为系统集成总承包商承接了××市人力资源和社会保障局所委托的××市基本医疗保险门诊实时结算项目，我作为项目经理负责全程项目管理，并参与了业务需求讨论和系统分析等工作。该项目覆盖了全市18个区县、1800家医保定点医疗机构和1300万参保人。在参保人门诊就医费用结算时，使用社保卡实时计算医保基金和个人支付金额，参保个人只需负担个人支付金额即可完成结算过程，将门诊费用报销支付时间由几个月缩短为几秒钟，极大地方便了参保人。该项目从

2008年10月开工，到2009年12月验收结束，历时一年多，项目涉及××市和18个区县人社局、1800家定点医疗机构，项目干系人众多，项目采购的设备与货物种类繁多，包括社保卡芯片采购，社保卡制作与发放，社保卡服务网点建设，社保卡服务呼叫中心建设、结算支付系统开发等工作，项目整体投资达3亿元，仅涉及的软件开发部分就达1亿元。在我公司近些年承接的系统集成项目中属于金额较高的项目。该项目在项目管理过程中，成本管理显得尤为重要，是项目成功的重要保障。在具体工作中，我根据实际情况，采用了灵活的工作方法，取得了较好的效果，使得项目最终总成本与经过审批后的项目预算相比仅超出2%。该系统在2009年底由××市政府宣布正式上线，到目前运行情况良好。

一、成本估算

鉴于门诊实时结算项目周期较长，项目干系人众多，项目采购的设备与货物种类繁多，因而我在该项目前期就组织人员制订了项目成本管理计划，并根据成本管理计划对该项目的成本进行了详细的估算。因为项目估算应该考虑到项目所使用的所有资源的成本，所以在该项目中主要对项目所涉及的设备采购、场地租用、人员费用、分包费用、设备折旧与分摊费用等费用科目进行了详细的估算。我根据之前××市基本医疗保险项目成本发生情况，作为该项目成本估计的重要参考，采用类比估算法，估算门诊实时结算项目的所有资源科目。在此基础上还根据该项目范围说明书的要求，对硬件设备的采购采用了资源单价的估算方法。以社保卡服务网点使用的条码扫描器为例，每个条码扫描器单价为1300元，需要采购的总数量为700个，因而对应的总成本为91万元。考虑到项目计划中对于进度和人员的要求，根据项目的WBS结构采用了自底向上的成本估算方法，估算总的工作量。成本估算是门诊实时结算项目成本管理的一个非常重要的环节，正是因为在项目前期对可能发生的成本类型都进行了详细的估算，所以项目最终实际发生的成本与前期成本估算偏差很小，控制在10%以内。

成本估算工作为后面的成本预算提供了一个完整的框架和坚实的基础。只有成本估算工作做得全面，成本预算才能更准确。

二、成本预算

根据成本管理计划，我结合门诊实时结算项目的特点，以及我公司对项目的要求，制定了切实可行的项目预算。我将得到批准的项目估算总成本，逐项分摊到每一个工作包中，为每一个工作包制定具体的项目预算，并且对于相对比较复杂的工作包还制定了成本控制的标准，确保项目所有工作包预算累加和不超过项目总体预算。在此基础上将每一个工作包的预算再次分摊到每一个项目活动中，以确定项目的每一项预算的支出时间，最终形成项目时间点对应的项目预算累计支出，并形成项目预算支出计划。在项目预算过程中我使用了成本总计方法，将WBS每一个工作包的预算累计成为WBS上一级的预算金额，最终累计成为整个项目总体预算。在进行成本预算时，考虑到项目在管理上的储备，尤其对于比较复杂的工作包，按照5%~10%的额度设定了管理储备。

成本预算既是将成本估算进行细化，结合项目具体活动对项目成本进行预先的演练，同时又要考虑成本控制的标准，在项目的各个里程碑确立成本控制的指标。因此说，成本预算是成本控制的基础。

三、成本控制

成本控制的目的就是使项目活动按照成本管理计划完成，它是对项目实施过程中项目活动所发生的项目实际成本与项目预算进行对比、检查、纠正，尽量使项目的实际成本控制在成本计划和成本预算之内的管理过程。

为了确保项目执行过程中的成本控制，每周做一次子项目的绩效测量，每两周做一次整体项目的绩效测量，通过计算项目挣值，与成本管理计划和成本预算进行比对，找出与项目成本管理计划和预算的差距。在项目实施过程中，我制定了公司级与项目级的两级成本控制体系，根据项目实施过程的绩效测量，当与预算出现 3%以内的偏差时，在项目组内部解决；出现 3%以上的偏差，报公司解决。当出现项目成本偏差时，通过成本变更申请、成本变更审批以及成本变更执行最终完成成本变更。在项目执行过程中也出现过重大工作方式的变更，在工程监理公司主持下经过与用户方进行沟通和研讨，其中涉及的成本变更最终可以修改成本基线计划，并将修改后的成本基线计划报送项目各方。

【总结】

在门诊实时结算项目管理过程中，我全面应用了项目成本管理的方法，使得该项目在成本管理方面较好地达到了预期目的。鉴于我们在项目初期就建立了项目成本管理计划，并依据成本管理计划对项目成本进行了估算，在项目估算的基础上，综合考虑了项目的特点，并结合公司对项目的要求，我制定了行之有效的项目预算，在门诊实时结算项目执行过程中，通过挣值分析进行项目成本与预算的比对，并形成项目与公司两级成本控制体系，对于重大成本变更我们还通过监理公司与用户进行沟通，项目最终发生的成本与项目前期批准的项目总预算仅超出 2%，这也是近年我公司在同类项目中对于成本绩效完成得比较好的项目。但是对于成本管理我们做的还有一些不足：

（1）成本估算中对于成本科目还可以进一步细化，比如还可以将医院实施过程中的租车费用考虑进去。

（2）成本预算很大程度还是依靠对以往项目的经验，对于门诊实时结算系统开发部分项目预算的结果对于人员因素的依赖性过强。

（3）在门诊实时结算项目执行过程中，对于成本控制还应该通过挣值分析法加强项目成本预测工作。

如果对于以上方面能够进行更好的总结与提高，我在今后的项目管理过程中成本管理水平将得到不断提高，真正达到"百尺竿头，更进一步"的目标。

论文样例 3 ★

样例点评：★

该论文的写作明显受到网络上某类成本管理论文样例的影响，考生在论文准备过程中当然可以参照他人的写法。不幸的是，有些所谓样例论文的写法本来就不是信息系统项目管理师论文的推荐写法（有可能是针对其他软考类型的论文样例）。所以，考生在参照别人的论文写法之前一定要考虑清楚。不要看到冠以"信息系统项目管理师"论文字样的论文就拿来参考，结果导致方向性错误。

摘要

该论文的摘要过于简略，没有涉及项目的业务特点和管理特点，另外，因为逻辑线索理解错误，导致摘要所强调的重点也是不准确的。

正文

【论文背景】

论文所叙述的项目背景真实可信。问题在于项目背景叙述之后应该引申出成本管理的重要性，而在论文中看不到这样的线索，却强行说明"软件成本管理是软件项目管理的一个重要组成部分，也是一个十分容易被忽视但却又十分重要的内容。成本管理的目的……"成本管理重要所以接下来正文中就要讨论成本管理（与上文所述的项目背景有何关系？），这种强词夺理的过渡似乎也能说得通，不过，"强扭的瓜不甜"，建议考生还是应该多采用自然过渡的方式。

【论文逻辑框架】

该论文逻辑框架不正确，尽管谈到了和成本管理有关的内容，但与成本管理所强调的主要线索成本估算-成本预算-成本控制相关性不强，因而论文存在方向性偏差。

【论文总结】

论文的总结敷衍了事，没有实质性内容。语句逻辑费解，尤其是后半段令人匪夷所思，"项目的成功很大程度上归功于在项目过程中各个阶段对进度和成本的有效管理和控制。没有成本管理，项目也可能成功。但没有成本管理的项目，对于项目管理质量、时间、成本三大目标的实现是具有巨大风险。"

【论文外观】

该论文语句不畅，逻辑关联松散。

论软件开发成本管理

【摘要】

2004 年 8 月，我作为项目经理开始参与××银行授信业务系统的开发项目，主要工作职责为需求分析、系统设计和项目管理。系统基本功能包括：业务操作、业务提醒、基础资料、查询统计和权限管理等五个模块。系统采用 Struts+Hibernate 主流 Web 应用框架，实现 Web 应用程序服务器 WebSphere 与协作应用程序服务器 Lotus Domino 的高度集成。

项目的成功很大程度上归功于在项目过程中各个阶段对进度和成本的有效管理和控制。本文以该项目为例，结合作者实践，讨论了信息系统项目中的成本管理问题，主要通过在计划阶段做好工作量估算，有效管理和控制风险因素，在实施阶段进行成本跟踪和控制等方法来有效管理和控制项目成本。

【正文】

2004 年 8 月，我作为项目经理开始参与××银行授信业务系统的开发项目，主要工作职责为需求分析、系统设计和项目管理。当然也做一些编码工作，主要是基础性公用代码和关键核心代码的编写与维护。授信是指银行以自身信用向客户提供贷款（包括项目贷款）、担保、开票信用证、汇票承兑等业务，授信业务是商业银行资金运作中最为重要的业务之一。开发授信业务系统，提高授信业务的管理水平和运行效率、充分利用共享的信息资源、减小各种风险、运用各种科学的金融分析模型指导业务开展具有十分重要的意义。系统基本功能包括：业务操作、业务提醒、基础资料、查询统计和权限管理等五个模块。系统全面实现授信业务的网上操作，实现流程的上报、审批和管理，大大提高了授信业务的工作效率。提供了强大的业务查询和统计功能，便于对授信业务工作的管理和监督。其中业务操作模块实现授信业务工作流程，主要包括正常类授信业务申报、问题类授信业务申报、特殊类授信业务申报和授后监控业务等工作流程。

系统采用 Struts+Hibernate 主流 Web 应用框架，开发工具采用 WebSphere Studio Application Developer 5.0（WSAD 5.0），WSAD 5.0 集成并扩展了 Eclipse 2.0 的功能。硬件配置方面包括：IBM P610 小型机用于安装 WebSphere 5.0，DELL 服务器用于安装 Domino R6 和 SQL Server 2000。实现 Web 应用程序服务器 WebSphere 与协作应用程序服务器 Lotus Domino 的高度集成，并使用 Single Sign On（SSO）实现单点登录。总体架构思想为：表单数据的生成和分析采用关系型数据库来实现，通过 WebSphere 架构实现业务逻辑的处理，而表单的审核流程由 Domino 进行驱动。将基于业务为主的 J2EE 服务系统和基于协作为主的 Domino 流程处理系统有效地结合起来，确保整个业务流程的有效运行和各种数据查询分析统计的有机结合。

由于考虑到银行账户年度等因素，客户要求系统在 2004 年 12 底前交付，项目开发周期为 4 个月。项目人员配备情况为：项目经理 1 人，开发人员 4 人，测试人员 3 人，界面美工人员 1 人，项目行政秘书 1 人，配置管理人员 1 人，质量管理人员 1 人。其中开发人员小张来自××银行科技处。项目行政秘书、配置管理、质量管理等人员为兼职人员，为多项目共享。由于公司属于大型软件企业，在项目基础设施方面包括开发服务器、开发机、测试服务器、配置管理服务器、开发工具等配备状况较好。

软件成本管理是软件项目管理的一个重要组成部分，也是一个十分容易被忽视但却又十分重要的内容。成本管理的目的是通过执行项目成本管理过程和使用一些基本项目管理工具和技术来改进项目成本绩效。项目组整体上把按进度和预算交付项目作为我们最大的挑战，因此我们十分重视对项目进度和成本的控制和管理。在该项目中我们借助项目管理软件 Microsoft Project 2003 来辅助进度和成本的计划和管理。我们主要通过在计划阶段做好工作量估算，有效管理和控制风险因素及在实施阶段进行成本跟踪和控制等方法和策略来有效管理和控制项目成本。

一、计划阶段做好活动历时（工作量）估算

项目需求分析阶段结束，软件需求说明书得到客户正式签字确认后，我们开始创建工作分解结构（WBS）和制订详细项目进度计划。我们认为工作量估算是成本估算的基础，对于项目成本管理十分关键。由于对代码行（LOC）估算、功能点（FP）估算等估算方式研究不是很深入，工作量估算主要采用基于公司项目历史绩效数据库和个人经验的估算方法。对于部分涉及流程的活动单位一般比较难一次性把握其活动的历时，事实上流程调试的工作量在页面基本功能（增加/删除了修改）的 3 倍工作量以上。例如业务操作模块-问题类授信业务申报-问题类客户行动计划申请流程页面提交工作量为 2 日·人，而流程调试需要涉及 20 多个角色和 8 条路径。对于估算把握不是很好的任务，我们一般通过提供一个乐观估算 A、悲观估算 B、正常估算 M 进行 3 次估算然后利用 PERT 公式$[1(4×M+A+B)/6]$计算取整。每项活动我都先确定具体人员，然后需要对活动本身进行详细分析，必要时查看公司项目历史绩效数据库。最后需要为各项活动建立依赖关系，明确各项活动的前置任务、活动开始时间和结束时间。总体上讲活动历时估算工作量较大，我花费了数个工作日。项目组人员流动率较低，在 J2EE 和 Struts 架构下的 Web 应用开发已经有一定的项目积累和团队合作基础，如项目组自行开发了功能完善的 Struts-config.xml 统一维护工具，实现了 FormBean 和 ActionBean 方便管理。有大量可供复用的东西，如公共基础代码包、权限管理模块等，这些也是在我们工作量估算中需要考虑的因素。

二、有效管理和控制风险因素

项目中我们对项目风险进行了必要的管理，以避免风险事件的发生引发项目成本增加或超支。公司项目管理部门提供了风险管理计划的模板和风险事件列表模板。为了让项目组整体在各个阶段保持良好的风险意识，我尝试采用了"十大风险事项跟踪"，把项目中各主要风险事项按照排名张贴在公告栏上，是由于当时有部分未明晰的需求，包括：①问题类客户行动计划申请流程；②查询统计部分需求；③客户方面可能提出的新需求。需求和范围界定不清、计划不充分、用户参与不足、缺乏领导支持、技术问题等为我们项目计划阶段主要风险事件。事实表明，这种做法效果是非常明显的。特别是客户方面，我定期把风险事件列表 E-mail 给客户方项目负责人方某。为了能尽快落实未明晰的需求部分，我与客户方主要项目负责人方某进行了面对面的沟通，通过一番利弊关系的陈述，达成尽快明晰悬留部分需求的共识，需求问题很快得到解决。项目组整体信

心十足，积极性和责任感增加。公司领导方面对项目组也表现出特别的关心，特别是公司赵总开始频繁出现在项目组的每周进度评审会议上，他们也开始担心因为对项目支持不够而导致项目的失败。

三、实施阶段进行成本跟踪和控制

实施阶段需要进行成本的跟踪和控制。Project 2003 中需要设定各项资源（人员）的工时标准费率，即人员每小时的工作成本。项目组成员每周五下班前通过内网 B/S 项目管理信息系统 PMIS 提交项目周报，汇报各自本周内完成的任务进度情况和下周任务计划。报告要求按百分比严格量化任务完成情况，PMIS 只提供具体百分比的选择。项目经理（我）把各项任务实际完成数据输入到进度计划中，Project 2003 自动成本统计表，清楚地显示了任务基准和实际成本信息。通过查看跟踪甘特图就可以较好地把握项目总体的进度绩效。

授信业务系统在 2004 年 12 月下旬正式上线，提前 1 周完成了项目。目前系统运行正常，受到客户方各有关部门的一致好评，对项目满意度较高。项目的成功很大程度上归功于在项目过程中各个阶段对进度和成本的有效管理和控制。没有成本管理，项目也可能成功。但没有成本管理的项目，对于项目管理质量、时间、成本三大目标的实现是具有巨大风险。

论文样例 4　★★★

样例点评：★★★

该论文摘要写法规范，项目背景真实可信，项目正义逻辑线索完整，示例恰当，文字通畅，按理来说应该是一篇五星级的论文。为什么最终我却只给了三星？因为存在明显缺陷。此文犯了"画蛇添足"的忌讳，作者在撰写正文部分项目预算管理段落时，还在使用大量篇幅介绍如何采用三点法得到更为可信的项目估算结果，属于明显的文不对题。如果是项目估算部分的示例，应该在前面的项目估算段落进行描述，归类到项目预算管理段落介绍，反映了考生对估算过程和预算过程所应用的方法和工具的区别并没有真正理解，而这正是信息系统项目管理师论文考查的主要知识点。功亏一篑，引以为戒。对于考生而言，自己没把握的方法不如不写，否则容易露怯。

摘要

该论文摘要简明扼要，在交代项目背景的基础之上，自然引申出项目成本管理主题和逻辑线索，并进行适当总结，完整地体现了建议的论文摘要要素，值得借鉴。

正文

【论文背景】

论文所述项目真实可信，内容叙述详略得当，自然引申出成本管理的重要性，为后续的正文逻辑框架部分做了合适的铺垫。

【论文逻辑框架】

论文逻辑框架正确,但错误明显。如上所述,作者在成本预算部分仍谈到较多的成本估算过程采用的方法,明显张冠李戴。

【论文总结】

论文总结写法得当,值得借鉴。

【论文外观】

论文语句通畅,段落总结和段落过渡自然,值得借鉴。

论信息系统项目成本管理

【摘要】

2015 年 6 月,我参与某市建筑集团房地产信息管理系统的研发和实施,作为该项目的项目经理,我负责全程组织规划实施开发与项目管理,该系统是一个基于网络的大型数据库实时系统,由于工程历时长,涉及集团下全国各分(子)公司各部门,干涉人众多,外部运行环境复杂,因此项目的成本管理是项目成功的关键。

在本项目中,根据项目特点我们采用分期建设,研发与试点同步推进的开发方案。在成本估算方面详细分析了本项目的成本科目构成,在计划阶段采用类比估算法、固定资源费率法对项目总体成本进行估算;在成本预算方面又对项目逐步分解分摊,详细制定项目的预算;在实施阶段通过挣值分析法进行绩效测量,根据绩效测量的结果与成本预算进行比较,以控制项目成本。通过使用这些方法我很好地做到了成本管理,最终项目发生的总成本与项目前期批准的项目预算相比仅超出 3%。

在该项目的成本管理过程中,还存在一些不足,如在成本估算方面还应该再细化成本估算科目,比如将现场实施的租车费用估算进去。另外,在成本控制方面可以进一步利用挣值分析进行成本预测,争取在今后的项目管理过程中更进一步控制好项目成本。

【正文】

2015 年 6 月,我作为项目经理开始参与某市建筑集团房地产信息管理系统的研发和实施,主要负责系统的组织规划实施开发与项目管理,并参与前期的业务需要讨论和系统分析等工作。某建筑集团房地产信息管理系统,该项目主要完成房地产产品从策划立项到最终销售完成的实时情况信息,其中包括立项阶段对产品销售的情况预测以及完成销售后期的情况分析等,该系统覆盖全国 26 个大中型城市及地区。系统划分为 4 层:应用层、数据传输层、支撑层数据传输层、支撑层。系统展现层是该系统用户界面的接口,使用 BEA 的 Portal 产品来实现展示。应用层由四个应用子系统构成,分别是数据交换存储子系统、信息分析查询子系统、产销衔接子系统、管理监控子系统。传输层部署工作流引擎、传输引擎和系统插件 Web Service;支撑层上架设应用服务 BEA WebLogic Server,消息中间件 IBM MQ、后台数据库软件 Oracle 和 LDAP 目录服务,硬件平台使用 IBM 小型机和 PC 服务器，系统平台使用 Windows NT、Unix 或者 Linux。系统建设从数据中心获取销售、订单数据，与企业核心的专卖、计划决策、订单处理、库存管理、CRM 系统等系统进行数据交互，通过统一的数据传输层进行数据的传递。同时分公司一级的信息系统与集团一级的信息系统进行数据交互，形成整个的房地产信息系统。在本项目中，我们采用分期建设，研发与试点同步推进的开发方案，并使用 RUP 软件工程模型的方法进行项目的开发和管理，项目开发周期为 1 年多。项目人员配置情况如下：客户方项目组由客户方项目领导小组 3 人、客户顾问 1 人、客户方项目负责人 1 人、客户方实施人员 2 人，一共 7 人组成，负责监督项目的实施，和开发方沟通，明晰需求。开发组由 3 人组成领导小组、开发顾问组 3 人、项目经理 1 人、分析设计组 3 人、开发组 6 人、测试组 3 人、界面美工 1 人、工程实施组 3 人、配置管理人员 1 人、质量管理人员 1 人、质量保证人员 1 人，一共 26 人组成。

一、项目计划阶段的成本估算

由于项目周期长达 1 年多，项目干系人众多，业务复杂，项目存在很多风险因素，能否按公司的预期控制好项目成本成为项目组完成该项目成败的关键。因此在前期就组织相关人员制订了项目成本管理计划，并根据成本管理对该项目进行了详细的估算。因为项目成本估算应该考虑到所有相关资源的成本，所以在该项目中我们对项目涉及的硬件设备采购、场地租用、人员费用、设备折旧与分摊、水电费用等费用科目进行了详细估算。我根据以前项目的成本发生情况，作为该项目主要的成本估算参考，采用类比估算法，估算房地产信息系统的所有资源成本，该项目我们借助 Microsoft Project 2003 来辅助成本的计划和管理。根据该项目范围说明书的要求，对硬件设备的采购采用了资源单价的估算方法。以该项目主要运行设备服务器为例，每台服务器单价为 83000 元，需要采购的总数量为 4 台，因此对应的总成本为 33.2 万元。考虑到项目对于进度和人员的要求，根据 WBS 结构采用自下而上的成本估算方法，估算项目总体的工作量。根据以往类似项目的经验，对该项目规模进行估算，估算时我们主要采用 LOC 估算法。我用此方法估算出每个子系统大约需 8 万行代码，那么整个系统四个子系统就需 32 万行代码，再预留 3 万行代码，大约需要 35 万行代码。有了这些基础的数据来源之后，我对项目规模和工作量有了大致的把握。

成本估算工作为后面的成本预算提供了完整的框架和坚实的基础，只有成本估算做得全面，成本预算才能更准确。

二、项目成本预算

根据项目成本管理计划，我结合房地产信息系统项目的特点，以及公司对项目的要求制定了切实可行的项目预算。工作量估算是成本估算的关键。工作量的估算方法大致可分为算法方法、类比位算法、自底向上估算法。算法方法主要基于一些模型进行估算；类比估算主要是要有历史项目做参考；自底向上估算法遵从先分后总的估算思想。在本项目中，我们主要采用类比估算和自底向上法相结合的估算方法对工作量进行估算，将

WBS 的每项活动与历史项目相对照并结合 LOC 法的估算结果得出一个正常值 M，再根据个人经验得出一个悲观估算 A，一个乐观估算 B，再利用[(4m+A+B)/6]公式得出每项任务平均工作量。有了这些基本的数据之后，就可以按照工作量分配相应的人力资源，再根据不同员工的工时费率计算出人力资源成本，因为软件开发成本大部分是人力资源成本。比如在本项目一期建设，详细调研，需求分析阶段，我们根据公式[(4M+A+B)/6]得出：高层用户访谈工作量为 80 工时，预计工期 10 天；销售人员调研工作量 160 工时，预计工期 10 天；再根据系统分析员工时费率是 100 元/小时，得到本阶段人力资源成本大概是 240000 元。

有了每项活动的成本估算，我们再将它自底向上进行汇总，得到直接成本。此外还应当考虑间接成本，如安装、培训、预防性维护、材料费、管理费等。我们一般按照直接成本的 15%作为间接成本，两者之和为计算估算成本。在计算总成本时，风险基金和税收不能忽略。我们把计算估算值的 20%作为风险基金，计算估算值的 5%作为税金。计算估算值、风险基金和税金三者之和便是总成本。用此方法，我们得出两期总成本大约为 612 万元。

成本预算即是将成本估算进行细化，结合项目具体活动将项目成本进行预先的演练；同时又要考虑成本控制的标准，在项目各个里程碑确立成本控制的指标。因此说成本预算是成本控制的基础。

三、在项目实施阶段对成本进行跟踪和控制

成本控制的目的就是使项目活动按照成本管理计划完成，对项目实施过程中项目活动所发生的项目实际成本与项目计划进行对比、检查、纠正，尽量使项目的实际成本控制在成本计划和成本之内的管理过程。

为确保项目执行过程中的成本控制，项目组成员每周通过公司的项目管理信息系统 PMIS 提交项目周报，把各自本周内完成的任务进度情况和下周任务计划进行汇报。报告要求百分比率和量化任务完成情况，PMIS 只提供具体的百分比选择，我把各项任务实际数据输入到进度计划中，Project 2003 自动生成成本统计表，清楚地显示了任务的基准和实际成本信息。

同时，我还绘制出 BCWS、BCWP、ACWP 曲线。以定时检查成本是否超支，如一期建设的第 60 天，此时已进入项目研发期，我们对各项活动成本进行了统计，结果如下：已完成工作实际成本（ACWP）为 104 万元，已完成工作预算成本（BCWP）为 110 万元，计划工作预算成本（BCWS）为 105 万元，经计算的成本偏差（CV）为-6 万元，进度偏差（SV）为 5 万元。这表明进度提前，但是费用超支了，从 BCWP、BCWS、ACWP 曲线也可以清楚地看出来。通过分析原因，我找到了超支关键问题所在，采取了相应的处理措施。当超支偏差时项目组通过成本变更申请、成本变更审批以及成本执行最终完成成本变更，报公司调整预算。在项目执行过程中出现重大工作变化时，我们积极与用户方进行沟通和研讨，其中涉及的成本变更最终可能修改成本基线计划，并将修改后的

成本基线计划报关项目各方。

在项目计划中，我们为本项目设置了相应的里程碑，在每个里程碑我们都通过项目各方会议的形式讨论本阶段的工作，对进度进行确认和总结，并决定是否调整下阶段进度计划。

【总结】

在集团房地产信息管理系统的研发和实施项目中，我全面应用了成本管理的方法，使得该项目在成本管理方面较好地达到了预期目标。由于我们在项目初期就建立了项目成本管理计划，并依据成本管理计划对项目成本进行了估算，在项目估算中基本综合考虑了项目的特点，结合公司对项目的要求，我制定了行之有效的项目预算，在项目执行过程中，通过挣值分析进行项目成本与预算的对比，并形成公司与项目两级成本控制体系。对于重大成本变更，我们通过及时充分地与用户进行沟通，使得项目最终发生的成本与项目前期批准的项目预算比较仅超出 3%。这也是近年公司在同类型项目中对于成本绩效完成得比较好的项目。但是尽管有如此好的成绩，在该项目的成本管理中我们做的还有一些不足：

在成本估算中对成本科目还需要进一步细化，如应该将现场实施过程中的租车费用考虑进来。

在成本预算时很大程度上依据以往项目的经验，对于项目技术开发部分人员因素的依赖性尤其强。

在成本控制过程中，还可以进一步利用挣值分析工具，加强项目成本预测工作。

如果对以上几个方面进一步总结和提高，在今后的项目管理过程中注意加强成本管理的各方面环节，将会进一步提高项目成本管理的效果。

论文样例5　★★★★

样例点评：★★★★

从表面看，这也是一篇五星标准的论文，实则不然。作者在正文三个逻辑子过程中，没有一处具体的方法应用示例，几乎全是范文中的标准写法，体会不出作者具体的项目成本管理工作实践，只能说是一篇中规中矩的应试论文，但缺乏亮点。

摘要

该论文摘要写法规范，过渡自然，符合建议的论文写法，不足之处是篇幅过长，应适当压缩，例如摘要中关于项目不足的内容可以简化，甚至省略。

正文

【论文背景】

论文所述项目背景真实，内容详略得当，较好地为后续的正文逻辑框架部分作了合适的铺垫。

【论文逻辑框架】

论文逻辑框架完整，较好地体现了输入-方法-输出逻辑要素，但对于方法只是泛泛而谈，缺乏具体的示例支撑，因而整个论文缺乏生机和光彩。

【论文总结】

论文结尾分别对正文部分进行了总结，并说明项目的运行效果以及不足之处，写法规范，过渡自然，值得借鉴。

【论文外观】

论文语句通畅，语句和段落过渡自然。

论项目成本管理

【摘要】

2015年10月，××珠宝股份有限公司与××科技发展有限公司合作开发多媒体信息发布系统，我作为项目经理负责全程管理该项目，该项目的主要业务目标是建设覆盖全国800多家店铺的视频广告发布和实时金价更新。在实施该项目过程中，项目在成本管理方面具有以下特点：由于该项目工期较长，历时一年多，涉及的项目干系人众多，因而该项目的成本管理是项目成功的关键。

在充分分析了该项目特点的基础上，在成本估算方面我详细分析了项目成本科目，采用了类比估算法、固定资源费率法等方法对项目总体成本进行了估算；在成本预算方面采用了项目逐步分解分摊的方法，详细地制定了项目的预算；在成本控制方面，采用公司级与项目级控制机制，并且通过挣值分析法，进行了绩效测量，根据绩效测量的结果与成本预算相比对，以控制项目成本。通过这些方法我很好地做到了成本管理，项目最终发生的总成本与项目前期批准的项目预算相比仅超出3%。

该项目在成本管理过程中还存在一些不足，例如在成本估算方面还应该细化估算科目，比如将系统设备安装的人工费用估算进去。另外，在成本控制方面还可以进一步利用挣值分析进行成本预测，争取在今后的项目管理过程中做得更好。

【正文】

2015年10月，××珠宝股份有限公司与××科技发展有限公司合作开发多媒体信息发布系统，我作为项目经理全程管理该项目，并参与了业务需求讨论和系统分析等工作。项目总合同金额为5000万元，其中软件系统费用1800万元，硬件设备费用3200万元。项目于2015年10月份启动，2016年12月份竣工并投入使用，系统稳定运行1年多，运行情况良好。

项目要求在全国100多个城市800多家店铺安装多媒体信息发布系统设备，播放视频广告信息和实时更新金价信息。系统的基本功能包括数据组态、画面组态、界面图形化操作、事件处理、状态变位提醒、历史查询统计、报表显示和权限管理等模块。系统采用 Microsoft Visual Studio 开发，C/S 架构，数据库采用 SQL Server 数据库。和以往同类项目相比，本项目具有功能复杂，涉及干系人众多，用户水平参差不齐的特点。公司的组织方式为矩阵型，在有些项目费用上面需要部门经理的签字确认。项目采购的设备与货物种类繁多，包括播放主机、视频线、音频线、电视机等。该项目也是公司近年来较大的项目，在项目管理过程中，项目成本管理显得尤为重要，是项目成功的保障。在具体工作中，我根据实际情况，采用了灵活的工作方法，取得了较好的效果，项目最终成本与经过审批的项目预算相比仅超出 3%。

一、成本估算

鉴于多媒体信息发布系统项目周期较长，项目干系人众多，项目采购的设备和货物种类繁多，因而我在该项目前期就组织了人员制订了项目成本管理计划，并根据成本管理计划对该项目的成本进行了详细的估算。因为项目估算应该考虑到项目所使用的所有资源的成本，所以在该项目中主要对项目所涉及设备采购、人员费用、设备折旧等费用科目进行了详细的估算。我根据之前××珠宝有限公司的远程视频监控系统项目成本发生的情况，作为该项目成本估计的重要参考，采用类比估算法，估算多媒体信息发布系统实时结算项目的所有资源科目。在此基础上还根据该项目范围说明书的要求，对于硬件设备的采购采用了资源单价的估算方法。考虑到项目计划中对于进度和人员的要求，根据项目的 WBS 结构采用了自底向上的成本估算方法，估算总的工作量。成本估算是信息系统项目实时结算项目成本管理的一个非常重要的环节，正是因为在项目前期对可能发生的成本类型都进行了详细的估算，所以项目最终实际发生的成本和前期估算成本偏差很小，控制在 10%以内。

成本估算工作为后面的成本预算提供了一个完整的框架和坚实的基础。只有成本估算工作做得全面，成本预算才能更准确。

二、成本预算

根据成本管理计划，我结合信息系统实时结算项目特点，以及公司对项目的要求，制定了切实可行的项目预算。我将得到批准的项目估算总成本，逐项目分摊到每个工作包，为每一个工作包制定具体的项目预算，并且对于相对比较复杂的工作包还制定了成本控制的标准，确保项目所有工作预算累加和不超过项目总成本预算。在此基础上将每一个工作包的预算再次分摊到每一个项目活动中，以确定项目的每一项预算支出时间，最终形成项目时间点对应的项目预算累计支出，并形成项目预算支出计划。在项目预算过程中我使用了成本总计方法，将 WBS 每一个工作包的预算累计成为 WBS 上一级的预算金额，最终累计成为整个项目总体预算。在进行成本预算时，考虑到项目在管理上的储备，尤其对于比较复杂的工作包，按照 5%～10%的额度设定了管理储备。

成本预算既是将成本估算过程细化，结合项目具体活动将项目成本进行预先的演练；同时又要考虑成本控制的标准，在项目的各个里程碑确立成本控制的指标。

三、成本控制

成本控制的目的就是使项目活动按照成本管理计划完成，对项目实施过程中项目活动所发生的项目实际成本与项目预算进行对比、检查、纠正，尽量使项目的实际成本控制在成本计划和成本预算之内的管理过程。

为了确保项目执行过程中的成本控制，我们每周做一次子项目的绩效测量，每两周做一次整体项目的绩效测量，通过计算项目挣值，与成本管理计划和成本预算进行比对，找出与项目成本管理计划和预算的差距。在项目实施过程中，我制定了公司级与项目级的两级成本控制体系，根据项目实施过程的绩效测量，当与预算出现 5%以内的偏差时，在项目组内部解决，出现 5%以上的偏差，报公司解决。当出现项目成本偏差时，通过成本变更申请、成本变更审批以及成本变更执行，最终完成成本变更。在项目执行过程中也出现过重大工作方式的变更，在工程监理公司主持下与用户方进行沟通和研讨，其中涉及的成本变更最终可以修改成本基线计划，并将修改后的成本基线计划报送项目各方。

【总结】

在多媒体信息发布系统项目管理过程中，我全面应用了项目成本管理的方法，使得该项目在成本管理方面较好地达到了预期目的。鉴于我们在项目初期就建立了项目成本管理计划，并依据成本管理计划对项目成本进行了估算，在项目估算的基础上，综合考虑了项目的特点，结合公司对项目的要求，我制定了行之有效的项目预算。在系统项目执行过程中，通过挣值分析进行项目成本和预算的比对，并形成项目与公司两级成本控制体系，对于重大成本变更我们还通过监理公司与用户进行沟通，使得项目最终发生的成本比项目前期批准的项目总预算仅超出 3%。但是对于成本管理我们做的还有一些不足：

（1）成本估算中对于成本科目还可以进一步细化，比如将设备安装的人工费用考虑进去。

（2）成本预算很大程度还是依靠对以往项目的经验，对于多媒体信息系统开发项目预算的结果是对人员因素的依赖性过强。

（3）在系统项目执行中，对于成本控制还应该通过挣值分析法加强项目成本的预测工作。

如果对于以上方面能够进行更好的总结与提高，我在今后的项目管理过程中成本管理水平将不断提高，做得更好。

论文样例 6　★★★★

样例点评：★★★★

论文整体写作规范，是一篇可参考性较强的论文。

摘要

论文摘要写法规范，符合摘要写法的基本建议。

正文

【论文背景】

项目背景真实，内容叙述清晰，条理分明，为后续的正文内容作了自然过渡和铺垫。

【论文逻辑框架】

论文逻辑框架完整，较好地体现了输入-方法-输出逻辑要素，对于方法应用的介绍点到为止，没有给出具体的应用示例，一定程度上削弱了该论文的生动性和说服力。

【论文总结】

论文的总结自然、得当，有较好的借鉴价值。

【论文外观】

论文语句通畅，段落分明，起承合理，呼应自然，体现出作者具备较好的语言文字功底。

论信息系统项目成本管理

白汝冰

【摘要】

2014 年 12 月，×××公司作为系统集成项目的总承包商，承接了×××集团应急指挥协同平台项目建设。我作为该项目的项目经理，全程负责该项目的管理工作。该项目由××市发改委投资，整体目标是搭建一个平战结合、预防为主的应急指挥平台，实现公交视频图像、运营调度信息、GIS 地图信息、预案库及大数据平台的大集成，促进×××公共交通安全从被动应对型向主动保障型，从传统经验型向现代高科技型主动战略转变。项目在成本管理上有如下几个特点：需集成的业务系统和基础数据众多，涉及的干系人众多，因此，项目成本的有效管理是成功实施该项目的重要方面。

通过分析项目特点，我首先对项目进行成本估算，通过类比估算法、自下而上估算法、固定资源费率法等，对项目总体成本进行了估算。在成本预算过程中，我采用逐步分解分摊的方法，制定了详细的项目预算。在成本控制方面，通过成本变更控制系统和绩效测量等工具方法，对成本进行了有效管控。项目的实际发生成本与项目预算基线基本吻合，在公司允许的±3%之内。

在项目的成本管理过程中，还存在一些不足，比如对成本科目费用估算偏差较大，一些成本预算还不够精细，存在一些预算外采购；在成本控制方面，可以进一步采用挣值分析，进行成本预测。

【正文】

2014 年 12 月，×××公司作为系统集成项目总承包商，承接了×××市公交集团应急指挥协同平台项目建设，我作为该项目的项目经理，全程负责该项目的管理工作，并参与了该项目的需求调研分析和系统设计工作。该项目主要是通过×××集团 SOA 系统提取的基础数据和运营数据，对 GIS、卫星定位系统、图像信息系统、运营调度系统、视频图像系统进行整合展现，建成后系统能够查看 1 千余条线路的 1 万多辆运营车辆的行驶轨迹和图像。在非应急状态下，指挥调度中心可以在该平台上查看运营线路信息、车辆位置信息；在应急状态下利用协调平台既可以宏观推断事故影响面，又可以微观分析事故原因。该项目具有系统接口繁多、领导高度重视、数据提供准确、系统反应迅速、展现效果丰富等特点。客户的要求是在最合适的时间最快、最直观地展现最准确的数据。

2015 年 6 月 1 号该项目正式上线，在项目建设过程中，需要同多个系统进行对接，研发任务很重，同时，由于是首长关注的项目，对项目的展现效果要求很高，所以项目的管理成本尤显重要。在实际工作中，我根据实际情况，采用灵活的工作方法，取得了较好效果，使得项目顺利投入到"9.3"阅兵保障中去。

项目成本的有效控制，源于从成本估算、成本预算、成本控制等三个环节开展成本管理工作。

一、扎实做好成本估算

由于项目的特殊性，项目需要集成很多系统，项目干系人众多，因此我们在项目前期就对项目成本进行估算。根据项目范围说明书及 WBS、项目管理计划等，对项目成本科目进行识别分析，估算每个科目的成本，并找出互相替代成本。在工具使用上我采用微软的 MS Project 2013 作为项目管理工具，MS Project 提供了丰富的报表分析工具，能够帮助我对项目成本、项目范围、项目进度等多个方面进行管理。

项目成本是完成项目各项活动所必须的各种资源的成本总和，我对该项目中主要牵涉到人员费用、场地租用、分包费用、设备折旧、分担费用、交通费用等科目进行了评估。由于应急指挥管理平台在信息化建设中较为常见，所以只需采用类比法进行估算。我首先从内部历史项目库中，找到×××市交委指挥中心（TOCC）建设项目的资料库，邀请该项目的参与人同公司成本专家一起，进行成本估算，然后根据 WBS 传递给下级，直至有基层管理人员对自己所负责的工作进行成本估算。由于项目组采用了自上而下的类比法，又有基本参照物，既能充分发挥专家经验，又广泛征求了项目组成员意见；既简单易行，又有比较准确，所以为后续的成本预算打下了非常扎实的基础。同时，通过成本估算，也对前期的成本计划进行了变更。

二、精细做好成本预算

成本预算是进行项目成本控制的基础，也是成本控制执行的一个标准。所以我高度重视成本预算编制：首先，根据项目范围说明书和工作分解结构，把项目总成本分摊到工作分解结构中的各个工作包中，为每个工作包建立预算成本；其次，汇总合并各个工作预算包的合计成本，使合计成本不能超过总预算成本，然后对每个工作包的预算成本进行二次分配，细化到各项活动中去；再次，根据项目计划，确定各项成本预算支出计划以及每个时间点对应的累积预算成本、项目成本预算计划；最后，由于该项目是系统集成项目，通过整合十多个业务支撑系统，汇集成分析数据，展现在大屏上，所以干系人众多，接口开发工作量比较大，每位领导对展现的内容、风格和交互方式都有不同的需求，是项目实现最为繁杂，成本风险最不可控的部分，我按照 8%的额度预留一些管理储备，为本次项目最终成本预算执行效果较好提供了保障。

三、严格做好成本控制

由于项目在实际执行的过程中存在各种不确定因素，这些不确定因素导致成本预算在执行过程中存在失控可能，所以对项目成本的控制就变得非常重要。通过理论指导和多年的项目经验，我们首先制定了成本控制体系，根据项目的绩效测量，进行问题处理分级，当绩效测试偏差小于3%时，由项目组解决，如果大于3%时，报公司项目管理委员会进行处理。由于对成本控制的关键是及时进行成本绩效分析，所以识别可能引起成本基线变动的因素，尽早发现成本差异和成本执行的效率偏差，可防范于未然。重点监控导致成本预算失控的任务，利用绩效测量及时发现偏差，并分析偏差产生的原因，对该工作任务包进行管理，有针对性地采取纠偏措施。对于重大变更，我启用了成本变更控制系统，比如，在项目建设过程中，由于工作需要，需要在对策室中增加电子沙盘推演系统。在工程监理公司的主持下，通过与业主充分沟通，启动了成本变更控制系统，修改了成本基线计划，并将修改后的成本计划报送项目各方。

【总结】

在×××集团应急指挥协调平台项目建设过程中，我全面实施了成本管理方法，取得了较好的效果。具体原因如下：

（1）在项目前期，我们做了项目成本管理计划，并根据范围说明书、WBS、WBS字典等，借鉴历史项目，会同有经验的同事，采用类比估算法一起制定了项目成本估算。

（2）根据项目成本估算及项目特点，兼顾业主和公司的要求，制定了符合实际需要的项目预算，特别是储备管理为项目预算的执行起到很好的保护、调节作用。

（3）在项目初期，项目组就建立了符合实际要求的成本预算管控体系，明确采用挣值分析法，对项目进行绩效监控，当绩效偏差超过 3%时，必须上报公司进行处理。对于重大变更，同监理和业主进行充分沟通，启动变更流程，调整成本预算基线。

（4）在项目执行过程中，我始终关注项目范围、成本、质量之间的平衡关系，尽量将影响项目成本的因素放在一个重要位置考虑。

正因为采取了上述过程，使得该项目在项目成本预算执行过程中始终处于可控状态，最后的成果也符合公司成本控制要求。但在实际执行过程中也发现了一些不足，具体如下：

（1）在需求确认阶段由于对各位领导操作习惯和业务关注点了解不够，导致需求确认阶段时间浪费严重，人力成本开支超出预算。

（2）一些成本科目认识不够，导致成本估算不足，比如电子沙盘支架，不同功能的支架成本差别巨大。

（3）在项目执行过程中，对挣值分析法认识有待加强，使用频率还有待提高。

通过本项目的实施，我更加深刻地体会到成本管理的重要性。一个项目，如果没有好的成本管理计划、科学的成本估算、精细的成本预算、严格的成本管控体系，不仅会造成成本超支，甚至会造成整个项目的失败。总结经验，放眼未来，在以后的项目中，我会谨慎、灵活地运用成本管理工具与技术，保证项目任务的顺利完成，让客户满意，领导认可。

第 24 章　项目质量管理论文写作解析

24.1　项目质量管理论文写作概述

与其他论文主题相比，撰写项目质量管理主题论文有一个特殊注意事项，即考生的角色问题。与其他类型的论文写作一样，考生在项目质量管理论文中的角色仍然是项目经理，而非质量经理。有些考生可能会将自己的角色设定为质量经理，认为这样更可以突出自己在质量管理方面的工作经验，殊不知这样做恰恰是"捡了芝麻丢了西瓜"，因为信息系统项目管理师考试定位的人员是项目管理而非质量管理。

考生在撰写质量管理论文时仍然应该是项目经理身份，区别在于如何以质量管理参与者的身份执行或者了解相关的工作。质量管理最重要的原则之一是质量管理人员独立原则，项目经理不能对质量管理人员的工作发号施令，安排和计划质量管理工作；更不能越俎代庖，由项目经理直接兼任质量经理的职责。项目质量管理人员的角色定位主要是审计与检查职责，考生应该从这个角度出发全面理解质量管理工作的内容重点。

写作项目质量管理论文时，仍然遵循制订质量管理计划-质量保证-质量控制这样的线索，区别在于项目经理如何以合适的视角描述这些工作。对于项目质量计划，项目经理可以做类似交代："我综合考虑项目章程、项目范围说明书、项目人员安排信息以及合同要求等多方面信息，确定了项目整体计划框架以及项目进度计划的具体内容。在此基础上，我与质量经理共同讨论了该项目质量管理工作要求和重点工作内容，确定了质量管理工作主要活动的工作形式以及时间节点。质量经理进一步根据公司的组织过程资产、事业环境因素等方面的要求，重点采用了质量成本分析方法等来确定项目质量管理工作中的重点内容，完成了该项目的质量计划。我与质量经理在遵循'预防重于检查、防患于未然'等基本质量原则，以及关于质量成本分析方法的重要性方面认识高度一致。质量成本分析方法是一个从预防成本、鉴定成本、内部失效成本以及外部失效成本四个方面全面分析质量成本的综合方法。我与质量经理共同确定了与预防成本相关的项目前期的需求验证、技术验证等工作重点；与鉴定成本相关的项目需求评审、设计评审、代码走查以及软件测试等工作重点；与内部失效相关的文档修改、代码修改等工作重点；以及如何控制和尽可能减小外部失效成本等内容。因为考虑全面、计划得当，质量管理计划为后续的质量保证工作以及质量控制工作提供了有效的指导和保障作用。"

考生可以借鉴上述描述方式，来说明质量保证和质量控制理论在项目中的具体实践和应用。需要强调的是，质量保证的核心内容是审计，项目经理和项目团队成员接受质量人员的审计;质量控制的重点内容是测试,质量人员并不参与具体的测试执行工作,只是对测试工作流程的正确性、完备性以及测试结果记录是否符合质量要求进行审计,质量控制的主角仍然是项目经理。

24.2 项目质量管理逻辑结构分析

根据项目质量管理知识领域的具体内容,项目质量管理共包含三个子过程,分别是制订质量管理计划、质量保证和质量控制。项目质量管理过程的逻辑架构如图 24.1 所示。

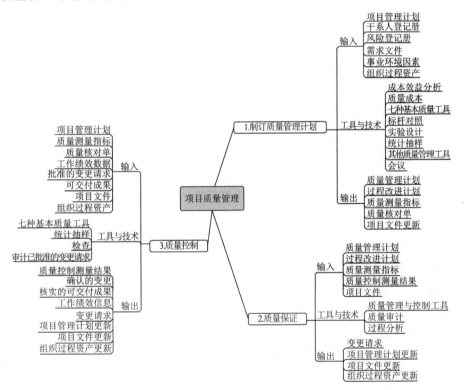

图 24.1 项目质量管理逻辑过程框架图

24.3 项目质量管理论文样例

论文样例 1 ★★

样例点评:★★

论文摘要完整,项目背景真实,逻辑线索清晰,总结得当,符合信息系统项目管理师论文写作的基本要求。主要的问题在于考生对质量保证和质量管理的理解存在偏差，虽然论文体现了质量保证和质量控制的线索，但因为混淆了两者的重点，使得论文在逻辑线索方面存在较为明显的缺陷。

摘要

论文摘要结构完整，分别叙述了项目的基本信息、特点、质量管理的主要内容以及工作中存在的不足之处。粗略去看，摘要可能没有大的问题。但如果结合后续的正文分析，就可以注意到考生对于质量保证和质量管理的概念与操作方式并不十分理解。摘要的另一个不足之处是篇幅过长，应适当压缩，考试时论文摘要的字数限制为 400 字。

正文

【论文背景】

项目背景真实可信，考生合理地提炼项目特点，引申出质量管理的重要性和必要性，为下文的逻辑框架的论述部分做了较好的铺垫。

【论文逻辑框架】

该论文逻辑框架完整，但对于质量保证和质量控制的理解出现了偏差。质量保证的重点在于 QA 的工作，而 QA 的工作形式主要为审计；质量控制更多地关注于结果，具体表现为测试与评审。纵观考生的论述，质量保证和质量控制的内容其实均为质量控制的内容。虽然在质量控制中涉及了审计的说法"我们邀请了××市软件测评中心对相关软件的功能以及性能进行测评。根据与用户确认的业务需求说明书……从全面的业务流程进行了测评"，但软件评测中心的作用在于评审软件产品是否正确，它的职能表现为质量控制而非质量保证。

而在质量控制部分有这样的叙述："例如在设计阶段评审中，根据检查表我们核对发现放置在医院本地的红名单信息中缺少门诊就诊标识……要求负责该项工作的负责人迅速纠正了这个缺陷"，对照检查表识别不符合项，此处勉强可以算得上 QA 范畴的活动，但考生将其仍然归为质量控制的范畴，这样一来，质量保证对应的项目实践其实为零，因而论文在逻辑框架内容方面存在严重缺陷。

【论文总结】

论文总结中规中矩，没有明显的破绽。问题在于前面的逻辑框架论述部分出现了严重缺陷，因此此处的总结无论如何措辞也无力回天了。

【论文外观】

论文语句通顺，段落过渡自然。

论信息系统项目质量管理

【摘要】

2008 年 10 月，××发展股份有限公司作为系统集成项目的总包商承接了××市人力资源和社会保障局所委托的××市基本医疗保险门诊实时结算信息系统建设项目，我作为项目经理负责全程管理该项目，该项目的主要业务目标是建设覆盖全市1800家医保定点医疗机构的门诊实时结算系统；在实施该项目过程中，项目在质量管理方面，具有以下特点：项目覆盖面广，涉及百姓就医消费结算，要求软件系统24小时不间断运行，对于软件质量要求极高。

在充分分析了该项目特点的基础上，软件项目的质量管理要遵循软件质量计划、软件质量保证和软件质量控制。在该项目的质量管理过程中主要面临医保业务运算复杂、烦琐，实时结算的及时性要求高等问题，通过应用质量计划的成本/效益分析方法，我们与用户分析并梳理了医保结算业务，从实现最重要的业务角度简化了软件需求；通过应用质量保证的质量审计方法，聘请了××市软件测评中心对门诊实时结算软件进行了全面的质量审计工作；另外还通过质量控制的检查方法，在项目的需求、设计、代码以及测试阶段，对软件需求内容进行了跟踪式的检查和核对。该项目在质量管理方面达到了预期目标，并得到了客户和我方管理层的一致认可。

该项目在质量管理过程中还存在一些不足，例如在质量计划方面还存在缺少实验设计的问题，在后续的项目质量计划过程中如果能有更多的时间进行项目初期实验设计，则可以有效地克服当前的不足。另外，在质量控制方面可以在目前的检查方面进一步提高，加强用户过程参与。争取在今后的项目管理过程中百尺竿头，更进一步。

【正文】

2008年10月，××发展股份有限公司作为系统集成总承包商承接了××市人力资源和社会保障局所委托的××市基本医疗保险门诊实时结算项目，我作为项目经理负责全程项目管理，并参与了业务需求讨论和系统分析等工作。该项目覆盖了全市1800家医保定点医疗机构和1300万参保人，在参保人门诊就医费用结算时，使用社保卡实时计算医保基金和个人支付金额，参保个人只需负担个人支付金额即可完成结算过程，将门诊费用报销支付时间由几个月缩短为几秒钟，极大地方便了参保人。该系统采用医保核心组件嵌入医院HIS系统，在医院门诊结算窗口由HIS系统将病人费用明细通过接口传递给医保核心组件，医保核心组件计算基金支付金额和个人支付金额，将计算结果返回HIS系统并打印门诊票据完成结算。由于该系统涉及参保人就医结算过程，要求计算精准、快速，对于软件的质量和性能要求很高，并且由于医院存在急诊的情况，要求软件必须24小时不间断运行，对软件的稳定性要求极高。因此，软件质量管理成为了我项目管理的重中之重。质量管理的关键是预防重于检查，应事先计划好质量，而不是事后检查。在具体工作中，我根据实际情况，采用了灵活的工作方法，取得了较好的效果。该系统在2009年7月一次性上线成功，目前运行情况良好。

一、制订质量管理计划

制订质量管理计划确定适合于项目的质量标准并决定如何满足这些标准。

××基本医疗保险门诊结算业务相对复杂，参保人在个人选择的定点医疗机构就医结算，医保才进行报销，否则个人应全额缴费。由于个人选择的定点医疗机构信息相对灵活，每年都会发生变动，需要通过医保专网访问系统后台才能获取，考虑到医保网络中断仍然可以支持结算的要求，个人选择的定点医疗机构信息就必须放置在医院本地；而该项目涉及全市1800家定点医疗机构，也涉及1300万参保人，将所有参保人选择的定点医疗机构信息都放置医院本地，将是一个非常复杂的工程，而且在系统运行过程中一旦这些信息同步出现错误，将直接影响门诊费用结算结果。项目前期，我们根据项目范围说明书，运用了成本/绩效分析方法，通过和用户方研讨和沟通，我们分析认为，为了实现个人选定定点医疗机构的判定，需要进行大量的系统分析、设计与实验测试等工作，投入大量的成本；而这些工作最后取得的效果只能在医保网络中断的时候才能体现，考虑到医保网络中断本身属于小概率事件，而网络中断的同时，参保人没有到个人选择的定点医疗机构结算的可能性非常小。从成本与绩效分析比较来看，断网判断个人选择定点医疗机构的软件需求，属于投入巨大而收效甚微的工作，为了保证项目整体质量，最终用户方决定在医保业务规则中对于网络中断的情况不再判断个人选择的定点医疗机构。

为了保证项目整体质量，必须在项目初期对项目做好相关质量计划。要抓住用户方明确的软件需求，同时也要把握用户方隐含的软件需求，这样才能真正做到软件质量计划。

二、质量保证

质量保证用于计划系统的质量活动，确保项目中的所有必须过程满足项目干系人的期望。

为了确保门诊实时结算相关软件的质量保证，在××市人力资源和社会保障局的组织下，我们邀请了××市软件测评中心对相关软件的功能以及性能进行测评。根据与用户确认的业务需求说明书，软件测评中心组织了多达500个测试用例，覆盖业务从参保人持卡挂号、门诊收费、门诊退号、门诊退费一直到定点医疗机构费用上传、费用申报以及支付等相关功能，对全面的业务流程进行了测评。由于门诊结算实时性的要求，系统主机性能尤为重要；系统覆盖全市1800家定点医疗机构，估算全市结算点将有近20000个，对于系统的性能要求也很高。测评中心对系统的性能进行了专项测评，经过测评中心的性能测评，系统数据中心主机性能能够支持40 000个结算终端同时进行结算操作。为了更好地保证项目的质量，在实验室测评的基础上，我们还选择了西城区和石景山区的部分医院进行了现场测评。经过实验室功能测评、性能测评以及现场测评，确保了门诊实时结算项目完全符合用户的要求。在用户认可的基础上，系统根据××市政府的要求，于2009年7月如期上线。

质量保证就是通过质量活动确保按照质量计划实现的质量目标。

三、质量控制

质量控制监控具体项目结果以确定其是否符合相关质量标准，制定有效方案，以清除产生质量问题的原因。

在门诊实时结算的前期，我根据项目管理计划，依据用户的业务需求分析并形成了软件需求，根据软件需求，形成了需求实现跟踪表，在需求跟踪表中不仅确定了逐项工作的责任人，同时还确定了每项工作的质量标准；在项目的需求、设计、代码实现以及测试的不同阶段，我们都进行了里程碑评审工作，在评审过程中根据需求跟踪表对该阶段的具体工作进行了检查与核对，以确保每个阶段都满足质量计划中的要求。在评审过程中也出现了部分工作内容有质量缺陷的问题，经过评审会评估，确定该质量缺陷对于整体项目质量的影响，最终决定该项工作的完善方法。例如在设计阶段评审中，根据检查表我们核对发现放置在医院本地的红名单信息中缺少门诊就诊标识，经过评审，认为这是严重影响项目整体质量的设计缺陷，要求负责该项工作的负责人迅速纠正了这个缺陷。由于这个缺陷发生在设计阶段，并没有给项目带来太大的负面影响，因此项目整体质量得到了控制。

质量控制就是在项目的全生命周期，采取质量控制活动，确定并消除产生不良结果原因的途径。

【总结】

通过在门诊实时结算项目管理过程中全面使用了质量管理的方法，使该项目在质量管理方面达到了预期的目的。鉴于项目前期非常重视项目质量，根据成本/效益分析方法与用户方共同制订了质量计划和质量目标，将有限的时间和精力资源投入到了收益更大的工作中。在项目过程中我们使用了质量控制方法，确保在项目各个里程碑评审过程中就控制好项目的质量，确保在项目的全生命周期中达到质量要求。在项目的中后期，我们还邀请了第三方进行项目测评，从项目整体质量保证上达到了项目质量要求。系统上线后也得到了××市政府、××市人力资源和社会保障局以及广大参保人的认可和好评。

虽然结果是令人满意的，但是在具体工作细节中仍然还存在一些不足：

第一，质量计划还可以做得更加细致，除了采用成本/效益分析法外，如果时间充足，还可以采用实验设计方法，加强质量计划工作。

第二，质量控制方面，里程碑评审过程中还可以进一步邀请用户参与质量控制工作，这样可以使质量控制更加严密，在项目全生命周期全面达到用户质量要求。

如果对于以上方面能够更好地总结与提高，那么我今后的项目质量管理水平将会不断提高，实现在今后的项目管理中"百尺竿头，更进一步"。

论文样例2 ★★★★

样例点评：★★★★

论文摘要结构清晰、层次合理、逻辑线索完整。论文所叙述的项目背景信息翔实可信，论文对于组成逻辑框架的三部分内容制订质量管理计划、质量保证、质量控制论述详略得当，理论与实践并重。论文总结过渡自然，能够根据项目的特点提炼出具体的改进项，使得论文结论部分富于感染力。总体来看，该论文有较好的参考价值，值得重点借鉴。

摘要

论文摘要表述清晰，结构符合第 19 章所建议的论文摘要的写法；摘要层次分明，依次叙述了项目的基本信息、特点、质量管理的主要重点以及项目中的不足和改进项。摘要部分篇幅合理，长度适宜。

正文

【论文背景】

项目背景真实可信，对项目的业务特点和管理特点进行了全面分析，描述具体、明确，具备较强的说服力。考生根据论文背景抽象了项目的管理特点，因而自然引入了质量管理的话题。

【论文逻辑框架】

论文逻辑框架完整，叙述合理。根据质量计划、质量保证和质量控制的特点，考生在具体论述的过程中详略得当，例如对于过程管理和测试管理的区分基本体现了质量保证和质量控制的主要区别，说明考生对于质量管理的理论和实践都具备较高的理解度。

【论文总结】

论文总结清晰合理，尤其是关于项目质量管理方面的不足总结，具体生动，具有很强的感染力。

【论文外观】

论文语句通顺，行文流畅，段落过渡自然。个别部分的习惯说法值得商榷，例如考生谈到了连续的过程改进，实际工作中更多的提法为持续的过程改进等。

论项目质量管理

金清明

【摘要】

2009 年 3 月，我参加了某商业银行现金管理系统项目的管理工作，在项目过程中担任项目经理，负责领导项目小组进行项目计划实施及全面监控项目运行情况。现金管理业务是银行构建自身不可模仿的竞争优势，维护与客户长期稳定合作关系的重要手段。

现金管理业务具有专业性强、涉及面广、实施复杂、周期性较长以及与客户密合度高等特点。在充分分析了该项目的特点之后，我们认为项目的质量管理应遵从质量规划、质量保证和质量控制的典型质量管理方式。我们主要面临以下的困难，如返工、编码不太规范、测试案例设计不太充分等，通过应用质量控制的成本/效益分析，质量保证的质量审计，质量控制的检查、控制图、因果图等方法解决了相关问题，使该项目基本达成了预期的目标，并得到客户和我方管理层的一致认可。

该项目在成本管理过程中仍然还存在一些不足，例如在质量规划方面还存在不同层级人员的合理配比问题，在后续的项目质量管理过程中如果进一步考虑实验设计方法，则可以有效地克服当前的不足；另外在质量控制方面可以在目前的案例设计方面进一步提高，采用因果图方式。

【正文】

现金管理是银行在全球范围为客户提供的账户开立、收付款结算、现金流动性管理、账户信息报告、贸易融资、资金保值增值及相关短期融资安排的综合性金融服务。这一业务能为银行带来巨大的中间业务收入和低成本的资金来源，是银行改变对公业务盈利模式、实现收入结构转型的重要途径。

长期以来，我国大型集团客户由于其分支机构在地域分布上的分散性，内部财务资金核算体系尚不够健全、完善，集团内部各分支机构一方面资金大量分散沉淀在众多商业银行，而另一方面集团内部各分支机构资金运用存在很大缺口，被迫向当地银行大量求贷，在财务管理方面的体现就是集团内部银行存款和贷款大量并存，内部资金未得到充分合理的利用，财务费用居高不下。企业集团长期致力于寻求加强内部财务资金管理的途径和手段。一些集团客户通过设立内部银行、财务公司，加强了内部财务资金的集中使用管理，一定程度上缓解了内部资金供求的矛盾，但由于其内部核算系统未能与银行资金结算网络联网，也仅能发挥有限的作用，并且还有一些集团客户，因自身条件和国家金融政策的限制，未能设立财务公司，其内部财务资金的管理还完全依托于银行结算网络。近年来，随着信息技术的发展，信息技术在银行业的广泛应用，银行资金结算工具不断优化升级，已经建立了功能完善、安全、高效、快捷的银行资金结算体系，使集团客户实现内部财务资金的统一管理，安全、快捷地进行内部资金调拨成为可能。建立先进的银行资金结算网络和客户服务系统将成为银行同业竞争的一项重要手段。

对于这样一个专业性强、涉及面广、实施复杂、周期性较长以及与客户密合度高的项目，要使项目能够顺利实施，执行严格的质量管理至关重要，同时也为提高项目干系人的满意度打下良好基础。

我认为，项目质量管理过程执行组织关于确定的质量方针、目标和职责的所有活动，使得项目可以满足其需求。通过质量规划、质量保证、质量控制程序和过程以及连续的过程改进活动实施来实现质量管理系统。质量管理的基本原则是质量出自计划和设计，而非出自检查。

结合项目质量管理的理论，要使项目能够顺利实施，最终实现客户及公司对项目产品及过程管理的质量要求，我认为应该做好以下工作。

现金管理项目的质量规划，包括识别与该项目相关的质量标准以及确定如何满足这些标准。首先由识别相关的质量标准开始，通过参照或者依据本公司的质量策略、人民银行的业务规定、项目章程、项目的范围说明书、产品说明书、项目管理计划等作为质量规划的依据，通过使用成本/效益分析、参考公司的类似项目进行基准分析、分析质量成本等方法识别出项目相关的时间、成本、资源等质量标准，进而达到或者超过项目的客户以及其他项目干系人的期望和要求。同时把满足项目相关质量标准的活动或者过程规划到项目的产品和管理项目所涉及的过程中去,得到项目质量管理计划、质量度量、质量检查单、过程改进计划等。

现金管理项目的质量保证,用于有计划、系统的质量活动(例如审计或同行审查),确保项目中的所有必须过程满足项目干系人的期望。质量保证应该贯穿于整个的项目生命周期。本项目的质量保证工作由公司的质量保证小组实施。在项目的计划、需求分析、概要设计、详细设计、编码及单元测试、集成测试、用户测试、上线实施、用户验收等阶段,根据项目组的质量管理计划、质量度量标准、工作绩效信息、质量控制测量结果(如测试报告)等信息进行质量审计、基准分析,根据审计出的不符合项提出整改意见,交由项目组进行过程改进,同时进行文档归档形成组织过程资产,如果改变影响较大需要更新项目管理计划。在项目过程中出现的变更,质量保证小组对变更申请要进行审计,保证这些变更是为了更好地满足用户的需求。

现金管理项目的质量控制,是项目管理组的人员采取有效措施,监督项目的具体实施结果,判断它们是否符合有关的项目质量标准,并确定消除产生不良结果原因的途径,审查质量标准以确保可达到的目标及成本/效益问题,并且需要时还可以修订项目的质量标准或项目的具体目标。

本项目的项目质量控制活动由测试小组承担项目产品质量控制,由项目管理组承担项目管理过程质量控制。测试小组根据概要设计文档、详细设计文档编制测试案例,通过案例执行的结果检验项目产品的质量,根据测试结果进行趋势分析,对项目产品的质量进行监控。项目管理组根据质量管理计划、绩效报告(如周报、月报)、质量检查单对项目管理过程进行检验,通过检查单进行代码走查,核对变量命名、函数名称、注释、每行缩进等一系列代码规范是否得到了实施,对存在的问题交由开发人员进行整改;通过因果图查找问题的起因,集合项目组内的专家采用头脑风暴法尽量罗列出问题的起因,然后针对这些原因找到解决这些问题的途径和方法,尽量在问题发生之前消除隐患,提高项目质量;通过控制图监控项目的执行情况,控制图有助于及时判断异常波动的存在与否,将质量特性控制在正常质量波动范围内。本项目在执行过程中曾经发现故障突然增多,超出了控制范围的问题,经过查找原因发现是由于业务核心进行例外维护,导致所有与它有关的账务类交易均无法完成,经过与核心系统沟通,明确了维护时间,测试工作避开此时间段,问题得到解决。

在项目实施过程中,我也遇到了一些问题,下面总结一下我的解决方案。

问题一:在项目的质量规划过程中,我发现项目组的人员安排不太合理,初级工程师较多,人员配比不太理想,导致员工成长较慢,代码质量不太乐观。

针对这个问题,我认为可以采用实验设计方法检查不同人员配比比率下的工作质量和绩效,争取在时间、质量、成本之间找到合理的平衡点。

问题二:由于对影响质量的主要因素在项目不同阶段会产生变化,对这种变化监控不太到位。

我考虑在以后的项目中采用帕累托图方法的同时对项目的不同阶段的主要因素进行动态监控，这需要大量的项目历史信息的支持，同时按阶段分析质量因素的影响，这需要在以后工作中逐步完善。

问题三：由于测试人员不足，导致测试案例需要进行精简，以便用较少的案例能测试全部的功能点。

工作中，对于不同交易的公共处理部分一般形成函数，我考虑在以后的测试案例设计时，可否也采用模板的概念，使测试案例更加精简。

以上是我在现金管理项目质量管理中的一些体会及措施，通过本项目的质量管理，使我在实战中积累了经验，也使我深深地体会到对于专业性强、涉及面广、实施复杂、周期性较长以及与客户密合度高的大型项目，有效的项目质量管理对项目顺利实施至关重要。

论文样例3　★★★★

样例点评：★★★★

论文摘要层次分明，简明扼要，说明了项目的基本信息、质量管理的主要线索以及主要结论。项目背景翔实，通过强调系统的两项非功能性需求"主要体现在如下两点：一、数据库服务器端应当能保证连续运行1000个小时无故障。二、采集端能在10分钟内完成一个人员的全部信息录入"，突出了具体的质量目标。在正文的论述部分较好地体现了质量管理的三个主要过程：制订质量管理计划、质量保证、质量控制。论文总结部分详略得当，细节具体。论文具备较好的参考价值。

摘要

该论文的摘要简洁明了，结构清晰、层次分明。

正文

【论文背景】

项目背景真实可信。作者以数字形式列举了项目的基本信息"涉及全省共1100个派出所……项目总合同额3000万元，其中软件费用1800万元，硬件费用1200万元，项目于2005年9月15日开始，要求在2006年10月1日前全面竣工并投入使用……建立能容纳500万人的捺印指纹、120万人现场指纹数据库，面向省公安厅、县市局和基层共1100个派出所"，并突出说明了质量方面的要求"一、数据库服务器端应当能保证连续运行1000个小时无故障。二、采集端能在10分钟内完成一个人员的全部信息录入。"通过上述信息，一方面了解项目的基本信息，另一方面自然过渡到项目质量管理主题。

【论文逻辑框架】

该论文逻辑框架完整，对于制订质量管理计划、质量保证和质量控制三部分均进行了较为充分的论述。目前在国内的信息系统项目管理领域，质量管理往往是一个相对薄弱的管理环节，所以考生在软件质量管理方面的实践也往往偏于薄弱。例如该论文中的叙述"质量检查单就是测试手册，里面列出了测试时需要测试的功能清单，以及对每个功能，需要做的标准流程"，此处对于质量检查单（checklist）的概念理解就出现了一定程度的偏差。再如"配置管理员会不定期地检查单元测试报告是否齐全"，检查交付物是否齐全是 QA 人员典型的职责，此处将其归属为培植管理人员的范畴值得商榷，至少反映了 QA 人员职责履行的不足，所以并不是建议的做法。

【论文总结】
　　论文总结自然，结构完整。

【论文外观】
　　论文语句流畅，段落层次分明。该论文的写法值得考生重点借鉴。

论项目质量管理

陶姊雨

【摘要】
　　2005 年 10 月，作者参加了××省指纹自动识别系统（AFIS 系统）的开发，担任开发方项目经理的职务。该项目作为××省××工程的重点工程，受到了省公安厅领导的高度重视。该系统合同额为 3000 万元，开发时间为一年。系统采用 C/S 三层架构，涉及软、硬件，面向省公安厅、各县市公安局以及基层派出所，集信息采集、指纹认定、指纹查询、数据上报下载和 Web 访问为一体。本文结合作者的实践，以该项目为例，讨论了项目的质量管理，包括质量规划、质量保证和质量控制三部分。针对该项目质量要求较高，尤其是服务器连续无故障时间要求较高的实际情况，采用多种方式很好地保证了项目的按质量完成。最后总结了该项目在质量管理上的一些有待改进之处。

【正文】
　　传统的基于油墨捺印的指纹采集方式效率低下，并且采集后的信息也不利于存储。随着国家××工程的开展，对公安信息化的要求不断提高。××省公安厅决定启动全省范围内指纹自动识别系统（AFIS）的建设，涉及全省共 1100 个派出所。项目采取了公开招标的方式，我公司顺利中标。该工程也被列为××省××工程的重点工程。项目总合同额 3000 万元，其中软件费用 1800 万元，硬件费用 1200 万元，项目于 2005 年 9 月 15 日开始，要求在 2006 年 10 月 1 日前全面竣工并投入使用。
　　该系统要求在省厅建立能容纳 500 万人的捺印指纹，120 万人现场指纹数据库，面向省公安厅、县市局和基层共 1100 个派出所，支持的信息种类包括指纹、掌纹、人像和文字信息，具备信息采集、信息比对、信息查询、数据上报下载、工作结果统计和 Web 访问等功能。另外该系统要求能和省内已有的旧指纹识别系统保持兼容。指纹采集所需的 470 套活体采集仪也从我公司采购。和以往同类项目相比，该项目具有中心库数据庞大，涉及干系人多，用户水平参差不齐的特点。

除此之外，在招标时，招标方对项目的质量要求有明确的规定，主要体现在如下两点：一、数据库服务器端应当能保证连续运行 1000 个小时无故障。二、采集端能在 10 分钟内完成一个人员的全部信息录入。

公司的组织方式为项目型，除了核心的算法科学家为独立工作外，其余项目成员直接归属项目经理领导。项目组成员包括：1 名项目经理，2 名质量控制人员，8 名程序员（4 名高级程序员，4 名中级程序员），1 名算法科学家，1 名配置管理人员，共计 13 人。团队中除了两名程序员和一名质量控制人员外，都有类似项目的经验。

项目的质量管理的最终目的是使项目可以满足其明确的或隐含的需求，主要包括质量规划、质量保证和质量控制三个过程。虽然为了达到项目要求的质量需要付出一定的成本，但是从长期来看，没有达到项目要求的质量会导致产品在运行阶段还要投入大量的人力、物力维护，从而付出更大的成本。

质量规划包括识别与该项目相关的质量标准以及如何满足这些标准。根据以往经验，我们意识到，如果能在质量规划阶段明确要达到的质量标准，并制定详细可行的质量保证和质量控制措施，就能够在后面的实施阶段有效减少返工，降低项目成本，提高生产率和客户满意度。在本项目中，除了要完成合同中规定的功能外，重要的质量标准还包括合同中客户端连续无故障运行时间以及采集点录入时间。

针对项目的情况，我们采用了两种行之有效的办法：质量检查单以及实验设计。质量检查单就是测试手册，里面列出了测试时需要测试的功能清单，以及对每个功能需要做的标准流程。检查单的内容主要依据详细项目范围说明书。

另外，为了满足连续无故障运行时间的要求，考虑到省厅中心服务器负载较大，我们决定搭建多层数据库服务器以降低负载，一种方案是基层派出所、区县派出所、市局和省厅四层，另一种是基层派出所、市局和省厅三层。为了确定较优的方案，我们采用了实验设计的技术。通过实验模拟，最后认为三层即可满足日常负载，达到质量要求，从而决定采用第二种方案。最后的实际运行情况也证明了这一技术的成功。

质量保证旨在证明项目满足相关的质量标准，从而获得更多的支持。在这一阶段，我们主要采用质量审计的办法，即邀请独立的质量保证部门来对其他质量管理活动进行结构性的审查。

IT 项目质量要想得到保证，首先要创造一个良好的环境，尤其是要得到领导的支持。为了让客户对项目充满信心，每次审计会议，我们都要邀请客户方项目经理丁某和公司部分主管高层参加。另外，对每次审计的结果，我们也都及时发送给客户方以及公司高层等重要项目干系人。经过几次评审会议，项目组对项目按要求完成信心十足，客户方也积极配合我们的工作。

为了不让每次的审计成果流于形式，以及保证发现的问题能够被及时有效地管理，我们引入 ClearQuest 来管理和追踪被发现的质量缺陷，以及可能的变更。每次发布新版本时，测试人员都要检查已存在的问题是否得到修改。为了集中精力在主要的问题上，我们将发现的问题分成三个优先级。对具有最高优先级的问题，每次新版本都要检查是否已修复，如果该问题连续两个版本都没有得到解决，则需要召集相关人员分析原因。

质量控制是验证具体的项目成果，判断其是否符合有关的项目质量标准，并确定消除产生不良结果原因的途径。有效的质量控制能够及时发现项目成果与质量标准的差异，从而便于及时采取措施。

考虑到项目的质量控制人员不足，为了有效做好质量控制，我们要求测试不仅仅是测试人员的事情，开发人员在提交代码前，也都必须做好单元测试，填写单元测试报告。配置管理员会不定期地检查单元测试报告是否齐全。另外，由于项目功能点较多，为避免遗漏，我们准备了详细的质量检查单，对每个模块，我们都列出了要测试的功能点及其操作流程，这样大大简化了测试人员的工作。

在项目执行过程中，平均每半个月要发布一个版本，因此要对每个版本都进行所有功能的测试是不现实的。为了检测项目与质量目标的差距，在一开始我们定义了四个里程碑，每个里程碑需要达到一定的质量要求，对里程碑发布的版本要求做完备详尽的测试。对于其他版本，则着重检查当前发布版本对上一版本的改进。

质量控制不但要发现问题，还要分析出问题产生的原因，以便采取相应的措施。该项目中我们采用了因果图来分析质量问题产生的原因。首先列出需要分析的结果，然后结合各方面专家意见列出各种可能性，再将它们分类，确定主要类别，最后再确定和主要类别相关的原因。在项目展开一段时间后，对各种引发质量问题的原因按照频率由高到低排列，按照帕累托图的形式排列，能够看出当前阶段影响质量的主要原因。

由于在项目过程做了有效的质量管理，项目于2006年10月1日顺利通过验收，正式上线。系统目前运行正常，受到客户方有关部门的好评，本项目也获得了"××工程"优秀项目二等奖。但由于项目的独特性，还是存在如下不足：

由于项目比较复杂，在制定质量检查单时有些功能被遗漏了，导致在实际执行的时候，还要回头重新修改质量检查单，部分模块需要返工。

对新成员的培训不够。在项目的初期，部分技术人员质量控制的意识不够强，没有做好单元测试，另外，质量控制人员由于缺乏经验，有时会忽略了本该被发现的问题。针对暴露出来的这些问题,我们邀请外来专家对项目组人员进行了质量管理方面的培训，强化了他们的意识。最终这一问题得到了较好地解决。

该项目使我充分认识到质量管理对项目的重要性。质量作为项目三约束的重要组成部分，有效的质量管理有助于降低成本，提高客户满意度，是一个成功项目必不可少的一环。项目质量管理方式多样，对于具体项目，应该认真分析项目的特点，寻找适合项目的管理方法。

论文样例 4　★★

样例点评：★★

论文基本符合建议的论文写法，结构完整，覆盖了项目质量管理的三个基本子过程：制订质量管理计划、质量保证、质量控制，但因为存在两处较为明显的错误，因而对其评级为两星。在实际的论文评分过程中，阅卷老师对此类论文也可能给出三星评级（符合信息系统项目管理师论文的最基本要求）。但对于准备应考的考生而言，为了增加保险系数，一定不能重蹈覆辙，尽量避免论文作者所犯的两个错误：第一，文章多处采用说明的形式，这是论文明确禁止的写法（否则不容易客观判断考生论文的总字数）；第二，文章处处强调项目经理的作用，通篇看不到质量经理或者 QA 的影子，违背了质量管理独立原则。对项目质量管理而言，质量管理的主要工作不是由项目经理完成的，而是质量经理完成的。项目经理在论文中应该说明自己是如何配合质量经理完成了哪些工作，自己了解的质量管理工作有哪些输入、方法、输出，否则就是反客为主，把自己受监督的角色转为主导角色，这恰恰是项目质量管理的大忌。

上述的两条，尤其是第二条需要考生引以为戒。

摘要

该论文的摘要简洁明了，结构清晰、层次分明，符合建议的摘要写法。

正文

【论文背景】

项目背景过于简单，信息量不足，容易令人对项目的真实性产生怀疑。考生如果觉得针对项目背景实在无话可说，可以从项目的背景、重要性或者意义等虚的方面进行适当发掘。无论如何，项目背景信息至少得超过 500 字，这样才有一定的可信度，否则从形式和篇幅上就容易被阅卷老师重点关注，给出差评。

【论文逻辑框架】

论文逻辑框架完整，叙述不连贯，照抄照搬内容过多并简单堆砌，与项目质量管理逻辑子过程内容明显偏离，且有多处出现条目列举情形。另外，对质量管理中的两个重要原则，即质量管理独立性以及质量保证和质量控制的差异性均无相应论述，存在较为明显的知识结构缺陷。

【论文总结】

论文总结简单，流于形式，没有说服力和感染力。

【论文外观】

论文照抄照搬痕迹过于明显，语句缺乏实际感受，反映了作者对质量管理方面的知识和工作均不熟悉。

论项目质量管理

【摘要】

本人讨论了××××大剧院智能视频监控系统项目质量管理问题。2015年2月，我参加了××××大剧院智能视频监控系统项目的开发管理工作，担任项目经理。该项目名称是××××大剧院智能视频监控系统，主要功能有视频采集、视频智能分析、视频处理、视频存储、视频录像、视频播放、告警管理、PTZ跟踪等功能。本文以××××大剧院智能视频监控系统项目为例，讨论了本人在该项目实施过程中，如何根据质量管理理论，结合项目管理经验，制订质量管理计划，如何实施质量保证以及如何对质量进行有效的控制，使项目达到预期的质量目标。本文最后指出工作中的不足与改进措施。

【正文】

一、项目背景

2015年2月，我参加了××××大剧院智能视频监控系统项目的开发管理工作，担任项目经理。该项目得到公司高层领导的高度重视。该项目名称是××××大剧院智能视频监控系统，主要功能有视频采集、视频智能分析、视频处理、视频存储、视频录像、视频播放、告警管理、PTZ跟踪等功能。该项目合同额为368万元，工期为8个月，项目组成员15人。软件环境是Windows XP，开发工具是Visual C++等，数据库是MySQL。智能视频监控系统要为用户提供满意的智能监控方案。

二、加强质量管理措施及策略

美国质量管理协会把质量定义为："过程、产品或服务满足明确或隐含的需求能力的特征"。质量、范围、成本与时间一起构成项目成功的关键因素。项目质量可分为两个部分：过程质量和产品质量。项目质量管理不仅对项目本身的交付物进行质量管理，还要针对项目过程进行管理。项目质量管理过程包括执行组织关于确定质量方针、目标和职责的所有活动，使得项目可以满足其需求。它通过质量规划、质量保证、质量控制程序和过程以及连续的过程改进活动实施来实现质量管理系统。具体来说，本人是按照以下基本的质量管理流程来进行有效的质量管理。

1. 制订质量管理计划

"质量出自计划和设计，而非出自检查"，良好的项目质量管理计划有助于正确地指导质量管理行为。质量管理计划包括识别与该项目相关的质量标准以及确定如何满足这些标准。这些质量规划首先由识别相关的质量标准开始，通过参照或者依据实施项目组织的质量策略、项目的范围说明书、产品说明书等作为质量管理计划的依据，识别出项目相关的所有质量标准而达到或者超过项目的客户以及其他项目干系人的期望和要求。质量管理计划是项目计划编制的关键过程之一，应当定期进行并与其他项目计划编制过程同步。

我们根据项目范围说明书明确了项目的范围、中间产品和最终产品，然后明确关于中间产品和最终产品的有关规定、标准，确定可能影响产品质量的技术要点，并找出实施标准过程的方法。

我们按照公司质量管理体系 ISO 9000 的要求，制定质量标准，设计质量检查单。

我们采用 CVS 建立了项目的配置管理系统，所有有关质量管理的文档：质量管理计划、质量检查单、纠正措施等都存储在配置管理系统中，方便项目成员查阅并指导自己的行为。

2. 实施质量保证

制订一项质量计划确保一个项目的质量是一回事，确保实际交付高质量的产品和服务则是另一回事。质量保证是一项管理职能，包括所有计划的系统和为保证项目能够满足相关的质量标准而建立的活动，质量保证应该贯穿于整个的项目生命期。质量保证给一个重要的质量过程——持续改进过程提供保证。质量保证是在质量系统内实施的所有计划的系统性活动，是保证质量管理计划得以实现的一组过程及步骤，旨在证明项目满足相关的质量标准。

在××××大剧院智能视频监控系统项目实施过程中，我们根据进度分为需求、设计、开发、测试等各个阶段，质量保证工作始终贯穿各阶段，同时又必须根据每个阶段特点采取相应的措施。我们在项目每个阶段不断实施质量管理措施，尽早发现问题，确保项目成功。作为项目经理，我提出预防缺陷的方案，受到大家一致的赞同，并应用在项目实际实施过程中。

需求分析阶段质量保证措施：

（1）请领域专家参与到系统开发的早期阶段，提高效率的同时保证了质量。

（2）系统分析委员会保证系统分析集思广益。

（3）质量监督组对分析工作的监督。

（4）技术支持人员参与需求调研。

（5）需求规格说明书评审。

系统开发设计阶段质量保证措施：

专门设立了配置管理小组、测试小组和质量保证小组来确保质量管理的实施。

配置管理小组：

- 审核、完善项目文档、代码。
- 对所有项目文档进行权限控制。
- 对所有项目文档进行版本控制。
- 对所有项目重要文档进行评审，如需求规格说明书、概要设计说明书、详细设计说明书、重要代码、测试计划、测试用例、配置管理计划等。

测试小组：

制订测试计划、设计测试用例、执行测试用例、书写测试报告。

质量保证小组：

- 质量检查与监督。

- 找出差异原因。
- 提出改进方法。
- 测试阶段质量保证措施。

测试组的工作被分成若干阶段，不同阶段的划分是以保证软件质量的不同指标为目标，包括单元测试、系统测试、集成测试、验收测试等。

测试的软件指标分别包括如下几点：软件的正确性、性能指标、易用性等。

测试出的问题及时解决，绝不拖延。

3. 执行质量控制

质量控制（QC）是项目管理组的人员采取有效措施，监督项目的具体实施结果，判断它们是否符合有关的项目质量标准，并确定消除产生不良结果原因的途径。

项目的质量控制主要从以下两个方面进行：

（1）项目产品或服务的质量控制。

（2）项目管理过程的质量控制。

质量控制点的设置是保证项目质量的有力措施，也是进行质量控制的重要手段。

在××××大剧院智能视频监控系统项目质量控制过程中，我们根据项目实施的不同阶段，将项目实施阶段的质量控制分为事前质量控制、事中质量控制和事后质量控制。

第一步：事前质量控制

主要工作内容有：

技术准备：调查分析项目的有关资料，确定项目实施方案及质量保证措施；确定计量方法和质量检测技术等。

物质准备：对项目所需的所有摄像头、电缆等进行检查与控制。

组织准备：建立质量控制小组及质量保证体系；对项目参与人员分层次进行培训，提高其质量意识和素质；建立与保证质量有关的岗位责任制。

现场准备：项目的相关人员到客户现场，根据现场的实际环境制订不同的准备方案。

第二步：事中质量控制

具体措施：工序交接有检查；质量预控有对策；项目实施有方案；质量保证措施有交底；动态控制有方法；配制材料有经验；隐蔽工程有验收；项目变更有手续；质量处理有复查；行使质控有否决；质量文件有档案。

第三步：事后质量控制

事后质量控制重点是进行质量检查、验收及评定。

项目最终完成阶段的质量控制：

项目最终完成后，我们进行全面的质量检查评定，判断项目是否达到其质量目标。

三、不足与改进

经过项目组 8 个月的奋战，系统顺利通过正式验收，并且运行稳定，受到客户的一致好评。我们项目组也得到公司领导的嘉奖。但我个人认为，在整个项目质量管理过程中，我们还有以下不足之处：

尽管我们制订了严格的质量管理计划，然而在项目的实际执行过程中还是存在着一些偏差，个别地方计划得不够十分精确。今后在这方面还需要加强。

质量评审方面做得还不够十分完美，个别评审流于形式。今后要加强质量评审，不能流于形式，要注重评审结果。

论文样例 5　★★★★★

样例点评：★★★★★

该论文很好地满足了项目管理师论文的全面写作要求，无论是论文的摘要，还是项目背景信息，以及正文部分的逻辑框架内容和项目总结，都可供其他考生充分借鉴。虽然项目管理师论文写作如同"戴着镣铐跳舞"，但考生如果能够全面理解论文的理论框架，再对实际管理的项目进行认真提炼总结，然后将理论和实际相互映射，也可以写出像该论文一样的优秀论文。

摘要

该论文的摘要简洁明了，结构清晰、层次分明。

正文

【论文背景】

项目背景真实可信，叙述有条理，过渡自然。

【论文逻辑框架】

论文逻辑框架完整，结构合理。每个逻辑子过程都很好地体现了输入-方法-输出的理论框架，论文引用了具体的项目实例对方法提供支撑，具有较好的说服力。另外，逻辑框架中对项目经理和质量经理（QA）的角色区分、QA 与 QC 的工作重点也分别做了很好的说明和区分，值得其他考生重点借鉴。

【论文总结】

论文总结清晰合理，写法规范。

【论文外观】

论文语句流畅，语句和段落过渡自然，是一篇不可多得的范文。

论信息系统项目质量管理

田　乐

【摘要】

2015 年 5 月，×××能源科技股份有限公司作为系统集成项目的总承包商承接了×××石油集团公司所委托的×××石油工程项目管理系统一期项目，我作为该项目的项目经理负责全程管理该项目，该项目的主要业务目标是提供一套符合×××石油工程建设业务的项目管理平台。实施该项目的过程中，在质量管理方面主要具有以下特点：项目覆盖面广，涉及集团公司所有工程项目，要求软件系统24小时不间断运行，对于软件质量要求极高。为此，在项目质量管理过程中遵循质量规划、质量保证和质量控制的管理方法：通过应用成本/效益分析法，分析用户对系统的满意程度，确定质量管理计划；邀请公司质管部门及用户内控部门对系统实现过程进行审查，实现项目质量保证；此外，通过单元测试、集成测试、回归测试及用户接收测试等测试流程控制软件系统的质量。但是，在项目质量管理过程中仍然还存在一些不足，例如在软件开发中对不同层级人员的配比进行实验设计，可以有效地克服技术能力、代码质量的不足。项目于2017年4月通过验收，得到用户的好评，并获得了集团公司优秀项目二等奖。

【正文】

×××石油集团公司所属各工程公司承担大量工程建设项目，项目建设周期长，建设过程比较复杂，涉及的方面广，因此对工程项目管理系统有着强烈的需求。为进一步提升集团公司工程建设项目管理水平，建设优质工程，推进各板块业务的快速发展，在集团公司工程项目管理中引入现代信息技术，促进各板块建设项目的管理向现代化、科学化迈进，极需一套满足集团公司工程建设业务的工程项目管理平台。该系统平台包括组合管理、进度管理、费用管理、合同管理、材料管理、文档管理、质量管理、人力资源管理、风险管理、装备管理、HSE管理及竣工管理共12个模块，覆盖了工程建设领域的各个过程，而且该系统需要与×××石油集团统推的ERP系统、HSE系统、MDM等七个系统进行集成。项目推广后涵盖工程建设领域的工程建设公司、寰球公司、管道局、设计院、昆仑工程公司、东北炼化共六家归口单位及其所属的分（子）公司，每年约有1000个项目使用该系统。

2015年5月，×××能源科技股份有限公司作为系统集成项目的总承包商承接了×××石油集团公司所委托的×××石油工程项目管理系统一期项目，我作为该项目的项目经理负责全程管理该项目。项目总投资1.1亿元人民币，总工期22个月，分为试点与推广两个阶段，其中，试点阶段工期14个月，推广阶段工期8个月。项目于2015年7月开工，2016年8月试点成功上线，于2017年4月竣工。

该项目是我公司在工程建设行业的第一个信息化项目，公司对此非常重视，决定以此为契机拓展公司在工程建设行业的信息化市场。因此，项目的质量管理显得尤为重要，公司要求项目组确保项目质量，获得用户满意。

一、制订质量管理计划

鉴于该项目系统庞杂，涉及的模块较多并与多个外围系统集成接口，因而我们在该项目的前期就制订了质量管理计划，确定质量度量指标及检查单，为后续质量保证及质量控制提供控制基础。因为质量与成本是相互影响的，质量的提高可能会带来成本的增加，为此，我采用了成本/效益分析方法确定项目的质量控制范围及标准，同时，参考之前在×××石油物流项目的质量管理经验，作为该项目质量管理计划的重要参考。根据以往的经验，如果能在项目前期制订可行、优质的质量管理计划，在后面的实施阶段就能够有效的减少返工，降低项目成本，提高生产率和客户满意度。例如，在项目工作引擎选择中，有两种选择，一是国际软件巨头 Oracle 公司的 BPM 软件，二是国内自行开发的工作流产品。经过实验模拟，BPM 功能非常强大，但国内无相应技术支持，开发人员需要较长时间研究，而且该软件的定制化较弱；而国内自行开发的工作流产品功能简单，流程定制功能强，可根据用户需要灵活定制，而且可以提供全方位技术支持。最后认为国内自行开发产品即可满足日常用户工作流需求，达到质量要求，从而决定使用第二种方案。最后的实际运行情况也证明了这一选择的正确性。

质量管理计划、质量度量指标、检查单的确定是质量规划的一个非常重要的环节，正是因为在项目前期对项目所需的质量管理进行了详细的规划，为后期质量保证及质量控制的顺利执行奠定了重要基础。

二、质量保证

质量保证旨在证明项目满足相关的质量标准，识别项目的差距与不足，给项目提供协助，以改进过程的执行，帮助团队提高生产率。在这一阶段，主要采用质量审计的办法，即邀请独立的质量保证部门来对质量管理活动进行监督审查。

公司有专门的质量管理部门，在项目成立之初便向本项目派驻了一名质量管理员，她在项目前期提供了一些管理制度、会议纪要、汇报 PPT 等文档模板，每周向其部门领导汇报项目的执行情况，并将公司对某些活动的建议纠正措施反馈给项目组，在项目质量保证过程中为项目组提供了很多帮助及建设性的建议。例如，在早期产品功能测试时，每次提交的测试问题不完整，导致测试、修复工作重复发生，项目进展缓慢。对此问题，质量管理员对测试过程进行了认真分析，发现由于项目组涉及模块较多，测试小组无法完成全部测试工作，建议项目组采取全员参与测试的方法，形成矩阵测试小组，由测试小组牵头，组织各模块业务顾问进行测试；对于核心模块，由测试小组与业务顾问分别测试。从此，测试发现的问题更为全面，保证了产品质量。

在软件开发涉及用户管理、网络通信、与集团统推系统集成接口等安全方面时，邀请×××石油集团公司内控部门进行审查，并将审查结果及时发送给客户方及公司高层领导。通过用户多次参与评审会议，用户及公司领导对项目组的工作成果质量非常满意，也为后期的项目验收铺平了道路。

三、质量控制

本项目的质量控制是由项目组成员采取有效措施，监督项目的具体实施结果，判断它们是否符合前期制定的质量度量指标、质量检查表等标准。对发现的质量问题进行及时修复，并确定修复的结果是否符合质量要求。

在项目的软件开发质量管理中，主要是通过测试工作检查软件的开发质量。测试小组根据概要设计文档、详细设计文档及各模块业务顾问提供的测试用例，检测项目产品的质量，根据测试结果进行趋势分析，对项目产品的质量进行监控。在交给用户接收测试之前，项目组内部采取三级测试体系，即单元测试、功能业务测试及回归测试。由开发人员对产品的代码质量进行检查，测试代码的正确性；单元测试通过后，交由测试小组根据测试用例进行功能业务测试，测试产品功能是否完备、业务流程是否通顺；对发现的问题交由开发人员进行修复，修复完成后，经由测试组对产品功能、业务流程再进行测试，并重点测试修复的问题，确定无误后即可完成产品发布，确保交给用户时产品的问题在项目组内部得到解决。此外，对于测试发现的问题，通过因果分析图查找问题产生的原因，集合项目组内相关人员对这些问题产生的原因进行分析归类，针对这些原因找到解决这些问题的途径和方法，为后续工作提供参考，尽量在问题发生之前消除隐患，提高项目质量。

【总结】

在×××石油工程项目管理一期项目中，我全面应用了项目质量管理的方法，使得该项目在质量管理方面较好地达到了预期目的。鉴于我们在项目初期就制订了质量管理计划，确定了质量度量指标及质量检查表，为后期质量控制提供了基础保障。项目在执行过程中，通过公司质量管理部门的有效监督及用户内控部门的参与，为项目组的质量过程提供了很多建设性的方法，保证了项目质量。通过运用多种质量控制方法检查项目产品质量，使得项目的质量满足了用户要求。但是对于质量管理我们做的还有一些不足：

（1）在单元测试方面力度不够。有些阻塞性 bug 导致业务功能测试无法正常进行，后期需加强开发人员的单元测试能力。

（2）在软件开发中对不同层级人员的配比进行实验设计，获得团队最佳配置，则可以有效地克服技术能力、代码质量的不足。

（3）因成本原因未配置专业的硬件工程师，对硬件安装过程缺乏有效的质量控制，对结果的验证也较简单，造成后期系统环境不太稳定。

如果对于以上方面能够进行更好的总结与提高，我在今后的项目管理过程中质量管理水平将得到不断提高。项目于 2017 年 4 月通过验收，得到用户的好评，并获得了集团公司优秀项目二等奖。

论文样例6　★★★

样例点评：★★★

表面上看，论文写法中规中矩，问题不大。但如果仔细阅读，发现仍然存在常见的问题，即"两张皮"写法：项目背景是背景信息，正文部分是逻辑过程描述，两者缺乏结合。这样的写法比较牵强，碰上阅卷老师心情不好，这样的论文也很容易被"枪毙"。因此，考生还是应该多花精力，真正将理论和实践相结合、相映射，争取写出形神兼备的论文，提升论文层次。

摘要

该论文的摘要写法规范、层次分明。

正文
【论文背景】
项目背景真实可信,由项目背景叙述到正文部分过渡自然。
【论文逻辑框架】
论文逻辑框架完整,输入-方法-输出的理论框架相对完整,但缺乏相应的方法示例,与项目背景缺乏交集。
【论文总结】
论文总结清晰,但过于理论化,且与项目背景关系松散,可信度不高。
【论文外观】
论文语句通顺,行文流畅,段落过渡自然。个别部分的习惯说法值得商榷,例如考生谈到了连续的过程改进,实际工作中更多的提法为持续的过程改进等。

论项目质量管理

2014年至2015年期间,我公司作为信息系统集成项目的总包商,承接了×××监狱管理局委托的监狱亲情电话录音监控系统的开发项目。我作为该项目的项目经理负责全程管理该项目。该项目的主要业务目标是严格控制服刑人员拨打电话,拨打电话过程狱警可以全程监听和监控,并实时进行录音,以后可以随时查询和回放通话录音。

在实施该项目过程中,项目在质量管理方面具有以下的特点:周期长,协调难度大,知识面宽,项目规模大。在充分分析了该项目的特点之后,对于项目的质量管理主要遵从质量规划、执行质量保证、执行质量控制的典型质量管理方式。在该项目的质量管理过程中主要面临以下的困难:返工,编码不太规范,测试案例设计不太充分等。我们通过应用质量规划的成本绩效分析,质量保证的质量审计,质量控制的检查、控制图、因果图等方法解决了相关问题,使该项目在质量管理方面基本达成了预期目标,并得到客户和我方管理层的一致认可。

该项目在质量管理过程中仍然存在一些不足,例如在质量规划方面还存在不同层次人员的合理配比问题,在后续的项目质量管理过程中如能进一步考虑实验设计方法,则可以有效地克服当前的不足。另外,在质量控制方面可以在目前的案例设计方面进一步提高,采用因果图方式。

监狱作为国家的司法机关,肩负着发挥着维护社会安宁和减少再犯罪的重要职能,同时监狱又是社会的一个小窗口,反映了一个国家的现代化建设,与社会文明同步,因此将以计算机技术和网络技术为核心的信息技术广泛应用于监狱领域,把监狱中各项纷繁复杂的管理工作与当代高科技紧密结合,以促进监狱事业的不断发展是历史和社会发展的必然趋势。亲情电话录音监控系统是监狱信息化建设中监狱亲情帮教的重要组成部分,是专门针对监狱、劳教所等政府司法单位语音通信安全需求而推出的综合信息服平台系统。其旨在提高信息技术在监狱工作中的应用水平，保持监狱安全稳定，提高服刑人员改造质量，更好地发挥监狱在服务构建社会主义和谐社会中的职能作用。本系统主要特点包括：强大的控制功能，强大的监控功能，快捷的电话拨号，详细的通话记录，优良的通话质量，简化的线路连接，可靠的通话线路，准确的计费功能，身份识别技术，分级的权限控制，灵活的狱政接口，方便的扩展。主要功能包括：数据集成，亲情电话设置，特批电话设置，服刑人员使用电话控制，拨打外线电话方式，电话全程录音，电话监控，通话次数控制，通话时间控制，通话查询，通话统计，话费管理，系统设置。本系统依托计算机网络和电话网络，采用分布式部署，通话设备和身份识别设备分布在各个监区，由服务器进行统一控制，同时管理人员通过计算机网络，可以分布在监狱各个地方进行监控、数据查询等工作。管理上既可采用 C/S 网络模型，也支持 B/S 网络模型。本系统开发历时 1 年，总计投入人员 30 人，其中我单位软件开发人员 16 人，硬件开发人员 8 人，监狱管理局协助开发人员为 6 人。

项目质量管理包含一系列子过程，用于执行组织关于确定的质量方针、目标和职责的所有活动，使得项目可以满足其需求。本项目包括以下 3 个子过程：制订质量管理计划、质量保证、质量控制。

一、制订质量管理计划

制订质量管理计划是确定适合于项目的质量标准并决定如何满足这些标准。首先由识别相关的质量标准开始，通过参照或依据本公司的质量策略、监狱管理局的相关规定、项目章程、项目范围说明书、产品说明书、项目管理计划，通过应用成本绩效分析，参考公司的类似项目进行绩效分析、运用统计分析技术中的实验设计，分析质量成本等方法识别出适合项目的质量标准，并得到项目质量管理计划、质量度量指标、质量检查单和过程改进计划等。

二、质量保证

质量保证是审计质量要求和质量控制的测量结果，确保采用合理的质量标准和操作性定义的过程。质量保证应贯穿于整个项目生命期。本项目的质量保证工作由公司的质量保证小组实施。质量保证小组根据项目的质量管理计划、质量度量指标、过程改进计划、批准的变更请求、质量控制测量、工作绩效信息、实施的变更请求、实施的纠正措施、实施的缺陷修复、实施的预防措施等过程的输入，使用质量审计方法识别正在实施的最佳实践，识别差距和不足等；使用过程分析，检查过程运行期间遇到的问题、制约因素以及发现的非增值活动，得出项目需求变更和建议的纠正措施等。

三、质量控制

质量控制是监控项目的具体结果，判断其是否符合相关质量标准，制定有效方案，以消除产生质量问题的原因。质量控制应贯穿于项目的始终。本项目的项目质量控制活动为：由测试小组承担项目产品质量控制，由项目管理组承担项目管理过程的质量控制。项目测试小组依据设计文档编写测试方案，对项目产品进行质量检验，对测试结果进行趋势分析，对产品的质量进行监控。项目管理组根据质量管理计划、质量度量指标、质量检查单、批准的变更请求等，使用因果图分析问题的根本原因，使用控制图监控项目的执行情况、确认过程是否稳定或是否具有可预测的绩效，通过直方图确定问题发生的次数，运用流程图显示活动、决策点和处理顺序，用帕累托图对问题发生的频率排序，采用2∶8法则找出主要问题，用检查的方法在全部的管理级别上进行确认缺陷修复。通过使用上述方法测试小组得出质量控制测量的结果和建议的纠正措施。项目管理组得出确认的缺陷修复、建议的预防措施、请求的变更和确认的可交付物等。

在监狱亲情电话录音监控系统的开发过程中，我全面应用了项目质量管理的方法，使项目在质量管理方面较好地达到了预期目标，确保了项目的成功开发。鉴于我们在项目管理中采用了质量审计明确了各阶段的问题，提高了客户对项目产品的接受度；使用了过程分析的方法探究根本原因，并制定了预防措施，使用了质量规划工具与技术，如因果图、控制图等保证了项目的过程质量，最终确保了在2015年底完成了项目开发的所有工作，并被监狱管理局评为年度优秀项目，受到了公司管理层的高度表扬。

通过总结，对于项目质量管理方面，我认为还存在一些不足：

（1）在质量规划方面应该更好地让项目干系人了解质量方针，这样就能更顺畅地开展质量活动。

（2）在质量保证方面应更全面地掌握工作绩效信息，这样就能更好地开展质量审计和质量评审工作。

（3）在质量控制方面应更灵活地选用质量控制工具和技术，这样就能更好地分析问题，使质量控制更好的发挥作用。

如果对以上方面能够进行更好的总结与提高，我在今后的项目管理过程中项目质量管理的水平将得到新的提高，更上一个新台阶。

论文样例7　★★★★

样例点评：★★★★★

该论文较好地满足了项目管理师论文的写作要求，论文的摘要、项目背景信息、正文部分的逻辑框架内容和项目总结的写法都比较规范，较多地借鉴了相对规范的写作范文。对于不少考生而言，确实不曾单独写过完整的论文，所以对论文的写法一头雾水，无从下手。所谓"熟读唐诗三百首，不会吟诗也会吟"，考生如果能够借鉴项目管理师范文的写作方法，只需将自己所经历的项目背景信息、具体的方法应用和项目总结与典型的范文结合，也不失为一种高效快速的论文准备方法。本论文就是一篇充分借鉴其他范文的论文，这种写法特别值得写作经验不足的考生借鉴。

摘要

该论文的摘要简洁，结构完整，层次清晰。

正文
【论文背景】
项目背景真实可信,叙述条理,过渡自然。
【论文逻辑框架】
论文逻辑框架完整,结构合理。三个逻辑子过程都较好地体现了输入-方法-输出的理论框架,论文引用了具体的项目实例对逻辑子过程中的重点方法提供支撑,具有较好的说服力。
【论文总结】
论文总结清晰合理,写法规范。
【论文外观】
论文语句流畅,语句和段落过渡自然。

论项目质量管理

杨兵科

【摘要】

2016年3月,本人参加了××省道路监控系统的开发,担任开发项目经理的职位。该项目作为××省"安全长城"工程的重点工程,受到了省交通厅领导的高度重视。该系统合同金额为5000万元,开发时间为一年。系统采用C/S三层架构,涉及软、硬件,面向省交通厅、各县市交通局以及基层派出所,集车辆信息采集、路况分析、交通预警、数据上报和下载与Web访问为一体。本文结合作者的实践,讨论了项目的质量管理,包括质量规划、质量保证和质量控制三部分。针对该项目的质量要求较高,尤其是服务器连接无故障时间要求较高的实际情况,采用多种方式很好地保证了项目的按质量完成。本文最后总结了该项目在质量管理上的一些有待改进之处。

【正文】

传统的基于区域的监控信息量小,采集后的数据不全面。随着国家信息化工程的开展,对交通系统的信息化程度要求越来越高。××省交通厅决定启动全省范围内交通系统的动态化建设,涉及全省共18个地市。项目采取公开招投标方式,我公司顺利中标。项目合同总金额5000万元,其中软件费用1500万元,硬件费用3500万元,项目于2016年3月15日开始,要求于2017年10月1日前全面竣工并投入使用。

该系统省交通厅要求建立能实时监控全省的交通信息情况,支持的信息种类包括车辆、行人、道路状况信息,具备信息采集、信息分析、信息预警、数据上传下载、工作结果统计和Web访问等功能。另外该系统要求与省内的旧监控系统兼容。道路信息采集所需的50000套监控系统也从我公司购买。和以往同类项目比较,本项目具有中心库数据庞大,涉及干系人多,用户水平参差不齐的特点。

除此之外，在招标时，招标方对项目的质量要求有明确的规定，主要体现在如下两个方面：第一，数据库服务器端应该保证连续运行 1000 小时无故障；第二，监控系统能在 1 个小时内做出一份交通预警方案。

公司的组织方式为项目型，除了核心的算法科学家为独立工作外，其余项目成员直接归属项目经理领导。项目组成员包括：1 名项目经理，2 名质量控制人员，8 名程序员，1 名算法科学家，1 名配置管理人员，共计 13 人。团队中除了 2 名程序员和一名质量控制人员外，都有类似的项目经验。

项目质量管理的最终目的是使项目满足其明确的或隐含的需求，主要包括质量规划、质量保证和质量控制三个过程。虽然为了达到项目要求的质量需要付出一定的成本，但是从长期来看，没有达到项目要求的质量会导致产品运行阶段还要投入大量的人力、物力维护系统，从而付出更大的成本。

质量规划包括识别与该项目相关的质量标准以及如何满足这些标准。根据以往经验，我们意识到，如果能在质量规划阶段明确要达到的质量标准，并制定详细可行的质量保证和质量控制措施，这样才能在以后工作中有效地减少误工返工，降低成本，提高生产效率和客户满意度。在本项目中，除了要完成合同中规定的功能外，重要的质量标准还包括合同中规定的数据库连续正常运行时间和数据采集录入时间。

针对项目的情况，我们采取了两种行之有效的方法：质量检查单和实验设计。质量检查单就是测试手册，里面详细列出了需要测试的功能清单，以及对每个功能需要做的标准流程。检查单的内容主要依据详细项目范围说明书。

另外，为了满足连续无故障运行 1000 小时的要求，考虑到省交通厅服务器负载量较大，我们决定搭建多层服务器来降低负载。我们采用了实验设计的技术，通过实验模拟，最后认为三层设计即可满足日常负载，达到质量要求，通过实际运行情况也证明了这一技术的成功。

质量保证旨在证明满足相关的质量标准，从而获得更多的支持。在这一阶段，我们主要采用了质量审计的办法，即邀请独立的质量保证部门对其他质量管理活动进行结构性的审查。

要想保证 IT 项目质量，首先要创造一个良好的环境，尤其是得到领导的支持。为了让客户对项目充满信心，每次审计会议，我们都邀请客户方项目经理×××和公司部门主管领导参加。另外，对于每次审计结果，我们也都及时发送给客户以及公司高层领导等主要项目干系人。经过几次评审会议，项目组成员对项目按要求完成信心十足，客户方也积极配合我们的工作。

质量控制是验证具体的项目成果，判断是否符合有关的项目质量标准，并准确消除产生不良后果原因的途径。有效的质量控制能够及时发现与质量标准的差异，从而便于及时采取措施。

考虑到项目的质量控制人员不足，为了有效做好质量控制，我们要求测试不仅仅只是测试人员的事情，开发人员在提交代码前，也都必须做好单元测试，填写单元测试表格。配置管理人员不定期检查单元测试报告是否齐全。另外，由于项目功能点多，为避免遗漏，我们准备了详细的质量检查单。对每一个模块，我们都列出了要测试的功能点以及操作流程。这样大大简化了测试人员的工作。

在项目执行过程中，平均每半个月就要发布一个版本，要对每个版本的每个功能点都测试是不现实的。为了检测项目与质量目标的差距，在一开始我们定义了四个里程碑，每个里程碑要达到一定的质量要求，对里程碑发布的版本要求做完备、详尽的测试。对于其他版本，则着重检测当前版本对于上一版本的改进之处。

质量控制不但要发现问题，还要分析发生的问题的原因，以便采取相应的措施。该项目我们采取了因果图来分析质量问题产生的原因。首先列出需要分析的结果，然后结合专家意见列出各种可能原因，再将它们分类，然后再确定和主要类别相关的原因。在经过一段时间后，对于各种引发质量的原因按照频率由高到低排列，按照帕累托图的形势排列，就能够看出当前阶段影响质量的主要原因。

由于在项目的实施过程中做了有效的质量管理，项目于 2017 年 10 月 1 日顺利通过验收，正式上线。系统目前运行正常，受到客户有关部门的好评。本项目被评为"2017 年度优质工程"。由于项目的独特性，还是存在以下不足之处：

由于项目比较复杂，在制定项目检查单时有些功能点被遗漏了，导致在实际执行的过程中，还要回头重新修改质量检查单，出现部分返工，耽误工期。

对新员工培训不足。在项目初期，部门技术人员对技术质量控制意识不够，没有做好单元测试，另外，质量控制人员由于缺乏经验，有时忽略了本该发现的问题。针对暴露出的问题，我们邀请外来专家进行了全面的质量管理方面的培训，强化员工的质量控制意识。最终这一问题得到了较好的解决。

该项目使我充分认识到了质量管理对项目的重要性。质量作为项目的三约束之一，有效的质量管理能有效降低成本，提高客户满意度，是成功项目不可缺少的部分。项目质量管理方式多样，对于具体项目，应该认真分析项目的特点，寻找合适、有效的管理方法。

论文样例 8　★★

样例点评：★★

论文整体写法满足管理师论文的基本要求。但因为正文部分篇幅过少，导致项目论文整体字数明显不足，明显达不到信息系统项目管理师论文对于论文字数的要求。

摘要

论文摘要层次分明，简明扼要，说明了项目的基本信息、质量管理的主要线索以及主要结论。

正文

【论文背景】

项目背景翔实，项目特征明确，具有较高的可信度和真实性。

【论文逻辑框架】

论文逻辑框架完整，叙述合理。根据制订质量管理计划、质量保证和质量控制过程三方面内容分别进行描述。但因为上述三部分对应的输入-方法-输出方面的内容描述过于简略，导致项目整体篇幅过短，达不到项目管理师论文的基本要求。正常的管理师论文字数应该为2500～3000字，该论文正文篇幅较短，总计字数为2000字，缺陷明显。

【论文总结】

论文总结合理、可信，具有较高的真实性。

【论文外观】

论文语句通顺，行文流畅，段落过渡自然。

论项目质量管理

【摘要】

2017年7月受单位派遣，我参加了××省×××移动通信集团××有限公司××地区全业务承载网建设项目，我作为项目经理负责全程管理该项目。该项目的主要业务目标是建设全××地区网络覆盖，为了尽快实现移动公司关于宽带业务下乡的要求，加强传送网的支撑服务能力，提高网络运行质量，满足未来业务发展的需要。在该项目的实施过程中，具有以下特点，项目覆盖面积广，××是一个有着47万平方千米，有着"华夏第一州"美称的地区；该项目工期较短，历时半年；涉及的项目干系人众多，通信行业的返工无法实施。因而该项目的质量管理是项目成功的关键。

本文以该项目为例，讨论了项目的质量管理，包括质量规划、质量保证和质量控制三部分。针对该项目质量要求较高，尤其是地域广、工期短及项目干系人多的实际情况，采用多种方式很好保证了项目的质量。最后总结了该项目在质量管理上的一些有待改进之处。

【正文】

2017年7月，受单位派遣，我参加了××省×××移动通信集团××有限公司××地区全业务承载网建设项目，作为项目经理负责全程管理该项目。该项目主要包括：传送网设备安装包括汇聚层PTN 9008设备13架，扩容3架；新增的OTN设备19架，华为GPON设备MA5680T 8台；OSN7500设备10架；Metro1000 100架。×××移动公司为了尽快实现宽带业务下乡的要求，加强传送网的支撑服务能力，提高网络运行质量，满足未来业务发展的需要，要求该项目于2017年7月开工，到2017年12月验收开通设备，历时半年。项目涉及1个市和8个县，共计47万平方千米，项目干系人众多，项目总共需要施工安装150套设备,在我以往所承接的项目中属于较大的项目。该项目在项目管理过程中,项目的质量管理显得尤为重要,是项目成功的保障。在具体的工作中,我根据实际情况,采用了灵活的工作方法,取得了较好的成绩,使得该项目在2017年底验收通过,并获得了优秀项目的称号。

我认为一个项目的质量管理过程是通过执行组织关于确定的质量方针、目标、质量控制以及连续的过程改进活动来实现的。质量管理的基本原则是质量出自计划和实际,而非出自检查。

结合项目质量管理理论,要使项目能够顺利完成,最终实现项目顺利验收,我认为应做好以下工作。

一、制订质量管理计划

制订质量管理计划包括识别与该项目相关的质量标准以及确定如何满足这些标准。由于这次项目所覆盖的地域比较大,为了争取能一次性施工达到运营商的质量要求,我们对本次项目首先确认相关的质量标准,通过组织过程资产、企业环境、项目范围说明书、项目管理计划的依据,通过使用本项目质量规划成本效益分析、其他以往项目的基准分析、实验设计、质量成本等方法识别出有关项目的成本及质量的标准,进而达到该项目的客户的期望及要求。同时把满足项目相关的质量标准活动或过程规划到项目管理所设计的过程中,从而得到项目质量管理计划、质量度量、质量检查单、过程改进计划等。

二、质量保证

质量保证是审计质量要求和质量控制测量结果,确保采用合理的质量标准和操作性定义的过程。

此项目的质量保证由本公司的质量检查小组专门负责。他们采用质量审计的方法对项目进行跟踪审查,用来确定项目活动是否遵循了组织资产过程和项目的政策过程。其质量审计的目标是:识别正在实施的最佳过程、识别项目实施过程中的不足和差距、积极主动地提供协助,以改进过程的执行,帮助团队提高工作效率。质量审计还可确定已批准的变更请求、纠正措施、缺陷修复与预防措施的实施情况;同时还进行过程分析,用存在的改进计划中的步骤来识别所需的改进,也要检查过程运行期间遇到的问题。过程分析包括根本原因分析,即识别问题,探究根本原因并制定预防措施。

三、质量控制

质量控制是项目管理组的人员采取的有效措施,监督项目的具体实施结果,判断是否符合有关的项目质量标准,并确定消除产生不良结果原因的途径。本项目的质量控制小组由三方面组成:移动公司的随工、监理公司的监理及设备厂商的督导,他们根据质量管理计划、质量度量指标、质量检查单、工作绩效信息及已经结束的部分工作对项目过程进行检查,通过因果图对项目中出现的问题与各种潜在的问题进行根本的原因分析,从而解决问题,尽可能地提高项目的质量;通过流程图对项目过程中的各个环节进行监控,预防项目在实施的过程中在那些重点环节出现质量问题,并制定一定的预防措施,确保项目质量控制的有效性。

由于项目在实施过程中作了有效的质量管理，项目于 2017 年底顺利验收通过，并获得了运营商的有关好评。

在项目实施的过程中，我也遇到以下问题，下面一并总结我的解决方案。

（1）在项目的质量规划过程中，我们项目组的人员都从我们公司调遣过去，有 3000 多千米的地区差异，导致人员施工效率不高。

针对这个问题我建议我们可以实行本地化员工制度，争取在时间、质量、成本之间找到合理的平衡点。

（2）由于影响质量的主要因素在不同阶段会产生变化，对于变化监控不太到位。

我考虑在以后的项目中采用帕累托图方法的同时对项目不同阶段进行动态监控。

该项目使我充分认识到质量管理对于一个项目的重要性。质量是一个项目成败的检验标准，有效的质量管理对于降低成本，提高客户满意度起着关键作用。高度重视一个项目在规划、执行、运行阶段的质量是非常有必要的。

第 25 章　项目人力资源管理论文写作解析

25.1　项目人力资源管理论文写作概述

项目人力资源管理主题几乎是最容易写作的论文题目，因为项目人力资源管理无论从管理概念、知识体系等理论方面，还是具体的应用实践，都是考生印象最深的一个领域。在写作人力资源管理论文题目时，仍然应该清醒地认识到首先要遵循项目管理师论文的写作框架。考生切不可因为对人力资源管理领域的工作实践驾轻就熟，就脱离对应的知识体系长篇大论，最后落个跑题的结果。

在介绍完项目背景后，项目经理首要的工作就是制订人力资源管理计划。制订人力资源计划时强调根据项目管理计划以及活动资源需求等输入信息，对项目中未来需要投入什么样的角色、这些角色所需的技能以及应承担什么样的职责进行全面计划；项目团队组建的前置过程是制订项目人力资源计划，根据人力资源计划过程中的输出结果——角色和职责描述，同时考虑到组织中可以使用的资源（主要是人力资源）以及资源可用的时间百分比，将具体工作职责落实到具体的人员。考生在写作团队组建过程中，可以选择指定、招聘、协商以及虚拟团队四种方法中的 1、2 种进行说明，增强项目理论框架和实践的结合程度；完成项目团队组建之后是团队建设过程，团队建设过程强调通过不同的途径和方式调动项目组成员的积极性，包括培训、制定基本规则或集中办公来进行项目团队建设，也可以组织诸如聚餐、娱乐活动、野外拓展等团队建设活动来提高团队绩效，考生可以适当地选取 1、2 种团队建设方法详细说明，让团队建设方法在具体的项目中能够落地；项目团队管理是项目人力资源管理的第四个子过程，考生应该重点关注团队管理的主要方法也是主要任务，即观察团队行为、管理冲突、解决问题和评估团队成员的绩效，通过团队管理方面的工作，还可能产生变更请求以及对人员配备管理计划进行更新等。

项目人力资源管理论文固然是以人力资源管理为主线，但是在论文的总结部分一定不能忽略项目本身所取得的成果和达到的绩效。因为项目人力资源管理的主要目的仍然在于确保全面实现项目的主要目标，项目人力资源管理只是实现项目目标的一种重要途径和方式而已。

25.2　项目人力资源管理逻辑结构分析

根据项目人力资源管理知识领域的具体内容，项目人力资源管理共包含四个子过程,分别是制订人力资源管理计划、项目团队组建、项目团队建设和项目团队管理。项目人力资源管理过程的逻辑架构如图 25.1 所示。

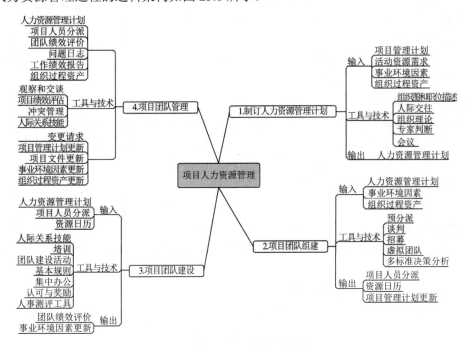

图 25.1 项目人力资源逻辑过程框架图

25.3 项目人力资源管理论文样例

论文样例 1 ★★★

样例点评:★★★

论文的摘要层次清晰,逻辑线索叙述完整,但项目特点的提炼与论文讨论的人力资源管理的主题并不存在明显的关联关系。论文背景叙述完整、真实可信,但是在项目基本特点的提炼方面只是随意列举了一些特点,与人力资源管理主题缺乏较强的关联度。在论文的正文论述中完整、明确地表现了人力资源各个子过程的输入、输出和方法,叙述完整,逻辑线索明显,但缺点也很明显:几乎没有项目实践方面的说明,因而只是单纯的理论叙述,此处的写法与信息系统项目管理师论文的写作要求有一定的偏离。总结部分的写法也有欠缺,没有说明项目最终的正面结果。

摘要

论文摘要层次分明,虽然表现了完整的逻辑线索 "对于项目的人力资源管理主要遵从制订人力资源管理计划、项目团队组建、项目团队建设和项目团队管理的典型人力资源管理方式"，但对于项目特点的提炼则缺乏相应的针对性。

正文

【论文背景】

项目背景真实，根据项目背景所提炼的项目特点与摘要存在类似的不足，即项目特点与逻辑线索的关联性不是很强。

【论文逻辑框架】

论文逻辑框架完整，每个子过程的输入、输出和方法的叙述也很具体，但缺点在于项目实践的内容描述过少，以至于几乎没有，比较明显的是"还时常带项目组去吃饭、打羽毛球等"，缺乏更多的具体实践说明，因而使得论文的说服力不强。

【论文总结】

论文总结层次分明，通过列举方式指出项目的不足，符合论文总结的建议写法。

【论文外观】

论文语句基本通顺，个别地方存在措辞不严谨的情形，例如，"在后续的项目人力资源管理过程中对此方面还需要进行重点管理，减小由此项目的风险；另外在管理项目团队方面的资源平衡、虚拟团队还需深入研究"。

论项目人力资源管理

【摘要】

2009 年 3 月，我参加了某商业银行现金管理系统项目的管理工作，在项目过程中担任项目经理，负责领导项目小组进行项目计划实施及全面监控项目运行情况。现金管理业务是银行构建自身不可模仿的竞争优势，维护与客户长期稳定合作关系的重要手段。

现金管理业务具有专业性强、涉及面广、实施复杂、周期性较长以及与客户密合度高等特点。在充分分析了该项目的特点之后，我们认为对于项目的人力资源管理主要遵从人力资源计划编制、组建项目团队、项目团队建设和管理项目团队的典型人力资源管理方式。我们主要面临人员配备、人员冲突、团队士气等困难，通过应用组建项目团队的事先分派、谈判、虚拟团队，项目团队建设的培训、团队建设活动、认可和奖励，管理项目团队的观察和对话、冲突管理等方法解决了相关问题，使该项目基本达成了预期的目标，并得到客户和我方管理层的一致认可。

该项目在人力资源管理过程中仍然还存在一些不足，例如在组建项目团队方面还存在双重管理问题，在后续的项目人力资源管理过程中对此方面还需要进行重点管理，减小此项目的风险；另外在管理项目团队方面的资源平衡、虚拟团队还需深入研究。

【正文】

现金管理是银行在全球范围为客户提供的账户开立、收付款结算、现金流动性管理、账户信息报告、贸易融资、资金保值增值及相关短期融资安排的综合性金融服务。这一业务能为银行带来巨大的中间业务收入和低成本的资金来源，是银行改变对公业务盈利模式、实现收入结构转型的重要途径。

长期以来，我国大型集团客户由于其分支机构在地域分布上的分散性，内部财务资金核算体系尚不够健全、完善，集团内部各分支机构一方面资金大量分散沉淀在众多商业银行，而另一方面集团内部各分支机构资金运用存在很大缺口，被迫向当地银行大量求贷，在财务管理方面的体现就是集团内部银行存款和贷款大量并存，内部资金未得到充分合理的利用，财务费用居高不下。企业集团长期致力于寻求加强内部财务资金管理的途径和手段。一些集团客户通过设立内部银行、财务公司，加强了内部财务资金的集中使用管理；一定程度上缓解了内部资金供求的矛盾，但由于其内部核算系统未能与银行资金结算网络联网，也仅能发挥有限的作用，并且还有一些集团客户，因自身条件和国家金融政策的限制，未能设立财务公司，其内部财务资金的管理还完全依托于银行结算网络。近年来，随着信息技术的发展，信息技术在银行业的广泛应用，银行资金结算工具不断优化升级，已经建立了功能完善、安全、高效、快捷的银行资金结算体系，使集团客户实现内部财务资金的统一管理，安全、快捷地进行内部资金调拨成为可能。建立先进的银行资金结算网络和客户服务系统将成为银行同业竞争的一项重要手段。

对于这样一个专业性强、涉及面广、实施复杂、周期性较长以及与客户密合度高的项目，要使项目能够顺利实施，执行严格的人力资源管理至关重要，同时也为提高项目干系人的满意度打下良好基础。

我认为，项目人力资源管理就是有效地发挥每一个参与项目人员作用的过程。人力资源管理包括组织和管理项目团队所需的所有过程。通过人力资源计划编制、组建项目团队、项目团队建设和管理项目团队过程实施来实现人力资源管理。

结合项目人力资源管理的理论，要使项目能够顺利实施，最终实现客户及公司对项目产品及过程管理的质量要求，我认为应该做好以下工作。

现金管理项目的人力资源计划编制，是决定项目的角色、职责以及报告关系的过程。首先根据活动资源估计，参照本公司的组织结构、技术因素、人际关系、后勤、政治因素等信息，结合项目管理计划，通过使用矩阵图、公司的基于历史项目的人力资源模板、相关职能经理的交流等手段，得到通过矩阵图描绘出来的本项目的角色和职责关系描述，确保每一个工作包只有一个明确的责任人，而且每一个项目团队成员都非常清楚自己的角色和职责，以及项目团队成员需要具备的能力；同时得到项目的组织结构图，明确项目汇报关系；得到人力资源管理配备计划，明确人员获取、时间表、人力资源释放标准、培训需求、认可和奖励、遵从的约定、安全性（如对人身伤害风险的对应政策和措施）等信息。

现金管理项目的组建项目团队是指获得人力资源的过程。参考前面得出的角色和职责中定义的所需技能和能力、项目的组织结构图、人力配备管理计划中的要求，考虑目标人员的能力、经验、兴趣、可用性和成本等方面信息，通过与职能经理和其他项目经理的谈判，对于空闲人员直接进行事先分派的办法。对于某些专家级人员，由于多个项目共用，可能要采用虚拟团队的方式，通过上述方法得到项目人员分配，以及项目团队人员到位的资源日历，同时将具体的人员在人员配备管理计划中注明，形成资源可用性记录。

现金管理项目的项目团队建设，要满足两个目标：提高项目团队成员的个人技能，以提高他们完成项目活动的能力；提高项目团队成员之间的信任感和凝聚力，以通过更好的团队合作提高工作效率。通过把项目团队建设活动计划到项目计划中去，来帮助项目团队成员和其他项目干系人更好地相互了解，使项目建设活动变得有趣而又不是强制性的。在项目初期就进行项目团队的建设，并在整个项目生命周期中进行持续的项目团队建设。项目团队建设要经过以下几个阶段：

项目团队的形成期。此时项目团队人员刚刚到岗，有些人员是初次合作，还不太熟悉，有些人员已经有过合作，对彼此的特点有一定了解，针对项目现状我采用赫兹伯格的激励理论和麦克格雷格的Y理论，认为团队成员都是最好的，对他们耐心、友好。

项目团队的震荡期。此时团队成员开始执行分配的任务，遇到了超出想象的困难，个体之间开始争执，互相指责。针对这种情况，我利用自己项目经理的权力协调大家解决问题而不是责备人，同时教育培养项目团队成员，鼓励他们相互帮助、认识，还时常带项目组去吃饭、打羽毛球等，以此来增进大家的了解，并提供培训以帮助个人和项目团队成为一个更有效的整体。

项目团队的正规期。经过一定时间的磨合，团队成员之间相互熟悉和了解了，矛盾基本解决。当项目组做出一些成绩时，认可个人和团队的成绩。

项目团队的表现期。随着相互之间的配合默契和对项目经理的信任，成员积极工作，努力实现目标，集体荣誉感非常强。此时大家说话经常使用第一人称，表明个人真正地融入了项目组，并以项目组为荣。

通过上述阶段的建设，本项目组形成了一个高效、成功的团队，主要表现在：团队的目标明确，成员清楚自己工作对目标的贡献；团队的组织结构清晰，岗位明确；有成文或习惯的工作流程和方法，而且流程简明有效；项目经理对团队成员有明确的考核和评价标准，工作结果公正公开、赏罚分明；组织纪律性强；相互信任，善于总结和学习。

在管理现金管理项目的项目团队时，项目管理团队要跟踪个人和团队的执行情况，提供反馈和协调变更，以此来提高项目的绩效，保证项目的进度。此时我关注的焦点是团队的行为、管理冲突、解决问题和评估团队成员的绩效。我与项目成员经常沟通，了解他们的成就，并对可能出现的问题尽早进行干预；定期进行绩效评估。由于某些功能是由多个人分别负责不同的部分来合作完成的，有一些检查双方都认为应该由对方负责，在相互沟通时就会产生矛盾，此时我要根据冲突管理的理论进行处理，保持高昂的士气。这些经验都会作为组织过程资产加以保留。

在项目实施过程中，我也遇到了一些问题：

问题一：由于涉及某些职能部门的人员，存在双重管理的问题，在实际工作中解决得不太好。

问题二：由于受人力资源的限制，在项目的某些阶段需要进行资源平衡，对于进度和资源的平衡还有欠缺的地方。

问题三：对于兼顾多个项目的专家级人员，采用虚拟团队的办法，但是在实际工作中，协调困难，没有起到应有的作用，以后的项目要增强这方面的控制。

以上是我在现金管理项目人力资源管理中的一些体会及措施，通过本项目的人力资源管理，使我在实战中积累了经验，也使我深深地体会到对于专业性强、涉及面广、实施复杂、周期性较长以及与客户密合度高的大型项目，有效的项目人力资源管理对项目顺利实施至关重要。

论文样例 2　★★★★

样例点评：★★★★

论文以考生所从事的情报管理方面的软件开发为例，论述了考生在该项目中的人力资源管理方面所作的实践。论文摘要简洁、层次清晰；论文背景翔实可信；理论叙述部分与项目实践叙述完整、比例适当；项目总结部分符合第 19 章建议的写法。该论文对其他考生具备较好的借鉴作用。

摘要

该论文的摘要简洁明了，首先介绍了项目的基本信息，然后根据项目的特点，即"具有干系人复杂，项目不确定因素较多等特点"，引申出论文的主题为人力资源管理"从人力资源管理角度，谈了所遇到的问题和解决的办法，先介绍了制订人力资源管理计划、项目团队组建、项目团队建设、项目团队管理的各个流程"，考生还对人力资源的方法做了一些列举。这种开门见山的写法先声夺人，阅卷老师首先会注意到该考生对于人力资源管理的主题有着较全面的理解，从而形成正面的第一印象。

正文

【论文背景】

项目背景真实。通过对论文基本信息的描述，提炼出项目的特点，为下文讨论人力资源管理的主题提前做好铺垫。考虑到论文的整体长度（3200 字左右），论文的背景叙述过于简单（字数不足 400 字），需进行适当扩充，最终应使论文各部分比例协调。

【论文逻辑框架】

论文逻辑框架完整，逻辑线索分明。考生对于每个逻辑子过程的论述也充分考虑到了子过程的输入、方法和输出结构，这种论述方法值得其他考生借鉴。在逻辑线索描述之后又采用经验提炼的方式重点列出两条考生的实践经验"项目成员积极性不高，建立多种激励机制，加强绩效考核""项目员工水平参差不齐，分配给不同的员工合适的任务，加强培训"。这种写法固然也可以说明考生的实践经验，但与前面的逻辑线索比较后会产生重复感，可以考虑将第一条经验分别归属到团队建设和管理团队的两个子过程，而将第二条经验体现在组建项目团队的子过程中。

【论文总结】

论文总结得当。

【论文外观】

论文语句通顺，段落过渡自然。

论项目人力资源管理

蔡磊

【摘要】

2003 年 4 月，我参加了由××牵头，多家情报研究单位共同开发的"情报协同工作支撑环境软件"的开发工作，并且担任项目经理一职。本系统由"协同工作平台"和"情报数据库"两部分组成，情报人员通过"协同工作平台软件"收集各类情报数据，组成"情报数据库"。本项目涉及 6 个行业的情报单位，因此具有干系人复杂，项目不确定因素较多等特点。

本文从人力资源管理角度，谈了所遇到的问题和解决的办法，先介绍了人力资源管理的人力资源计划，组建、建设、管理项目团队的各个流程。文章认为人力资源的最终目的是建设高效团队，达到项目成功，因此，根据马斯洛的需求层次建立多种激励方式，利用多种方式加强绩效考核；加强人员培训，培训贯穿于项目的始终，以培养团队为目标；根据个人不同的情况、性格和领域分配适合的工作。项目于 2003 年 10 月正式上线，经历了几年的运行，运转情况良好，并且培养了一支优秀的项目团队。

【正文】

2003 年 4 月，我参加了"情报协同工作支撑环境软件"的开发，担任项目管理工作。"情报协同工作支撑环境软件"是由××牵头，×× 等 6 家情报研究所联合开发的，辅助××情报研究的软件系统。本系统由"内部信息数据库"和"协同工作支撑环境软件"两部分组成，涵盖了航天、航空、船舶、核能、兵器等 6 个行业的数据，每个情报所的情报人员通过"协同工作支撑环境软件"对本行业的情报数据进行收集、加工、维护和应用，形成了"内部信息数据库"。"协同软件"为各中心情报所提供了统一、协同的工作和管理平台。

本系统采用 Java 语言开发，MVC 三层架构，数据库是 SQL Server 数据库。由于对于全文检索的要求较高，我们经过多方比较鉴定，选择了 TRS 全文检索数据库来存储需要检索的数据，SQL Server 数据库主要用以处理业务相关的数据。

本系统开发历时 6 个月，总计投入人员 10 人，其中我单位软件开发人员 8 人，其他情报研究单位协助开发人员为2人。

因为项目涉及人员多，涉及行业复杂，客户背景不同，因此项目中人的管理显得尤为重要。

人力资源管理主要是对项目团队成员的管理，从项目伊始的人力资源计划的编制，到组建项目团队，建设项目团队，管理项目团队，最终的目的是打造一支高效、成功的项目团队，从而使得项目顺利、成功地完成。

一、制订人力资源管理计划

制订人力资源管理计划是决定项目角色、职责以及报告关系的过程，通常还会同时创建一个项目人员的配备管理计划，包含什么时候以及用什么方式得到所需要的人力资源，什么条件时释放人力资源，以及培训、认可、奖励、约定等相关内容。在项目规划阶段，我和人力资源经理根据现有的条件共同制订了人力资源计划，使用矩阵图的形式描述了组织结构图并做了职位描述，主要包括：软件开发人员8人，其中需求分析阶段参与6人，设计阶段2人，编码阶段8人，测试收尾阶段10人，由于外单位协助开发人员在软件技术上能力略弱，因此安排他们参与需求分析和测试收尾阶段；同时在人员配备管理计划中明确时间表、释放标准及培训等。

二、项目团队组建

项目团队组建的过程主要是获得人力资源的过程，确保选择的人力资源能及时达到项目的要求。在此项目中，我单位的8名开发人员为部门员工，在开发之初，由部门经理安排进入项目组中，另外2名外单位人员为课题组领导要求下由其单位领导指派。

三、项目团队建设

项目组成立后，项目团队成员之间互相不甚了解，尤其是我们的项目组中有外单位的2名员工，因此建设项目团队成为管理的重中之重。建设项目团队的目的是第一要提高团队成员的个人技能，第二要加强互相的了解，提高凝聚力，从而使团队能够高效工作。在建设项目团队过程中，我应用了激励理论，相信每个成员都是好的，热爱工作的。在和部门经理申请后，做了一些团队建设活动。项目成立时，我们整个项目组在一起聚餐，互相认识，在某个周末开展远足活动，带着小组成员们去红叶岭一起观红叶，使得小组成员们互相有了一定的了解，给项目组成员日后的工作配合开了一个好头。由于我们中的两名外单位的成员工作地点不和我们在一起，所以只能采取网络办公，但是每个月，都会叫他们回来开会聚餐。

四、项目团队管理

在项目如火如荼地开展之后，对人员的管理显得尤为重要。我做到了经常与团队成员接触，每天早上举行5分钟的站立会议，及时了解项目进展以及所遇到的问题；每周的项目例会上，对成员的工作进行绩效评估。对于2名外单位的人员，经常用网络电话联系，了解工作情况。还使用了IBM ClearCase进行问题跟踪和管理。

在项目实施过程中，我遇到了下列问题，下面总结一下我的解决方案。

1. 项目成员积极性不高，建立多种激励机制，加强绩效考核

在项目开始之初，由于我们项目组成员刚刚经历了一个不算成功的项目，因此对于此项目积极性不高，我发现了这点后，采取了多种激励机制。对于我们公司这样的平衡矩阵形式，项目经理所掌握的经费并不是很多，我和部门经理汇报工作时，将目前的情况和他交流了一下，得到了部门经理的理解和支持，并且得到了一些用于激励的经费。我把项目划分成四个阶段，每个阶段末尾都会带领组员进行一次集体活动，包括吃饭、郊游、拓展等。活动前对项目阶段的完成情况进行绩效评估，邀请公司领导一起召开绩效会议，评选出最优员工，给予现金奖励，同时因为公司领导在场，为员工日后的升职提供了很好的机会。

我同时还对组员的日常生活和情绪时刻关注，为他们提供一些我力所能及的帮助。比如，我们组有个新来的同事，一直表现不佳，在第一次阶段评选上排名倒数第一，他为人也比较沉默，不爱和同事交流，我多次主动和他交流，下班时候叫着他一起同路回家，渐渐了解到，原来他因为家里的一些原因郁郁寡欢。我知道，根据马斯洛需求层次理论，按照生理、安全、社会、受尊重、自我实现的层次，只有让员工解决了安全社会需求，尊重和自我实现才会成为激励因素，因此，我尽我所能地帮助这个同事，在项目的第二阶段，他的个人技能和团队合作等都有了大幅度的提高，并且拿到了进步最快奖。

2. 项目员工水平参差不齐，分配给不同的员工合适的任务，加强培训

项目组成员由两部分组成，一是本公司员工，二是外单位员工。本公司员工大多是具有软件开发背景的开发人员，而外单位的员工则是情报研究人员，因为对计算机略有了解，为了体现多单位协同开发的要求，而分配到项目组中来。人无完人，金无足赤，每个人都有缺点，但是更重要的是，也有优点！对于外单位的协助人员，根据他对情报业务知识有很深的了解这一点，我在人力资源计划中就考虑让他们作为需求收集人员和测试人员参与项目，避开了他们不擅长的开发部分。事实证明，在这两项工作中，他们的效率远远高于其他成员，并且在范围控制方面也发挥了很大的作用。

对于开发人员，因为公司人手不足，因此招了几个新员工。新员工基本都有几年的开发经验，但是对于业务流程不太熟悉，因此，在项目开发之初，我便指定了新员工的培养人。每个新员工都有一个老员工作为培养人，在项目进行中，如果有相关的问题，老员工负责帮助解决，同时为激励老员工培养新人的积极性，给予老员工的项目奖金的组成部分就是培养奖金。此外，每周召开的项目例会中，有一项重要内容就是技术交流，在这里，任何人都可以提出自己的问题，大家集思广益，共同进步。这些举措使得新员工的进步迅速并且加强了团队的凝聚力。

【总结】

"情报协同工作支撑环境软件"按时开发完毕，并且运行良好，在 2004 年和 2005 年连续被评为"××科技进步奖二等奖"。我总结了如下的成功经验：第一，重视技术的同时重视个人品质，一个项目的成功绝对不仅靠个人的技术，更重要的是靠团队凝聚力。第二，培训不仅仅是开会学习，在日常生活中，同事之间的互相学习更能促进进步。第三，应用多种激励手段打造成功的团队。本项目还有一些遗憾之处，如在项目进行前没有充分考虑到各个单位的网络硬件环境的不同，某些单位甚至计算机都不能达到人手一台，因此在前期需求部分耽误了很多时间，造成了组员之间的一些冲突。在解决冲突方面一开始我的工作有些欠缺，后来及时改正了，下次一定不会犯这样的错误。

论文样例 3　★★★★

样例点评：★★★★

该论文摘要简明扼要，较好地表现了正文的内容。项目背景真实、全面，通过提炼项目的特点，引申出论文讨论的重点部分。考生在正文论述部分理论结合实践，以人力资源管理的各个子过程为逻辑线索，对自己的项目管理过程做了较好的总结与对应。论文总结结构完整，结论突出。

摘要

论文摘要层次分明，以项目的基本信息、项目特点、论文论述逻辑以及项目未来的努力方向为线索，对正文部分做了恰当提炼。

正文

【论文背景】

项目背景真实可信，不足之处是关于项目的行业特点描述过多，而对项目的具体内容表现得不够充分。例如，对于"2007 年 4 月 18 日，中国铁路迎来第六次大提速……各系统均采用了国际最先进的信息安全技术，并且结合调度系统的特点进行了有针对性的开发"一段可以适当简化，甚至缩短为原来篇幅的三分之一；而在"2005 年开始，全国铁路局行政体制进行重大改革……我在此期间，负责全路的运输调度系统信息安全系统第一阶段的建设"段落则应该有针对性地叙述具体的项目内容，例如重点说明运输调度系统信息安全系统的具体工作内容和项目范围，这样才能突出项目的特色，否则会给人以讨论行业特点的印象，从而与描述项目背景的要求产生偏差。

【论文逻辑框架】

论文逻辑线索清晰，考生在该部分较好地将自己的项目实践与人力资源管理的子过程相结合，因而具备很强的说服力。例如"采用层次结构图法，将全国 18 个区分成 6 个片区，每个片区分派 1 组人员，设立 1 名组长，组长要求有丰富的项目管理经验和较好的技术能力……助理工程师需要吃苦耐劳，诚实有责任心，技术要求不高，相关技术专业的初级工程师就可以。组长要求在 1 周内到岗，组员可以根据项目推进情况陆续到齐。任何人员都要经过项目要求的施工规范和技术能力的培训，具备能力才可以上岗"；又如"人员的培训：以前的培训，都是安排人员先在公司经过两周的技术和规范培训以后再去现场……在实施过程中一边实施一边学习，这样容易抓住重点，又节省了时间和费用"，这种理论结合实践的写法值得考生重点借鉴。

【论文总结】
论文总结完整,并较好地提炼了工作中的不足,具有很强的真实性和针对性。

【论文外观】
论文语句通顺,段落过渡完整。

论项目人力资源管理

徐 军

【摘要】

2005年至2007年,我公司作为信息安全系统集成的总承包商承接了铁道部及各铁路局运输调度信息安全系统项目,我作为该项目的项目经理负责全程项目管理。该项目的主要业务目标是实现铁路运输调度系统安全目标:稳定性、完整性、保密性。在实施该项目的过程中,项目在人力资源管理方面有如下的特点:知识面宽、协调难度大、出差周期长、施工条件艰苦、实施范围广。

在充分分析了该项目的特点之后,我认为对于项目的人力资源管理主要应遵从组建团队、团队建设、管理项目团队的典型管理方式。在该项目的人力资源管理过程中主要面临的困难和关键解决办法如下:人员招聘困难,通过团队组建的招聘和外包方法得到解决;人员流动大,通过团队建设的培训、认可、奖励的办法得到解决;人员施工计划和进度难以掌控,出差计划安排困难,通过分片区管理,自行安排出差的办法消除了矛盾。

此项目实施完毕后,有效地实现了调度系统的安全目标,得到了客户的认可,我因此也被评为公司的优秀员工。但是在此项目的人力资源管理过程中,人员的操作规范仍然不是很好,后续如果进一步考虑让员工参与编辑规范则可以克服当前的不足;另外在人员任务跟踪方面还需要进一步提高,如采用现场采集施工图像证实施工的进度和质量。

【正文】

项目人力资源管理就是有效地发挥每一个参与项目人员的作用的过程。任何工作归根到底是由人来完成的,人力资源是项目管理的至关重要的环节。如果没有有效的人力资源的管理,团队组建将会滞后,人员能力与岗位不匹配,团队技术水平不符合项目要求,人员的任务跟踪杂乱无章,工程质量无根无据,最后会导致整个项目的失败。所以必须坚持以人为本的管理理念,抓好人力资源管理工作,为圆满实现项目目标奠定牢固的基础。

【项目背景】

2007年4月18日,中国铁路迎来第六次大提速,干线速度200千米,部分路段甚至达到250千米,这次火车提速大幅度缓解了铁路运输紧张的压力,提高了人们的出行质量。此次火车提速除了需要得到轨道、牵引、电气化等技术的有力保障之外,如此密集快速的运输网络还离不开高度集中化、智能化的运输调度信息系统。运输调度系统从以前的人工调度方式转变为信息化方式,随之而来的也面临着信息化所带来的安全威胁,如信息网络系统的复杂性、操作系统的漏洞、网络蠕虫病毒、黑客攻击、数据篡改、泄密等威胁。因此运输调度系统的正常运行必须实现稳定性、完整性和保密性的安全要求。在此背景下,铁道部统一下发了运输调度系统第一阶段的信息安全建设标准,部署网络管理软件、防火墙系统、防病毒系统、动态身份认证系统、桌面安全系统。各系统均采用了国际最先进的信息安全技术,并且结合调度系统的特点进行了有针对性的开发。

2005年开始,全国铁路局行政体制进行重大改革,撤销原有的分局管理制,将运输调度指挥权全部集中到铁路局,铁路管理单位只剩下18个铁路局,从此开始了运输调度信息系统的建设,直至2007年建设完毕。我在此期间,负责全路的运输调度系统信息安全系统第一阶段的建设。系统建设完毕至今,未出现大面积病毒暴发事故,未因黑客攻击而导致业务中断事故,未发生数据被窃取或被篡改情况,得到了客户的充分肯定。

铁路调度信息安全系统的建设由于设计原因,将施工放在调度业务信息系统启用后进行,因此我们的施工肯定会影响到业务系统的使用。而若要我们的施工不影响业务就必须申请施工点,但是铁路局刚使用此系统,还没有形成成熟的管理制度,安排施工要点极为困难。一方面很难要到施工点,另一方面给的施工点又很短,经常出现等3天才给5分钟施工点的情况。另外施工会涉及铁路沿线车站调度指挥终端,因此需要下站施工,全路近5000个车站,80%以上比较偏远,住宿、吃饭和交通都极为困难。针对种种困难,我们积极探索,集思广益,突破常规思路,大胆地进行了各种管理办法的尝试,并且将积极有效的办法立即大范围推广,在时间紧、任务重的项目要求下,顶住了压力,完成了任务,人员得到了锻炼。

一、制订人力资源管理计划

制订人力资源管理计划时考虑到如下因素:项目运行初期,管理经验少,费用投入谨慎有限,人力资源投入低;全路18个区统一管理困难,需要划片进行任务切割;施工技术含量高的工作量大,技术含量低的工作量大;工作量大的工作在车站;施工协调主要在重点城市,不需要下站。

综上因素,采用层次结构图法,将全国18个区分成6个片区,每个片区分派1组人员,设立1名组长,组长要求有丰富的项目管理经验和较好的技术能力,负责整个项目的协调和技术难度大的施工;另外再配备若干名助理工程师,助理工程师需要吃苦耐劳,诚实有责任心,技术要求不高,相关技术专业的初级工程师就可以。组长要求在1周内到岗,组员可以根据项目推进情况陆续到齐。任何人员都要经过项目要求的施工规范和技术能力的培训,具备能力才可以上岗。团队组建预计维持3年,3年后根据业务发展再定安排。团队的奖励制度基本采用年底固定奖金制度。

二、项目团队组建

根据人员配备管理计划,开始组建项目团队,基本上是需要6名组长(高级工程师)和若干名初级工程师。我们采用了内部调配、招聘会、网络招聘方式招到了6名组长,通过院校合作、网络招聘方式完成了若干名初级工程师的招聘。

人员到位后，立即整理通讯录在整个项目组中进行发放，通讯录说明了相关人员的联系方式和岗位分配，同时初步建立了资源日历准备记录相关人员的工作时间安排。根据人员招聘时的沟通和考试情况，建立了详细的资源可用性记录，记录了各相关人员在技术、经验、培训等方面的能力，供后续工作和培训安排参考。

三、项目团队建设

团队组建初期，员工没有接触过调度信息安全系统的技术和施工规范，因此进行了相关的培训，但由于员工对实际现场施工缺乏认识，对学习的重点把握不准，在后续的实施过程中暴露出来许多技术没有掌握、许多规范没有执行的问题。

在项目实施过程中，由于经常出差，部门员工很难见面，更难得全部门相聚，为了增进大家的团队凝聚力，要求组长带头，对出差刚回来的员工要组织聚餐，整个组也可以特定地组织一次活动。我作为项目经理每半年组织一次全项目组的聚会，聚会采用聚餐、唱歌、体育活动等形式。

随着项目的进展，每季度对各员工进行考核，包括技术、规范、业绩、效率等方面，对于造成严重影响项目进展事故的责任人给予开除或警告处理，对于程度较轻的给予指导，对于完成情况较好的人员给予季度奖励。年底根据岗位的固定奖金乘以考核的分数，给予奖励。

四、项目团队管理

在项目团队管理的日常工作中，我每周和组长保持3次以上的进度沟通，对业务给予及时的指导，并对进度进行监督。在沟通过程中，我发现有些组长对规范要求不严格，认为能用、差不多就行，我并没有对其进行直接的批评，而是多次进行耐心沟通，说明规范的重要性，及该组长在此岗位的重要性，让其理解规范是信息安全的生命，不得有任何马虎。经过沟通，该组长对项目管理规范的认识得到了提高。

在此项目执行过程中，还由于初期制订的施工计划与实际现场环境出现严重偏差，虽然投入了人力进行集中施工，但项目进展缓慢，导致现场工程师的压力很大，虽然积极工作却得不到项目组的认可，思想压力很重，一段时间内，人员流失严重。经过我和几个组长近1个月的实地考察后，发现了人员流失的真正原因，及时地调整了施工计划、施工规范。问题得到了解决，人员得到了稳定。

【总结】

在经历了将近3年的铁路运输调度信息安全系统的建设过程中，我的项目管理经验得到了很大的提高，为后续更好地为铁路信息化建设奠定了坚实的基础。但是总结前面的管理经验，仍然有很多不足，主要体现在如下三点：

人员的施工规范管理：施工规范一直由我亲自起草，然后给各员工进行培训，感觉他们总是不太理解，调整得比较慢。后续可以让组长组员积极参与规范的编写，这样他们一方面可以总结自己的经验，另一方面，可以积极地执行规范。

人员的培训：以前的培训，都是安排人员先在公司经过两周的技术和规范培训以后再去现场，有模拟环境，培训时间长，但是员工对规范和技术的重点比较模糊，没有概念，导致到现场后，学的东西不知道怎么用，用的东西又没学好。后续可以采用以兵带练的方式，即新员工直接去现场参与施工，在实施过程中一边实施一边学习，这样容易抓住重点，又节省了时间和费用，之后可以抽空组织安排学习重点部分。

人员的自主任务管理：在项目实施过程中，由于铁路环境复杂，上层由于不清楚现场情况，错误评判了员工的业绩，导致团队不是很稳定。后续可以适当给予组长一部分权力，在一定范围的时间和成本原则下，由组长自行安排计划，锻炼他们的组织计划能力，也能增强他们的自我价值。

论文样例 4　★★★★★

样例点评：★★★★★

该论文写作规范，全面体现了信息系统项目管理师论文写作的要求，对考生有着很好的借鉴意义。作者能够将具体的项目实践和项目人力资源管理理论进行良好地对照和映射，反映出作者在实际工作中具备熟练运用项目人力资源管理理论的能力和丰富的工作经验。

摘要

论文摘要简洁，以项目的基本信息、特点、论文论述逻辑和项目未来的努力方向为线索，恰当地将论文内容聚焦于项目人力资源管理理论的具体应用与实践。

正文

【论文背景】

项目背景真实可信，对项目具体工作内容描述清晰，层次分明。

【论文逻辑框架】

论文逻辑子过程完整，逻辑线索清晰，很好地体现了输入-方法-输出要素。尤其是针对典型的人力资源相关方法，都进行了示例说明，例如"采用外部招聘、同行引进及现有人员调动的方法。通过与经管层沟通协商，灵活招聘规则，在项目工期确定的首要目标下，尽可能地压缩招聘流程，提高人才待遇，引入了同行业内在领先企业具有超过10年工作经验的众多骨干人员，具有寿险核心系统建设经验的大量主力开发人员，针对打印扫描、规则引擎等较特殊的模块，针对性招聘具有相应经验的开发人员……""我们采用了培训、精神建设、物质激励、团队活动等多种办法，来提高成员能力，提升凝聚力及战斗力。对于每一个新加入团队的成员，我们都进行较详尽的能力评估，并针对性地安排技能培训，同时也定期提供面向全体成员的综合培训，包括 Java 技术规范培训、数据库开发培训、测试技能培训等"和"在会议上除了通报项目进度、质量等关键度量指标外，还规划固定时间进行全体人员的公共讨论，及时知会通报、解决项目中的人力资源问题"等，均以恰当的项目实例支持了人力资源相应的方法，这种理论结合实践的写法值得考生重点借鉴。

【论文总结】

论文总结完整，并很好地提炼了工作中的不足，具备很强的真实性和针对性。

【论文外观】

论文语句流畅，段落结构清晰，段落过渡完整，反映了作者具备扎实的语言文字功底。该论文在段落安排、遣词造句以及方法应用等多方面的写作方式，都值得考生借鉴。

论项目人力资源管理

喻　隆

【摘要】

2015年9月，×××决定由其下属信息技术中心负责建设新一代寿险核心业务系统。我作为该项目的项目管理组核心成员全程负责该项目。项目的主要目标是自主研发全新一代的寿险核心业务系统，以适应公司高速发展的业务需要，同时通过系统实现先进的管理办法，以技术带动管理提高。项目范围涉及寿险业务的全流程，完全重新研发核心系统，同时需改造已有的周边系统，亦需处理新旧核心系统的业务数据转换及迁移。本文结合作者的实践，以该项目为例，讨论了项目的人力资源管理，以及在项目中应用人力资源计划编制、组建项目团队、项目团队建设及项目团队管理的典型人力资源管理方式。针对项目工期短、进度压力大、人力资源不足、项目团队能力参差不齐等难点，通过在项目过程中采用及时培训、项目团队激励以及团队精神建设等方法，较好地使用现有资源在计划时间内按质量完成了项目。但在项目过程中，仍有不足之处，本文最后总结了该项目在人力资源管理上的有待改进之处。

【正文】

随着保险信息化建设的不断提高及市场竞争的愈发激烈，×××保险股份有限公司在2015年中决定由其信息技术中心建设具有自主知识产权的新一代寿险核心业务系统。

2015年8月开始组建项目团队及项目前期准备工作，项目于2015年11月初正式启动，在2016年12月正式上线运营，项目周期跨度超过13个月。项目预算投入超过2000万元，是行业内为数不多的采用自主研发，同时投入成本低、工期短、资源有限并成功完成的核心系统建设项目。

项目组织架构以总公司经管层高管担任项目负责人，班子成员共同参与管理组。项目组通过外部招聘、同行引进、现有开发人员调动等方法，组成后的内部正式成员仅超过60人，对比××××公司超过100人的开发维护团队，资源严重受限。项目下设项目管理组、开发组、测试组、用户组及上线推广组。

项目工期的确定。公司董事长明确要求项目在2016年12月上线。该项目范围涉及面广，囊括了寿险业务流程的全生命周期，支持事前分析、事中跟踪、事后总结的全面精细化管理，支持业务领先的全国后援集中管理模式。首先，新核心业务系统既包括契约核保、保全、理赔、续收的业务功能模块，也拥有产品管理、单证管理、财务收付、打印扫描、规则引擎等基础功能模块。其次，在建设核心业务系统的同时，需改造监管报送、稽核、反洗钱、准备金、报表等现有关联系统的接口。最后，还需将原有核心系统的历史及在途业务数据全盘清理，并最终迁移至新核心业务系统上。

项目干系人众多，内部包括总公司的产品、精算、核保核赔、客服、保费、财务、资金、企划、银保及营销等10个核心部门，同时涉及全国31家省级分公司及上百家分支机构的管理与操作用户。公司外的重要干系人还包括各家合作银行、保监局、经纪代理公司及保单外包录入厂商，这些外部干系人与公司业务发展极其密切，是影响项目成败的重要因素。

通过分析项目背景，我们得知项目存在工期短、资源受限，项目团队人员能力存在短板等特点，将面临项目进度压力大、开发工期长、团队疲惫懈怠等困难，因此，如何有效管理项目人力资源，既是项目成败的关键，也是项目管理的挑战。为了应对上述特点及风险，我们在项目人力资源管理范围内采取了以下措施。

首先是项目人力资源计划编制。考虑到项目特点，我们建立了以下项目组织架构：项目管理组，包括一名高层领导及负责具体项目管理工作的本人；设立开发组，包括产品、单证、财务、契约、保全、理赔、续收、银保等主要各模块相应的10个开发小组，同时包括架构平台设计开发及数据库设计开发人员，合计超过50人；设立测试组，包含8名专职测试人员；设立用户组，业务部门投入人力总计超过80人，负责前期业务需求沟通确认及后期用户测试与上线推广的工作事项；设立上线推广组，由IT人员及业务人员共同参与，负责项目后期的上线推广工作。

在组建项目团队时，我们充分考虑现有公司政策，采用外部招聘、同行引进及现有人员调动的方法。通过与经管层沟通协商，灵活招聘规则，在项目工期确定的首要目标下，尽可能地压缩招聘流程，提高人才待遇，引入了同行业内在领先企业具有超过10年工作经验的众多骨干人员，具有寿险核心系统建设经验的大量主力开发人员，针对打印扫描、规则引擎等较特殊的模块，针对性招聘具有相应经验的开发人员。对于关联系统的改造工作，调用公司现有各系统的开发人员，减少新进开发人员由于对关联系统不熟悉所导致的影响，也能降低项目人力成本。

项目团队建设是本项目中极为重要的一个领域。项目人员众多，来源自多种渠道，能力参差不齐，客观上项目工期短，任务重，压力大，如何把松散团队捏合成一支战斗力强，凝聚力高的团队，是极具难度的挑战。我们采用了培训、精神建设、物质激励、团队活动等多种办法，来提高成员能力，提升凝聚力及战斗力。对于每一个新加入团队的成员，我们都进行较详尽的能力评估，并针对性地安排技能培训，同时也定期提供面向全体成员的综合培训，包括Java技术规范培训、数据库开发培训、测试技能培训等，期望缩小因为经历经验不同所带来的能力参差不齐，避免整体项目发展的不均衡。在项目的每个阶段,都对全体成员召开做座谈会,通过公司高管宣导项目目标,加强团队精神建设,保持长期可持续的精神状态。在项目初期,组织全体项目组成员参与海边拓展;在项目中期的编码里程碑达成后,通过经管层同意,全体人员在海边培训度假一周,舒缓精神压力,以饱满的精神状态迎接下一阶段的工作。我们建立了较完备的激励制度,每个里程碑设立项目激励奖金,按计划达成里程碑的成员均可获得激励。与此同时,我们为每个项目成员提供了完备的后勤保障措施。由于项目工期短,我们选择封闭开发、工作日加班的模式,所以我们免费提供中餐及加班晚餐,为每个成员提供公司宿舍,减少舟车劳顿,对于有家室及有需要的成员,提供免费夜间班车直接送到家。通过全面有效的关怀措施,我们成功解决了团队成员的后顾之忧,确保项目成员能全心全意投入到项目中去。

在团队管理方面,我们每周组织项目例会,项目领导、全体骨干人员及核心开发人员均参加。在会议上除了通报项目进度、质量等关键度量指标外,还规划固定时间进行全体人员的公共讨论,及时知会通报、解决项目中的人力资源问题。我们也建立了良好的沟通机制,采用扁平化沟通渠道,无论是中高层管理人员还是一线开发人员,均可随时与本人或项目高管进行沟通。只有及时有效的沟通,才能规避团队内可能出现并产出问题的风险。

通过在项目中较好应用人力资源管理的方法,我们紧张有序地在项目计划时间、成本内,完成了项目的开发,按照预期在 2016 年 12 月正式上线。新核心系统运行良好,各关联系统运作正常,数据迁移成功,成功支持了 2017 年 1 月的开门红业务,承受了同比 2 倍的业务量,没有出现系统问题。系统很好地支撑了各环节的业务发展,从前端销售到后台服务,均保证了业务开展,提高了工作效率,整个项目得到了总、分公司上下的一致好评。更为重要的是,项目结束后,我们为公司留下了一支能打硬仗,执行力与攻坚能力兼具的高素质人才队伍。

尽管项目取得了成功,但我们在过程中仍存在不足,也为我们后续的工作开展提供了宝贵经验。

首先是项目集中封闭时间过长。尽管我们提供了完善的后勤保障及激励措施,在项目后期仍然出现了部分成员疲劳及懈怠的情况,导致项目后期部分活动的估算出现偏差,造成项目延期的风险。我们的解决方案是,在项目后期及时提供新一轮激励措施,通过局部阶段内前紧后松的调整,在较为缓和的项目活动中,为项目成员提供更宽松的休假制度,同时也在项目结束后,提供全体成员旅游的激励。

其次是项目人员来源复杂,技能参差不齐,提高了活动历时估算的难度。我们的解决措施是,尽可能在招聘时,注重考察人员各方面的技能,提高薪资待遇,简化招聘流程。同时,我们建议提供更多更全面的培训活动,在项目开展过程中,密切留意团队成员技能的变化,做到项目整体目标实现与个人能力提升的双赢局面。

以上是我在寿险核心业务系统项目的人力管理的体会及具体举措,通过对本项目的进度管理，使我在实战中积累了经验，也使我深深认识到，人力管理对此类项目的顺利实施至关重要。

论文样例 5　★★★

样例点评：★★★

论文整体符合建议的论文写法。但因为在摘要中存在一个明显的不足，导致该项目由四星级别评价直接下调为三星。作者在论文摘要中未采取开门见山的方式来描述人力资源管理的逻辑子过程"制订人力资源管理计划-项目团队组建-项目团队建设-项目团队管理"，而是针对每个子过程同时补充说明对应的典型方法——"我在项目之初编制了详细的人力资源计划，使用谈判、采购等方式组建项目团队，在团队建设方面我为项目组营造了友好、和谐、积极向上的团队氛围，还通过内部、外部培训方式提高了项目组成员的技术能力。为管理好项目团队，我采取项目绩效评估、与组员沟通、问题解决等多种方式"，这种表述方式稍显啰嗦，不够直接，建议采用直接列举方式，确保人力资源的各个逻辑子过程更为直接、醒目。

摘要

论文摘要层次分明，基本符合建议的摘要写法。不足之处是对人力资源逻辑子过程的描述不够直接。

正文

【论文背景】

项目特征明确，项目背景真实可信。

【论文逻辑框架】

论文逻辑线索清晰，每个逻辑子过程都较好地体现出输入—方法—输出的写作特征，恰当地将项目中的人力资源管理实践映射为项目人力资源理论框架中的相关要素，虚实得当，值得其他考生借鉴。

【论文总结】

论文总结完整，并总结了相应的不足，符合建议的总结写法。

【论文外观】

论文语句流畅，段落过渡自然。

论信息系统项目人力资源管理

【摘要】

2015 年 1 月，我参加了国家××中心的网络攻击行为采集系统的开发，在项目中担任项目经理职务。该系统采用 B/S 架构，分布式部署方式，实现攻击行为的采集与分析功能，时间要求在一年内完成。由于项目工期短、功能模块较多、技术难度较高、项目不确定因素较多，做好项目的人力资源管理成为影响项目质量与进度的关键因素。在充分分析项目的特点之后，我在项目之初编制了详细的人力资源计划，使用谈判、采购等方式组建项目团队，在团队建设方面我为项目组营造了友好、和谐、积极向上的团队氛围，还通过内部、外部培训方式提高了项目组成员的技术能力。为管理好项目团队，我采取项目绩效评估、与组员沟通、问题解决等多种方式。2016年1月，项目按期完成，顺利通过客户方验收。虽然项目取得了成功，但也存在很多不足之处，如人员技能要求不明确、人员任务职责划分不清、未能有效利用资源等情况，需做进一步的经验总结与改进。

【正文】

2015年1月，我公司签署了国家××中心的网络攻击行为采集系统的建设项目，此项目为国家863项目，合同金额为1200万元，项目周期为一年。公司指定我为项目经理，负责领导项目小组进行项目计划实施及全面监控项目运作情况。

网络攻击行为采集系统集攻击行为采集、攻击方式甄别、攻击序列展示、攻击数据下载、攻击态势分析等功能为一体，采用分布式部署方式，在网络不同节点部署数据采集节点，由集中管理中心进行统一管理。攻击行为的采集是整个系统的关键，攻击行为采集模型的深度、数据采集的广度、采集类型的种类构成系统的三维空间。集中管理中心采用B/S架构，分为采集节点管理、用户分组管理、报表展示、数据上传下载、攻击分类统计与查询等模块。由于公司之前在网络攻击行为采集上没有成熟的技术方案和技术积累，用户对此处的需求也不是很清晰，因此项目对人员的技术能力要求较高。在充分分析项目存在的技术难点后，公司领导抽调两名技术专家加入项目组，负责整个项目的技术攻关工作，另分配一名系统分析师，负责整个系统的架构分析与设计。此外还配备了四名资深程序员、两名网络安全专业的测试人员和一名配置管理人员。项目组采用项目型组织方式，使得项目组成员全身心地投入到该项目中来，以保证项目如期交付。

人力资源管理就是合理分配任务、充分发挥个人专长、组建高效项目团队。我在该项目中，从人力资源计划编制、组建项目团队、项目团队建设到管理项目团队，理论与实践结合，坚持以人为本，抓好人力资源管理，使得项目顺利实施。

一、制订人力资源管理计划

在项目初期，根据项目管理计划及活动资源估算，我列出项目中需要投入什么样的人，这些人主要承担什么职责。在参考公司以前的项目经验以及组织结构模板，我采用责任矩阵的方法，列出每项活动与项目团队成员之间的联系。为了明确每个人需要承担的职责，将职责分为四种：执行、负责、咨询和知情。此外还创建了人员配备管理计划，写明所需人员的技能要求、项目组的培训计划、奖罚措施和一些必要的约定。在项目的实施过程中，对于计划不完善或者不正确之处，及时进行修正以保证计划的持续适应性。

二、项目团队组建

由于该项目在技术上要求较高，我与公司领导协商，抽调两名公司专家团队技术人员加入到项目中来，负责技术的攻关。公司刚刚结束了一个类似的项目，在考虑两个项目的系统结构和功能性要求后，决定将该项目组的系统架构师和四名高级程序员分配到我们的项目团队。另外采用外部招聘的方式，招聘两名信息安全方面的测试人员，负责项目测试计划、测试用例和测试执行的工作。配置管理员采取与其他项目共享的方式。至此，项目需要的人员获取完成。

三、项目团队建设

在 IT 项目中，团队建设的意义重大。虽然可以通过各种方式获得各种优秀人才，但能否让他们协同工作就很难说了。提高项目团队成员的个人技能，增进成员之间的信任感，提升团队凝聚力，使团队成员目标一致是项目经理建设团队的目标。为此，我在开展团队建设时，主要从个人发展规划、项目管理过程参与、团队活动、情感交流等多方面着手，根据团队成员的个人爱好，采取适宜的方式。在团队组建完成后，我召开了项目启动会。在会上，我将该项目对公司的长远意义、对个人能力提升做了总体的综述，希望每个人都能从此项目中获得到自己期望的价值。会上，项目组成员也畅所欲言，对该项目充满期望。在此会议上，我也了解到他们每个人对自己将来职业的规划，以便在项目中加以引导。项目开始执行后，我与项目组成员对项目的功能做了详细的划分，使每个人都清楚自己要做的工作，每项工作需要遵循的约定。此过程加深了团队组成员对项目的理解，培养他们在团队中主人翁的态度。在培训方面，我安排了项目组内部做技术培训，外聘专家做个人职业规划培训，项目组成员对这些培训都给予了高度的评价，认为这样的培训不但帮助他们提升个人能力实现了短期的目标，更让他们认清自己，制定长远的行动方向和行动方案。此外我制定了简明的工作流程和赏罚制度，采取工作结果公开公正、赏罚分明等措施加强团队建设。项目团队的建设贯穿整个项目管理过程，是一项长期复杂的工作。

四、项目团队管理

项目团队管理，主要跟踪个人和团队的执行情况，提供反馈和协调变更，以此来提高项目的绩效，保证项目的进度。我在做项目团队管理过程中，根据人员配备管理计划、绩效报告等信息，采取周报、月例会等措施跟踪项目执行情况。与团队成员之间采用正式、非正式的沟通方式，了解他们内心状况，是否有对工作安排有不同建议。当项目组成员之间有冲突或者发生矛盾的时候，我从对事的角度出发，与双方沟通，共同解决问题。例如在做技术攻关时，两位技术专家对攻击行为采集模型的建立产生分歧，两人出现争执，各抒己见，都认为自己的技术模型是最有效的。为此，我与他们两人一起开会，让双方将自己的模型优势和劣势列举出来，一同商讨哪种方案更为合理。在平心静气地思考后，一位专家承认自己的设计确有不足之处，而另一位专家也为自己之前言语的粗鲁做了道歉。至此之后，二人齐心协力、取长补短共同完成攻击行为采集模型的设计工作。

【总结】

2016 年 1 月,项目顺利通过验收,得到公司领导和客户方的一致认可。此项目不但为公司在经济上获得较大收益,还在客户方树立了良好的公司形象,为公司日后的项目申请获得一个好的开端。虽然项目取得了成功,但在人力资源管理过程中还有很多不足之处。首先人力资源计划编制时,对安全测试人员具体要求不明晰,导致后面的人员采购时出现应聘的人员不能满足我们的要求;其次在任务职责划分上不够细致,项目执行过程中出现数据库设计无人执行,造成项目进度比计划滞后一天。虽然事后经过努力将工期赶上,但也暴露出项目管理中存在的问题。此外,当项目组成员出现超负荷工作时,没能及时调整工作安排进行资源平衡,团队成员有抱怨、消极情绪。

综上所述,团队建设在项目管理中是非常重要的,没有高效的团队就没有高质量的项目,而一个高效的项目团队,并非一蹴而就,需要项目经理长期的建设。经过此项目的管理过程,我认识到自己在人力资源管理方面的不足,在总结经验和教训后,期望在今后的工作中能做得更好。

论文样例 6　★★

样例点评:★★

这是一篇典型的"两张皮"写法的应试论文。项目背景和正文逻辑部分没有任何关联,看不到任何理论和实践相结合的线索;此外,对项目背景的描述过于简单,甚至不足 200 字,可信度不高。尽管该论文的写法符合建议的基本写法,但因为项目背景可信度不高,以及缺乏项目实践,不能作为一篇合格的信息系统项目管理师论文。

摘要

论文摘要层次分明,符合建议的论文摘要写法。

正文

【论文背景】

项目背景的描述过于简略,加之后续的逻辑框架部分没有任何涉及实际项目内容之处,使项目缺乏可信度。换言之,考生缺乏相关的项目管理实践,达不到信息系统项目管理师对考生经验的基本要求。

【论文逻辑框架】

论文逻辑线索清晰,结构明确,但缺乏项目管理实践,因而没有说服力。

【论文总结】

因为全文缺乏项目管理实践,导致论文结论流于形式。

【论文外观】

论文语句通顺,段落安排自然。

论信息系统工程项目人力资源管理

【摘要】

2014 年 8 月，受公司委托，我作为项目经理负责管理×××信息管理系统的建设。该项目的主要业务目标是建立针对该集团全国分（子）公司采购、库存、销售、成本、财务的统一管控系统。该项目在人力资源管理方面具有如下特点：项目干系人多且背景不同，涉及领域复杂，协调难度大，项目不确定因素较多。因此，项目的人力资源管理是项目成功的关键。针对该项目的特点，我理论联系实际，在项目管理过程中，通过制订人力资源计划、组建项目团队、建设项目团队和管理项目团队，解决了项目中遇到的人力资源问题。我认为人力资源的最终目的是建设高效团队，保障项目成功。因此，我根据 Y 理论激励员工，利用多种方式加强绩效考核；加强人员培训，使培训贯穿于项目的始终；以培养团队为目标；根据个人不同的兴趣、爱好、专注领域来分配工作。项目于 2015 年底一次上线成功，截至目前运行情况良好，而且该项目团队因为突出的业绩表现，获得了优秀项目团队的荣誉称号。论文最后还对建设项目团队方面的一些不足进行了总结和建议。

【正文】

随着信息技术和计算机技术的发展，市场经济获得了蓬勃发展，信息化建设成了引领企业未来发展的必由之路。×××在全国范围内有 28 家分（子）公司，地域分布广，为了应对市场变化和信息技术发展所带来的挑战，决定上一套适合集团应用模式的信息管理系统，要求该系统能够管理公司采购、库存、销售、成本及财务等主要业务流程，能够实时准确地了解和掌握整个集团的运行状态，及时反映和分析出公司运行过程中的问题，以及时调整经营和管理策略。

此项目采用公开招标方式，我公司参与了投标并顺利中标，于 2014 年 8 月签订了合同，随后成立了项目小组，我被委派为项目经理。对于这样一个项目干系人多且背景不同，涉及领域复杂，协调难度大，项目不确定因素较多的项目，要使项目能够顺利实施，项目中人力资源的管理显得尤为重要。项目人力资源管理就是有效地发挥每一个参与项目人员作用的过程，从制订人力资源计划到组建项目团队、建设项目团队和管理项目团队，最终的目的是打造一支高效、成功的项目团队，从而使项目顺利、成功地完成。项目于 2015 年底由企业方正式宣布一次性上线成功，目前运行情况良好。

一、制订人力资源管理计划

制订人力资源管理计划是识别和记录项目角色、职责、所需技能及报告关系，并编制人员配备管理计划的过程。也就是明确需要的人。为了确保每个工作包都有明确的责任人，确保每个团队成员都清楚地理解其角色和职责，我采用了层级型结构图法，描述了组织结构图、职位描述及相应的能力要求，主要包括：软件开发人员 10 人（其中 5 名高级程序员、5 名中级程序员），需求人员 2 人，测试人员 2 人，技术经理 1 人，配置管理人员1人。划分为2个开发组，任命1名组长，组长要求有丰富的项目管理经验和较好的技术能力，负责项目协调及技术难度大的工作。项目人员都需要经过项目要求的标准和技术能力的培训，具备能力才能上岗。同时在计划中明确了时间表、释放标准和培训等。团队的奖励制度采用季度+年终结合的方式进行。

二、项目团队组建

项目团队组建是确认可用人力资源，并组建项目所需团队的过程，也就是找到合适的人。我参考公司现有的人力资源情况，依据人力资源配置管理计划，拟订了一份适合参与项目的核心人员清单，并与他们所在的部门经理进行谈判，确保关键人员按时到岗并可以工作到任务完成。同时，我还在内部办公网发布了招聘信息招募其他成员。人员到位后，我整理通讯录发布给了整个项目组成员，通讯录中说明了人员的联系方式和岗位分配。同时初步建立了资源日历，记录团队成员可以在项目上的工作时间。根据人力资源提供的信息及面试情况，建立了详细的资源可用记录，记录了成员在技能、经验、培训等方面的能力，并指派了职称较低人员的培养导师，以便加速大家的融合与提升。

三、项目团队建设

项目团队建设是提高团队成员工作能力，促进团队互动和改善团队氛围，以提高团队绩效的过程，也就是用好身边的人。我采用Y理论认为员工都是积极主动发挥自己能力，为此努力营造宽松的工作环境。项目组成立后，大家相互间不太了解，我组织大家一起聚餐进行破冰，并申请到了一个集中办公区域，以促进大家协同工作。针对团队成员欠缺的性能调优方面的技能，我邀请了性能专家做了一个系列课程，较快地提升了大家的能力。随着项目的进展，我制定并完善了按季度对员工进行考核的制度，以任务和结果为导向，从工期、质量、效率、协作、分享等方面予以评价，对于绩效不好的员工给予针对性的指导，对于完成较好的员工予以季度奖励，并将考核分累计到年终奖金计算因子中。

四、项目团队管理

项目团队管理就是跟踪个人和团队的绩效、提供反馈、解决问题并管理变更以提供项目绩效的过程，也就是留住优秀的人。为了更好地了解项目的进展和所面临的问题，每天早上09：00，团队举行5分钟的站立会议，通过直接沟通加快问题的处理速度。同时，每周的工作例会上，也针对各组的绩效报告给予相应的评价，并反馈给相应的人员，好的地方继续发扬，不好的地方指导大家制订相应的改进计划持续改进。为了记录并监督问题的处理情况，我要求员工将发现的问题填入缺陷系统进行追踪，并在每周例会上检查相应的状态。在项目环境中，冲突不可避免，如在一个结构设计评审会议上，2位开发经理各自坚持自己的设计方案，互不相让，我采取了"解决问题"的方式进行处理。首先我让2位开发经理把冲突当作需要解决的问题来处理，分析问题的本质原因是在一个阈值控制上，2位员工通过试验模拟，找到了一个双方都认可的最优值，顺利地解决了这一冲突。

【总结】

在×××信息管理系统相关管理过程中，我全面应用了项目人力资源管理的方法，使得项目在人力资源管理方面较好的达到了预期目的，确保了 2015 年底系统上线。我们通过层级结构图法编制了人力资源计划，使用了谈判、招募的方式组建了项目团队，使用了集中办公、培训、沟通、奖励等方式建设项目团队，使用了绩效评估、问题日志、交流反馈及有效解决冲突等方法管理项目团队，确保了 2015 年底完成项目所有工作，并由企业方正式宣布一次性上线成功。

通过总结，对于项目在人力资源管理方面我认为还存在一些不足：

第一，人员的开发最佳实践管理。开发最佳实践是我亲自起草并给员工培训的，在执行过程中发现容易出现一些规范执行不到位的情况。后续计划让大家都参与最佳实践的编写，这样既可以总结大家的经验，又可以促使大家积极地执行它。

第二，人员的培训。以往的培训都是安排在人员刚到项目组进行为期 2 周的技术培训，但发现后续使用时一些内容已经淡忘了。后续计划将培训内容中的基本项和专项部分分离开来，将专项部分延后到使用时再学习，这样既容易抓住重点，又节省了时间和费用。

以上是我在信息系统人力资源管理方面的一些体会及措施。通过本项目的人力资源管理工作，使我在实战中积累了大量行之有效的经验，深刻认识到项目人力资源管理的重要性。

论文样例 7 ★★★

样例点评：★★★

与样例 6 相似，本篇论文一定程度上也存在理论和实践关联不强的缺点。但所谓"勤能补拙"，因为该论文的项目背景叙述充分，内容翔实，论文从整体上仍然呈现出较强的可信度。基于以上原因，本篇论文为一篇合格的信息系统项目管理师应试论文。

但该论文存在两个不足，其他考生应该引以为鉴，避免重蹈覆辙。第一，不要在论文中出现过多的条目列举，即便是在总结部分，一般最多也就谈三条，论文之所以不建议考生在论文中书写条目格式，是因为不利于判断论文的字数，该论文的项目背景条目叙述多达 6 条，显然是一个明显的不足；第二，项目总结部分的不足之处应该以轻微不足为主，如果都是严重的不足，项目能好到哪儿去？"人员流失没有得到有效控制。项目实施过程中 1 名组长和 3 名工程师突然被其他公司以 3 倍薪水挖走，幸运的是项目人员储备充足且时间临近项目收尾，故没有给项目进度造成影响"，这样的不足是真的不足啊。试想，项目临近结尾一下少了 1 名组长、3 名组员，可能对项目进度没影响吗？谁信啊！此外，从事校园信息化项目的人员忽然就被 3 倍薪水挖走了，要说搞算法的团队成员被高薪挖走还有可能，校园信息化项目人员被 3 倍薪水挖走的可能性几乎为零。

信息系统项目管理师论文有自己的特点和要求，考生在一定范围内可以对自己管理的一个或多个项目进行总结，融合提炼为一个成功、完整的项目，存在轻微的虚构成分，但像该论文中的总结就比较离谱了。总体上，考生在构思和准备论文的过程中，还是应该尽可能地贴近实际情况，否则可能会贻笑大方。

摘要

论文摘要层次分明，符合建议的论文摘要写法。

正文

【论文背景】

项目背景叙述充分，项目内容翔实，可信度较高。

【论文逻辑框架】

论文逻辑线索清晰，结构明确，但项目管理实践不足，应该适当地与项目中的具体工作内容进行映射。

【论文总结】

论文总结写法规范，部分缺点夸张失度，没有可信性。

【论文外观】

论文语句通顺，段落安排自然。

论信息系统工程项目人力资源管理

【摘要】

2015 年初，我公司作为信息系统集成承包商承接 XXX 信息化平台建设项目，我作为该项目的项目经理负责全程项目管理工作。该项目是一个综合性的系统工程项目，建设内容包括网络平台建设、应用平台建设、信息网络安全系统建设、数字图书馆、视频点播系统以及网络教学与远程教育系统等，其中我司把无线网络建设部分外包给一家符合要求的公司承建。该项目涉及作为用户方的学院、设备供应商、外包项目承建单位以及作为系统集成的我公司，项目的顺利实施还和承建楼宇的建筑公司沟通联系，因此是一个复杂度高，涉及面较广，实施周期长的复杂项目。

在充分分析该项目的项目特点之后，我认为对该项目的人力资源管理应主要遵从制订人力资源计划、组建项目团队、建设项目团队、管理项目团队的典型管理方式。人力资源管理最终的目的是打造高效的项目团队，优异地完成项目工作，因此我根据马斯洛需求层次理论建立多种激励方式，同时加强绩效考评，加强人员培训，并将培训贯穿项目始终，以培养团队为目的，根据个人不同的情况、性格和领域分配合适工作；最终使项目完美达到了预期目标，并得到客户和领导的一致认可，直至今日项目运行良好，此外还培养了一支优秀的项目团队。

【正文】
项目背景

目前各大学以及省市级教委已经实现了计算机化以及局域网络化，建立了基于城域网的信息化平台，同时全部连接了互联网。大部分的大学建立了自己的信息化平台、内部邮件系统、学校网站、教学系统、学籍档案管理系统以及内部 OA 系统，实施了一卡通工程，并基本实现了一卡通管理。

×××也不甘落后，在学院领导的决策下，投入巨资委托我公司建设新一代综合性的信息化、数字化平台。本项目建设的信息化平台是在传统的信息化平台的基础上，利用先进的信息化手段和工具，实现教学的各项资源信息化、数字化，形成一个完整的数字空间，实现校园在时间上和空间上的延伸。它是以网络为基础，对环境（包括设备、教室等）、资源（如图书、讲义、课件等）和活动（包括教育、学习、管理、服务、办公等）的全部数字化。学院信息化平台及其应用系统构成了整个校园的神经系统，完成校园内的信息传递和服务。在数字校园里，可以通过现代化手段，方便地市县学校的教学、科研、管理和服务等活动的全过程，从而达到提高教学质量、科研水平和管理水平的目的。

项目通过以下方案实现建设目标：

（1）改造校园信息平台计算机网络系统核心和汇聚部分，实现校区内各教室、实验室、教研用房、行政用房、学生宿舍等场所的计算机网络万兆、安全、高速、可靠互联。

（2）建立基于高性能的多媒体教学系统和以信息交换、信息发布和咨询应用为主的网络应用基础环境，为校领导决策、日常行政管理、教学、科研提供先进的支持手段。

（3）建立网络环境下的全校办公自动化系统及各类管理信息系统，实现全校各类信息的集中管理、处理及信息共享。

（4）建立学校网络系统高效的 QoS 服务体系，实现针对每用户、每 IP 的安全有效的网络安全和应用控制。

（5）巩固和完善学校的身份认证系统，实现实名制的安全接入网络，提高舆情监控反应速度。

（6）信息平台主要部分应能支持 IPv6 等下一代互联网标准，所有设备即购既满足。

因为此信息化平台建设项目具有复杂度高，涉及面较广，实施周期长，与客户结合紧密的特点，因此项目中人力资源管理显得尤为重要，严格的人力资源管理为提高项目干系人的满意度打下了良好基础。

人力资源管理主要是对项目团队成员的管理，从项目开始的人力资源编制，到组建项目团队，建设项目团队，管理项目团队，最终的目的是打造高效、成功的项目管理团队，从而使项目圆满完成。

一、制订人力资源管理计划

制订人力资源管理计划是决定项目角色、职责、所需技能以及报告关系，并编制人员配置管理计划的过程。在项目规划阶段，我就和公司的人力资源职能经理识别现有的企业环境因素和活动资源需求，依据项目管理计划共同制订项目人力资源计划；主要通过矩阵图形的方式记录项目成员的角色和职责，确保每个工作包都有明确的责任人，确保每个项目成员都能清楚地理解其角色和职责。将项目团队分为需求规划和设计、软件研发、硬件采购、工程施工、质量控制、系统集成测试等若干个紧密相关但又独立工作的小组，每小组设立兼职组长，要求有丰富的管理经验和技术能力。组长负责小组内成员工作的协调和疑难问题的技术支持，并配备若干工程师和助理工程师负责项目实施的具体工作。同时在人员配置计划中明确说明人员来源、时间表、认可和奖励方案，合规性、安全性等内容。

二、项目团队组建

项目团队组建是确认可用人力资源并组建项目所需团队的过程，确保选择的人力资源能及时达到项目要求。在该项目中，我采取预分配、内部调配、招聘会等方式招募到各执行组的组长和工程师，通过校园招聘、院校合作、网络招聘的方式完成助理工程师的招聘。

人员组建到位后立即进行项目人员分配，并及时组织进行培训和学习，同时将相关项目信息和团队信息传递到每个人。初步建立资源日历，记录每个项目成员在项目上的工作时间。建立资源可用性记录，记录相关项目人员技能、培训和专业知识等方面的数量和类型，以供后续的工作和培训安排参考。

三、项目团队建设

项目团队组建之初，项目团队成员对项目工作内容和要求不甚了解；团队成员之间互不熟悉，相互之间缺乏信任，团队凝聚力缺乏。

针对实际现场施工知识的缺乏，在第一时间组织进行信息化平台建设技术和施工规范的培训，提高他们的个人技能和完成项目活动的能力。

项目进行过程中还组织项目全体成员参加了一次野外拓展训练；项目每周组织一次团队建设活动，形式包含但不限于唱歌、跳舞、郊游、体育运动等；每月组织一次项目全体成员的聚餐，项目成员可携带家属参加；通过各种活动，极大地增强了团队成员之间的信任感和凝聚力，可以通过更好的团队合作提高工作效率。

随着项目的进展，每季度对各员工进行绩效考核，包括技术水平、工作效率、工作成果、成本控制、质量管理等方面；对于造成严重影响项目进度的事故责任人给予开除或警告处分，程度较轻的给予帮助和指导；对于完成情况良好的人员给予奖励，下发绩效奖金，年底根据岗位和工作业绩给予年终奖励。

四、项目团队管理

项目团队管理是跟踪团队成员的表现，提供反馈、解决问题并管理变更，以优化项目绩效的过程。在管理项目团队的日常工作中，每周我最少都会组织各执行组组长召开一次项目沟通会，对项目出现的问题进行总结分析并制定纠正预防措施，关注并监控项目进度，对项目偏差进行预警。在每周的日常工作中，我都会随机选取一名小组成员进行沟通和交流,通过观察和交谈了解小组成员的工作情况和工作态度。在项目执行过程中出现的问题,我不对其责任人直接批评,而是耐心地帮助其分析问题,总结问题,发现问题出现的原因,让其认识得到提高;定期对项目暴露的问题进行书面的汇总记录。

【总结】

经过1年3个月的紧张施工和测试,该学院信息化平台运行良好,我也在项目管理工作中积累了大量经验,工作能力和水平得到很大的提高,为后续的工作奠定了坚实的基础。

我总结出了以下成功经验:

(1)重视技术品质同时注重协作精神。一个项目的成功不仅依靠技术水平,更重要的是依靠团队协作。

(2)不是通过集中上课进行学习,而是将培训贯彻到日常生活中。小组内的同事互相促进效果更好。

(3)使用多种激励方式打造成功的团队。

当然,本项目还有一些不足之处,需要在以后的工作中注意并加以预防:

(1)人员流失没有得到有效控制。项目实施过程中1名组长和3名工程师突然被其他公司以3倍薪水挖走,幸运的是项目人员储备充足且时间临近项目收尾,故没有给项目进度造成影响。

(2)项目初期资源没有达到最大程度的利用。有些小组笔记本电脑不够用,有些小组分配的笔记本电脑没有被充分使用。还好我很快发现问题并顺利解决问题,没有因此造成项目成员之间的冲突和抱怨。

论文样例8　★★★★

样例点评:★★★★

该论文摘要简明扼要,较好地表现了正文的内容。项目背景真实、全面,通过提炼项目的特点,引申出论文讨论的重点部分。考生在正文论述部分理论结合实践,以人力资源管理的各个子过程作为逻辑线索,与实际工作做了较为贴切的映射和结合。论文总结结构完整,结论突出。

摘要

论文摘要层次分明,符合建议的论文摘要写法。

正文

【论文背景】

项目背景叙述完整,项目内容详细,可信度较高。

【论文逻辑框架】

论文逻辑线索清晰,结构明确,理论与实践结合得较为充分。

【论文总结】
论文总结写法规范，从正反两方面进行经验总结，值得借鉴。

【论文外观】
论文语句流畅，段落过渡自然。

论信息系统人力资源管理

【摘要】

2012年2月，我公司承接了×××有限公司商业智能项目，我作为该项目的项目经理，负责全程管理该项目。本项目主要分析内容包括财务、供应链、生产、分销、零售等模块，涉及×××总部、分公司及万余家门店的综合管理。项目组成员包括我公司集团研发人员、分公司人员和甲方人员，管理复杂。

在充分分析项目特点之后，我认为对于项目的人力资源管理应遵从：编制人力资源计划、组建团队、建设团队、管理团队的典型管理方式，而建设高效的团队是其中的重点。该项目在人力资源管理方面的主要问题和解决方案如下：商业智能方面人员缺乏，通过建立虚拟团队，争取集团研发的支持；项目组以新人为主，培训贯穿于始终；项目组成员复杂，难于管理，通过集中办公，组织集体活动，沟通等方式增加团队意识。

【正文】

2012年2月，我作为项目经理参加了×××有限公司商业智能项目。×××有限公司是中国领先运动品牌企业之一，在香港上市，拥有万余家门店。该公司是我们的老客户，使用了我公司总账、收付、固定资产、采购、销售、库存、生产等很多模块。使用多年以后，积累了大量的业务数据，分布在不同模块和不同的年度数据库中。如何使分散、独立存在的海量数据变成有价值的信息，使业务人员、管理者能够充分掌握、利用这些信息，并且辅助决策成为亟待解决的问题。因此在整个集团范围搭建了商业智能系统，计划从2012年2月份开始，2012年9月结束，历时7个月。项目组成员为需求1人，开发9人，测试3人，加上项目经理1人共14人。

商业智能系统采用了基于SQL Server的多维数据仓库，ETL过程使用我公司自主研发的数据抽取平台，展现端使用SAP的Business Object报表平台。

商业智能系统把×××有限公司各年度、各子公司、各信息系统的数据统一抽取、转换、清洗到一个数据仓库中，使管理层可以全面、快速、准确地掌握公司信息，为决策更好地服务。

根据客户业务特征，商业智能系统分为若干分析主题。财务管理包括：财务状况分析、经营成果分析、资金状况分析、应收应付分析、固定资产分析等。销售管理包括：销售业绩分析、销售盈利分析、订货会分析等。采购管理包括：采购订单分析、采购价格分析等。库存管理包括：库存结构分析、库存周转率分析等。生产管理包括：生产订单分析等。零售管理包括：门店绩效分析、零售客流分析、VIP 客户分析等。总共 30 多个分析主题。

整个项目组包括：需求 1 人，开发 9 人，测试 3 人，开发人员中包括集团研发 3 人，其中 2 人不到客户现场，分公司开发人员 4 人，甲方开发人员 2 人（为甲方培养 2 人）。

一、制订人力资源管理计划

根据项目特点，把人员角色定义为需求分析、数据模型开发人员、ETL 开发人员、应用端开发人员、数据验证人员 5 种，分别对应商业智能项目中的各种角色。据此设计责任分配矩阵，再推出每种角色需要的数量，及大致时间安排。

需求分析人员要在项目过程中全程参与。数据模型开发和 ETL 过程开发技术难度较高，资源少，项目初期需求量大，后期则资源使用量小。此类资源只能从集团研发获取。应用端开发的技术要求中等，资源获取比较困难，但可以通过培训，培养一部分。数据验证角色主要要求对 ERP 业务系统熟悉，不需要了解技术，主要用于项目中后期。

二、项目团队组建

根据人力资源计划，开始组建项目团队。经过与集团和分公司职能经理及甲方项目负责人协调后，得到以下资源：需求分析由分公司提供 1 人；数据模型开发、ETL 开发由集团研发提供 3 人，其中 2 人不到现场，以虚拟团队方式参与；应用端开发由分公司提供 4 人，甲方提供 2 人；数据验证人员由分公司提供 3 人。

团队成员确定以后，建立通讯录，记录成员的来源、角色及通信方式，分发给相关人员。建立人员详细档案，记录人员的技术能力、特点、经验、资源可用性、工作时间、后续培训需求等。

三、项目团队建设

团队成员组成复杂，来自多个单位，还有两个人异地办公，建设高效的团队成为项目成功的关键。项目伊始，我就建立了 QQ 群，把项目的技术与业务的相关文档共享给大家学习和参考。在客户现场将人员集中在一个会议室中，采用集中办公的方法，提高交流效率。针对员工间不太熟悉的状况，定期组织聚餐，还组织了一次集体游览鼓浪屿的活动，大大加深了团队成员的感情。

我在项目管理中是相信 Y 理论的。我认为只要正确地引导，每个员工都是积极的，都会努力工作。因此在了解了每个团队成员的基本情况后，从个人和公司两个角度，对每位成员做 SWOT 分析，并与其进行私下沟通，使每位成员都相信会从项目中获益匪浅，积极努力地投入到工作中。在后期项目中，客户现场的成员长期主动加班，在一般项目中比较难管的甲方员工也是如此。

分公司 4 名开发人员和甲方 2 人对商业智能技术了解得较少，尽管他们普遍有 1~3 年的工作经验。对此我首先给他们做了一周的技术培训；其次在工作中，定期组织员工对工作内容作总结，讲具体报表中遇到的技术和业务细节，其他成员在旁指出其中的问题，使员工的技术和业务水平得到了快速提升。

四、项目团队管理

项目全面展开以后,对人员的管理也非常重要。我制定了日报工作制度,每天下班前汇报当日工作情况,及时了解工作中出现的问题和工作进度。周例会制度,主要作用是与甲方负责人沟通项目进度,并作绩效报告。使用 IBM ClearQuery 记录问题并跟踪和管理。

【总结】

×××有限公司商业智能项目,在 2012 年 9 月如期验收上线。项目工期和项目质量都得到了各方一致认可。

我总结经验如下:

(1) 多方协调,获得关键资源。巧妇难为无米之炊。

(2) 相信 Y 理论,重视激励的作用。软件行业从业人员多为高学历,工作是复杂的脑力劳动,积极态度和消极态度,产生的工作效果有天壤之别。

(3) 培训很重要,而在工作中把工作与培训相结合更为重要。

本项目还有一些不足之处:

(1) 公司商业智能人才储备太薄弱,而市场上招聘的人才价格又太高,不得不采用培养新人的办法,给项目造成不小的风险。

(2) 对甲方内部复杂关系了解不足,造成项目短暂停顿,后协调甲方高层才得以解决。

总之,在项目管理中人力资源管理是非常重要的,建设高效的项目团队是项目成功很重要的一个因素。

第 26 章　项目沟通管理论文写作解析

26.1　项目沟通管理论文写作概述

沟通管理虽然与项目管理实际活动密切相关，表现形式多样，包括项目中正式的里程碑会议、项目周例会、技术问题评审会、人员三三两两之间的交流、任务跟踪与监督，非正式的项目聚餐等多种形式。但在撰写项目沟通管理论文时，论文正文部分需要重点突出项目沟通管理的逻辑线索，按照制订沟通管理计划、管理沟通和控制沟通的方式对项目沟通管理方面的工作进行了全面论述。

项目沟通管理的第一个子过程是制订沟通管理计划，目的是明确项目中的沟通机制、沟通内容和沟通方式等。制订沟通管理计划的核心工作内容是确定项目干系人类型以及干系人的沟通需求，因为沟通管理的主要目的是确保项目各类干系人都能够及时充分地得到项目信息，从而赢得不同类型干系人对项目的帮助和支持；项目沟通管理的第二个子过程是管理沟通，管理沟通是根据沟通管理计划执行相应的项目沟通工作，既包括项目例会、项目里程碑会议、项目技术会议、项目启动会和项目验收会等正式沟通形式。也包括项目组成员日常沟通交流、项目聚餐等非正式形式，考生应该着重举例说明，在什么情形下采用了哪种沟通方式，解决了什么问题或达到了什么样的沟通效果，对项目整体工作起到了哪些积极促进作用。控制沟通则是在整个项目生命周期中对沟通活动进行监督和控制，判断与项目沟通管理相关的要素是否发生变化、项目沟通管理计划能否正常执行等。如果需要对项目的沟通管理做出响应的调整，需要提出变更请求，对沟通管理计划及项目管理计划其他组成部分进行相应的更新。

26.2　项目沟通管理逻辑结构分析

根据项目沟通管理知识领域的具体内容，项目沟通管理共包含三个子过程，分别是制订沟通管理计划、管理沟通和控制沟通三个子过程。项目沟通管理过程的逻辑架构如图 26.1 所示。

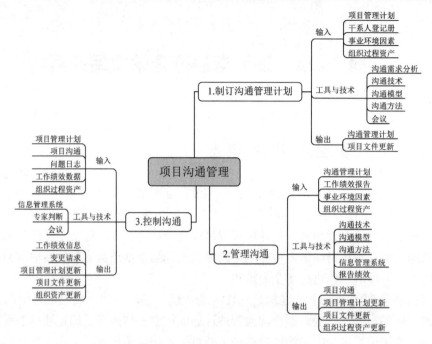

图 26.1　项目沟通过程逻辑框架图

26.3　项目沟通管理论文样例

论文样例 1　★★★★

样例点评：★★★★

该论文明确提出了三类干系人的概念，在整个沟通管理过程中对于三类干系人根据题意要求分别采用不同的沟通管理模式，取得了较好的沟通效果。不足之处是论文的总结部分，虽然在该部分提出了团队内部沟通和团队外部沟通所存在的问题及建议解决方案，但没有对前文所论述的沟通管理全过程进行总结，因而缺乏与前文的呼应，部分影响了论文整体结构的完整性。尽管有这样的不足，该论文仍是一篇内容具体、结构清晰的论文，较好地满足了信息系统项目管理师论文的主要要求，值得考生重点借鉴。

摘要

虽然摘要的篇幅较短，但是符合摘要的写法。摘要首先叙述自己所完成的项目内容及其特点，之后引出沟通管理的重要性，以及考生在沟通管理方面所做的主要工作"我综合运用项目管理的理论、技术，并结合实际项目情况采取措施，加强对项目干系人的分析与管理，提高项目组对沟通重要性的认识，加大内外沟通的力度，保证了项目的质量和进度，按期、按质在规定成本下顺利完成了该项目，取得了很好的应用效果，并从中得到很多经验和体会",这样的写法简洁实用,值得借鉴。不过摘要中有一处改进建议,"该项目涉及四个开发单位、近 50 个应用单位和大量终端用户,项目具有复杂度高、涉及单位多、开发周期长等特点",如果考生希望通过这几个数字表明项目涉及了众多单位,那么从语气上使用"超过×××用户"比"近×××用户"说服力更强一些。

正文
【论文背景】
考生所叙述的项目背景真实可信。通过描述项目内容,引出项目的主要特点,即"针对大型项目的规模大、任务重、周期长、风险高和团队结构复杂等特点",并在此基础上说明项目在沟通方面所面临的挑战,即"在大型项目的沟通上会存在许多难点:项目干系人因项目的完成受着不同程度的影响,怎样使不同项目干系人对项目的进展情况有所了解,尽可能地达到最大的满意度?不同的项目干系人需要不同的项目资料,项目干系人是通过哪些渠道拿到自己所需的资料的?项目进度计划是否按时执行,是否存在变更,如何体现给不同的项目干系人?不同的干系人之间,在对待问题上,可能存在着差异,怎样平衡不同干系人之间的期望?"通过提出这些问题,对论文后续的内容就起到了一个很好的呼应作用。同时,使读者对于后续的内容有一个初步的预期:所讨论的项目管理实践应该较好地解决了所面临的沟通问题。

【论文逻辑框架】
考生首先对于沟通管理的目的进行说明,之后以明确的线索论述了沟通管理过程的四个主要环节:编制沟通计划、信息发布、绩效报告以及干系人管理。尤其考生将项目中的干系人区分为三种类型,并在沟通过程中始终针对三种干系人分别进行有效沟通。通过这样的方式建立了论文内容的两条关键线索,沟通管理过程以及三种干系人,从而使得论文的结构更为紧凑,段落之间的关联也更为明显。

【论文总结】
考生在论文总结部分提出了团队内部沟通和团队外部沟通应该重点关注的事项,具备较强的实际参考意义,但总结部分对于前面所论述的沟通管理全过程过于单薄,尤其最后的收尾部分显得突兀,给读者留下戛然而止的印象。

【论文外观】
论文语句通顺,段落层次清晰。尤其通过"第一部分、第二部分、第三部分"和段落子标题的形式突出段落内容,值得借鉴。

论项目沟通管理

pjx420@163.com

【摘要】

2006 年到 2009 年,受单位委托,我作为开发方项目经理带领项目团队参与了"×

×工程设计项目集成应用系统"的研制和实施工作。该项目涉及四个开发单位、近 50 个应用单位和大量终端用户。项目具有复杂度高、涉及单位多、开发周期长等特点，我综合运用项目管理的理论、技术并结合实际项目情况采取措施，加强对项目干系人的分析与管理，提高项目组对沟通重要性的认识，加大内外部沟通的力度，保证了项目的质量和进度，按期、按质在规定成本下顺利完成了该项目，取得了很好的应用效果，并从中得到很多经验和体会。

【正文】

第一部分

随着信息化进程的不断推进，以信息化支撑××工程建设和后勤服务工作变得越来越重要，并且为了适应现代化的管理方针和策略，同时满足国家制定的"十一五"计划中关于信息化发展的方针，2006 年由××总××部立项进行了××工程设计项目集成应用系统研制和实施工作。该项目推广后涵盖全国 40 余家大型××工程设计单位、总部以及 7 个主管部门的大型集成性应用系统，以网络化的协同设计与管理为中心，建设了两个平台（网络平台、业务基础应用支撑平台）、四个系统（综合计划任务管理系统、综合项目管理系统、工程协同设计系统、行业管理系统），实现全军工程设计领域的任务下达、工程策划、设计活动、施工配合、成果档案、行业监管等方面全方位、多角度、流程化科学管理与控制。

受单位委任，我作为乙方的项目经理参与了项目管理工作。带领项目团队历时 3 年开发和实施，于 2009 年初全面切换上线，取得了很好的运行效果。

针对大型项目的规模大、任务重、周期长、风险高和团队结构复杂等特点，在大型项目的沟通上会存在许多难点：

（1）项目干系人因项目的完成受着不同程度的影响，怎样使不同项目干系人对项目的进展情况有所了解，尽可能地达到最大的满意度？

（2）不同的项目干系人需要不同的项目资料，项目干系人是通过哪些渠道拿到自己所需的资料的？

（3）项目进度计划是否按时执行，是否存在变更，如何体现给不同的项目干系人？

（4）不同的干系人之间，在对待问题上，可能存在着差异，怎样平衡不同干系人之间的期望？

第二部分

项目沟通管理主要用于信息的产生、收集、分发、存储以及最终处理的过程。结合本项目进行以下几个方面进行管理。

（1）沟通管理计划编制

由于项目中涉及的干系人对项目的期望和项目结果的关注度不同，需要首先针对干系人进行分类，针对不同的分类设置各自的沟通计划。针对本项目，我将干系人分为以下三类：一类干系人（总××部负责项目的秘书长，各开发单位院领导），二类干系人

(主要开发单位的各部门领导,如经营处、信息质量部等),三类干系人(甲方委派的系统参与人员及项目团队成员)。这三类干系人的沟通方式各不相同:一类干系人关注整体项目进度,所以需要定时在各里程碑节点召开里程碑评审会议,评审项目上一里程碑的成果,及是否可以开展下面的工作,对领导的评审意见进行汇总、反馈。针对二类干系人关心的是项目的具体功能是否符合需求,需要在不同的阶段,对项目成果进行阶段性评审。对于三类干系人关心的是项目的质量,需要召开周例会,确保项目按质、按进度正常开展,定时进行技术评审会议,内部人员可以采用 MSN、RTX 等即时通信系统进行非正式沟通,省掉一些可开可不开的碰头会议。

(2)信息发布

信息发布主要针对项目沟通管理中涉及的干系人,定时进行项目信息分发的过程。根据沟通计划区分的三类干系人,采用不同的方式进行信息发布,对于一类干系人,在每个月末将项目的进度情况、本月内产生的各会议评审报告,由我采用电话和邮件结合的方式进行发布。对于二类干系人,每月在月末将项目的完成功能、质量情况和各内部评审的会议报告由我采用电话和邮件的方式进行分发。对于三类干系人,因为身处项目团队集中办公环境中,所以将周例会报告、项目各技术评审报告(除汇报给第一干系人的整体项目报告外)和项目所有技术文档,由配置文档管理人员每周更新到团队共享的项目管理数据库中,项目成员可以随时进行检索和查看。

(3)绩效报告

绩效报告主要为了定时进行工作汇报,与指定的进度、质量、范围等基准进行比较,找出实际与计划之间的偏差。针对不同的干系人,绩效报告方式也不同。对于第一类干系人,主要关注项目的进展情况,所以采用里程碑会议评审的方式进行绩效汇报、记录评审结果和变更要求,由我和各子系统负责人主持召开汇报会,对会议提出的变更部分进行记录,形成会议评审报告,在会后进行分发和跟踪反馈。对于第二类干系人,关心功能实现情况和提出问题的改进情况,所以采用阶段性的评审会议,由我或者各子系统负责人主持召开,评审后进行会议报告的分发和变更改进问题的反馈结果。对于三类干系人,需要每个团队成员每天记录自己的工作完成情况,每周进行总结,由分系统的组长对照进度表,汇总后上报给子系统负责人,子系统负责人每周一上午召开周例会,总结上一周的工作和各评审会议提出问题的跟踪情况。会后将结果汇报给我并抄送项目成员。

(4)干系人管理

干系人管理需要针对项目中不同干系人对项目的影响程度,对不同干系人进行管理。对于一类干系人,一定要汇报他所关注的点,如进度问题、成本使用情况、各单位对于项目的意见和反馈,以期达到项目重要干系人给予我最大的信任。对于二类干系人,主要都是实际业务负责人,对实际项目的业务流程方面有一定的权威,需要采用虚心的态度,达到双方融洽的合作关系。对于三类项目团队干系人,采用严谨的制度、宽松的工作氛围和适当的奖励方法,来提升队员的积极性。

第三部分

本项目初期制订了沟通计划以及在实施过程中严格进行了绩效的报告、项目分发和干系人管理。但是由于沟通的对象是人,而且项目中涉及的人员较多,还是会出现一些问题,以下针对两个典型的情况进行阐述。

在团队内部,团队成员既有新人,也有具有多年丰富经验的骨干,人员的绩效结果参差不齐。在项目进行了 3 个月后,有组员出现了情绪不高的情况,我和子项目负责人进行了私下了解,发现由于熟悉业务和技术的人员都关心自己的绩效完成情况,对于新人的请教没有耐心解答和帮助。针对这样的情况,我和各负责人商议,在每个月中和月底,定期组织项目成员进行培训或者召开经验交流会议,为期 1 天,每次由 2、3 个骨干主持。如果培训或会议内容丰富或者效果好,则给予一定的奖励,这样提升了团队的整体能力。

在团队的外部沟通中,也会出现一些情况。例如,项目的项目管理子系统,涉及两个不同工作部门,经营部和项目部,两者有一个立项业务是相互关联的,而调研出来的结果,是两个部门给出的数据统计和使用方式完全不同。两个部门由于私下有些不合,就这个业务各自坚持自己的处理方式。最后我和两个子项目负责人分别同两个部门进行了沟通,转换了表现的方式,把该业务在表象上进行了拆分,在后台实际操作,最后两个部门都接受了这个结果。虽然这在技术上花费少量代价换了一种实现方式,但是能最终解决问题,还是达到了让客户满意。

论文样例 2 ★★★★

样例点评:★★★★

论文摘要结构完整,简明扼要。论文所叙述的项目背景真实可信,数字列举恰当,突出了项目的复杂性。项目逻辑线索清晰,从沟通管理的四个环节分别论述了自己的项目管理实践。虽然考生也列举了在绩效发布方面的实践,但论述过于简单,且只列举了绩效发布的方式,而绩效报告的内容则几乎没有涉及。论文总结部分内容具体、细节突出,具备较强的说服力。

摘要

论文摘要层次分明,依据项目的基本信息和特点,提炼出了沟通管理的逻辑线索,并对项目实践进行总结,最后介绍了正面的项目结果信息。

正文

【论文背景】

项目背景翔实,采取了项目基本信息介绍和数字列举的方式,考生对项目的规模、工期、业务内容、管理特点等方面进行了较为全面的叙述。在完成项目背景介绍之后引出了论文的逻辑线索,例如,"本项目干系人复杂,对项目的影响程度不同,干系人的管理在不同项目阶段侧重点也不同,不同的阶段需要的信息也不同……下面介绍本项目是如何进行沟通管理的"，顺利过渡到正文的逻辑框架论述部分。

【论文逻辑框架】

逻辑线索完整，考生分别论述了沟通管理的四个逻辑子过程（编制沟通计划、信息发布、绩效报告、干系人管理）。虽然考生有针对性地论述了相应的内容，但每部分的标题抽取不够典型，其实最典型的方式即是采用项目管理知识每部分的逻辑子过程的名称。例如对于编制沟通计划的论述，考生将其措词为"充分识别干系人，编制全面详细的沟通计划，设置项目领导小组周例会制度"，虽然含义更为具体丰富，但阅卷老师在阅卷过程中可能需要将其与逻辑子过程进行映射，因而可能会产生负面影响。另外，在沟通管理主要的子过程绩效报告方面，考生只列举了绩效报告的方式，对于绩效报告的内容及作用却没有介绍，使得该部分比重不足。

【论文总结】

论文总结完整，对工作中的经验做了针对性的提炼和总结，具备较强的说服力。

【论文外观】

论文语句通顺，段落衔接自然。

论信息系统项目沟通管理

鞠在香

【摘要】

2008 年 10 月，我参加了某市××系统应用集成项目的建设工作，以中心副总经理的身份担任高级项目经理。该项目要求两年内完成 600 万张××卡的发放，升级改造医保网络、主机系统，实现全市 1800 多家定点医院的持卡实时结算以及建立××服务环境。本文结合作者的实践，以××系统应用集成项目为例，讨论了沟通管理及其重要性。

由于项目复杂、涉及的干系人众多，沟通管理的好坏决定了项目的成败，包括如何编制一个详细的沟通管理计划，如何进行信息发布、绩效报告发布、干系人管理等。在××系统应用基础项目中，由于干系人众多，沟通需求不同，我们定制使用不同的沟通模板、统一的对外信息发布接口，防止了信息不完整、不统一。在项目建设全过程中建立了项目领导小组的周例会制度，保证了沟通的畅通。虽然指定了详细的沟通计划，但是项目中还是出现了沟通问题，本人采用通报项目领导小组，经由监理参加的协调会方式进行沟通协调，及时解决了问题。项目中我们重视沟通管理、领导参加，使得项目顺利成功上线，并获得了各方的好评。

【正文】

2008 年 10 月我公司和人保局签订了××系统应用集成建设项目的合同，项目要求两年内完成医保信息系统和网络系统的升级改造，建立××管理系统和服务环境，完成 600 万张社会保障卡的制作发放，实现 600 万参保人员在 1800 家定点医院就医持卡实时结算。我作为项目经理,负责整个项目的全程管理。

项目的具体工作包括:××卡发放、与公安人口基础数据比对工作、制卡数据二次采集,医保网络、主机升级改造工作;××管理系统、××服务系统、××自助终端服务系统、××服务网站、医院持卡结算门诊业务组件、医保核心组件的系统软件开发工作;社保收缴系统、医保审核结算系统、医保财务收支系统、企业医保信息管理系统、医保统计查询系统的系统软件的升级改造工作。

本项目涉及两家承包商、11个软件系统的开发,各个系统之间内部接口较多,外部接口涉及了与医院信息系统HIS的接口、制卡商的制卡接口、安全方的数据灌装接口等,项目开发涉及全市200多家医院的HIS开发商的接口认证、数据的二次采集和发放涉及了10万多家参保企业,实施对象涉及1800多家定点医院。如此庞大复杂的信息集成系统的开发,干系人众多,沟通管理工作决定了项目成败。

本项目干系人复杂,对项目的影响程度不同,干系人的管理在不同项目阶段侧重点也不同,不同的阶段需要的信息也不同;不同类型干系人需要考虑不同的沟通方式,协调解决干系人之间的冲突,保证项目的正常、顺利执行。下面介绍本项目是如何进行沟通管理的。

充分识别干系人,编制全面详细的沟通计划,设置项目领导小组周例会制度。

项目启动时就进行干系人的识别,尽早地识别干系人及分析其利益、期望、影响力,使用干系人分析、专家判断的方式进行干系人识别,识别出关键的干系人,和关键的干系人沟通以获得其他干系人信息。根据干系人影响力和利益期望制定相应的管理策略,根据干系人及管理策略编制沟通计划。

本项目根据项目的阶段,调整识别不同的阶段内关键干系人,细化相应的管理策略,完善沟通计划。在项目初期,进行系统的需求分析和卡片设计,关键干系人就是客户社保中心、医保中心,通过可能的面对面的沟通,尽快获得系统需求,以完成卡片的设计,同时需求和卡片设计方案必须得到客户的签字认可。在系统开发阶段,主要涉及接口确定和范围变更管理,关键的干系人是制卡商、安全集成商、医院的HIS和客户等,在识别干系人后,再确定沟通的时间和方式。在测试阶段,需要用户进行验收测试。在实施阶段,主要涉及医院及医院的HIS开发商,需要医保中心进行现场认证工作,确定如何与医院进行沟通,定期获得医院HIS改正进展情况来计划认证工作。

对干系人管理进行分级管理:在对制卡商、安全集成商的沟通中,如果有问题不能得到协调解决,则提交项目领导小组在协调会议上解决;如果子项目内部存在沟通问题,则由子项目经理沟通解决;如果项目间存在问题,则由我召集各子项目经理进行沟通解决。在项目启动阶段,根据干系人列表和管理策略制订分阶段的详细的沟通计划,然后再实施沟通工作,这使得项目的沟通工作做得非常成功。

一、及时全面的信息发布

信息发布过程是按沟通计划向项目干系人提供相关信息的过程。根据沟通需求不同，设置的沟通方式也不同，每周正常工作进展报告采用 E-mail 方式发布，项目试点阶段出现的问题采用短信的方式定制发送。本项目根据沟通计划，每周向项目领导小组提供项目进展状况及项目进展中发生的需要领导小组协调的问题；在项目的试点阶段初期，每日进行运行报告发布，后期根据干系人的沟通需求改为每周上报运行情况报告。信息发布各方及时地得到需要的信息，掌握项目的进展情况，做到心中有数。

二、绩效报告内外不同模板，统一发布接口

绩效报告过程是收集并发布绩效信息（包括状态报告、进展测量结果和预测情况）的过程，由于外部、内部干系人的沟通需求不同，设置了不同的绩效报告模板，但要统一发布接口。内部报告要求详细，外部报告只需概要描述进展状况。子项目经理每周汇总项目的完成情况，上报给项目管理小组，统一整理出对内、对外的绩效报告，统一发布接口保证了发布信息的统一、一致。

三、全面的干系人管理，不同阶段关注不同的干系人，使用不同的沟通方法进行沟通

干系人管理是为满足干系人的需求与之进行沟通和协作，并解决所发生的问题。在本项目过程中，对系统外部接口确定相关的干系人管理，采用的沟通方法和内部项目成员间的干系人管理不同。对外采用统一接口人进行沟通管理，开始通过 E-mail 方式进行方案的沟通，初步沟通后进行面对面的会议沟通，最后签字确认。关于内部沟通，由于是集中办公，为提高沟通效率，内部之间采用了面对面方式，以方便快速地解决问题。在系统联调接口时，医院业务组件和审核结算系统的接口调试始终无法完成，各子项目经理都说自己没有问题，最后由测试经理上报问题，我通过开会讨论联调方法，确定如何排除各自的问题，最终解决了联调问题，系统得以按时调通。

【经验教训】

（1）项目领导小组的周例会制度，及时解决了集成商、安全集成商、制卡商、投资方的重大问题。

在项目之初就成立了由建设方、投资方、系统集成商、安全集成商、监理相关各方领导参加的项目领导小组，建立了以项目领导小组为主的周例会制度，定期汇报工作进展和问题。在例会中解决系统集成商（我公司）、安全集成商、投资方、医院之间出现的问题，解决问题高效，有效保证了项目的顺利进行。

例如卡包装方案不能达成一致的问题，在系统集成商和安全集成商讨论两次都无法确定的情况下，由我提交项目领导小组，根据所签订的合同确定各自的职责，从而达成协议，解决了问题。

（2）子项目每周定时的周报。

我能够及时地获得项目进展状态和项目中的问题，及时给出纠正措施，保证项目的按时完成。

（3）设置对外接口人，执行接口人负责制，保证了沟通效率。

（4）沟通不够，延误问题解决。

系统试点运行期间，对问题的沟通没有详细计划，以至于出现报告渠道不畅的情况。安全集成商上报的问题和我们上报的问题原因不一致，都说是对方的问题，没有第一时间进行沟通，延误了问题的解决，给医院造成不好的影响。最后还是通过协调沟通机制解决了此问题。安全集成商的日报发送给我们公司，我们公司和安全集成方一起分析问题并进行解决，最后把内容一致的报告发给监理公司来发布信息。

××系统应用集成项目于 2009 年 7 月开始进行医院门诊实时结算试点，现在 600 万张社保卡制作完成，基本发放到参保个人，全市 1800 多家医院开通了持卡门诊实时结算业务，开通了 300 多家社保卡服务网点。2010 年 7 月进行了用户的第一阶段收尾工作，专家评审给予了好评，并通过了验收。我们公司被授予了社保卡建设单位奖，我被授予了××工程建设优秀奖。

通过本项目的管理过程，我体会到了沟通管理的重要性，它对项目的成功起到了至关重要的作用。

论文样例 3　★★★★

样例点评：★★★★

论文摘要简明扼要，项目背景真实可信，逻辑框架部分叙述完整，项目总结重点突出，是一篇较为符合信息系统项目管理师论文写作要求的论文，值得考生重点借鉴。

摘要

论文摘要清晰，结构完整。采取提纲挈领的方式提炼了全文的内容，具有较好的概括性。

正文

【论文背景】

项目背景真实，较好地提炼了项目管理所面临的特点和挑战，"系统集成是根据用户的需求，将组成方案的硬件、软件、业务等进行有机结合……系统集成的项目是一个多任务、多人员、实施周期长、以技术开发和用户需求相结合为特点的项目。系统集成项目在实施过程中需要众多人员的参与……在进度、质量和成本方面有着严格的要求，实施科学的沟通管理，对项目的成功具有不可低估的作用"，因而能够自然过渡到沟通管理方面的论文主题。

【论文逻辑框架】

论文逻辑线索清晰，通过对沟通管理的 3 个子过程进行逐一论述，体现了考生对于项目沟通管理理论有着全面深入的理解，同时又能够学以致用，在项目沟通管理方面自觉地以理论为指导，较好地解决了项目沟通管理所面临的实际问题。

【论文总结】

论文总结完整，详略得当，重点突出。

【论文外观】

论文语句通顺，段落衔接自然。

论信息系统项目沟通管理

牟红菊

【摘要】

2009 年 8 月，我们公司承接了××三公司委托的沙特 Rabigh 2×660MW 亚临界燃油电站工程的全厂辅助网络监控系统项目。我作为该项目的项目经理负责全程管理该项目。

该项目是一个系统集成出口项目，项目涉及最终的沙特业主、总包单位××三公司、作为设计单位的西北电力院、作为实施单位的我公司以及为项目提供设备的设备供应商。项目为出口项目，部分沟通有语言要求，加上项目干系人众多，沟通管理复杂。我综合运用了项目管理的理论、技术并结合实际项目情况采取措施，加强对项目干系人的分析与管理，提高了项目组对沟通重要性的认识，加大了内外部沟通的力度，保证了项目的质量和进度。该项目于 2010 年 3 月通过沙特方的最终验收，得到用户的一致好评。

【正文】

随着我国经济技术的发展，我国以设计、采购、施工总承包方式出口的 EPC 项目越来越多。2009 年 8 月，我们公司承接了××三公司委托的沙特 Rabigh 2×660MW 亚临界燃油电站工程的全厂辅助网络监控系统项目。该项目包括全厂的锅炉补给水程控系统、污废水程控系统、空调程控系统、海水淡化处理系统、油码头监控系统、制氢站系统、除灰系统、循环水加药控制系统 8 个辅助子系统。8 个系统构成全厂的辅助网络监控系统，同时该系统还要负责为全厂的 DCS 系统及 ERP 管理信息系统提供历史、实时数据及查询。该项目合同金额 1200 万元，合同工期 7 个月。该项目分为软硬件系统集成及软件程序开发两部分。其中硬件系统 PLC 部分，我们选用了罗克韦尔公司的 1756 系列控制器及 I/O 模件；交换机部分选用了技术全球领先的赫斯曼三层核心交换机及接入层交换机；应用软件部分选用了罗克韦尔公司的数据库、人机界面及控制方案软件。我公司的工程技术人员在此平台上开发满足用户要求的网络监控系统。我作为该项目的项目经理全程负责管理该项目，我们组建了 18 人的项目团队。

系统集成是根据用户的需求，将组成方案的硬件、软件、业务等进行有机结合，达到满足用户要求的完整体系。该系统集成的项目是一个以多任务、多人员、实施周期长、技术开发和用户需求相结合为特点的项目。系统集成项目在实施过程中需要众多人员的参与，在集成联调后需要通过用户的验收。因此，在进度、质量和成本方面有着严格的要求，实施科学的沟通管理，对项目的成功具有不可低估的作用。下面结合项目的具体实施，来阐述系统集成项目中的沟通管理。

一、沟通管理计划编制

沟通计划编制的一个关键部分就是项目干系人分析。项目干系人是指那些积极参与项目，或利益可能会受到项目执行结果或项目完成的正面或负面影响的个体、工作组和组织。对项目干系人的分析分为两个方面，一方面，这些分析确定不同的项目干系人的信息需求；另一方面，这些分析可以辨别出对项目干系人的影响和收益，以此帮助项目经理制订出对项目最佳的沟通策略。由于项目涉及的干系人对项目的期望和对项目结果的关注度不同，因此需要首先针对干系人进行分类。

在一个系统集成项目中，项目干系人之间的沟通贯穿项目始终。针对本项目，我将干系人分为以下三类：一类干系人（业主方沙特业主代表、总承包方××负责此项目的副总经理、设计院总设计师及我公司总经理）；二类干系人（我公司采购、质量、销售部门经理及总包方项目经理）；三类干系人（设计院主设、××专业人员及我公司项目团队成员）。这三类干系人的沟通方式各不相同：一类干系人关注整体项目进度，需要定时在各里程碑节点召开里程碑评审会议，评审项目里程碑的成果以及是否可以展开下面的工作。针对二类干系人，关心的是项目的具体功能是否符合要求，需要在不同的阶段，对项目成果进行阶段性评审。对于三类干系人关心的是项目的质量，要确保项目按质按进度正常开展，需要定时召开技术评审会议。内部人员可以采用每周五下午的周例会进行沟通，对于设计院主设及用户专业人员可以通过电子邮件、电话等方式进行不定期沟通。对于关键点，需要召开设计联络会，解决设计中的具体问题。

二、信息发布

信息发布主要针对项目管理中涉及干系人，定时进行项目信息分类。根据沟通计划区分的三类干系人，采用不同的方式进行信息发布。对于一类干系人，在每个月末将项目的进度情况、本月内产生的各类会议评审报告，由我采用电话和邮件结合的方式进行发布。对于第二类干系人，每月在月末将项目的完成功能、质量情况和内部评审的会议报告由我采用电话和邮件的方式进行发布。对于第三类干系人，因为大部分身处项目团队集中办公环境，所以将周例会报告、项目各种技术评审报告和项目所有技术文档，由配置文档管理员每周更新到团队共享的项目管理数据库，项目成员可以随时进行检索和查看。

三、绩效报告

绩效报告主要是为了定时进行工作的汇报，与指定的进度、质量、范围等基准进行比较，找出实际与计划之间的偏差。针对不同的干系人，采取的绩效报告方式也不同。在本项目中对于第一类干系人，主要关注项目的进展情况，所以采用里程碑会议评审的方式进行绩效汇报、记录评审结果和变更要求，由我主持召开汇报会，对会议提出的变更部分进行记录，形成会议评审报告，在会后分发并跟踪反馈。对于第二类干系人，关心功能实现情况和提出的问题改进情况，所以采用阶段性的评审会议。会议由我主持召开，评审后进行会议报告的分发和变更改进问题的反馈。对于第三类干系人，需要每个团队成员每天记录自己的工作完成情况，每周进行总结，由分系统的组长对照进度表，汇总后上报给子系统负责人，子系统负责人每周五下午召开周例会，总结本周的工作和各评审会议提出问题的跟踪情况。会后将结果汇报给我并抄送项目成员。

四、干系人管理

干系人管理需要根据项目中不同干系人对于项目的影响程度，对不同干系人进行管理。本项目中对于第一类干系人，一定要汇报他所关注的进度问题，如各单位对于项目的意见和反馈，以期达到项目重要干系人给予我最大的信任。对于第二类干系人，主要都是实际业务负责人，对实际项目的业务流程方面有一定的权威，需要采用虚心的态度，达到双方融洽的合作关系。对于第三类项目团队干系人，需要分成两种情况，对于项目团队成员需要采用严谨的制度、宽松的工作氛围和适当的鼓励与奖励方法，来提升队员的积极性。对于第三类项目的设计院及××公司专业人员需要采取尊重他人、实事求是的态度来处理工作中的各类事情。

本项目初期制订了沟通计划以及在实施过程中严格进行了绩效的报告、项目分发和干系人管理。但是由于沟通的对象是人，而且项目中涉及的人员较多，还是会出现一些问题，以下针对两个典型的情况进行阐述。

（1）在团队内部，团队成员既有新人，也有经验丰富的骨干，因此人员的绩效结果参差不齐。在项目进行了3个月后，有组员出现了情绪不高的情况，我和子项目负责人私下了解，发现由于熟悉业务和技术的人员都关心自己的绩效完成情况，对于新人的请教没有耐心提供帮助。针对这样的情况，我和各负责人商议，在每个月中和月底，定期组织项目成员进行培训或者召开经验交流会议，为期1天，每次由2、3个骨干主持，如果培训或会议内容丰富或者效果好，则给予一定的奖励，从而提升了团队的整体能力。

（2）在团队的外部沟通中，也出现了一些沟通不到位的情况。在项目的移交验收中，用户代表对非错误性的细节横加挑剔，给项目的交接带来诸多不便。最后经过项目组成员的努力解释、沟通并修改完善了部分工作，最终与用户代表达成一致意见。

我作为项目经理管理的××三公司委托的沙特 Rabigh 2×660MW 亚临界燃油电站工程的全厂辅助网络监控系统项目，尽管执行验收过程中出现了一些小问题，但经过项目团队的努力以及与业主、总包方、设计院等单位的友好积极沟通，最终使得该项目于2010年3月通过沙特方的验收，得到用户的好评。

论文样例4　★★★

样例点评：★★★

该论文摘要简明扼要，项目背景翔实，逻辑框架完整，但项目总结戛然而止，过于简略。从整体上看，这是一篇基本符合信息系统项目管理师论文写作要求的应试论文，值得考生借鉴。该论文的两个不足值得其他考生注意，一是在摘要部分没有明确提炼出项目沟通管理的主要逻辑线索沟通管理计划编制-信息发布-绩效报告-管理干系人；二是论文总结部分过于简略，有些虎头蛇尾、草草收场的意思，与论文正文篇幅不太相称。

摘要

论文摘要基本符合建议的论文摘要写法，但应该进一步突出项目沟通管理逻辑线索，例如可以将摘要中"我综合运用项目管理的理论，并结合实际情况"的内容，改写为"我综合运用项目管理的理论，遵循编制沟通计划-信息发布-绩效报告-管理干系人的项目沟通管理模式，并结合实际情况"，这样可以使项目沟通管理的逻辑子过程更为突出。

正文

【论文背景】

项目背景真实，叙述条理，尤其是从团队人员组成结构方面进行分析，自然引申出项目沟通管理的特殊性、重要性和必要性，为后续的沟通管理逻辑子过程论述起到了很好的铺垫作用。

【论文逻辑框架】

论文逻辑框架完整，能将沟通管理的逻辑子过程内容与项目实际工作相结合，较好地解决了项目沟通管理所面临的实际问题。

【论文总结】

论文总结相对完整，但过于简洁，与正文篇幅不相称。

【论文外观】

论文语句流畅，段落过渡自然。

论项目沟通管理

李弗然

【摘要】

2011年3月，受单位委托，我作为项目经理带领项目团队参与了×××燃料油股份有限公司供应链信息规划项目。该项目客户方是一家横贯炼化生产、仓储服务、产品销售的综合企业，供应链条不但长，且业务复杂，在项目团队内，由包括我公司、××公司在内的4家实施单位人员临时组织而成，且项目团队成员工作时间不统一，这两方面都对项目沟通提出了挑战。我综合运用项目管理的理论，并结合实际情况，克服了项目干系人多、团队成员不熟悉的困难，提高了沟通质量和效率，在团队成员的共同努力下，按期保质完成了该项目，客户对项目的成果也十分认可。

【正文】

×××燃料油股份有限公司（下简称×××）作为×××石油销售板块的下属企业，拥有四家炼厂，五座油库，六家大区销售公司，是一家集资源进口、生产加工、仓储中转、期货贸易、系统内炼油小产品统销、产品研发为一体的实体型企业。×××供应链信息规划项目,就是对该企业的供应链从业务的规范、物流的优化、信息的集成、综合的监控等方面进行统一规划,为后续的信息化建设提供具体目标和建议的方案。而×××供应链条涵盖原油采购、原油仓储调配、加工生产、产品仓储及销售等各个环节,具有流程长、业务复杂、管理目标多等特点。

受单位委托,我作为乙方的项目经理参与了项目的管理工作,组建了包括我公司4人、×××4人,另外两家公司7人,共4家单位、15人的项目团队。我带领项目团队经过7个月时间的调研、分析、规划编写工作,于2011年10月份完成了×××供应链信息规划终稿,获得客户评审通过。这份规划并作为×××的"十二五"信息规划,指导该单位后续的信息化建设工作。

由于该项目涉及干系人多,任务重,梳理分析工作量大,团队结构复杂,在项目沟通上存在很多难点:

(1)项目干系人来自于不同的单位和业务部门,对项目的预期,有不同的认识,怎样使得干系人的目标基本达成一致?

(2)由于项目团队成员来自于不同的单位,部分人员的工作时间是弹性的,如何恰当的使用好会议、邮件、电话、QQ 等沟通手段,使得各类信息能在团队成员之间及时共享?

(3)由于项目团队成员的背景不同,对规划有不同的工作方法论,如何去沟通协调,让团队成员在统一的方法论下很好的协作?

实施科学的沟通管理,对项目的成功具有不可低估的作用,特别是本项目,必须解决好沟通问题。下面结合项目的具体实施方法,来阐述信息规划项目中的沟通管理:

一、沟通管理计划编制

沟通管理计划编制的一个关键部分就是项目干系人分析。项目干系人是指那些积极参与项目,或利益可能会受到项目执行结果或项目完成的正面或负面影响的个体、工作组和组织。对项目干系人的分析分为两个方面,一方面,这些分析确定不同的项目干系人的信息需求;另一方面,这些分析可以辨别出对项目干系人的影响和收益,以此帮助项目经理制定出项目最佳的沟通策略。由于项目涉及的干系人对项目的期望和对项目结果的关注度不同,因此需要首先对干系人进行分类。

在×××供应链信息规划项目中,项目干系人的沟通贯穿始终。对应于本项目,我将干系人分为以下四类:一类干系人(甲方的总经理、业务副总、信息副总及我公司的总经理);二类干系人(甲方各业务处室长、甲方下属企业业务负责人);三类干系人(项目团队中集中办公的人员);四类干系人(项目团队中的资深业务专家,通常不能集中办公)。这四类干系人的沟通方式各不相同:第一类干系人关注整体项目进度,在重要里程碑召开评审会议或者专项汇报;第二类干系人对规划的目标和内容非常关注,在调研阶段,采用访谈交流或视频交流的方式获取对方的需求,在分析和设计阶段,通过技术评审会议的方式与第二类干系人充分沟通,对于不能参与会议的,通过邮件的方式获取反馈；第三类干系人关心的是项目的质量，采用周例会与专项会议结合的方式来确保沟通；第四类干系人由于时间不确定，采用提前约定时间进行会议和 QQ 群会议的模式进行沟通。以上各类会议都会留下会议记录，对于问题设定责任人，跟踪问题进展情况。

二、信息发布

信息发布主要针对项目管理中涉及的干系人，定时进行项目信息分类。对于第一类干系人，每月由我发布项目月报，通过邮件和电话结合的方式发给相关人员；对于第二类干系人，每周由我发布项目周报，及时将项目进展情况向二类干系人发布，对于各中间交付件和技术评审会议纪要也会随时通过邮件发布给第二类干系人；对于第三类和第四类干系人，各种会议都会形成会议纪要，随时发给团队成员，同时配置文档也会随时更新到团队成员共享的文档服务器中，项目成员可以随时进行检索和查看。

三、绩效报告

绩效报告主要是为了定时进行工作的汇报，与制定的进度、质量、范围等基准进行比较，得出实际与计划之间的偏差。针对不同的干系人，采取的绩效报告形式也不同。对于第一类干系人，主要关注项目的进展情况，所以采用里程碑会议评审的方式进行绩效汇报。通常由甲方信息副总主持，由我进行汇报，由专门的人员记录会议中提出的问题解决方法，在会后进行分发和跟踪；对于第二类干系人，绩效报告主要是各类技术交付件汇报，通常由我主持，并由专业人员进行汇报，会上会记录干系人的各项要求，形成纪要进行跟踪；对于第三类干系人，每天早上，各小组长会了解本小组进展情况和遇到的问题，然后和我举行一个小型会议，跟踪项目整体进展情况和问题解决思路，以上内容会根据轻重缓急整理进周报，并发布给相关人员；对于第四类干系人，通常会通过 QQ 群和电话的方式沟通项目情况，有必要的时候举行专题会议。

四、干系人管理

干系人管理指为满足干系人的需求与之进行沟通和协作，并解决所发生的问题。在本项目中，对于第一类干系人，只要把核心的问题和整体的进展说清楚，沟通还是比较顺畅的；对于第二类干系人，由于来自不同的部门，对项目的预期也不同，因而在沟通的过程中，需要去平衡和协调，通常需要采用一对一的方式，将方案的利弊进行充分的描述，才能获得干系人的认同；对于第三类干系人，由于工作背景有很大的不同，对于本项目，最大的挑战是如何让他们在统一的方法论下进行工作，我采用的方式是在项目前期进行必要的培训，并将项目章程与之进行充分的沟通，以保证项目团队成员在一致的工作模式下协作；对于第四类干系人，主要采用尊重专家工作习惯，吸取其优势和有益建议的沟通方式。

×××供应链信息规划项目成功度过了项目初期的人员磨合期，在项目团队有效工作方式和工作成果的影响下，赢得了客户的信任。在整个项目实施过程中，我们也遇到了一些问题，但在有力的沟通下，基本得到了解决，使得该项目于 2011 年 10 月底，通过了客户的验收，获得了客户的好评。

论文样例 5　★★★★

样例点评：★★★★

虽然论文有明显借鉴论文范文的痕迹，但只要考生能将自己的项目实践与项目沟通管理框架充分结合、自圆其说，符合信息系统项目管理师论文建议的写法，就仍然可以写出一篇质量较高的应试论文，该论文即是一例。论文摘要写法规范，项目内容充分，项目背景真实，逻辑框架完整，总结得当，是一篇值得借鉴的应试论文。

摘要

论文摘要写法规范，符合建议的论文摘要写法。

正文

【论文背景】

项目内容充分，项目背景真实，对项目涉及的医院相关各类信息系统以及相互关系做了完整清晰的说明。项目从团队人员组成结构方面入手，引申出项目沟通管理的特殊性、重要性和必要性，为后续的正文理论部分撰写做了较好的铺垫。

【论文逻辑框架】

论文逻辑框架完整，将沟通管理的逻辑子过程内容与项目实际工作相结合，较好地解决了项目沟通管理所面临的实际问题。

【论文总结】

论文总结完整，详略得当。

【论文外观】

论文语句流畅，段落过渡自然。

论项目沟通管理

钟志平

【摘要】

2016 年 5 月，我参加了×××附属肿瘤医院电子病历项目的实施工作，在项目中担任项目经理一职，负责领导项目小组进行项目实施及全面监控项目运行情况。项目要求 6 个月完成。项目任务主要包括：建立以电子病历为核心的医疗诊疗平台服务器；完成医院目前 HIS、LIS、PACS、RIS、手术麻醉、病案统计、病理及远程会诊等系统的统一接口和集成平台；完成全院 32 个科室临床医生和护士住院工作站的上线；完成 10 个职能科室的上线及管理流程的重整。本文结合作者的实践，以此项目为例，讨论了沟通管理及其重要性。

由于项目涉及的干系人众多，沟通管理变得非常重要。首先建立以医院主管信息的副院长为组长的项目领导小组，通过小组成员，一起编制了一个详细的沟通管理计划，规定了如何进行信息发布、绩效报告发布及关系人管理等。虽然我们详细制订了沟通计划，但在实施过程中还是遇到不少问题，通过领导小组的周例会，在监理人员的参加下进行沟通协调，很好地解决了问题。

由于项目中我们重视了沟通管理，整个过程都有院领导参与，使得项目上线顺利，按时按质完成了验收。

【正文】

×××附属肿瘤医院自 2001 年开始逐步建立了全院性的 HIS（住院医嘱系统、门诊医生工作站电子处方、药品管理）、LIS（实验室管理系统）、医技报告管理系统、PACS（医学影像存档与传输系统）和手术麻醉系统等涵盖所有医院业务的计算机系统，为建立基于病人为中心的电子病历系统提供了信息源泉。在完成上述系统的基础上，于 2013 年开始对电子病历行业进行考察交流，拟定了以临床业务为中心的软件模块通过电子病历系统整合成以病人为中心的信息系统。2016 年 4 月，我公司承接了医院住院电子病历系统项目，项目任务主要包括：建立以电子病历为核心的医疗诊疗平台服务器；完成医院目前 HIS、LIS、PACS、RIS、手术麻醉、病案统计、病理及远程会诊等系统的统一接口和集成平台；完成全院 32 个科室临床医生和护士住院工作站的上线；完成 10 个职能科室的上线及管理流程的重整。我作为该项目的项目经理负责全程管理该项目。

2016 年 5 月，项目实施组进入医院后进行了大量的业务调研活动。医院领导特别重视，成立了以主管信息的副院长为组长的电子病历项目小组，成员为施工单位的项目经理及实施人员、监理公司项目经理、信息科主任及主要工程师、医务科主任及工作人员、护理部主任及负责人、部分比较大的临床科室主任，共 18 人的实施团队，定期进行例会，协商在实施过程中遇到的问题。

电子病历项目主要是以软件集成、开发和培训为主要工作，整个实施阶段包括：1）基础数据建立阶段；2）试用阶段；3）全院推广阶段；4）平稳运行及验收阶段。根据用户的需求，将组成方案的软件和业务等进行有机结合，达到满足用户需求的完整体系。该项目是一个以多任务、多人员、实施周期短、技术开发和医疗业务专业相结合为特点的项目，在进度、质量和成本方面有着严格的要求，采用科学的沟通管理，对项目的成功有着非常重要的作用。下面结合项目的具体实施，来阐述在项目中是如何进行沟通管理的。

一、沟通管理计划编制

沟通计划编制在整个项目管理中非常重要，对于项目中如何识别干系人，干系人沟通需求分析，及对项目干系人运用什么沟通技术都进行了详细规划。项目干系人是指那些积极参与项目，或利益可能会受到项目执行结果或项目完成的正面或负面影响的个体和工作组。对项目干系人的分析识别主要有两方面，一方面是这些分析确定了不同的项目干系人的信息需求；另一方面，这些分析可以辨别出对项目干系人的影响和收益，以此帮助项目经理制定出对项目最佳的沟通策略。

此项目中，我将干系人分为三类：一类干系人，包括公司领导、医院领导；二类干系人，包括医院职能科室及临床使用人员；三类干系人，包括项目组实施人员、医院各系统负责技术人员。这三类干系人沟通方式各不相同：第一类干系人关注整体项目进度，需要定时在各里程碑节点召开评审会议，评审成果以及是否可以开展下一步的工作；针对第二类干系人，关心的是项目的具体功能是否符合要求，对实际的工作影响程度比较大，需要在不同的阶段对项目成果进行阶段评审；针对第三类干系人关心的是项目的质量，要确保项目按时按质正常进行，需要定时召开技术评审会议。主要的干系人采用每周五下午的周例会进行沟通，根据项目进度邀请各类项目干系人参加，对于关键节点，需要召开联络会，解决实施中的具体问题。

二、信息发布

信息发布是向项目干系人及时地提供所需的信息，根据沟通计划中区分的三类干系人，采用不同的方式进行信息发布。对于第一类干系人，在每个月末或里程碑节点将项目的进度情况、本月内产生的分类会议评审报告，由我采用电话或与邮件相结合的方式进行发布；对于第二类干系人，根据收集到的需求的完成情况、质量情况和内部评审报告由我或项目组成员通过电话、邮件和发布平台方式进行发布；对于第三类干系人，因大部分是在集中办公环境中，所以将周例会报告、各种技术沟通会议记录，由项目组指定成员每周共享到项目管理平台数据库中，以便项目成员随时进行检索和查看。

三、绩效报告

绩效报告包括收集并分发有关项目绩效的信息给项目干系人，通常这些信息包括如何使用资源完成项目目标。项目的进度、质量和范围基准非常重要，在项目中要定时对项目进行监控，找出实际与计划的偏差，并及时对相关项目干系人进行汇报沟通，及时纠正。对于不同的干系人，采用不同的绩效报告方式。对于本项目第一类干系人，主要关注的是项目进展报告，可以采用里程碑式的方式进行绩效汇报，会议由我主持，会后将把会议记录和绩效简报以邮件方式分发；第二类干系人，关心的是功能实现情况和变更进度反馈，采用电话和邮件结合方式直接反馈，重大需求改进可以由统一发布平台进行全院广播；第三类干系人，需要每个成员记录每天自己完成的情况，内容包括计划内的和计划外的，每周进行总结，在周例会上汇报并以邮件方式报送给我和相关负责人。

四、干系人管理

项目干系人管理就是对项目沟通进行管理，根据各干系人的需求，采用不同的方式方法，最大限度解决干系人的问题。积极管理项目干系人，提高项目质量、进度和范围的准确性和可控性，解决各干系人之间存在未解决的问题，避免项目出现比较大的偏差。对于第一类干系人，主要是采用里程碑式的会议，及时提供会议纪要，取得双方高层的信任和支持；对于第二类干系人，主要采用面对面沟通方式，及时听取他们的需求，及时发起变更和反馈意见，统一意见后在发布平台进行公告；第三类干系人，采用制度化加宽松的工作氛围和适当的奖惩措施，来提升队员的士气和战斗力，在工作中收集问题日志，使得干系人之间的问题能够及时解决。

项目沟通管理是个比较复杂的问题，项目中涉及的人员比较多，在实际实施中还是会出现这样那样的问题，整个项目进程中要采用多种沟通原则对待团队内部及团队外部的沟通。同时也要认识到正式和非正式的沟通是非常必要的，如在实施中，有些科室用得很好，有些科室并不积极配合，在了解具体情况后，采用在公开场合表扬使用情况比较好的科室，在医院内掀起创优争先的气氛，同时到不配合的科室中了解情况，这些情况包括电脑慢、模板少、工作强度大等。经过项目成员的努力解释和沟通并修改完善了部分工作，及时帮助解决问题，逐步扫清障碍。

项目于 2016 年 11 月进行了全院验收，并通过了×××科信局的整体验收，获得了大家的一致好评。通过本项目的管理过程，我体会到了沟通管理的重要性，实施科学的沟通管理，对项目成功有着不可低估的作用。

第 27 章 项目风险管理论文写作解析

27.1 项目风险管理论文写作概述

风险管理包含六个子过程，且容易与项目管理实践相结合，因而也是一个相对容易的论文写作主题。项目风险管理子过程结构明确，从规划风险管理到风险识别，再从定性风险分析、定量风险分析到风险应对规划，并在项目执行的过程中持续地控制风险。项目风险管理只有最后的控制风险过程属于监控过程组的内容，另外五个子过程都属于项目计划过程组。考生在写作时，应该将注意力集中于前面的五个过程，尤其是如何规划合适有效的方式应对风险，这也是项目风险管理论文中最容易出彩的项目管理实践之处。考生需要提前做些和风险应对相关的提炼和准备工作，单纯依靠在考场上的灵光一现很难提炼出能够打动阅卷老师的风险应对实践。

考生在规划风险管理部分要明确主要任务是制订风险管理计划，风险管理计划的内容包括项目风险管理的主要活动、风险管理的职责、风险管理的报告机制等。风险识别要求项目经理采用积极主动的风险管理模式，主动识别出项目中可能存在的各种风险。风险识别部分包含较多的工具与技术，考生可以选择其中的主要方法进行说明，例如对其中的文档审查方法、核对单审查方法、假设分析方法等进行举例说明，从而增强论文的可信度和说服力。定性风险分析和定量风险分析则是对风险进一步分析，风险分析的主要目的在于确定风险之间的相对重要程度，从而确定在应对风险时应该遵循的优先级顺序。定量分析与定性分析相比较，定量分析给出量化的优先级排序，使得后续风险应对策略更为有据可依。如前所述，风险应对规划是风险管理中的重点过程，风险应对虽然包括积极风险和消极风险两种应对方式，但考生应该以消极风险应对方式为论述重点，详细说明包括规避、转移和减轻等不同应对方式的具体应用实践。控制风险为风险管理的跟踪与检查手段，项目经理需要在项目后续的执行过程中对风险持续跟踪，一方面跟踪风险应对的结果如何，另一方面识别是否有新的风险出现。如有新风险出现，则重新对新的风险进行定性或定量分析，并作出响应的风险应对规划，确保项目全生命周期过程中，项目风险始终处于跟踪和受控状态。

27.2 项目风险管理逻辑结构分析

根据项目风险管理知识领域的具体内容，项目风险管理共包含六个子过程，分别是规划风险管理、风险识别、定性风险分析、定量风险分析、规划风险应对和控制风险六个子过程。项目风险管理过程的逻辑架构如图27.1所示。

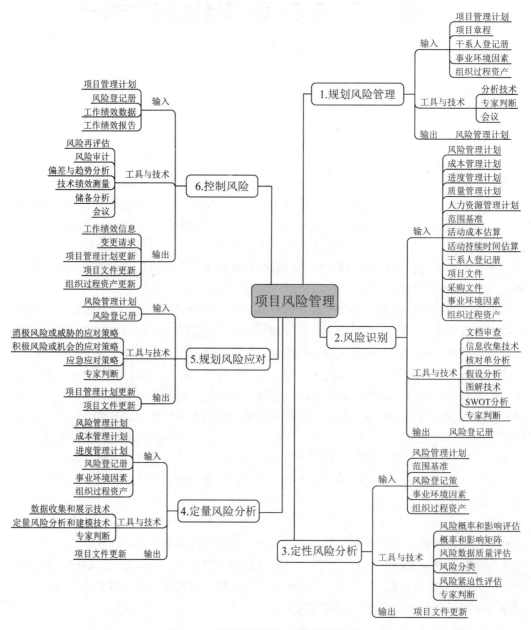

图27.1 项目风险管理过程逻辑框架图

27.3 项目风险管理论文样例

论文样例 1　★★★★

样例点评：★★★★

论文以考生管理的"××铁路信息化系统综合布线子系统项目"为例，说明了在该项目中风险管理方面的主要实践。该论文项目背景真实可信，摘要结构合理，论文以风险管理中的规划风险管理、风险识别、定性风险分析、定量风险分析、规划风险应对和控制风险为线索，全面论述了该项目在风险管理方面的实践。考生论述完整，通过具体的细节体现了该项目的风险管理实践，具备很强的说服力。论文总结得当，结构清晰。需要注意的是，该论文的篇幅较长，对项目背景或项目风险记录表进行适当的压缩，这样在考试撰写论文时时间不至于太紧张。

摘要

摘要的写法比较典型，值得推荐。首先说明了考生的角色 "我作为分包方项目经理参加了××铁路的站后工程建设，负责铁路信息化系统综合布线子系统项目的计划编制、组织实施和过程控制等工作"。其次是项目内容、特点以及管理重点"工程涉及西宁……施工环境恶劣，人文环境复杂，工程分包方众多，加之铁道部'7.1'全线通车的'高压线'等……通过我们精心的组织管理和细致的安装施工，按期保质地完成了项目任务"，最后对项目进行总结"……经验和体会，就项目的风险管理进行了较为翔实的论述……最后列举了在风险管理方面需要改进的一些不足之处"。通过这种结构化的写法，可以使读者迅速对项目建立一个完整的轮廓。

正文

【论文背景】

论文背景真实可信。考生在叙述项目背景的基础上提炼了项目特点，并由项目的特点引出风险管理的重要性，因而与下面的论述形成自然呼应。论文背景中的数字列举可以起到强化项目背景真实性的作用，但是也不可罗列过多的数字，否则会给人以累赘的印象。一般来说，背景描述中给出五六组有代表性的数据即可，过多的数据会有堆砌嫌疑。

【论文逻辑框架】

该论文逻辑框架完整，建立了项目风险管理的六个子过程，且段落分明、主次清晰。论文在风险管理的每一个子过程中描述了考生的项目实践，并在一些重要的过程中给出了具体的事例，通过这些具体事例进一步体现了考生在项目风险管理方面实践的可信性，例如，"在本项目结束后，我们又陆续签订了××铁路公司公安局、拉萨车站派出所的布线施工任务，回到××后又完成了铁道部综合楼的布线施工任务，为公司赢得了更多的经济和社会效益"和"在施工过程中由于与当地施工队发生纠纷，公司一个现场工程师被扣留……我们还将海拔 4000 米以上的 7 个车站光缆挖沟施工任务进行外包，大大减轻了进度风险对整个项目的影响"。通过类似的事例描述，不但充实了项目风险管理子过程部分的具体内容，而且使论文的内容真实可信，血肉丰满。

【论文总结】

论文总结写法值得推荐，在论述风险管理各部分工作内容的基础上对工作的不足进行了总结和探讨，最后采用"结束语"的方式强调了项目的主要内容以及对未来工作的建议。其中，使用数字排序方式可以使论文的可读性更强。

【论文外观】

论文语句流畅，段落分明，值得考生重点借鉴[①]。

论项目风险管理

谢庆生

【摘要】

2006 年，我作为分包方项目经理参加了××铁路的站后工程建设，负责铁路信息化系统综合布线子系统项目的计划编制、组织实施和过程控制等工作。

工程涉及西宁、格尔木和拉萨三个地区，以及格拉段 11 个有人值守车站，布线信息点分散在 1956 千米的铁路沿线，其中 960 千米在 4000 米以上的高海拔地区。施工环境恶劣，人文环境复杂，工程分包方众多，加之铁道部规定的"7.1"全线通车的"高压线"等因素，大大增加了项目实施的风险。在这种情况下，如何在项目进行的全过程中制订和实施风险管理计划，就成为整个项目的难点和重点。通过我们精心组织管理和细致的安装施工，按期保质地完成了项目任务，为××铁路信息化建设做出了应有的贡献。我也荣幸地被铁道部评为"××铁路信息化建设先进个人"。

本文结合我在项目管理方面的一些经验和体会，对项目的风险管理进行了较为翔实的论述，并就过程中所遇到的问题及采取的措施做了介绍，最后列举了在风险管理方面需要改进的一些不足之处。

【正文】

一、项目概述

作为××铁路建设工程的重要组成部分，信息化是体现世界一流高原铁路的重要标志之一，必将在××铁路运营中发挥重要作用。信息化建设项目由铁道部领导责成部信息办进行督导，由铁道部信息技术中心牵头，对项目总集成商，各参建单位及工程监理

---

① 本论文作者在考试时采用类似的方法撰写主题为项目范围管理的论文，论文成绩为 48 分。

单位的工作进行统一管理和协调。

作为××铁路信息化系统的重要基础设施，综合布线系统承载了铁路运行调度、行车监控、客票、货票、机务、电务等众多关键的业务应用系统。系统的建设进度、施工质量将直接影响到后续其他各参建单位网络系统、应用系统的安装调试任务，因此从立项开始，本项目就受到了部领导和信息技术中心领导的高度重视和大力支持。

项目从2005年12月正式启动，共经历了现场调研、计划编制、工程实施和项目收尾四个主要阶段。工程涉及西宁、格尔木和拉萨三个地区，以及格拉段11个有人值守车站，布线信息点分散在1956千米的铁路沿线，其中960千米在4000米以上的高海拔地区。在近5个月的时间内共需完成93个建筑物内3769个信息点、87段共37642米室外光缆的敷设安装工作。

由此可见，本项目工程分布范围广，施工环境较为恶劣，人文环境比较复杂，同时还需要协调配合众多的项目干系人，加之"7.1"全线通车的"高压线"等因素，大大增加了项目实施的风险。针对这些实际情况，在该项目的各种管理活动中，我们对项目全过程的风险管理给予了高度重视。从制订详细可行的风险管理计划开始，充分识别现在和未来可能发生的各种风险，对风险清单进行了定性和定量的分析，并据此针对发生概率较大和对项目影响较重的风险制订了一对一的风险应对计划，同时采取各种手段和措施在项目进行的全过程中对每个工地、每个阶段、每个环节所出现的各种风险都进行了有效的监控和处理。最终，我们以求真务实的敬业态度和精心细致的施工组织，按期保质地完成了所赋予的各项工程建设任务，圆满地通过了铁道部装备鉴定中心和××铁路公司的联合评审验收，实现了"少维护、免维护，基本无人化管理"的总体目标，为××铁路信息化建设做出了应有的贡献。

二、风险管理活动

具体来说，围绕本项目的实施过程，我们主要进行了以下几个方面的风险管理活动：

1. 规划风险管理

规划风险管理主要包括如何处理和控制风险的方法论，并对风险职责进行合理分配。

在项目计划会议上，我们根据现场调研的结果，同时结合本项目内、外部环境特点、制约条件以及公司以往类似项目的执行情况，初步制订了针对本项目的风险管理计划。主要规定了风险识别、风险分析、风险应对的处理流程，估计了风险管理的计划和成本，并将风险处理活动和风险成本统一纳入了项目管理计划中。

2. 风险识别

风险识别就是要识别哪些风险会对项目造成影响，并形成文档的过程。

根据以上所述的项目实际情况，根据本项目的建设范围，我们通过与电气化局的同志了解现场环境、举行项目组会议和查阅以往项目类似问题等方法，将主要风险定义为环境风险、外部风险、内部风险，并形成如表27.1所示的风险记录表。

表 27.1 风险记录表

项目	风险名称	可能原因	应对措施
环境风险	施工工地多处于藏族聚居区，易引发民族矛盾	风俗、生活习惯不同	尽量不到藏族聚居区，并交待注意事项
	施工环境恶劣，且在冬春季交接时期施工，易由于感冒而引发严重肺水肿	高原缺氧，天气寒冷	挑选身体健康的工人，准备军棉衣和大衣，并在当地租用氧气瓶
外部风险	站前工程尚未完全结束，施工方多	沟通协调困难；并行作业，可能涉及成品保护问题	与青建指取得联系，并建立关系，请求他们协助；将可能的返工成本列入成本管理计划
	施工范围广，施工点过于分散	工人数量不足	工长及技术工人以自身施工队为主，在当地招聘杂工
	项目范围容易失控	用户要求复杂	确定项目范围，并严格执行变更流程
内部风险	施工、管理人员数量不足	施工点过于分散	分三个建设基地，以基地为依托向外扩展
	进度风险	施工环境恶劣，工期紧张	光缆挖沟施工采用外包方式；施工优先级排序
	交通、沟通不畅	环境条件所限	在三个基地分别租赁小货车，输送材料和人员；以三个基地为中心点，向项目经理汇总项目情况记录

同时，在项目进行的过程中，我们还不断根据新识别到的风险对原风险记录表进行更新，并制定了相应的应对措施，收到了良好的实际效果。

3. 定性风险分析

定性风险分析就是要确定不同风险发生的可能性及对项目的影响的活动过程。同时还需要对所识别的风险记录进行优先级排序，重点关注那些优先级高的项目风险。

为此，我们通过项目会议的方式，组织项目干系人、其他参建单位的专家，结合其他参建单位所遇到的实际问题，对所识别到的环境、外部和内部风险进行了认真仔细的概率估算和影响分析，通过建立分析矩阵确定了各种风险的优先级排序。并根据定性风险分析的结果及时对项目风险记录表进行了更新。

4. 定量风险分析

定量风险分析就是定量地确定不同风险对项目的影响。

为此，我们组织公司技术骨干，并邀请其他参建单位的专家进行专题会商。通过对项目实施的各个阶段可能面临的风险进行分析，并引入决策树估计方法，进一步从量化的角度确定了不同风险对项目各阶段的影响程度。并根据定量风险分析的结果及时对项目风险记录表进行更新。

5. 规划风险应对

规划风险应对就是对经过定性、定量风险分析后所更新的项目风险记录表进行分析，进一步确定哪些是对项目有利的机会，哪些是对项目不利的威胁，并合理制订有针对性、可行的应对措施的过程活动。

针对更新后的风险记录，我们认真分析了环境、外部和内部所包含的各种风险：

（1）对可能的机会，我们尽量引导促成

项目干系人多，对于沟通协调是风险，对于新项目的生成是机会。由于我们与干系人的积极沟通，使客户和其他参建单位认可了我们的工作态度和技术能力。在本项目结束后，我们又陆续签订了××铁路公司公安局、拉萨车站派出所的布线施工任务，回到××后又完成了铁道部综合楼的布线施工任务，为公司赢得了更多的经济和社会效益。

（2）对可能的威胁，我们努力减轻避免

在施工过程中由于与当地施工队发生纠纷，公司一名现场工程师被扣留，我们积极协调汇报，最后在铁道部公安局的介入下，纠纷得到了让双方满意的解决。由于进度紧、人员少，我们还将海拔 4000 米以上的 7 个车站光缆挖沟施工任务进行外包，大大减轻了进度风险对整个项目的影响。

（3）资源预留

根据风险识别和分析的结果，在获得公司管理层和其他干系人的书面同意后，我们对项目进度和成本计划进行了修订，纳入了风险管理活动和风险预留资金。在出现风险事件时，这部分预留资源便可以在不影响全局计划的情况下发挥较大的作用。

6. 控制风险

控制风险就是在项目进行的全过程中，持续地对已识别的风险进行监控应对，同时不断识别新的风险并记录的过程。

根据风险管理计划的职责分配，每个施工基地都由工长负责对风险状态的变化进行持续监控，并将风险变化情况直接向我汇报。我经过汇总分析后，适时地在项目会议上进行总结，让每个工长都能够对整个项目的一些共性的风险情况有整体认识，反过来也能够帮助他们从正确的角度来监控项目风险。

例如 5 月初，由于距七一通车的"高压线"很近了，而这时许多站前工程还没有结束，各参建单位都在加紧并行施工，我们埋设不到一周的拉萨西站长途光缆被建厂局挖断了。得到汇报后，在进行索赔流程处理的同时，我马上跟各工长强调了施工配合的问题，特别是对我们的成品保护问题，并派了专人在各个主要施工点进行巡查，基本防止了类似事件的再次发生。

三、存在的问题和不足

尽管我们在项目前期进行了认真的计划和准备，但由于项目从开始就一直面临着施工点过于分散、施工环境恶劣、项目干系人众多等风险问题，因此在项目实施过程中，还是出现了这样或那样的一些问题。

下面就列举两个典型的问题及解决方法：

1. 风险识别、分析不足

在本项目中，建厂局建站房、中铁××局修路、电气化局做长途通信等，站前、站后工程参建方都在一起并行施工，而只有××铁路建设指挥部在总协调，因此，沟通协调和解决问题非常困难。但我们对此却没有足够的了解，在风险识别和分析的过程中，也没有对此引起足够的重视，造成了项目中期出现的很多问题得不到快速处理，而耽误了部分宝贵的工期的情况。

在我向公司管理层对此进行汇报后，通过项目干系人分析，公司很快建立起一条比较通畅的沟通渠道，这对项目中后期的顺利施工起到了关键的作用。

2. 风险监控数据收集不及时

由于施工范围广，受施工条件所限，项目内部的日报上报不够及时，使一些共性的风险问题不能及时体现，甚至造成了多个施工点重复施工的后果。

对此，我通过与各施工队工长进行讨论，确定了以西宁、格尔木和拉萨三个通信条件相对较好的地点为中心，由三地的施工工长通过巡视、电话等方式收集各施工点的风险监控数据，并通过电子邮件向我汇报，由我对这些数据进行综合分析，以便及时发现共性的问题，采取预防和更正措施，收到了比较好的效果。

【总结】

项目风险管理是通过风险管理计划，对项目风险进行识别、分析和应对的过程，管理过程贯穿于项目的全过程。由于项目本身的不同，项目所处环境的不同，项目风险管理的方式、方法也不尽相同，但项目建设单位还是应该对照项目管理，尤其是项目风险管理理论来加强自身的风险管理能力，只有这样才能有效地规避所面临的威胁，将某些风险努力转化为机会，从而顺利地完成项目的建设。结合本人的粗浅经历，我认为要做好项目风险管理，必须做到：

（1）提高全员，包括上层领导和其他项目干系人的风险管理意识。

（2）将风险管理责任确实落实到人，并定期进行监控。

（3）建立模板，规范风险管理流程和操作。

（4）加强行业建设经验的积累，不断更新组织过程资产。

论文样例 2　★★★

样例点评：★★★

论文摘要简明扼要，叙述了考生所管理的项目的基本信息，结合项目特点引申出项目的逻辑线索为风险管理。正文部分对于项目背景的叙述不完整，对于项目经理角色、项目规模、人员规模、项目工期等基本信息避而不谈。在论文逻辑框架部分进行了较为完整的论述，但对于其中的风险识别过程理解有偏差。论文总结层次分明、结构清晰。

摘要

论文摘要简洁，符合论文摘要的一般写法。首先开门见山地说明考生的职责，然后叙述项目基本信息并提炼项目特点，引申出论文的重点在于风险管理方面的论述。论文摘要结构清晰，符合建议的论文摘要写法。

正文

【论文背景】

论文背景真实可信，但内容过于松散，且遗漏了重要的项目基本信息，如项目时间、考生角色、项目规模等。考生首先概述了行业特点"随着国家高速公路网的建设……传统的监控系统和管理模式已经远远不能满足目前日益发展的市场要求"，接着介绍项目的硬件技术方案和软件技术方案，段落之间缺乏过渡，因而显得突兀、生硬。因为没有关于项目基本信息的介绍，使得硬件技术方案和软件技术方案的叙述内容与论文主题没有关联，易产生凑字数之嫌。考生在该部分还提炼了项目的特点，从而引申出论文的逻辑线索为项目风险管理。

【论文逻辑框架】

论文逻辑线索完整，论述基本正确。但其中的风险识别部分画蛇添足、张冠李戴，不合时宜地将风险应对的内容引入风险识别过程。而论文对于具体的风险识别和风险应对的内容描述还是具备很强的可信度，表现了考生在项目风险管理方面丰富的实践经验。

【论文总结】

论文总结部分结构清晰，层次分明。

【论文外观】

论文在语句措词方面还存在一些不足，例如，"针对更新后的风险记录，我们根据认真分析了环境、外部所包含的各种风险："、"如果出现突发情况可以及时的到达现场进行支援。实际过程中对任务按期完成起到了重要作用。"、"这样对问题处理周期得到了提高，保证了施工的正常进度"，类似的说法表明考生没有对所完成的论文进行仔细检查，因而才会出现这样的病句。论文的最后结尾是"以上是我在××高速公路视频监控系统实施过程中对项目风险管理的认识，请老师指正！"这样的写法不可取，也许考生认为这样可以和老师产生更好的互动，但也可能会冲淡论文的正式氛围。

论项目风险管理

【摘要】

2009年,我作为公司项目经理参加了××绕城西南段高速公路视频监控系统工程的建设工作,主要负责高速公路视频监控系统项目的计划编制、组织实施和过程控制等工作。

××绕城西南段高速监控系统项目是××市高速公路内环外移的一个主要项目的重要组成部分,主要包括绕城南段、绕城西段、北碚、渝武等路段,工程涉及270个视频图像采集点,通过编码传回监控中心,通过52台解码器进行轮询解码和手动解码对图像进行监控。由于施工中受到高速工作建设、光纤铺设进度的影响,加之局方要求工期在2010年3月10日全线通车的"高压线"等,这些都大大增加了项目实施的风险。在这种情况下,如何在项目进行的全过程制订和实施风险管理计划,就成为整个项目的难点和重点。通过我们精心的组织管理和细致的安装施工,按期保质地完成了项目任务,为××绕城高速公路西南段的监控系统做出了应有的贡献。

本文结合我在项目管理方面的一些经验和体会,就项目的风险管理进行了较为翔实的论述,并就过程中所遇到的问题及采取的措施作了介绍,最后列举了在风险管理方面需要改进的一些不足之处。

【正文】

一、项目概述

随着国家高速公路网的建设,高速公路视频监控系统成为现代化的高速公路建设中重要的组成部分,作为安全监视的一个重要组成部分在收费亭、高速公路干线、互通立交、桥梁、隧道等监控系统中发挥着越来越重要的作用。随着高速公路路网的扩大及管理要求的不断提高,传统的监控系统和管理模式已经远远不能满足目前日益发展的市场要求。

此项目在硬件端和软件端都采用了国际先进的技术方案进行设计,从技术角度保证了项目符合市场现在和未来短期的需求。硬件端设备设计方案采用了H.264编码压缩技术。H.264是国际电信联盟(ITU-T)和国际标准化组织/国际电工委员会(ISO/IEC)组成的联合视频专家组(Joint Video Team,JVT)共同开发的新一代视频压缩标准,目前它是压缩效率最高的新一代数字视频编码标准。近几年来,在H.264技术日益成熟和完善的情况下,视频监视正在以惊人的速度发展,在各个行业获得越来越广泛的应用,并显示出了广阔的市场前景。此项目中使用H.264解决方案也标志着整体监控系统具备国际领先的技术水平。

在软件部分设计方案采用了C/S架构,由于高速公路监控具有传输距离远、监控点分散,以及在管理上实行由大站管小站、路段中心管大站、总中心管路段中心的多级管理模式,因此,新一代视频监控系统在管理方式上采用分级管理方式,体现"集中管理,分布式服务"的设计思想和管理理念。系统功能包括：用户和权限管理、设备管理、日志管理、视频监控、软解码、云台控制、报警联动、电子地图、录像存储、检索回放、视频转发、Web 流媒体。

项目从 2008 年 8 月正式启动，共经历了现场调研、计划编制、工程实施和项目收尾四个主要阶段。工程主要包括绕城南段、绕城西段、北碚、渝武等路段，涉及 270 个视频图像采集点，通过编码传回监控中心，通过 52 台解码器进行轮询解码和手动解码对图像进行监控。

由于本项目工程分布范围广，××地域施工环境较为恶劣（湿度较大），同时还需要协调配合高速公路各施工单位的进度，加上"3·10 全线通车"高压线等因素，大大增加了项目实施的风险。针对这些实际情况，在该项目的各种管理活动中，我们对项目全过程的风险管理给予了高度重视。从制订详细可行的风险管理计划开始，充分识别现在和未来可能发生的各种风险，对风险清单进行定性和定量的分析，并据此针对发生概率较大和对项目影响较重的风险制订了一对一的风险应对计划，同时采取各种手段和措施在项目进行的全过程对每个阶段、每个环节所出现的各种风险都进行了有效监控和处理。最终，我们以求真务实的敬业态度和精心细致的施工组织，按期保质地完成了各项工程建设任务，圆满地通过了业主评审验收。对××高速公路系统安全方面做出了应有的贡献。

二、风险管理活动

具体来说，围绕本项目的实施过程，我们主要进行了以下几个方面的风险管理活动：

1. 规划风险管理

规划风险管理主要包括如何处理和控制风险的方法论，并对风险职责进行合理分配。

在项目计划会议上，我们根据现场调研的结果，同时结合本项目内、外部环境特点、制约条件以及公司以往类似项目的执行情况，初步制订了针对本项目的风险管理计划。该计划主要规定了风险识别、风险分析、风险应对的处理流程，估计了风险管理的计划和成本，并将风险处理活动和风险成本统一纳入了项目管理计划中。

2. 风险识别

风险识别就是要识别哪些风险会对项目造成影响，并形成文档的过程。

根据以上所述的项目实际情况，根据本项目的建设范围，我们通过与高速公路局的同志了解现场环境、举行项目组会议和查阅以往项目类似问题等方法，将主要风险定义为环境风险和外部风险等，对上述风险我们进行识别和记录。

环境分析：

由于××地区常年潮湿，高速公路的建设中多涵洞，设备放置在室外可能造成工作异常。

针对此分析的应对措施为，在设备设计和生产过程中对户外放置的编码器设备采用防潮处理，在设备电路板上喷涂三防漆。

外部风险：

（1）由于高速公路没有通车，在施工过程中，施工人员需要携带设备、工具进行安装和调试，没有交通工具几乎无法进行施工。

应对措施：首先和业主协调，尝试解决施工车辆问题；如果没有，在××市区租车解决往返交通，由于交通费用高，将费用预算报告公司特殊审批。

（2）为了保证工程进度，监控设备施工在道路施工末期进入，此时道路施工没有完成，故施工方较多，存在沟通困难的风险，可能出现返工等问题。

应对措施：事先在工程沟通会上向业主陈述此问题，并明确业主协调联系人，请业主进行协调，最大程度上避免风险。

（3）施工点分布在高速公路各个监控点，施工点分散，施工人员数量不足可能成为工程进度的风险。

应对措施：事先从业主处拿到各个监控点的布置图，如果有必要，技术人员可以到现场考察，制订准确的人员计划。同时，和公司协调资源，在公司预备两名工程师根据实际进度和人员数量进行调整。

（4）由于各监控点的分布关系和各站点的管理关系要求比较复杂，业主可能会根据实际情况对软件的配置提出更改，影响施工进度。

应对措施：在开工前与业主进行充分沟通，在施工过程中采用完成一个点和用户确认一个点的方法，力争随时能够符合客户的要求。

同时在项目进行的过程中，我们还不断根据新识别到的风险对原风险记录表进行了更新，并制订了相应的应对措施，收到了良好的实际效果。

3. 定性风险分析

定性风险分析就是要确定不同风险发生的可能性及对项目的影响的活动过程。同时还需要对所识别的风险记录进行优先级排序，重点关注那些优先级高的项目风险。

为此，我们通过项目会议的方式，组织项目干系人、其他参建单位的专家，结合其他参建单位所遇到的实际问题，对所识别到的环境、外部风险进行了认真仔细的概率估算和影响分析，通过建立分析矩阵确定了各种风险的优先级排序，并根据定性风险分析的结果及时对项目风险记录表进行了更新。

4. 定量风险分析

定量风险分析就是定量地确定不同风险对项目的影响。

为此，我们组织公司技术骨干，并邀请其他参建单位的专家进行专题会商。通过对项目实施的各个阶段可能面临的风险进行分析，并引入决策树估计方法，进一步从量化的角度确定了不同风险对项目各阶段的影响程度。并根据定量风险分析的结果及时对项目风险记录表进行了更新。

5. 规划风险应对

规划风险应对就是对经过定性、定量风险分析后所更新的项目风险记录表进行分析,进一步确定哪些是对项目有利的机会,确定哪些是对项目不利的威胁,并合理制订有针对性、可行的应对措施的过程活动。

针对更新后的风险记录,我们认真分析了环境及外部所包含的各种风险:

(1) 对可能的机会,我们尽量引导促成

项目干系人多,对于沟通协调是风险,对于新项目的生成是机会。由于我们与干系人的积极沟通,使客户和其他参建单位认可了我们的工作态度和技术能力。在本项目结束后,我们又陆续签订了××高速公路视频监控系统其他路段的项目。

(2) 对可能的威胁,减轻及避免

对于产品可能出现由于环境因素引起的设备故障,我们在设备生产过程中进行了三防漆处理,使得在最后的实际施工过程中设备由于环境问题导致的故障大大降低。

(3) 进行资源预留

根据风险识别和分析的结果,通过和公司领导协调,在××市区储备两名工程人员,在没有突发情况时负责设备到各个站点的分发工作和中心站点软件的联调工作;如果出现突发情况可以及时到达现场进行支援。这些在实际过程中对任务按期完成起到了重要作用。

6. 控制风险

控制风险就是在项目进行的全过程中,持续地对已识别的风险进行监控应对,同时不断识别新的风险并记录的过程。

例如在施工过程中,摄像机厂家提供的设备为新型号设备,没有经过公司的集成测试,造成施工过程中可能存在调试不通的风险。通过召开协调会,要求摄像机厂家将新型号的摄像机在我公司进行集成,若业主提出要求,不得擅自更改摄像机和编码器的通信协议,已达到避免后续风险的目的。

三、存在的问题和不足

尽管我们在项目前期进行了认真的计划和准备,但由于项目从开始就一直面临着施工点过于分散、施工环境恶劣、项目干系人众多等风险问题,因此在项目实施过程中,还是出现了这样或那样的问题。

下面就列举两个典型的问题及解决方法:

1. 风险识别、分析不足

由于项目实施过程中涉及的关系人多,当出现问题需要协调时,反映给业主,业主需要将不同的问题反映给不同的人员进行分析处理,开始时处理周期长影响到了项目的进度,后期随着和其他厂家人员的熟悉,部分问题可以直接处理。通过协调也从业主处拿到了各个问题的反映联系人,这样对问题处理周期得到了提高,保证了施工的正常进度。

2. 项目人员风险意识不强

项目实施过程中,对于一些问题解决以后,项目人员没有进行进一步的风险分析,形成有效的记录，表现出风险意识不强的问题。后来利用项目实施过程的间隙时间对项目人员进行了风险意识的培训，同时也要求对问题的处理进行深层次的分析和探讨，避免其他工程项目出现类似的问题。

【总结】

项目风险管理是通过风险管理计划，对项目风险进行识别、分析和应对的过程，管理过程贯穿于项目进行的全过程。由于项目本身的不同、项目所处环境的不同，项目风险管理的方式方法也不尽相同，但项目施工单位还是应该对照项目管理，尤其是项目风险管理理论来加强自身的风险管理能力，只有这样才能有效地规避所面临的威胁，将某些风险努力转化为机会，从而顺利地完成项目的建设。以上是我在××高速公路视频监控系统实施过程中对项目风险管理的认识，请老师指正！

论文样例3　★★★★

样例点评：★★★★

论文摘要结构清晰，叙述有条理；论文背景翔实可信；逻辑线索完整，风险管理各个子过程的内容描述详略得当；但论文总结部分没有对工作中的不足进行总结，使得论文的层次感不强，可信度稍有降低。

摘要

摘要结构清晰，叙述完整。首先介绍了项目的基本信息，然后提炼了该项目具备的管理特点"项目要求分三个阶段提交部署，每个阶段工作时间又很紧张，涉及的系统接口较多，因此项目实施的复杂度高"，引申出论文讨论的逻辑线索为风险管理，最后说明了系统的成功应用，以此说明风险管理方面也是比较成功的。

正文

【论文背景】

论文背景翔实。考生基于项目背景提炼出项目特点，并由项目的特点引出风险管理的必要性和重要性，从而为后续的逻辑线索讨论提供铺垫说明。

【论文逻辑框架】

该论文逻辑线索清晰，考生根据风险管理的各个子过程进行相应的论述，同时根据项目特点对不同的风险管理子过程进行相应的论述，详略得当，与项目的风险管理实践结合得较为紧密。

【论文总结】

论文总结部分稍有不足。作者虽然也进行了相应的论文总结，但只是强调了风险管理的重要性，别无新意。建议仍然遵循第19章的写法，指出工作中还存在哪些不足，在以后的项目风险管理过程中如何持续改进。

【论文外观】

论文语句流畅，段落分明。

论项目风险管理

李 晞

【摘要】

2009年3月，我们承接了××工程出入境管理信息系统建设的子项目——某省公安厅出入境政务网建设项目，我作为该项目的项目经理负责全程管理该项目。该项目合同金额为150万元，主要目标是至2009年底分三个阶段完成集警务公开、网上宣传、投诉举报、出入境业务网上申请、办证进度查询、涉外单位临住信息采集、照片质量检测等七大板块功能的出入境政务服务平台。

项目要求分三个阶段提交部署，每个阶段工作时间又很紧张，涉及的系统接口较多，因此项目实施的复杂度高。针对项目的特点，我在项目管理过程中，综合运用了项目管理知识，充分认识到风险管理的重要性，从编制风险管理计划、风险识别，到风险的定性分析与风险定量分析、制订风险应对计划、项目过程中加强风险监控，有效规避、减弱了项目中可能出现的各种不利风险，最终保证了项目的按时保质完成，取得了很好的应用效果。该项目也被评为公司年度优秀项目。

【正文】

随着信息化进程的不断推进，以信息化支撑政务建设和服务的工作变得越来越重要。2009年3月，我们承接了××工程的子项目"××省公安厅出入境政务网建设项目"，合同金额150万元，建设周期为9个月。任务是依托互联网及现有的出入境管理信息系统平台，建设以构建和谐警民关系为中心，加大便民力度、拓展管理手段为重点的综合性政务网站。它集法律法规、出入境政策、知识宣传、便民服务、涉外单位管理、商务备案单位管理为一体，分三个阶段完成警务公开、网上宣传、投诉举报、各类出入境业务网上申请、办证进度网上查询、涉外单位及外国人临住信息采集、照片质量检测等七大板块功能。其中网站建设需开发一套内容管理发布平台；内外网数据交换需依托"边界交换平台"实现内外网数据实时双向同步；网上申请及办证查询需开发与现有的出入境管理信息系统接口；照片检测需开发照片检测系统接口实现互联网照片上传、质量反馈。

我作为该项目的项目经理承担了项目管理工作，带领项目团队完成用户要求的三个阶段任务目标：

2009年6月底，完成政务网基本框架建设、内容发布管理平台，实现警务公开、网上宣传、投诉举报等功能。

2009年9月底，完成所有出入境业务网上申请、网上查询等功能。

2009年12月底，完成涉外单位与临住信息采集、照片质量检测功能。

针对该项目的时间紧、任务重、数据交换复杂度高、项目业务系统接口多，分阶段部署难度大等特点，我在项目管理过程中树立风险管理意识，有效规避、转移了项目中存在的风险，使得项目最终顺利完成，得到用户的高度认可。以下是本人在项目的实施过程中就风险管理方面所做的工作和总结的经验：

1. 规划风险管理

规划风险管理主要包括如何处理和控制风险的方法，我们结合本项目的内部、外部环境特点以及公司以往项目的执行情况，在项目计划阶段制订了本项目的风险管理计划，主要包含方法论、角色与职责、预算、风险来源与分类、风险分析和监控报告的格式、风险监控跟踪机制等内容。

2. 风险识别

风险识别就是要识别出哪些风险会对项目造成影响，形成风险分解结构。

我们首先依据公司定义的风险来源及分类表确定项目的风险来源和分类。对项目来讲有许多风险来源，包括内部和外部的，而风险类别是对收集的风险进行分类。

确定风险来源和分类之后，进行风险识别，标识出项目中存在的风险。我们针对项目工作分解结构（WBS）中的所有工作要素中可能存在的风险进行识别，并结合项目的实际特点，对风险来源和分类表中罗列的风险项，逐一研讨其可能性，将已识别的风险记录到风险分析和监控表中，以便项目执行过程中对识别的风险进行监控。在本项目中我们识别的风险主要有技术风险、外部风险、内部风险和项目管理风险。

技术风险主要是政务网（外网）与公安网（内网）之间需要实现实时的数据双向同步，这是政务网与现有出入境管理信息系统对接的基础。经了解，出入境管理局信息通信中心已经搭建了边界数据交换平台，外网与内网之间的数据交换必须通过边界交换平台来实现，这就要求我们对边界交换平台提出数据交换的准确需求，同时了解其交换的原理，设计数据交换的接口标准。必须在系统部署之前先行对数据交换进行联调后系统方可上线。

外部风险主要是系统外部接口和涉及的开发商较多，如果任何一个外部接口变更或开发进度出现问题，都会对整个项目进度造成影响。

内部风险主要体现在资源协调方面，表现为我们的项目组在之前做的项目正处于维护期，一旦系统出现问题，系统维护必然会占用项目成员的工作时间，进而可能对此项目的进度产生一定影响。

项目管理风险主要体现在项目分阶段实施方面，必须严格控制阶段任务的进度，并严格控制用户方的需求变更，否则难以保证各个阶段任务的顺利完成。

3. 定性风险分析

定性风险分析就是要确定不同风险发生的可能性及对项目产生的影响的活动。同时还需对所识别的风险进行优先级排序，重点关注那些优先级高的项目风险。

为此，我们通过会议的方式，组织项目干系人对识别出的项目风险进行认真仔细的概率估算和影响分析，通过建立分析矩阵确定了各个风险的优先级，并将定性风险分析的结果记录到风险分析监控表。

4. 定量风险分析

定量风险分析就是定量的确定不同风险对项目的影响。我们组织项目核心团队成员对项目实施不同阶段可能出现的风险进行分析，并引入决策树估计方法，进一步从量化的角度确定了不同风险对项目各个阶段的影响程度，并将定量风险分析结果及时更新到风险分析监控表。

5. 规划风险应对

规划风险应对就是对经过定性、定量风险分析后所更新的项目风险分析监控表进行分析，进一步确定风险应对措施。

针对数据交换技术风险，我们制定的应对措施是与用户方负责人沟通，明确数据交换接口对接的关键性，先行与边界交换平台开发商技术人员了解其实现原理，确认此项目数据交换需求的可实现性，再商定数据交换的实现方案及接口开发实施进度时间表，并约定了三方负责人每周沟通进度及问题，确保数据交换接口的顺利实施，避免因此接口问题造成整体进度滞后，系统无法按期上线的情况。

为避免外部接口风险发生，我们专门指定一名技术人员，负责与用户方、各个接口开发商进行接口相关工作的沟通联络，定期沟通汇报。一旦出现问题，项目组对具体问题进行分析研讨，及时响应。

对于内部资源协调问题，我们与主管领导协商，从售后维护组专门抽调一名维护人员和本项目中一名开发人员做之前那个项目的系统维护。只有在必须修改程序才能解决问题时，才由本项目中指定的开发人员负责对原系统问题进行修正。而在本项目中，在给该开发人员分配工作任务时考虑到其兼有维护任务，因此他所承担的工作为非关键路径的工作，且与其他系统模块关联较小，容易分解和转移到其他人员，从而可避免因维护原系统造成此项目进度滞后问题的产生。

针对用户需求变更风险，我们制定了项目需求变更流程，同时请用户签字确认，并在项目组内严格执行，我本人作为用户方需求接口人，严格控制用户需求，在需求评审后，请用户做需求确认签字。针对项目整体进度失控风险，我作为项目经理，综合运用项目管理知识，在项目执行过程中从项目计划、加强沟通（主要是干系人管理）、人力资源协调分配等方面对项目进度、质量和成本进行有效控制，尽量避免因项目管理方面的问题造成项目进度和质量失控。

6. 控制风险

控制风险就是在项目执行的全过程中，持续地对已识别的风险进行监控应对，同时不断识别新的风险并记录到风险分析监控表的过程。

根据风险管理计划的职责分配，我作为整个项目的控制风险负责人，在项目各个里程碑评审时，对本阶段的工作情况及控制风险情况进行总结，让项目组成员及相关干系人对整个项目一些共性的风险情况有整体的认识，当出现重大风险及需从项目组外提供资源时请求主管领导审批。

经过项目组的共同努力，本项目最终得以顺利完成，也使作为项目经理的我充分认识到项目风险管理在项目管理过程中的重要性。风险管理是通过风险管理计划，对风险识别、分析和应对的过程，贯穿于整个项目的全过程。每个项目都有其自身的特点，项目管理的方法也不尽相同，我们在管理项目时，应加强风险管理能力，提高全员风险意识，建立风险分析监控表并落实到人。风险管理不仅是应对风险，还需不断对风险进行监控，不但作为项目收尾的一部分，也为将来的项目提供经验。

论文样例4　★★★

样例点评：★★★

论文摘要简洁，叙述有条理，论文背景真实可信，风险管理逻辑子过程论述完整，论文总结得当，整体上是一篇不错的应试论文。论文摘要中还应该进一步凸显风险管理子过程的逻辑线索。

摘要

摘要结构清晰，叙述完整，但风险管理子过程描述重点不突出。例如，可以将其中的内容"通过我带领团队成员，在项目开始，就制订了详细的项目风险管理计划，筛选了各类风险，并确定了各类应对措施，并在项目各阶段，不断跟踪和更新该计划，使得各项风险一直在可控范围之内"，修改为"我带领团队成员，在项目之初就遵循项目风险管理的完整管理流程，实施包括制订风险管理计划、风险识别、定性风险分析、定量风险分析、风险响应、风险跟踪等完整的风险管理活动，使得各项风险一直在可控范围之内"，确保风险管理逻辑子过程线索更为突出。

正文

【论文背景】

论文背景真实，叙述全面，可信度较高。考生由项目背景提炼出项目特点，自然引申出项目风险管理话题，为后续的风险管理逻辑线索论述提供了自然铺垫。

【论文逻辑框架】

该论文逻辑线索清晰，考生根据风险管理的各个子过程进行相应的论述，并与实际工作实践进行了较好地结合。

但个别实践细节有待商榷，例如"例如对十几个系统的集成，我们就选取了核心的5个系统进行了集成，其余的系统集成留待后期的项目来实现，降低了系统集成风险，保障了项目按期完成"，单纯从风险应对角度分析，这样的做法无疑是一个生动的风险应对实例。但如果与项目范围管理结合起来考虑，可能就存在一定的问题，指挥调度平台到底接入哪些系统，多少个系统，这些要求应该在招标文件中就有明确的说明，即便是没有说明，也应该在双方签署合同中已经明确约定，而不会留到项目实施过程才来确定。论文说明"我们就选取了核心的5个系统进行了集成"缺乏可信度，即便是客户同意只接入5个系统，也是由客户来决定的，不可能由乙方决定。

上述虽然只是一个细节，但碰到较真的阅卷老师，这样写法可能导致整篇论文功亏一篑，因为根据这样的细节可以推测出该项目的范围管理存在严重问题，且由乙方实施团队确定项目范围不可信。

基于上述分析，对于论文撰写一方面建议考生尽可能增加项目中的具体操作和实践描写，增强项目的生动性和真实性；另一方面，不能片面为了追求细节，牺牲项目的真实性，这样可能会适得其反，进而降低项目的可信度。考生在准备和撰写论文的过程中，还需要重视这个问题才好。

【论文总结】
论文总结部分恰当，符合建议的论文写法。

【论文外观】
论文语句流畅，段落分明。

论项目风险管理

【摘要】
2016年1月，我作为项目经理参加了××××销售分公司调度指挥项目的实施工作，负责该公司成品油运输监控、调度指挥、综合展示等工作。

该项目涉及×××公司400多座加油站，十几座油库，1家承运商及总部多个部门。调度指挥项目作为软硬件结合的平台，客户除了在上面实现物流调度工作外，还希望集成×××公司先期建设的十几个信息系统，并采用先进的激光大屏技术，大大增加了项目实施的风险。在这种情况下，如何在项目全过程中，进行有效的风险管理，就显得尤其重要。通过我带领团队成员，在项目开始，就制订了详细的项目风险管理计划，筛选了各类风险，并确定了各类应对措施，并在项目各阶段，不断跟踪和更新该计划，使得各项风险一直在可控范围之内，最终按期完成了该项目。由于该项目满足了客户的核心需求，获得了客户的好评，该调度指挥系统也获得了2018年×××国际软件博览会的金奖。

本文结合项目管理方法论，对项目风险管理进行了较为具体的论述，最后列举了在风险管理方面需要改进的一些不足之处。

【正文】
一、项目概述

2016年，×××销售分公司经过近10年的信息化建设，已经建设了十几个满足不同需求的业务系统，随着业务管理细致化的需要，迫切希望建设调度指挥平台，在该平台上，利用先期建设的十几个信息系统，能够及时看到物流各环节的视频、计量、计划、报警、GPS信息，并能随时进行音频或视频调度，发布调度指令。同时，客户希望利用该平台进行企业级别的综合监控和展示工作，并且选取了激光大屏的展示平台。为了满足客户灵活展示的需求，项目组设计了全新的显示模式、显示界面、显示单元三级架构。毫无疑问，该项目由于技术创新性、广泛的集成度、灵活的需求，充满了风险。

受公司委托，2016年1月，我作为项目经理主导实施了该项目，针对该项目风险高，实施难度大的特点，我对项目风险管理投入了相当的精力，经过10个月的工作，在项目经历需求分析、设计、编码实现、集成测试、实施部署各阶段后，总体投入180个人·月，按期将系统交付给客户使用，并获得客户好评。

二、风险管理活动

具体来说，围绕本项目的实施过程，我们主要进行了以下几个方面的风险管理活动：

1. 规划风险管理

规划风险管理主要包括如何处理和控制风险的方法论，并对风险职责进行合理分配。

根据项目具体情况，我们制订了具有本项目特点的风险管理计划，规定了风险识别、风险分析、风险应对的处理流程，要求风险识别时采用头脑风暴的方式，将尽可能多的风险收集起来；然后召集骨干人员，对每条风险进行细致分析，提供解决方案，并强调了风险的全生命周期管理。风险管理过程从项目启动，横贯项目各阶段，直至项目验收。在项目验收后，也将风险跟踪情况提供给客户，以利客户使用。

2. 风险识别

风险识别就是要识别哪些风险会对项目造成影响，并形成文档的过程。

本项目由于技术创新性的特点，经过和项目骨干人员的讨论，将项目风险分为以下几类：1）技术风险；2）人员风险；3）时间风险；4）需求风险；5）其他风险。

在每一类下按照风险名称、可能原因、发生概率、损害程度、初步应对措施等内容分别进行描述。例如在技术风险下，就有软件体系架构设计难以实现的风险，可能原因是开发工具的局限性，发生概率为高，损害程度为高，初步应对措施是设计人员与开发人员应及时沟通，并根据需要调整设计方案；例如在人员风险中，就有人员的技术背景不能适应新技术架构的风险，可能原因是开发人员经验不足；发生概率为中，损害程度为高，初步应对措施是加强培训工作，提高开发人员技能。经过项目风险头脑风暴会，收集了初步的40多项风险。

3. 定性风险分析

在有了初步的风险列表后，我召集项目团队中有经验的骨干成员，对风险列表中的分险进一步进行了分析，并筛选出了需要应对的10个风险；对这10个风险，进行了仔细的概率估算和影响分析，通过建立分析矩阵确定了各个风险的优先级排序和风险关联性分析，并对这些风险进行风险细化，建立子风险项。

随着项目的进展，我们定期对风险列表进行筛选，并对新筛选出的10个风险进行上述细化工作，以确保总能关注发生概率高、损害大的风险。

4. 定量风险分析

定量风险分析就是定量确定不同风险对项目的影响。

在这个项目中，定量风险分析与定性风险分析同时进行。定量风险分析主要有两个指标，一是对项目工期的潜在影响（以天进行估算），二是对项目成本的潜在影响（以万元进行估算），通过估算，与风险发生概率结合起来，来确定风险的应对级别。

5. 规划风险应对

规划风险应对是经过定性、定量分析后的风险进行分析，进一步确定哪些是对项目有利的机会，哪些是对项目不利的威胁，并制定有针对性、可行的应对措施。

在本项目中，为了工作的高效，只对筛选出的 10 个风险制订了详细的应对计划，具体情况如下：

1）对可能的机会，我们尽量促成

客户对该项目寄予厚望，很多想法都想纳入其中，我们经过梳理，把某些与本期目标不太相关的需求进行归纳后，建议后立项目来实现。例如对十几个系统的集成，我们就选取了核心的 5 个系统进行了集成，其余的系统集成留待后期的项目来实现，降低了系统集成风险，保障了项目按期完成。

2）对可能的损害，我们努力避免

对于需要应对的 10 个风险，我们对每个风险都制订了应对计划，确定了责任人，分析了风险出现的苗头事件，并给出了具体防范措施和风险出现后的降损方案。例如，针对技术架构风险，我们对设计的架构举行了多达 10 次的讨论会，确保架构满足各方面的需求，并能够被实现。实践证明，这些风险防范措施抑制了风险发生概率，到项目中期，软件架构已经不再成为我们关注的风险源了。

3）进行资源预留

由于本项目的特殊性，在人员和费用上，提前进行了储备，以确保预留资源发挥较大的作用。

6. 控制风险

控制风险就是在项目进行的全过程中，持续地对已识别的风险进行监控应对，同时不断识别新的风险并记录的过程。

在本项目中，控制风险即风险的全生命周期管理得到了很好的贯彻执行，每月都会召开一次风险专题会议，结合项目进展，分析各个风险的变化情况，重新筛选需要跟踪的 10 个风险，然后由我组织人员对这些风险制订详细的应对计划。

例如，在 2017 年"五一"时，发现部分项目组成员不能及时归队，对项目进度造成了影响，那么"十一"时，项目成员能否及时归队就成了较大的风险。为了确保项目的按期上线，按照提前制订的应对计划，我对几个核心成员，在"十一"期间进行了电话沟通，确保他们及所带的团队能够按期回到项目现场，对于不能按期回的，才采取了应对措施，确保项目按期上线。

三、存在的问题和不足

虽然我们对项目风险有了必要的重视，但在项目风险管理方面还存在需要改进的地方，比如，新的风险识别出后，在骨干人员对其讨论并制定了应对措施后，没有及时发布给项目成员，在部分项目成员不清楚风险应对措施的情况下，没有按照科学合理的方式进行处置，耽误了部分工期。就此以后，我要求将更新后的风险管理计划及时发布给所有相关人员，避免了这类情况的再次发生。

【总结】

项目风险管理是通过风险管理计划，对项目风险进行识别、分析和应对的过程，管理过程贯穿于项目进行的全过程。由于项目本身的不同、项目所处环境的不同，项目风险管理的方式、方法也不尽相同，但不论什么项目，都需要采用合适的方式应对项目风险。特别是本项目，项目风险管理尤其重要，为保障项目按期完成做出了贡献。我认为项目管理应该注意如下事项：

（1）结合项目具体情况，确定风险管理模式。
（2）为分析出的，需要关注的风险，制订相应的应对计划，并落实到人。
（3）提高所有人员的风险管理意识。风险管理计划及相关的文档，需要及时发布给相关人员。

论文样例 5　★★★★

样例点评：★★★★

该论文摘要结构清晰，叙述条理分明；论文背景真实可信；逻辑线索完整，风险管理各个子过程的内容描述详略得当；论文总结恰当；论文在项目风险管理主题方面具有较好的借鉴意义。

摘要

摘要结构清晰，叙述完整，重点介绍了项目风险管理的六个逻辑子过程。

正文

【论文背景】

论文背景真实可信，具有较高的可信度。

【论文逻辑框架】

该论文逻辑线索清晰，考生根据风险管理的各个子过程进行论述，同时根据项目特点对不同的风险管理子过程也进行了相应的论述。重点列举的项目技术风险和人员风险识别以及应对都有很好的实际意义，也是理论和实际紧密结合的范例。

【论文总结】

论文总结篇幅适当，重点突出。对于项目不足之处的两条描述可以在给出项目总结论之后再进行说明，目的是要突出不足的本质是"美中不足""瑕不掩瑜"；如果首先重点强调不足，则容易给人以"问题为主、成绩为辅"的感受，估计这也不是考生的本意吧。

【论文外观】

论文语句流畅，段落层次分明。

论项目风险管理

【摘要】

2017 年 10 月，我参加了×××市高校电子商务平台教学版的项目管理工作，在项目过程中任项目经理，负责全程管理该项目的控制工作。项目历经 9 个月，最终圆满完成了预定目标。项目通过模拟电子商务中的 B2B、B2C、C2C，让学生对各个商务平台有了一定的了解，最终达到熟练应用的目标。由于项目涉及人员众多，影响重大，而又涉及与学校的共同配合，都对项目的完成提出了很高的要求。

项目要求分三个阶段提交部署，每个阶段工作时间又很紧张，涉及的系统接口较多，因此项目实施的复杂度高。针对项目的特点，我在项目管理过程中，综合运用了项目管理知识，充分认识到风险管理的重要性，从编制风险管理计划、风险识别，到风险的定性分析与风险定量分析、制订风险应对计划，在项目过程中加强风险监控，有效避免、减少了项目中可能出现的各种不利风险，最终保证了项目的按时保质完成。取得了很好的应用效果，得到了客户的高度认可。

【正文】

我于 2017 年 10 月参加了×××市高校电子商务平台教学版的项目管理工作，在该项目中担任项目经理，该项目合同总额为 150 万元，建设周期 9 个月，并于 2018 年 6 月完成上线运行。

随着网购的人数越来越多，电子商务开始流行起来，越来越多的商家在网上建起在线商店，向消费者展示出一种新颖的购物理念，因此许多高校也开展了针对电子商务的教学。我公司投标后，经过多方角逐，最终被选中承接了电子商务平台教学版的软件建设；电子商务涵盖的范围很广，一般可以分为企业对企业（Business to Business，B2B）、企业对消费者（Business to Consumer，B2C）、个人对消费者（Consumer to Consumer，C2C）等三种模式。项目分三个阶段完成，首先完成 B2B，其次是 B2C，最后是 C2C。随着利用 Internet 进行网络购物并以银行卡付款的消费方式日渐流行，市场份额也迅速增长，电子商务网站也层出不穷。而电子商务平台购物人数的增加，使得电子商务的专业岗位的需求增加，所以高校希望通过电子商务平台，让学生对平台中的各个流程有一定的了解，最终达到熟练应用的目的。

在项目管理中，对项目经理来说，掌握管理技术能够提高自己的管理能力，从而使项目高质量、低成本，按期限地完成，还可以有效地预防、减缓风险。通过切实有效的管理，可使项目成本得以控制，项目投资效益得以提高，用户满意度提升，达到最终提高企业综合经济效益的目的，取得良好的社会信誉。

我作为该项目的项目经理承担了项目管理工作，带领项目团队完成用户要求的三个阶段任务目标：

2017年12月底，完成B2B的流程及相关功能，内测通过。

2018年3月底，完成B2C的流程及相关功能，内测通过。

2018年6月底，完成C2C的流程及相关功能，内测通过后，进行整个系统的3轮测试以及回归，最终达到使系统上线运行的目标。

针对该项目时间紧、任务重、数据交换复杂度高、项目业务系统接口多、分阶段部署难度大等特点，我在项目管理过程中树立了风险管理意识，有效规避、转移了项目中存在的风险，使得项目最终顺利完成，得到用户的高度认可。以下是本人在项目的实施过程中就风险管理方面所做的工作和总结的经验：

1. 规划风险管理

规划风险管理主要包括如何处理和控制风险的方法。我们结合本项目的内部、外部环境等特点以及公司以往项目的执行情况，在项目计划阶段制订了本项目的风险管理计划，主要包括方法论、角色与职责、预算、风险来源与分类、风险分析和监控报告的格式、风险监控跟踪机制等内容。

2. 风险识别

风险识别就是要识别出哪些风险会对项目造成影响，形成风险分解结构。

我们首先依据公司定义的风险来源及分类表确定项目的风险来源和分类。对项目来讲有许多风险来源，包括内部和外部的，而风险类别是对收集的风险进行分类。

确定风险来源和分类以后，进行风险识别，标识出项目中存在的风险。我们针对项目工作分解结构（WBS）中的所有工作要素中可能存在的风险进行识别，并结合项目的实际特点，对风险来源和监控表中罗列的风险项，逐一研讨其可能性，将已识别的风险记录到风险分析和监控表中，以便项目执行过程中对识别的风险进行监控。在本项目中我们识别的风险主要有技术风险、内部风险和项目管理风险。

技术风险主要是实现平台各个流程中买家、卖家、支付宝、银行、物流之间的数据实时同步，以及由于网络等原因造成的数据没有及时同步，或是数据错误时，进行数据回滚，生成错误日志，方便管理员进行维护。

内部风险主要体现在资源协调方面，表现为我们的项目组之前做的项目正处于维护期，一旦系统出现问题，系统维护必然会占用项目成员的工作时间，进而可能对此项目的进度产生一定的影响。

项目管理风险主要体现在项目分阶段实施方面。必须严格每个阶段的任务进度，并严格控制用户方的需求变更，否则很难保证各个阶段任务顺利完成。

3. 定性风险分析

定性风险分析就是要确定不同风险发生的可能性及对项目产生的影响活动。同时还需对所识别的风险进行优先级排序，重点关注那些优先级高的项目风险。

为此，我们通过会议的方式，组织项目干系人对识别出的项目风险进行认真仔细的概率估算和影响分析，通过建立分析矩阵确定了各个风险的优先级，并将定性风险定性分析的结果记录到风险分析监控表。

4. 定量风险分析

定量风险分析就是定量地确定不同风险对项目的影响。我们组织项目核心团队成员对项目实施不同阶段可能出现的风险进行分析，并引入决策树估计方法，进一步从量化的角度确定了不同风险对项目各个阶段的影响程度，并将定量风险分析结果及时更新到风险分析监控表。

5. 规划风险应对

规划风险应对就是对经过定性、定量分析后所更新的项目风险分析监控表进行分析，进一步确定风险应对措施。

针对数据同步技术风险，我们制定的应对措施是做好数据实时同步的接口，并增加事务回滚机制与错误日志功能；当由于不可避免的因素造成数据同步错误时，可以使错误的数据自动回滚，或者管理员通过查看错误日志，进行数据的修改。

对于内部资源协调问题，我们与主管领导协商，从售后维护组专门抽调一名维护人员和本项目中的一名开发人员做之前那个项目的系统维护。只有在必须修改程序才能解决问题时，才由本项目中指定的开发人员负责对原系统问题进行修改。而在本项目中，给该开发人员分配工作任务时考虑到其兼有维护任务，因此他所承担的工作为非关键路径的工作，且与其他系统模块关联较小，容易分解和转移到其他人员，从而可避免因维护原系统造成此项目进度滞后问题的产生。

针对用户需求变更风险，我们制定了项目需求变更流程，同时请用户签字确认，并在项目组内严格执行。针对项目整体进度失控风险，我作为项目经理，综合运用项目管理知识，在项目执行过程中从项目计划、加强沟通（主要是干系人管理）、人力资源协调分配等方面对项目进度、质量和成本进行有效控制，尽量避免因项目管理方面的问题造成项目进度和质量失控。

6. 控制风险

控制风险就是在项目执行的全过程中，持续地对已识别的风险进行监控应对，同时不断识别新的风险并记录到风险分析监控表的过程。

根据风险管理计划的职责分配，我作为整个项目的控制风险负责人，在项目各个里程碑评审时，对本阶段的工作情况及控制风险情况进行总结，让项目组成员及相关干系人对整个项目一些共性的风险情况有整体的认识，当出现重大风险及需从项目组外提供资源时请求主管领导审批。

7. 存在的问题和不足

尽管我们在项目的前期进行了认真的计划和准备，但还是存在一些问题和不足之处：

B2B、B2C、C2C 三个业务流程中，有些相同的接口没有整合成一个公用的接口，对后期项目进度滞后有一定的影响，通过赶工才按时保质完成了任务。

项目实施过程中，一些问题解决以后，项目人员没有进行进一步的风险分析，表现出风险意识不强的问题。后来我们利用项目实施过程的间隙对项目人员进行了风险意识的培训，同时也要求对问题的处理进行深层次的分析和探讨，避免在以后的项目中出现类似的问题。

经过项目组的共同努力，本项目最终得以顺利完成，也使作为项目经理的我充分认识到项目风险管理在项目管理过程中的重要性。风险管理是通过风险管理计划对风险识别、分析和应对的过程，贯穿于整个项目的全过程。每个项目都有其自身的特点，项目管理的方法也不尽相同，我们在管理项目时，应加强风险管理能力，提高全员风险意识，建立风险分析监控表并落实到人。风险管理不仅需要应对风险，还需要不断对风险进行监控，不但是项目收尾的一部分，还为我们提供了宝贵的经验，相信通过这次实践，今后做项目一定会更上一层楼。

论文样例6　★★★★

样例点评：★★★★

该论文摘要结构清晰，叙述条理；项目背景真实可信；逻辑线索完整，风险管理各个子过程的内容描述详略得当；论文总结恰当；论文具有较好的借鉴意义。

摘要

摘要结构清晰，叙述条理，突出介绍了项目风险管理的六个逻辑子过程。

正文

【论文背景】

论文背景翔实，具有较高的可信度。

【论文逻辑框架】

该论文逻辑线索清晰，考生根据风险管理的各个子过程进行论述，同时根据项目特点对不同的风险管理子过程也进行了相应的论述。重点列举具体的项目技术风险和人员风险识别以及应对都有很好的实际意义，理论和实际结合紧密。

【论文总结】

论文总结篇幅适当，重点突出。

【论文外观】

论文语句流畅，段落层次分明。

论项目风险管理

【摘要】

2014年9月，我公司作为系统集成项目的总承包商承接了×××的省网九期项目，我作为项目经理，负责领导项目小组对该项目全程进行管理，该项目为×××2014年度第一号项目，总投资额为1.2亿元，覆盖×××的21个地级市。项目完成后，×××的网络资源的配置和调度管理进一步优化，提高了网络端到端的服务质量和业务能力，进一步提升传输网对业务的支撑和保障能力，适应和满足新形式下业务发展的需求。同时，本次项目采用了华为公司的单波道40G技术，也为后期的40G波道业务的大规模应用打下基础。

项目从2014年9月开始，截止2015年6月30日验收结束，项目分为三个阶段完成：扩容阶段、紧急扩容阶段、新建阶段。每个阶段的工作时间很紧张，涉及的干系单位较多，因此项目实施的复杂度很高。针对项目的特点，我在项目的管理过程中，综合运用了项目管理知识，充分认识到风险管理的重要性，从风险管理计划、风险识别，到风险的定性与定量分析、制订风险应对计划项目过程中加强风险监控，有效规避、减弱项目中可能出现的风险，最终保证项目按时保质完成，取得了很好的应用效果。2015年，该项目荣获×××通信管理局优质工程二等奖。

【正文】

随着×××各业务网的飞速发展，各业务网对传输电路的需求也日益扩大。为充分发挥省内长途传输网的作用，满足各类业务发展对传输电路在带宽、质量等方面的要求，进一步提高×××在电信市场中的竞争实力，中国移动通信集团×××有限公司对现有省内长途干线传输网进行了扩容及调整，进行中国移动×××公司省内长途传输网九期工程建设。

我作为该项目的项目经理承担了项目管理工作，带领项目团队完成用户要求的四个阶段任务目标：

2014年10月底，完成扩容阶段的安装与调试，满足亚运会期间×××省网业务的调度功能。

2014年12月底，完成紧急扩容阶段的安装与调试工作，保障春节期间×××省网的业务调度与大颗粒业务的交叉。

2015年4月底，完成新建阶段的设备安装与调试，特别是40G单波道的测试标准、测试方法、测试仪表的制定与准备工作。

2015年5月份为设备全网试运行阶段，调整整个网络的参数性能。

针对该项目时间紧，任务重，网络结构复杂，牵涉到的地区、人员数量多，人员素质参差不齐，分阶段实施的难度大等特点，我在项目管理过程中树立了风险管理意识，有效规避、转移了项目中的风险，使得项目最终一次性完全通过验收，得到×××的高

度认可。项目的实施过程中,在风险管理方面,我个人认为我的经验如下:

1. 规划风险管理

规划风险管理主要包括如何处理和控制风险的方法。我们结合项目的特点,在项目计划阶段制订了本项目的风险管理计划,主要包括方法论、角色与制作分配、预算、风险来源与分类、风险分析和监控报告的格式、风险的监控跟踪机制等内容。

2. 风险识别

风险识别就是要识别出哪些风险会对项目造成影响,形成风险分解结构。

首先,依据我公司定义的风险来源及分类表确定项目的风险来源及分类。对项目来讲有许多的风险来源,包括外部和内部的,而风险类别是对收集的风险进行分类。

确定了风险来源和分类后,进行风险识别,标示出项目中可能存在的风险。针对项目工作分解结构(WBS)中的所有工作要素中可能存在的风险进行识别,并结合项目的实际特点,对风险来源及分类表中罗列的风险项,一一讨论其可能性,将已识别出的风险记录到风险来源及分类表中,以便在项目执行过程中对识别的风险进行监控。在本项目中,我们识别的风险主要有:技术风险、外部风险、内部风险、项目管理的风险。

技术风险主要是网络扩容过程中的光功率的非线性畸变问题,可能会造成网络中误块秒(ES)、严重误块秒(SES)增大,引起网络告警甚至出现中断;由于华为设备采用光信号和电信号双路信号监控,在扩波的过程中,会出现光信号监控和电信号监控的频繁切换,导致设备的托管。由于是第一次采用 40G 波道,该速率波道对色散指标要求极高,在低速率时,对色散的容忍度是一个近似的线性函数,而在 40G 时,其对色散的容忍度几乎可以认为是一个幂函数,因此中继距离急剧降低。由于采用的光缆多为旧光缆,可能会导致波道的信噪比(OSNR)急剧下降,导致整个系统无法使用。

外部风险主要是由于牵涉到整个×××省的所有地区,而各个地区的情况大不相同,对于整个环网而言,有一个地区出问题将会导致整个环上所有地区的施工进度都受影响。

内部风险主要体现在人员的协调上面,由于该项目是我公司独自承担的第一个此类型的项目,除项目组个别成员外,其余成员均无此类项目的经验;另外,由于一部分人员是抽调的各个部门的落地人员,本地项目和该项目将会产生一定的施工重合期,届时将会导致人员不足的情况。

管理的风险主要是由于项目分阶段实施,必须严格控制各个阶段的任务进度,并严格控制用户方的需求变更,否则很难保证各个阶段任务的顺利完成。

3. 定性风险分析

定性风险分析就是要确定不同风险发生的可能性及对项目产生的影响的活动。同时还需要对所识别的风险进行优先级排序,重点关注那些优先级高的项目风险。为此,我们通过会议的模式,组织项目的各干系人对识别出的项目风险进行了认真仔细的概率估算和影响分析,监理分析矩阵确定各个风险的优先级,并将定性风险分析结果记录到风险分析监控表。对本项目而言，技术风险是最大的风险，其次是内部风险、外部风险和管理风险。

4. 定量风险分析

定量风险分析就是定量的确定不同风险对项目的影响。我组织项目核心团队成员（各地市负责人）对项目实施不同阶段可能出现的风险进行分析，并引入决策树估计方法，进一步从量化的角度确定了不同风险对各个阶段的影响程度，并将定量风险分析结果及时更新到风险分析监控表中。

5. 规划风险应对

规划风险应对就是对经过定性、定量风险分析后更新的项目风险分析监控表进行分析，进一步确定风险的应对措施。

针对技术风险，我们提前与华为公司进行沟通，明确了项目的实施步骤，即在扩波前先进行单环倒换实验，保证在扩波过程中不会因为扩波失败导致业务损失；对于可能会出现的托管问题，事先在网管上将光监控信号关闭，待完成后再行开启；对于新增的40G波道，在调试前对光缆进行系统调试，将各个站点的跳纤衰耗也计入在内，这样可以将系统的损耗估算到最精确，对于40G波道的开通将有极大的指导意义。同时，和华为公司核实，将该波道对于色散的要求和在实验室状态下的要求逐一核对，以确保能顺利实施，避免因技术原因导致波道无法使用，从而无法控制整个项目的进度。

对于内部资源的协调问题，我通过与各落地部门的沟通，保证在与其发生施工重叠时，优先处理该项工程的事项，对于牵涉到的人员，先调离落地部门的关键路径，将其调整到与其他系统关联较小，容易分解和转移的工作。针对人员经验不足的问题，我提出先在一个地区开通一个示范站点，然后对所有人员进行现场培训，从而避免因内部协调问题造成工程风险失控的情况。

针对外部风险，我指定了一名专职人员，定期与省公司及各地市公司进行工程相关接口工作的沟通；同时采取与厂家、监理单位监理定期联席会议制度，一旦出现问题，即对具体问题进行分析研究，及时响应。

6. 控制风险

控制风险就是在项目执行的全过程中，持续对已识别的项目风险进行监控应对，同时不断识别新的风险并记录到风险分析监控表的过程。

根据风险管理计划的职责分配，我作为整个项目的控制风险负责人，在项目的各个里程碑评审时，对本阶段的工作情况及控制风险情况进行总结，让项目组成员及相关干系人对整个项目一些共性的风险情况有整体的认识，并建立应急反应预案。当出现重大风险时，快速启动应急反应预案，在必要的情况下，经主管领导批准，从项目组外调入资源。

经过项目组的共同努力，该项目最终顺利完成，作为项目经理，我也充分认识到项目风险管理在项目管理过程中的重要性。

风险管理师通过风险计划管理，对风险进行识别、定性、定量及排列优先顺序，从而对风险提出应对的方法，它贯穿于项目的整个过程。每个项目都有其自身的特点，项目风险管理的方法也不尽相同，在项目管理中，应加强风险管理能力，提高项目所有参与者的风险意识，建立风险分析监控表，并在工作中落实到每一个人。风险管理不仅仅需要应对风险，还需要对风险不断进行识别、监控，作为项目收尾的一部分，也为将来类似的项目提供了很好的经验。

论文样例 7　★★★

样例点评：★★★

论文摘要叙述有条理，但缺乏明确的项目风险管理对应的六个逻辑子过程；论文背景翔实可信；逻辑线索完整，风险管理各个子过程的内容描述详略得当；但项目完成工期提前以及在论文中应用表格的形式均为明显的不足，为减分项，考生需要重点关注。

摘要

摘要简洁，叙述有条理，但存在明显的瑕疵，即在论文中没有完整的突出叙述项目风险管理的六个逻辑子过程，容易作为一个"硬伤"被阅卷老师关注。这个欠缺有一定的普遍性，考生需要在撰写论文的过程中重点关注。

正文

【论文背景】

论文背景翔实。考生基于项目背景提炼出项目特点，并由项目的特点引出风险管理的必要性和重要性，从而为后续的逻辑线索讨论提供铺垫说明。

【论文逻辑框架】

该论文逻辑线索清晰，考生根据风险管理的各个子过程进行了相应的论述，同时根据项目特点对不同的风险管理子过程也进行了相应的论述，对于方法应用的描述部分比较充实，有较好的借鉴意义。一个明显不足之处就是在论文中采用表格描述的形式来说明风险管理识别结果。尽管实际工作中一般会采用这样的列表形式，但是在考试过程中这会干扰阅卷老师对论文字数的准确判断，所以强烈建议考生不要采用表格描述方式。

【论文总结】

论文总结部分有所不足。论文重点强调了项目工期提前两个月，在 IT 项目工期普遍拖延的情形下，强调项目工期提前容易引起阅卷老师的过度关注。所以更为保险的写法是项目按期完工，或者小幅提前，例如一周等。如果项目提前过多，可能反映出另外一个更为严重的问题，即项目前期的工期约定过于宽松，导致项目工期可以大幅提前，从而间接反映出该项目前期论证和前期计划等工作存在明显欠缺。

【论文外观】

论文语句流畅，段落层次分明。

论项目风险管理

【摘要】

2015年2月，我参与了×××医院电子病历系统的项目管理工作，在此过程中担任项目经理，负责领导项目组进行项目计划实施和项目的全面监控工作。项目分两期，要求在12个月内完工。×××医院作为×××市卫生局九家电子病历系统建设试点单位之一，对推动×××市电子病历系统全面建设，具有参考意义。本系统主要应用于×××医院住院病房、护士站、门诊诊室，目的是帮助医疗工作者快速书写医疗文书、方便实时查看多个相关系统的数据、将有价值的医疗数据保存整理，以待利用等。因此项目意义重大，在管理中引入了风险管理概念。通过合理化的管理，项目在10个月内顺利完成，并得到甲方的一致认可。通过担任此项目的管理工作，我对风险管理有了进一步的理解，也总结了一些实际工作中的不足。

【正文】

随着医疗信息化的不断推进，电子病历系统的建设越来越为广大基层医疗单位所熟知，也得到国家卫生部门的极大重视。传统的病历书写方式，存在书写速度慢，格式不标准、字体不统一、可读性差、存储负担过重、信息可利用性不够等缺点。根据卫生部的精神，×××医院作为×××市卫生局九家电子病历系统试点单位之一，为完善院方信息化系统，同时也是完成上级单位交给的任务，决定建设电子病历系统。此项目采用公开招标的方式，最后我公司顺利中标，承建卫生部×××医院电子病历系统。

作为基层医疗单位，信息化系统的重中之重——电子病历系统，要满足数据集成与展现的平台式要求，要完成×××市卫生局下达的试点指标，要对院内1000余名医护人员的书写习惯予以改变，为40多个相关科室进行安装与调试，还要为大量的人员培训，对院内病案、医务、统计、感染控制、信息等众多职能科室的管理工作起到新的支点作用，对院领导的决策提供数据分析等。又根据我前期的各种准备工作中发现，×××医院存在众多相关干系人，各干系人的诉求不同，而管理部门仅从本部门的角度出发，实现自身的管理要求。

综上所述，此项目具有多方高度重视，需平衡各方利益，环境复杂，工作量很大，工期要求严格的特点。从2015年2月开始，项目组正式进场实施。在该项目的管理过程中，我们对项目全程的风险管理给予了高度重视，从制订详细可行的风险管理计划开始，保持高度警惕，发现可能对项目产生影响的风险因素；对风险清单进行定量和定性分析，并根据分析，对可能发生的风险因素制订风险应对计划；通过风险管理，保证项目顺利进行，最终提前2个月完成验收。该项目得到甲方的高度认可，也得到了上级主管部门的认可和公司领导的认可，实现了各方利益的统一。

围绕本项目的管理活动，我们主要进行了以下几个方面的管理：

1. 规划风险管理

规划风险管理主要包括如何处理控制风险的方法论,并对风险职责进行合理的分配。

在项目启动会议上,我们根据现场前期调研的结论,同时结合本项目的特点以及我们的经验,初步制订了针对本项目的风险管理计划,包括风险识别、风险分析、风险响应、风险控制的处理流程。

2. 风险识别

风险识别就是识别哪些风险会对项目造成影响,并形成文档的过程。

根据前期调研和以往经验,我们将风险分为技术风险、业务风险、人文风险和突发风险四类,如表 27.2 所示。

表 27.2 四类风险及其描述

风险类别	风险名称	原因	措施
技术风险	开发手写板接口	院方领导对技术不了解	编写技术方案,说服甲方取消此方案
业务风险	纸质病历扫描,实现无纸借阅	客户想改变现在的工作业务流程	明确告知客户,扫描存在的数据库存储的问题和读取的问题,还有数据利用的问题
人文风险	某主任不接受电子病历的书写方式	由于书写的传统和接受的教育形成了一贯思想	创建测试环境,完全对比手工和电子书写的优缺点
突发风险	突然增加了 2 个临床科室	医疗领域的细分	增加人力资源、技术力量,应对突发事件

根据风险识别列表,迅速准确的实现了风险的识别,保证没有遗漏。

3. 定性风险分析

定性风险分析是指确定不同风险发生的可能性对项目的影响的活动过程,同时还要对所识别的风险记录进行优先级的排序,重点关注优先级高的风险。

我们首先根据经验列举风险列表,通过会议的方式,邀请项目的相关干系人针对院方的实际情况,探讨哪些风险可能对项目产影响。筛选后,对公认的风险进行优先级排序,最后,对风险列表进行更新。

4. 定量风险分析

定量风险分析就是定量的确定不同风险对项目的影响。

为此,我们邀请技术专家,对风险进行量化评估,确定不同风险对项目不同阶段的影响程度。最后,对项目风险列表进行更新。

5. 规划风险计划

规划风险计划就是对经过定性、定量风险分析后所更新的项目风险记录表进行分析，进一步确认哪些是对项目有利的机会，哪些是对项目不利的威胁，并合理制定有针对性、可行的应对措施的过程。

（1）对可能有利的机会，我们及时把握

比如，电子病历经过几个月的实施后，客户提出了一些新的需求，要求我们提供解决方案。我们没有简单的对这些需求方案进行变更流程处理，而是召集相关专家，进行技术可行性分析，最后，形成一套新的产品，制作了产品功能介绍，召集客户的相关干系人并进行演示。客户对这样的解决方案非常满意，认为不但满足了他们的需求，还有一些是对他们的工作具有改进帮助的。这样，我们成功的签订了新的合同，各方都比较满意。

（2）对可能有害的风险，我们制定相应的措施

在安装部署的过程中，最初，病房管理员不允许我们进入病区，后经过了解，由于病区有严格的消毒、噪声等管理要求，是需要预约并出示相关证件才可以进入的。我们与相关干系人共同讨论，制定了相关的方案，即在我方实施工程师到现场的时候，必须有院方人员的陪同，并且为我方人员提供白衣口罩等必备工作用具。此后，再没有产生过相关问题，院方对我们的反应速度也表示称赞。

6. 控制风险

控制风险就是项目进行的全过程中，持续地对识别的风险进行监控、应对，同时不断识别新的风险并记录的过程。

在实施过程中，院方突然提出暂停进度，经过了解，是因为院方要参加三级医院的评审工作，人员和精力都不能放在电子病历系统上线的工作上。为配合院方工作。我们暂停实施五个工作日。但是，通过与相关干系人的会议，我们明确提出，今后如有类似情况，比如提前一个月通知我方，我方人员可以调整相应的工作计划，避免产生不必要的浪费。此后，双方配合非常紧密，没有出现类似问题。

尽管我们在前期做了大量的风险评估和计划，但风险管理中还是存在一些问题。

（1）因项目范围说明书不明确，导致风险判断不够准确，存在一部分技术上的风险没有被识别，在后期通过投入资源进行弥补的情况。通过该项目，公司意识到范围说明书的重要程度，在这方面有所改进，在后期的项目中，节约了大量的开发工作量。

（2）风险登记册的更新不够清晰，对风险的描述存在歧义，对以后的经验积累造成了不利的影响。这方面也引起了项目组的足够重视。在今后的项目中要予以改进。

【总结】

在该项目中，我们应用了项目风险管理的方法，使项目提前2个月验收。

项目风险管理是由风险管理计划、风险的识别、风险的定性分析、风险的定量分析、风险响应和风险监控组成的。每一个项目都具有其自身的特性，项目管理人员首先应该有风险管理意识，根据每个项目的特性，结合项目风险管理的经验，形成一套行之有效的风险管理过程，以达到"计划完善""充分识别""分析准确""响应及时""全程监控"的目的。

第 28 章　项目采购管理论文写作解析

28.1　项目采购管理论文写作概述

　　采购管理论文主题偶尔会出一次考题，大部分考生对采购工作也相对陌生。参加信息系统项目管理师的考生大部分是乙方工作背景，而只有甲方采购人员才会经常性地接触采购全生命周期的相关工作。除此之外，项目采购管理的子过程与考生日常所熟悉的采购工作环节也有较大差异。考生所熟悉的日常采购过程通常包括采购立项、招标、评标、签署合同、合同实施、合同验收等工作环节，但项目采购管理为了与项目管理其他知识域保持结构上的一致和相似性，将采购全过程区分为制订采购管理计划、实施采购、控制采购和结束采购四个子过程，考生在写作论文时应该严格遵循此处的四个子过程模式。

　　制订采购管理计划是项目采购管理的第一个工作过程。日常的采购主要指甲方根据内部的可行性分析报告以及项目立项文件作出采购决定，然后准备采购文件。但项目采购管理的前提是项目采购，制订采购管理计划的依据包括项目管理计划、范围基准、需求文件等信息。制订项目采购管理计划的重点是根据自制外购分析方法确定是否必须进行采购，组织通常衡量自身的实际情况，例如技术能力、管理水平、保密要求、服务可持续性以及项目进度、预算等方面的因素，决定自行完成项目内容或是对项目工作进行外购。如果采用自制模式，则采购管理后续部分的内容不再涉及。如果选用外购方式，则制订采购管理计划的同时，还需要编写采购工作说明书及其他采购文件。

　　完成制订采购管理计划的相关工作后，就可以实施采购。实施采购是个概要的说法，实施采购包括考生所熟悉的招标、投标、评标、中标通知、签署合同等，等同于狭义的采购工作。实施采购过程中将采用多种方法，考生应该采用具体的事例对这些方法进行佐证，增强论文的可信度和说服力。例如实施采购过程中需要采用招投标的方式进行卖方选择，可以通过投标人会议、刊登广告，或者在政府招标网信息公示等方式向潜在的卖方发出招标邀请；或者买方卖方在合同签署以前，通过采购谈判方式，对合同的结构、要求及其他条款加以澄清，双方达成一致意见从而签署合同。

　　控制采购的基础是双方签署的采购合同。控制采购的工作重点是在合同执行过程中管理采购关系，监督合同的执行情况，并根据需要实施变更和采取相应的纠正措施。控制采购是为了保证买卖双方能履行合同所规定的义务，顺利完成采购任务。

　　结束采购是采购过程的收尾环节，在结束采购过程中除了基于合同对采购的工作内容进行验收和交接外，还需要采用采购审计等方法来总结整个采购过程中的经验教训，以供组织内其他采购活动借鉴。此外，结束采购过程还需要把合同和相关文件归档以备将来参考。对于合同提前终止的情况，可能需要通过采购谈判来解决未决事项、索赔和争议，或者可能按照合同条款进入诉讼程序。

采购管理虽然属于信息系统项目管理师论文的命题范围，但考核到的概率较低。如前所述，因为采购管理的逻辑线索主要是甲方驱动的过程，而参加考试的考生绝大部分是乙方企业的项目经理，因而对于采购全过程缺乏相应的实践。为了给考生提供与采购管理相关的逻辑线索，此处为考生提供了两篇与采购管理相关的参考论文。因为这两篇论文的初衷并不是要满足信息系统项目管理师的论文要求，因而并不能完全满足相应的形式和内容方面的要求。考生主要借鉴这两篇论文对于采购管理逻辑过程的描述，防止万一需要撰写采购管理论文时下笔无言。

28.2　项目采购管理逻辑结构分析

根据项目采购管理知识领域的具体内容，项目采购管理共包含四个子过程，分别是制订采购管理计划、实施采购、控制采购和结束采购四个子过程。项目采购管理过程的逻辑架构如图 28.1 所示。

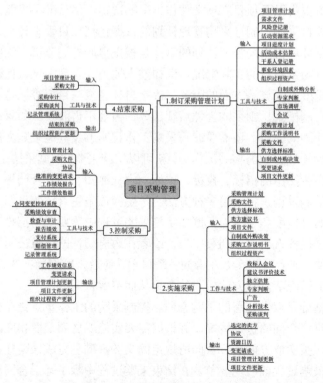

图 28.1　项目采购管理过程逻辑框架图

28.3 项目采购管理论文样例

论文样例 1 ★★

样例点评：★★

提供该论文的用意在于为考生提供采购管理方面的逻辑线索，供考生写作论文时作参考之用。

摘要

摘要叙述了论文要讨论的逻辑线索，但缺乏关于项目基本信息的描述，缺乏项目总结信息。

正文

【论文背景】

该论文无项目背景。

【论文逻辑框架】

论文逻辑框架相对完整，因没有对应的项目管理实践与之对应，而缺乏说服力。

【论文总结】

论文缺乏项目总结。

【论文外观】

论文语句流畅，段落层次分明。

论项目采购管理

采购管理涉及内容繁杂，本文主要从制订采购计划、采购过程管理、采购安全和保密等方面对采购管理加以探讨。

一、制订采购计划

1. 制造、采购分析

一般而言，在采购之前首先要进行制造、采购分析，以决定是否要采购、怎样采购、采购什么、采购多少以及何时采购等。

在制造、采购分析中，主要对采购可能发生的直接成本、间接成本、自行制造能力、采购评标能力等进行分析比较，并决定是否从单一的供应商或从多个供应商采购所需的全部或部分货物和服务，或者不从外部采购而自行制造。

2. 合同类型的选择

当决定需要采购时，合同类型的选择成为买卖双方关注的焦点，因为不同的合同类型决定了风险在买方和卖方之间分配。买方的目标是把最大的实施风险放在卖方，同时维护对项目经济、高效执行的奖励；卖方的目标是把风险降到最低，同时使利润最大化。常见的合同可分为 5 种，不同合同类型适用于不同的情形，买方可根据具体情况进行选择。一般来说，其适用情况如下：

成本加成本百分比（CPPC）合同：由于不利于控制成本，故目前很少采用。

成本加固定费用（CPFF）合同：适合于研发项目。

成本加奖励费（CPIF）合同：主要用于长期的、硬件开发和试验要求多的合同。

固定价格加奖励费用（FPI）合同：长期的高价值合同。

固定总价（FFP）合同：买方易于控制总成本，风险最小；卖方风险最大而潜在利润可能最大，因而最常用。

3. 采购计划编制

根据制造、采购分析的结果和所选择的合同类型编制采购计划，说明如何对采购过程进行管理。具体包括：合同类型、组织采购的人员、管理潜在的供应商、编制采购文档、制定评价标准等。

根据项目需要，采购管理计划可以是正式、详细的，也可以是非正式、概括的。

二、采购过程管理

1. 询价（solicitation）

询价就是从可能的卖方那里获得谁有资格完成工作的信息，该过程的专业术语叫供方资格确认（source qualification）。获取信息的渠道有招标公告、行业刊物、因特网等媒体、供应商目录、约定专家拟定可能的供应商名单等。通过询价获得供应商的投标建议书。

2. 供方选择（source selection）

这个阶段是根据既定的评价标准选择一个承包商。评价方法有以下几种：

合同谈判：双方澄清见解，达成协议。这种方式也叫"议标"。

加权方法：把定性数据量化，将人的偏见影响降至最低程度。这种方式也叫"综合评标法"。

筛选方法：为一个或多个评价标准确定最低限度履行要求，如最低价格法。

独立估算：采购组织自己编制"标底"，作为与卖方的建议比较的参考点。

一般情况下，要求参与竞争的承包商不得低于三个。选定供方后，经谈判，买卖双方签订合同。

3. 合同管理

合同管理是确保买卖双方履行合同要求的过程，一般包括以下几个层次的集成和协调。

（1）授权承包商在适当的时间进行工作。

（2）监控承包商成本、进度计划和技术绩效。

（3）检查和核实分包商产品的质量。

（4）变更控制，以保证变更能得到适当的批准，并保证所有应该知情的人员获知变更。

（5）根据合同条款，建立卖方执行进度和费用支付的联系。

（6）采购审计。

（7）正式验收和合同归档。

三、采购安全和保密

采购过程中的"黄金规则"是要绝对保密，不让任何不应外传的信息从机构中泄密，不要和不应该知道此事的陌生人交谈，当对方是机构中的成员时可能会很难，但知道的人越少越不会有漏洞。

妥善安置相关文件和计算机内的材料，不用时（包括周末和晚上）要将其锁好，不要将评估的表格展开放在桌子上，以免被看见，及时销毁那些敏感的文件而不是随手扔掉，以免别有用心者发现它们。

论文样例 2 ★★

样例点评：★★

提供该论文的用意在于为考生提供采购管理方面的逻辑线索，供考生写作论文时作参考之用。

摘要

摘要强调了采购管理的重要意义，以便引出正文。该摘要的写法与信息系统项目管理师论文的写作要求不符。

正文

【论文背景】

论文无项目背景描述。

【论文逻辑框架】

该论文逻辑框架基本完整，描述了采购管理涉及的六个子过程的前五个[①]（没有论述合同收尾部分的内容）子过程。对于子过程的主要内容以及采用的主要方法描述全面，但缺乏与之对应的项目管理实践。

【论文总结】

论文无项目总结部分。

【论文外观】

论文语句流畅，段落层次分明。

---

① 作者在论文写作时依据旧版本的采购管理逻辑结构，以前采购管理是六个子过程：采购计划、发包计划、询价、供应商选择、合同管理、合情收尾，现在调整为 4 个子过程。

论项目采购管理

一、引言

项目采购和合同管理是站在买者的角度，处理从外部获取货物或服务时遇到的各种问题，涉及采购规划、询价规划、询价、选择供应者，以及合同管理等过程。这些过程的工作量大小和复杂程度因项目而异。很多项目不需耗费太多的精力，而工程和××等本身就是采购的项目却对此有很高的专业技术和经验要求。

20世纪80年代以来，技术的进步大大提高了生产率，而经济全球化则为利用外部资源提供了便利。利用外部资源可以取得他人的技术，减少资金的投入，克服进入他国市场的障碍；利用他人的地理优势，降低投资风险；利用他人满足客户的急迫要求，保证稳定的原料来源，提高交付能力等。要做到以上各点，项目管理人员必须提高采购和合同管理能力。

在利用外部资源时必须注意防止关键技术流失，避免在签订和清算合同等方面耗费过多的资金、时间和精力，设法帮助承包商、分包商和供应商降低成本。

二、采购和询价规划

（1）采购规划

采购规划就是考虑哪些资源（如人力、材料、设备等）需从外部取得，以及如何取得。许多研究或机构内部的小型项目都尽量利用本单位的资源，采购量不大，甚至无须从外部采购。但是，也有很多项目的主要工作需要由外人完成。世界上已经有许多采购方式。单就货物、工程和服务而言，就有国际或全国竞争性招标、有限招标、询价采购、直接签订合同等。当项目缺乏必要的人员和经验时，可以聘请他人代理。

对于待采购之物，应当考虑项目的要求、采购策略、技术要求、市场情况、项目其他方面的管理计划、制约条件和假设，以及技术的发展等因素。

采购规划经常要进行自制外购分析、利用专家的判断和选择合同的类型。

自制外购分析就是比较利用自身资源和从外部采购两种方式的利弊。采购规划结束时提出的采购计划应说明对欲采购的资源各个方面的具体要求，以便供应者判断自己能否满足这些要求。采购计划还应说明如何对采购过程进行管理。

（2）询价规划

询价规划（亦可称招标规划）就是对待采购之物提出具体的要求，查明有哪些来源可满足采购要求。制订询价计划时，要充分利用标准格式的招标文件，包括标准合同条件和要求说明书。标准格式能够合理地分配合同双方的要求、利益、风险和责任，可避免因不认真履行合同而增加成本，避免因双方缺乏信任而引起争议，可以降低选择承包人的成本，提高采购效率。标准格式还制订了防止腐败的条款。采购人员的道德品质是保证项目采购成功的先决条件。

询价规划应遵循如下原则：降低成本和提高效率、为所有的合格投标人提供机会、促进产业的发展、采购过程透明。对于公共项目，尤其应当如此。

在复杂的采购中，专家可以在如下方面发挥重要作用：确定采购和询价方针与程序；审查项目班子采购与询价能力、采购与询价计划、采购方式和采购（招标）文件；就采购文件和投诉提出处理建议；批准达到标准的采购文件；维护采购监督制度。

采购文件一般要说明评标标准、采购文件的审查办法和程序、评标过程和评标方法。

三、询价和招标

询价或招标就是让卖主根据采购文件的要求提出报价和建议。复杂的采购工作量大，耗费时间长，投入的资源多，需要具备专业知识和丰富的经验。

询价或招标一般应从记载卖主经验、财务状况和组织结构的名单中选择询价对象。询价可以利用投标人会议、刊登广告，以及其他多种形式，从有意的卖主方面取得建议书（标书、报价书）。

四、卖方选择

卖方选择就是根据评标准则，接受一家承包商、供应商或咨询公司的标书或建议书，并由其提供须采购的产品或服务。该选择过程可能要反复多次。除了报价之外还要考虑和评价其他许多因素，包括投标人的建议、评标标准和本组织的各项方针。

合同谈判是选择卖方的必要环节，要就双方的责任、义务和权限，适用的法律、技术和经营管理方法，以及合同价等取得一致意见。

除了采购制度、程序和方法之外，卖方选择的决策者道德品质的高低，是能否选定符合采购文件要求的卖方的关键。

一旦选定了卖方，就应同其签订合同。合同的宗旨是，卖方向买方提供指定的产品或服务，而买方向卖方支付产品或服务的价款。

五、合同管理

合同管理就是确保卖主的工作满足合同要求，包括协调多个卖主之间的联系。项目管理人员必须正确认识自己采取和不采取行动的法律后果。当卖主履行了合同义务，完成了规定的工作后，就要及时验收并向其支付款项。否则，卖方有权暂停工作，终止合同，甚至诉诸法律。

合同管理涉及项目管理的其他方面，例如监视承包商在费用、进度和技术方面的表现；检查并核对其工作成果是否满足要求；保证变更经过有关方面的批准，并将其通知所有的有关方面。合同还应明确支付条款。

合同管理的基础是合同、卖主的工作结果，以及卖主各种开销的单据。因此，必须管理好与卖方之间往来的各种书面文件、合同变更和卖方的付款申请书等。

合同管理要取得成功，就必须建立和坚持变更控制、卖方付款申请审查和支付制度。项目管理人员还要定期写出进展报告，以便高层管理人员随时了解合同的履行情况。

第 29 章　项目干系人管理论文写作解析

29.1　项目干系人管理论文写作概述

　　项目干系人管理作为项目管理中一个至关重要的方面，从来就不会被项目经理所忽视，但如何对项目干系人进行有效管理则见仁见智。项目管理知识体系将项目干系人实践进行提炼和总结，形成识别干系人、制订干系人管理计划、管理干系人参与和控制干系人参与四个子过程，有助于项目经理更有效地进行项目干系人管理。但另一方面，项目经理，尤其是在我国这样一个重视人情的传统国家中的项目经理，很难完全遵循一个标准的干系人管理模式进行有效的干系人管理。考生除非有丰富的项目干系人管理经验，能够将项目干系人管理理论和实践进行充分结合，否则选择项目干系人管理论文题目将会面临项目实例可信度不高等问题。

　　每个项目都有干系人，他们受项目的积极或消极影响，或者能对项目施加积极或消极影响。有些干系人影响项目的能力有限，而有些干系人可能对项目及其期望结果有重大影响，项目经理是否能合理管理干系人，可能决定项目的成败。项目干系人管理的第一个子过程为识别项目的全部干系人，内容为分析各干系人对项目的期望和影响，制订相应的管理策略来有效调动干系人参与项目的决策和执行，也包括对项目干系人之间关系的全面监督，根据实际情况调整管理策略和计划，提高干系人参与活动的效率和效果。识别干系人过程需要识别出项目的所有干系人，对干系人进行分析并记录干系人的所有信息，形成干系人登记册。项目干系人管理的第二个子过程为制订干系人管理计划。干系人管理计划主要以干系人登记册为制定依据，针对干系人登记册中的各类干系人，制订相应的管理策略以及可行计划，形成项目干系人管理计划。管理干系人参与为干系人管理的第三个子过程，强调根据干系人管理计划中的管理策略，在项目生命周期中与干系人进行沟通和协作，以便满足他们的需要与期望，并解决实际出现的问题，促进干系人合理参与项目活动，引导项目朝着积极健康的方向发展和前进。干系人管理的第四个子过程为控制干系人参与。控制干系人参与是在项目生命周期中对干系人管理活动进行监督和控制，以便维持或提升干系人参与项目的效率或效果。控制过程中可能需要调整管理策略和计划，需要提出变更请求，把变更纳入到整体变更控制过程中，从而对干系人计划进行相应的调整和更新。

29.2 项目干系人管理逻辑结构分析

根据项目干系人管理知识领域的具体内容,项目干系人管理共包含四个子过程,分别是识别干系人、制订干系人管理计划、管理和控制干系人参与四个子过程。项目干系人管理四个子过程相应的输入、工具与技术、输出信息如图 29.1 所示。

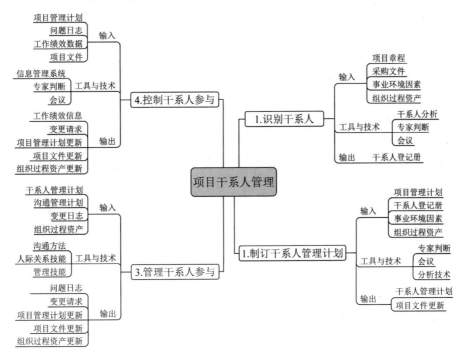

图 29.1 项目干系人管理过程逻辑框架图

29.3 项目干系人管理论文样例

项目干系人管理首次在《信息系统项目管理师教程》(第 3 版)中以单独的项目管理知识领域出现(与项目沟通管理合并为一章内容),之前的教材一直将其作为项目沟通管理知识领域的一个子过程——项目干系人管理。因为项目干系人管理为一个较新的知识领域,缺乏相关的参考论文,所以本章未提供项目干系人管理的样例论文分析。

如果考生选择撰写项目干系人管理论文,仍应遵循信息系统项目管理师论文的一般写作方法,只是在论文的正文部分突出项目干系人管理的逻辑线索,分别论述考生如何在实际项目中进行干系人识别、制订干系人管理计划、管理干系人参与和控制干系人参与,最后说明通过实施干系人管理,给项目带来哪些正面的影响以及取得的项目成果等。

参 考 文 献

[1] 谭志彬，柳纯录.信息系统项目管理师教程[M]. 3 版. 北京：清华大学出版社，2017.
[2] 全国计算机专业技术资格考试办公室.信息系统项目管理师考试大纲[M]. 2 版. 北京：清华大学出版社，2017.
[3] 全国计算机专业技术资格考试办公室. 信息系统项目管理师2009至2016年试题分析与解答[M]. 北京：清华大学出版社，2017.
[4] 谭志彬，柳纯录. 系统集成项目管理工程师教程[M]. 2 版. 北京：清华大学出版社，2016.
[5] 曹济，温丽.信息系统项目管理师考试辅导（针对下午考试）[M]. 2 版. 北京：清华大学出版社，2013.
[6] 曹济，温丽.信息系统项目管理师考试辅导（针对上午考试）[M]. 2 版. 北京：清华大学出版社，2013.
[7] 曹济，温丽. 系统集成项目管理工程师考试辅导（针对第二版教程）[M]. 北京：清华大学出版社，2018.